Wuppertaler Studienbibel

Wuppertaler Studienbibel

Begründet von

Fritz Rienecker

und

Werner de Boor

Reihe: Altes Testament

Herausgegeben von

Ulrich Betz

und

Adolf Pohl

in Zusammenarbeit mit

Gerhard Maier

R. Brockhaus Verlag Wuppertal

Der Prophet Jeremia

erklärt von

Dieter Schneider

R. Brockhaus Verlag Wuppertal

Gesamtherstellung: Breklumer Druckerei Manfred Siegel

ISBN 3-417-25202-4 Paperback
ISBN 3-417-25302-0 Leinen

INHALTSVERZEICHNIS

RICHTLINIEN FÜR DIE BENUTZER DER WUPPERTALER STUDIENBIBEL

In bezug auf den Bibeltext:
Der Bibeltext ist fett gedruckt. Wiederholungen aus dem behandelten Bibeltext sind fett gedruckt.
Kursiv nur im Sinne der Verdeutlichung bei Betonung.

In bezug auf die Parallelstellen:
Mit Absicht sind eine große Fülle von Bibelstellen als Parallelstellen gebracht. Für diese Parallelstellen ist am Rand eine Spalte freigelassen.

In bezug auf die Handschriften:
Zu den wichtigsten vom Text abweichenden Lesarten, die sich im allgemeinen in den Fußnoten finden, sind folgende Zeichen gesetzt, die der Erklärung bedürfen:

Der hebr Text des Alten Testaments (der sogenannte »Masoretische Text«). MasT
Die genaue Überlieferung des alttestamentlichen Textes lag den jüdischen Schriftgelehrten sehr am Herzen und wurde seit dem 2. Jahrhundert n.Chr. von den sogenannten Masoretenschulen (Masora = »Überlieferung«) zu einer besonderen Wissenschaft entwickelt. Ursprünglich bestand der hebr Text nur aus Konsonanten; die Masoreten setzten seit dem 6. Jahrhundert n.Chr. Vokalzeichen in Form von Punkten und Strichen unter dem Wort hinzu.

Wichtige Handschriften des masoretischen Textes:

Handschrift:	*geschrieben:*	*aus der Schule des:*
Codex Cairensis	895 n.Chr.	Mosche ben Ascher
Kodex der Synagoge von Aleppo (jetzt wahrscheinlich verbrannt)	nach 900 n.Chr.	Mosche ben Ascher
Codex Leningradensis	1008 n.Chr.	Mosche ben Ascher
Erfurter Kodex Nr. 3	11. Jh. n.Chr.	Ben Naphthali
Codex Reuchlianus	1105 n.Chr.	Ben Naphthali

Die Texte aus Qumran. Die in Qumran gefundenen Handschriften stammen Qumran
aus vorchristlicher Zeit, sind also rund 1000 Jahre älter als die soeben genannten Texte. Allerdings gibt es unter ihnen keine vollständige Handschrift des ganzen AT. Wichtige Handschriften sind:
Die Jesaja-Handschrift
der Habakuk-Kommentar

Der samaritanische Pentateuch. Die Samaritaner haben die fünf Bücher des Sam
Gesetzes in althebräischer Schrift überliefert. Ihre Handschriften gehen auf eine alte Textform zurück.

Die mündliche Übersetzung des hebräischen Bibeltextes im Synagogengot- Targum
tesdienst (da viele Juden kein Hebräisch mehr verstanden) führte seit dem 3. Jahrhundert zur schriftlichen Festlegung im sogenannten Targum (= »Übersetzung«). Diese armäischen Übersetzungen sind allerdings oft recht frei und müssen mit Vorsicht benutzt werden.

LXX

Die älteste griechische Übersetzung des AT wird »Septuaginta« (LXX = »Siebzig«) genannt nach ihrer traditionellen Entstehungsgeschichte. Sie soll nämlich von 72 jüdischen Schriftgelehrten übersetzt worden sein. Die Septuaginta ist eine Übersetzungssammlung; die ältesten Teile, darunter der Pentateuch, entstanden im 3. Jahrhundert, wahrscheinlich in Ägypten. Da diese Übersetzung auf eine vormasoretische hebräische Textform zurückgeht, ist sie eine wichtige Ergänzung für alle Arbeiten am Text des AT.

Andere

Gelegentlich werden noch andere alte Übersetzungen des AT herangezogen, die aber von geringerem Wert für die Textforschung sind, da sie entweder Tochterübersetzungen aus dem Griechischen (wahrscheinlich der Septuaginta) sind oder (so die Vulgata) zumindest stark von daher beeinflußt wurden:

die altlateinische Übersetzung	um 150 n.Chr.
die Vulgata (die lateinische Übersetzung des Hieronymus)	seit 390 n.Chr.
die koptische Übersetzung	3.–4. Jahrhundert n.Chr.
die äthiopische Übersetzung	4. Jahrhundert n.Chr.

ABKÜRZUNGS-VERZEICHNIS

I. Allgemeine Abkürzungen:

AT = Altes Testament
NT = Neues Testament
atst = alttestamentlich
ntst = neutestamentlich
grie = griechisch
hebr = hebräisch
lat = lateinisch
LXX = Septuaginta. Das ist die griechische Übersetzung des AT, angeblich von 70 gelehrten Juden auf Befehl des Königs Ptolemäus Philadelphus 200 v. Chr. in Alexandrien angefertigt.

II. Literatur-Abkürzungen:

W—B = Walter Bauer: Griechisch-Deutsches Wörterbuch. 4. Aufl. 1952
Bl—De = Blaß—Debrunner: Grammatik des ntst Griechisch 9. Auflage 1954 zitiert n. §§.
Radm = Rademacher: Neutestl. Grammatik 1925. 2. Aufl.
Ki—Th W = Kittel: Theolog. Wörterbuch
NTD = Neues Testament Deutsch Göttingen 1932 ff.
St—B = Strack—Billerbeck: Kommentar zum NT aus Talmud usw. Bd I—IV. München 1922 ff.

III. Abkürzungen der biblischen Bücher:

a) Altes Testament

1 Mo = 1. Mose
2 Mo = 2. Mose
usw. usw.
Jos = Josua
Ri = Richter
Rth = Ruth
1 Sam = 1. Buch Samuelis
2 Sam = 2. Buch Samuelis
1 Kö = 1. Buch der Könige
2 Kö = 2. Buch der Könige
1 Chro = 1. Buch der Chronika
2 Chro = 2. Buch der Chronika
Esr = Esra
Neh = Nehemia
Esth = Esther
Hio = Hiob
Ps = Psalter
Spr = Sprüche
Pred = Prediger
Holi = Hohelied
Jes = Jesaja
Jer = Jeremia
Kla = Klagelieder
Hes = Hesekiel
Da = Daniel
Hos = Hosea
Joe = Joel
Am = Amos
Ob = Obadja
Jon = Jona
Mi = Micha
Nah = Nahum
Hab = Habakuk
Ze = Zephanja
Hag = Haggai
Sach = Sacharja
Mal = Maleachi

b) Apokryphen

Tob = Tobias
1 Makk = 1. Makkabäer
2 Makk = 2. Makkabäer
Sir = Sirach

c) Neues Testament

Mt = Matthäus
Mk = Markus
Lk = Lukas
Jo = Johannes
Apg = Apostelgeschichte
Rö = Römer
1 Ko = 1. Korinther
2 Ko = 2. Korinther
Gal = Galater
Eph = Epheser
Phil = Philipper
Kol = Kolosser
1 Th = 1. Thessalonicher
2 Th = 2. Thessalonicher
1 Tim = 1. Timotheus
2 Tim = 2. Timotheus
Tit = Titus
Phlm = Philemon
1 Pt = 1. Petrus
2 Pt = 2. Petrus
1 Jo = 1. Johannes
2 Jo = 2. Johannes
3 Jo = 3. Johannes
Hbr = Hebräer
Jak = Jakobus
Jud = Judas
Offb = Offenbarung des Johannes

Vgl. W. Stb. Matth. S ... = Vergleiche Wuppertaler Studienbibel Matthäus-Band Seite ...
Vgl. W. Stb. Mark. S ... = Vergleiche Wuppertaler Studienbibel Markus-Band Seite ... usw.

VORWORT

Nachdem die neutestamentliche Reihe der »Wuppertaler Studienbibel« eine so erfreulich weite Verbreitung gefunden und sich im Urteil ihrer Benutzer bewährt hat, erschien es seit längerem geboten, ihr eine Auslegung des Alten Testamentes an die Seite zu stellen. Denn – wie die Erfahrung zeigt – bereitet ja gerade das Verstehen der alttestamentlichen Bücher, sieht man einmal von einigen geläufigen Texten aus der Prophetie und dem Psalter ab, vielen nicht geringe Schwierigkeiten. Das hat zur Folge, daß das Alte Testament der christlichen Gemeinde unserer Tage viel zu wenig erschlossen wird und seine Schätze weithin ungehoben bleiben.

Darum freuen wir uns, daß nun endlich die ersten Bände der »Wuppertaler Studienbibel – Altes Testament« vorliegen. Sie wollen, ebenso wie die bisher erschienenen Bände zum Neuen Testament, der persönlichen Schriftforschung des Bibellesers dienen wie auch für die Vorbereitung von Predigt, Bibelstunden und biblischer Unterweisung Verstehenshilfen anbieten.

Die »Wuppertaler Studienbibel« – im Alten wie im Neuen Testament – geht im Unterschied zu manchen anderen heute vertretenen Auffassungen von der Voraussetzung aus, daß die Bibel Gottes Wort ist, das von Menschen niedergeschrieben und überliefert worden ist. Das heißt: Die Auslegung muß dem Doppelcharakter der Heiligen Schrift gerecht werden. Sie geht also davon aus, daß sie es in der Bibel mit der von Gottes Geist gewirkten und seit ihrer Entstehung von ihm begleiteten und bewahrten Urkunde des göttlichen Redens und Handelns in Schöpfung und Geschichte zu tun hat. Sie behält dabei zugleich im Auge, daß die so verstandene Bibel von Menschen an konkretem geschichtlichen Ort verfaßte Schrift ist, die selbst wieder ihre Geschichte hat (Geschichte der Überlieferung, des Kanons, der Wirkungen, des Zeugnisses).

Darum fragt die sachgemäße Auslegung zurück in die Geschichte. Denn der Glaube fußt ja auf der Tatsächlichkeit des Redens und Handelns Gottes in der Welt. Er kann und will auf die genaue Klärung des Geschehenseins der göttlichen Offenbarung nicht verzichten. Darüber hinaus muß die Auslegung dafür offenbleiben, daß Gott im Wort und durch das Wort am Leser und Hörer handelt. Sie geschieht also in der Erwartung neuen göttlichen Redens und Handelns, das dem im Text berichteten entspricht.

Das bedeutet für die Auslegung des Alten Testamentes zunächst, daß der Hinweischarakter des alttestamentlichen Textes auf Jesus Christus und auf das Neue Testament gewahrt werden muß: die alttestamentliche Geschichte wird als Heilsgeschichte im Lichte des Neuen Testamentes gesehen. Das bedeutet darüber hinaus, daß das Prophetische eines Textes, also das, was über die Zeit und den Ort seines ursprünglichen Ergehens oder Geschehens hinausgeht und noch auf Erfüllung wartet, laut werden soll.

Letztlich bleibt alle historische und theologische Arbeit am Text eine Art »Vor«-Arbeit. Die eigentliche Arbeit muß Gott selbst tun, dadurch, daß er uns den Text als sein eigenes Wort an uns und für uns – und an und für andere – hören und verstehen läßt.

Die Auslegung der Heiligen Schrift stellt sich daher unter, nicht über ihren Auslegungsgegenstand. Denn sie hat es nie in der Hand, ob sie ihr Ziel, Gottes Wort hörbar zu machen, wirklich erreicht; sie kann ihm nur dienen und Hilfsmittel dafür bereitstellen.
Darum darf eins bei aller Auslegungsarbeit nicht fehlen: das Gebet. Das Gebet beim Lesen, beim Auslegen und beim Prüfen der Auslegung an der Schrift selbst. Wo dies geschieht, wird die Tür zu neuen Einsichten und Erkenntnissen der göttlichen Offenbarung und des göttlichen Willens weit aufgestoßen werden.

Die Herausgeber

Der Verlag

EINFÜHRUNG

Die vorliegende Auslegung des Propheten Jeremia denkt sich als Benutzer zwei Personen-Gruppen: einmal den Bibelleser, der sich einen Gesamtüberblick über Jeremia verschaffen möchte, dann den Laien-Prediger oder auch den Hausbibelkreis-Mitarbeiter. Die Auslegung hat sich zum Ziel gesetzt, die Schwerpunkte der Botschaft Jeremias herauszustellen; sie verzichtet daher auf eine detaillierte Erklärung der Einzelheiten, was die Aufgabe eines wissenschaftlichen Kommentars ist. Als Schwerpunkte nenne ich:

- 1,18–19 (Jeremias Berufung)
- 2,1–13 (Gottes Klage)
- 7,1–15 (der falsche Tempelglaube)
- die Klagegebete, vor allem 20,7–18
- 23,9–32 (die falschen Propheten)
- 31,31–34 (der neue Bund)
- 36 (die »Passion« der Schriftrolle)

Erkenntnisse der neueren Bibelauslegung wurden benutzt, sofern sie mir für den obengenannten Zweck als sinnvoll erschienen. Eine Auseinandersetzung mit den Vorgängern in der Jeremia-Auslegung war nicht geplant und bleibt der wissenschaftlichen Auslegungsarbeit vorbehalten. Die Formanalyse der Propheten-Worte, die für die praktische Bibelauslegung durchaus von Nutzen sein kann, wurde nur an einigen Stellen vollzogen; an den meisten Stellen scheint sie mir unvollziehbar zu sein, weil bei Jeremia nach dem Urteil v. Rads, dem ich mich hier anschließe, die Redeformen ineinander übergehen und zerfließen.

»Die Gattung der Schelt- und Drohreden, ehedem im Vordergrund stehend, tritt zurück; überhaupt fällt auf, daß Jeremia viel seltener – etwa in der Form des Botenspruches – kurz und sachlich einen göttlichen Bescheid ausrichtet. Ja noch mehr: Die ehedem so deutlich durchgeführte Scheidung von Prophetenrede und eigentlichem Gottesspruch beginnt sich zu verwischen. Jeremia macht einen viel freieren Gebrauch von der in der ersten Person einhergehenden Gottesrede; er läßt Jahwe sich in langen Klagen ergehen, anderwärts erhebt er selbst seine Stimme zu breit ausladenden Klagen. Wo war derlei bei Jesaja oder Amos anzutreffen? Bei Jeremia stoßen wir – vielleicht zum erstenmal – auf das, was wir heute als lyrische Dichtung bezeichnen würden. Nicht zuletzt um dieses Umstands willen hat seine Verkündigung eine so unvergleichlich persönliche Note. Mit einem Wort: Alles das, was wir als Ausdrucksformen bei der klassischen Prophetie feststellen konnten, ist bei Jeremia unverkennbar in einer Auflösung begriffen« (Theol. d. AT II, 1965[4], 200f).

Die Auslegung von 1,1–4,4 ist in manchem ausführlicher als die der darauffolgenden Kapitel. Dies hat seinen Grund darin, daß ich in 1,1–4,4 die grundlegende Verkündigung Jeremias sehe. Manches Spätere ist Wiederholung oder Abwandlung davon. Der Leser, der Texte aus den späteren Kapiteln erarbeiten will, wird gebeten, sich auch in den ersten vier Kapiteln zu orientieren.

Die der Übersetzung beigegebenen Parallelstellen sprechen eine eigene Sprache: hier beginnt bereits Auslegung (»Schrift durch Schrift erklärt«), ohne daß der Ausleger das Wort ergreifen muß. Sorgfältig verarbeitet, können sie bereits das Wesentliche eines Abschnittes erkennbar machen. Längeren Abschnitten wurde ein »Überblick« vorangestellt. Ihn sollte der Leser nicht übergehen und die dort oftmals vorgeschlagenen Texteinteilungen nicht als nebensächlich abtun, gibt es doch Erkenntnisse aus der Bibel nicht nur aus dem einzelnen Wort, sondern aus dem Wahrnehmen der Zusammenhänge. Manchem mögen die Textabgrenzungen nicht als ausreichend begründet erscheinen. Ich versetzte mich bei der Entscheidung darüber in den Bibelleser, der mit »unbewaffnetem« Auge dem Text gegenübersteht, und ließ mich nicht von vorgefaßten Meinungen leiten, welche Elemente eine bestimmte Redeform enthalten müsse und welche als sekundär zu bezeichnen seien.

Ferner habe ich mich bemüht, den Text nicht nachzuerzählen, was vor allem in den erzählenden Partien ständig die Versuchung war. Wer mit Auslegungen umgeht, weiß, wie schnell man für seine Vorbereitungen nur noch die Auslegung bedenkt und nicht mehr den Bibeltext! Dies aber wäre eine Ehrfurchtslosigkeit gegenüber dem Bibel-Wort, das immer noch mehr zu sagen hat als die tiefste menschliche Auslegung. Ich verstehe diese Auslegung mehr als einen »Fingerzeig«, wie ehedem der Vater des schwäbischen Pietismus J.A. Bengel seine Kommentierung des Neuen Testamentes nannte. »Wende dich ganz dem Text zu«, sagte er. So sollen auch die Erklärungen nur dazu dienen, sich dem Bibeltext erneut zuzuwenden und die hier dargebotene Auslegung – zu vergessen!

Dem Leser werden die häufigen neutestamentlichen Bezüge auffallen. Ich sah sie bereits während der Arbeit am Jeremia-Text und konnte sie nicht erst irgendwann später in Betracht ziehen. Gerade dadurch wird das Wort des Jeremia nicht verfälscht, sondern erst recht in seiner geschichtlichen Einmaligkeit sichtbar. Christus lehrt die Schrift des Alten Testaments recht sehen und legt nicht einen Schleier des Vorurteils über sie. Nach einem Schema für das Ausziehen der Linien in dieser Auslegung forschen zu wollen, ist nicht ratsam. Die Begriffspaare »Verheißung–Erfüllung« oder »Typos–Antitypos« oder »anfängliche Erfüllung –Vollerfüllung« sind viel zu starr, obwohl man mit ihnen durchaus arbeiten kann. Dennoch sind die neutestamentlichen Bezüge keine willkürlichen Einfälle. Sie haben ihre Richtigkeit nicht in einem abstrakten Prinzip, sondern sie gründen in der Treue Gottes, die Israel und die Gemeinde nicht fallen läßt, sondern über beiden Teilen des Gottesvolks bleibt. An den einzelnen Beispielen in der Auslegung möge der Leser das nachprüfen.

An dieser Stelle soll der Jeremia-Vorlesung von Prof. W. Zimmerli in Göttingen aus dem Jahre 1962 gedacht werden, die mir meine Liebe zu Jeremia weckte[1].

Dieses Buch ist den Mitarbeitern der Kirchengemeinden Greifenstein und Edingen (Krs. Wetzlar) gewidmet, durch deren treues Begleiten meines Dienstes in den Jahren 1966/74 ich die Freude an der Auslegung der Heiligen Schrift immer neu gewann.

Dieter Schneider

[1] Zitiert: W. Zimmerli (N); ebenfalls benutzt und als (N) zitiert wurde eine autorisierte Vorlesungsnachschrift (1960/61) von Prof. C. Westermann.

Einleitungsfragen

Die Entstehung des Jeremia-Buches

Nach 36,2 diktierte Jeremia im Jahre 605 v. Chr. seinem Schüler und Mitarbeiter Baruch in eine Buchrolle »alle die Worte, die ich zu dir (sagt Jahwe) geredet habe über Israel, über Juda und über alle Völker, und zwar von da an, wo ich zu dir in den Tagen Josias geredet habe, bis heute«. Diese sog. »Urrolle« wird ganz sicher im wesentlichen die Prophetensprüche aus Kap. 2–25 enthalten haben, wobei Kap. 1 (Berufung) zur Legitimation des Propheten vor dem König Jojakim von Jeremia selbst hinzugesetzt worden ist. Fraglich ist, in welchem Umfang die sog. »Völkersprüche« (25,13–38; 46–51) schon zur »Urrolle« bzw. zu ihrer nach der Vernichtung durch Jojakim erfolgten erweiterten Ausgabe gehört haben. Sicher ist nur, daß Sprüche gegen die Völker zum Auftrag Jeremias gehört haben. Wenn auch die »Urrolle I und II« *Juda* anredete, so geschah dies doch nicht ohne das gleichzeitige Anreden der Völker durch Gott. Der Ernst der Gottesrede an Juda wird dadurch nicht verwässert. Es wird sichtbar, daß Gott als der Herr der *Völker* zu seinem *Volk* spricht[2].

Die Zusammenstellung aller Völkersprüche am Schluß des Jeremia-Buches scheint ein Werk späterer Hand zu sein. Die Völkersprüche, die in der Zeit um die Katastrophe Jerusalems entstanden sind, wurden mit den früher gesprochenen verbunden. Daß die Völkersprüche ursprünglich keinen festgelegten Platz im Jeremia-Buch hatten, sieht man auch daran, daß Kap. 46–52 in der alten griechischen Übersetzung des Alten Testamentes, der Septuaginta (abgekürzt LXX) unmittelbar nach Kap. 25 stehen[3].

Aus Kap. 46, einem kurzen Heilswort an Baruch, ersehen wir, daß dieser mehr war als ein Schreibgehilfe Jeremias, sondern von dem Geschick Jeremias selber betroffen war. Aus dieser Anteilnahme am Prophetenschicksal könnte man seine Urheberschaft der Kap. 37–44 folgern, die ja im wesentlichen das Leiden Jeremias beschreiben im Rahmen des Berichtes über die letzten Tage von Jerusalem. Zum Baruch-Bericht (den man am Prosa-Stil und etlichen immer wiederkehrenden Wendungen erkennt) könnte auch der erste Teil der Leidensgeschichte Jeremias gehören, nämlich die Kap. 26–29.

Sehr schwer sind die Kap. 30–33 in die Entstehungsgeschichte des Propheten-Bu-

[2] Vgl. aus der Berufungsgeschichte 1,10: »Siehe, ich bestelle dich heute als Prophet über Völker und Königreiche . . .«; siehe auch die Einzelauslegung zu den Völkersprüchen: manche sind sehr früh zu datieren.

[3] Im übrigen hat die LXX einen gegenüber dem hebr. Text um ein Achtel kürzeren Text. – Bei der Ablehnung der Verfasserschaft Jeremias für die Gerichtsworte gegen Babel (Kap. 50 u. 51) wird allgemein angeführt: Jeremia kann nichts von der Zerstörung Babels gesagt haben, weil er sie bestimmt nicht mehr erlebt hat. Dagegen ist zu sagen: Wir können uns durchaus vorstellen, daß Jeremia das Kommende in Auditionen (vgl. dazu die Auslegung von 4,5ff) vorweg erlebt hat und daß für ihn auch Babel seine begrenzte Zeit hat (vgl. 18,1ff).

ches einzuordnen. Die Heilsworte Jeremia ganz abzusprechen, widerspricht der Berufungsgeschichte: »Ich bestelle dich heute als Prophet . . ., um zu bauen und zu pflanzen« (1, 10). Andererseits hatte Jeremia begründete Hemmungen, das Heilswort neben das Gerichtswort zu stellen, weil er sah, wie seine Propheten-Kollegen (die »falschen Propheten«) mit ihren Heilsworten den Ernst der Lage Judas übertünchten. Nach G. v. Rad[4] könnte die Zeit nach der ersten Wegführung (598) eine erste Gelegenheit gewesen sein, in der Jeremia »in ihre ungläubige Niedergeschlagenheit und ihren ebenso ungläubigen Enthusiasmus (hinein)« eine Heilsbotschaft zu sagen wagte (vgl. aus dem Brief an die Exulanten, 29, 5–7). Vollends kurz vor (vgl. den zeichenhaften Grundstückskauf Jeremias in Kap. 32) bzw. nach der Katastrophe wird er den Auftrag bekommen haben, das volle Heil für sein Volk anzusagen[5]. Vielleicht hat Baruch im Zusammenhang seines Berichtes über die Leidensgeschichte Jeremias auch die Kap. 30–33 zusammengefügt und sie in die Mitte seines Berichtes gestellt: im und jenseits des Gerichtes ist das Heil in Sicht.

Kaum zu beantworten ist die Frage, wie die Konfessionen Jeremias, jene Zeugnisse von der persönlichen Not des Propheten[6] in den ersten Teil des Buches hineinkommen. Schwerlich haben sie schon in der Schriftrolle gestanden, die vor Jojakim verlesen wurde. Hat sie Jeremia der erneuerten Fassung zugefügt als Ausdruck seiner Not über die hochmütige Mißachtung seiner Worte? Hat sie Baruch aus dem Munde Jeremias nachgeschrieben, etwa um zu zeigen, daß auch schon der frühe Jeremia ganz in das Leiden als Knecht Gottes hineingezogen wurde? Hat ein späterer Abschreiber oder einer, der die Jeremia-Worte für den gottesdienstlichen Gebrauch fertigmachte, die Not seiner Gemeinde (nach dem Exil) mit hineinfließen lassen? So jedenfalls vermuten manche Ausleger. Festzuhalten ist auf jeden Fall, daß ihr Kern zur Person Jeremias gehört und daß sich die Klage in Israel bestimmter Formen und Formulare bedient, so daß es möglich ist, zwischen den Klagegebeten Jeremias und den Klageliedern des Psalters Parallelen zu entdecken.

In der Auslegungsgeschichte ist man davon ausgegangen, daß der Jeremia-Text im Laufe seiner Überlieferung gewachsen ist, daß sich in diesem oder jenem Abschnitt Situationen aus der Zeit der nachexilischen Gemeinde widerspiegeln[7]. Gelegentlich wird im Zuge der Auslegung darauf hingewiesen. Genaue Scheidungen zwischen »echt« und »unecht« sind prinzipiell nicht möglich, weil völlige Gewißheit mangels genauerer Kentnisse nicht möglich ist. Zum anderen: Eine Ausformung oder Neu-Akzentuierung eines Jeremia-Spruches durch »glaubende Gemeinde« würde nichts an der Autorität des göttlichen Wortes verändern. – Als nicht-jeremianisch werden

[4] Theol. d. AT II, 1965[4], 218.

[5] Möglicherweise gab es auch schon Heilsweissagungen Jeremias zur Zeit Josias, als dieser sich anschickte, die Nordprovinzen seinem Gebiet anzugliedern, vgl. die Ausl. zu 30,1ff.

[6] Vgl. S. 104f.

[7] Folgende Abschnitte erscheinen manchen Auslegern als sekundär: 10,1–16; 17,5–13; 17,19–27; 32,29–35; 32,37–41; 33. Nicht immer wird während der Ausl. darauf eingegangen.

Abschnitte vor allem aus dem ersten Teil des Buches angesehen[8], die durch ihren breiten Stil auffallen. Man meint, Reden oder Ansprachen zu hören, während die Prophetensprüche kurz und bilderreich sind. In feststehenden Wendungen wird von der Schuld des Volkes, den Mahnungen Gottes durch seine Propheten und Gottes richtendem Eingreifen gesprochen. Dieser Sprachstil erinnert an Wendungen aus dem 5. Buch Mose.

Viele Ausleger nennen die in Frage kommenden Abschnitte »deuteronomistische Redestücke«: Jeremia-Worte seien während der Exils- oder Nachexilszeit in dieser Weise umgeschrieben worden, um dem Volk, das sich nach der Katastrophe von 587 auf den rechten Weg zu Jahwe begeben wollte, den Ernst der Gerichte Gottes immer neu vor Augen zu halten. – Kap. 52 stimmt in vielem mit 2 Kö 24, 18ff überein und hat den Sinn, nach den Gerichtsreden über die Völker noch einmal Juda zu mahnen, das Gericht Gottes an ihm zu erkennen. Es wurde vermutlich von einem unbekannten Redaktor hinzugefügt.

Die Epochen des Wirkens Jeremias

1. Epoche: Von der Berufung (626 v. Chr.) bis einige Zeit vor dem Abschluß der Reform Josias (622 v. Chr.); im Jeremia-Buch: Kap. 1–6.

Schwerpunkt der Verkündigung: Ruf zur Umkehr in den alten Jahwe-Bund.

In der Zeit von 622 bis 609 hat Jeremia geschwiegen.

2. Epoche: Die Regierungszeit des Königs Jojakim (608–598); im Jeremia-Buch: Kap. 7–20; 22,13–19; 25; 26; 35; 36.

Schwerpunkt der Verkündigung: Das falsche Vertrauen auf den Tempel in Jerusalem; die politische Schaukelpolitik zwischen Ägypten und dem Zweistromland; die Mißstände im sozialen Bereich.

In dieser Epoche beginnt der Widerstand gegen Jeremia, der ihn zur Abfassung seiner »Konfessionen« bringt.

3. Epoche: Die Regierungszeit des Königs Zedekia bis zum Ende Jerusalems (598–587); im Jeremia-Buch: Kap. 21,1–22,9; 27–29: 34; 37–39.

Schwerpunkt der Verkündigung: Die Unterwerfung unter die Babylonier würde für Jerusalem das Ärgste verhindern.

[8] 7,1ff; 11,1ff; 16,1ff; 18,1ff; 21,1ff; 22,1ff; 25,1ff; 34,8ff; 35 (andere Ausleger nennen noch: 9,11–15; 17,19–27; 19 teilweise).

Zedekia öffnet sich der Botschaft Jeremias bis zu einem gewissen Grad, aber letztlich erweist sich der Einfluß seiner Militärs und Berater als stärker.

4. Epoche: Von der Zerstörung Jerusalems an; im Jeremia-Buch: Kap. 40–44.

Schwerpunkt der Verkündigung: Erneute Anklage wegen Götzendienst des Rest-Volkes Juda.

Die Wirren nach der Ermordung des Statthalters Gedalja; die Flucht nach Ägypten.

Die geschichtlichen Voraussetzungen der Verkündigung Jeremias

Für das Wohl und Wehe des Königreiches Davids war – vom Politischen aus gesehen – eine Tatsache von grundlegender Bedeutung: Das Bestehen dieses Staatengebildes im syrisch-palästinischen Raum war immer nur dann gegeben, wenn die beiden großen Reiche im Zweistromland (Mesopotamien) und in Ägypten sich in einem Zustand politischer Schwäche befanden und so jenem Raum eine »Atempause« ließen. Nicht nur das Davidreich bzw. seine beiden Teilstaaten Juda und Israel, sondern auch alle anderen Kleinstaaten im Raum Syrien–Palästina erlebten immer wieder Zeiten der völligen oder teilweisen Abhängigkeit und Zeiten, wo für sie eine staatliche Eigenständigkeit möglich war.

Der größte Einfluß ging von den Reichen im Zweistromlande aus, die wegen der ständigen Auseinandersetzung mit der zweiten Macht des Alten Orients, Ägypten, den syrisch-palästinischen Raum nicht unabhängig bleiben lassen konnten, weil sonst die Gefahr eines Bündnisses dieser Länder mit dem Nilland gegeben war. Zwei große Reiche waren es, die vom Zweistromland aus die Geschicke in Syrien–Palästina bestimmten:

Die *Assyrer* von der Mitte des achten Jahrhunderts v. Chr. an, etwa ab 745 mit Tiglatpileser III. und seinen Nachfolgern Salmanassar V., Sargon, Sanherib, Assarhaddon und Assurbanipal. In die Zeit des Assurbanipal fällt schon der Untergang des assyrischen Großreiches mit der Eroberung von Ninive, der assyrischen Königsstadt, durch die vereinigten Babylonier, Meder und Skythen. Das für uns wichtigste Ereignis aus dieser Zeit ist die Zerstörung des Nordreiches Israel mit der Eroberung seiner Hauptstadt Samaria unter Sargon. Damit war jegliche staatliche Eigenständigkeit des Nordens Palästinas ausgelöscht (722 oder 721 v. Chr.). Die Assyrer führten eine besondere Befriedungspraxis durch, die auch für die Folgezeit ihre Auswirkungen hatte, nämlich die Verpflanzung der Oberschicht des eroberten Landes in das Zweistromland und die Schaffung einer neuen Oberschicht mit assyrischen Beamten und deren Familien, was auf die Dauer zu einer Bevölkerungsmischung im Lande führte.

Die *Babylonier*[9], die das Erbe der Assyrer übernahmen. Ihr Reich war kurzlebiger als das der Assyrer; es erreichte unter Nebukadnezar[10], dem zweiten Babylonier-König bereits seinen Höhepunkt. Nach seinem Tod begann der Zerfall des Reiches, bis 539 v. Chr. Cyrus, der König der Meder und Perser, Babylon eroberte und damit die babylonische Herrschaft beseitigte. Das für uns wichtigste Ereignis aus der babylonischen Zeit ist die Eroberung und Zerstörung Jerusalems im Jahre 587 v. Chr. mit der zweiten Wegführung der judäischen Oberschicht nach Babylon, nachdem schon 598 v. Chr. – gewissermaßen als Vorwarnung – eine erste Wegführung stattgefunden hatte. Aufs ganze gesehen waren die Chaldäer in ihrer »Befriedungspolitik« nicht so grausam und so konsequent wie die Assyrer.

Die *Ägypter* sind in der Intensität ihrer Beeinflussung des palästinischen Raumes nicht mit den Assyrern und Chaldäern zu vergleichen, doch das folgenschwere Ereignis des Jahres 609 v. Chr. ist durch ihre Politik veranlaßt worden: Pharao Psammetich I. (663–609 v. Chr.) führte das Nilland wieder zu altem Glanz zurück. Sein Nachfolger Necho (609–593 v. Chr.) wollte jedoch die niedersinkende assyrische Großmacht nicht ganz zugrunde gehen lassen, weil er ein verkleinertes Assyrien als ein Bollwerk gegen die aus den iranischen Bergen andrängenden Völkerschaften ansah. Im Zuge dieser ägyptischen Stützmaßnahmen für Assyrien kam es 609 v. Chr. zu einem Feldzug Nechos durch Palästina, um dem letzten assyrischen König Assur-Uballit zu Hilfe zu eilen. Der judäische König Josia stellte sich ihm aus nicht ganz erfindlichen Gründen bei Megiddo in der Jesreel-Ebene entgegen – und fiel. Necho nutzte die Gelegenheit, die ihm die Stunde bot, und regelte von sich aus die Nachfolge auf dem Davidsthron in Jerusalem, indem er den Thronfolger Joahas absetzte und den Josia-Sohn Eljakim zum König bestimmte. Indem er ihm den Namen Jojakim gab, machte er den Judäern deutlich, daß eine Königswahl in Jerusalem von nun an nicht ohne die Billigung Ägyptens geschehen konnte. Zwar erlitt er in den darauffolgenden Jahren Niederlagen durch die Chaldäer, aber der Einfluß der Ägypter dürfte von jenem Jahr an nie mehr ganz aufgehört haben. Die Schaukelpolitik Jojakims zwischen Unterwerfung unter Babylon und Aufstand gegen Babylon kann man sich erklären, wenn man den Einfluß der Ägypter in Rechnung stellt.

Die Eigenart der prophetischen Verkündigung Jeremias

Diese Zeit des Hin und Her zwischen Abhängigkeit und Freiheit von den ausländischen Mächten wird in Israel und Juda begleitet und gedeutet von Männern, die man Propheten nennt. Sie verkündigen Jahwe, den Gott Israels, als den, der hinter all diesen Ereignissen steht. Sie wissen von einer besonderen Legitimation durch Jahwe –

[9] Auch Neu-Babylonier oder – so immer im Jer.-Buch – Chaldäer (eigentlich: Chassdim) genannt.

[10] Im Jer.-Buch häufiger: Nebukadrezar, was dem Buchstabenbestand in der Keilschrift des Zweistromlandes entspricht; wir bleiben aber bei der Schreibung Nebukadnezar, weil sie sich eingebürgert hat.

die Bibel nennt sie »Berufung« – zu solch einem Auftrag. Sicher war Israel vom Anfang seiner Geschichte an bedrängt von Nöten, die von außen kamen, aber niemals war es bis dahin so sehr verflochten mit den Ereignissen der großen Weltpolitik wie ab der Mitte des achten Jahrhunderts v. Chr. Die außergewöhnliche Situation benötigte auch außergewöhnliche Gaben. Darum unterscheiden sich die Männer, die Jahwe nunmehr sendet, in vielem von den bisherigen Jahwe-Boten. Vor allem, weil die Tempelpriesterschaft sich zunehmend der Politik der Könige gegenüber unkritisch verhielt, bedurfte es ganz neuartiger Mahner.

Im Zuge der Verflechtung Israels und Judas in die Geschicke der Weltpolitik vollzog das Volk Gottes nach und nach – manchmal sogar unbewußt eine Verschmelzung des Jahwe-Glaubens mit dem Götter-Dienst der Nachbarn. Das war seit der Landnahme Israels ständige Gefährdung, findet aber in Jeremias Zeit eine besondere Konzentration. Sieg eines Königreiches über ein anderes bedeutete im Alten Orient immer zugleich Übernahme der Gottheiten des Siegers durch den Besiegten, und zwar vornehmlich im Staatsheiligtum der Hauptstadt. In Samaria und Jerusalem war es nicht anders. Was die Bewohner der Metropole taten – oftmals auch tun mußten, weil hier der Einfluß der fremden Macht naturgemäß am stärksten war – das taten die Landbewohner auf ihre Weise: Man griff auf die vielen Lokal-Gottheiten der kanaanäischen Ur-Bevölkerung zurück, deren religiöse Welt niemals ganz durch Israel überwunden worden war.

Schematisch gesprochen hat die prophetische Verkündigung zwei Adressaten:

1. die Bevölkerung in Stadt und Land, die den alten Jahwe-Glauben durch kanaanäische Kultpraktiken verkehrt hat;

2. das Königshaus in Jerusalem (bis 721 v. Chr. auch noch das Königshaus in Samaria), das seine Politik nicht im Gehorsam gegen Jahwe betrieb, sondern einzig aufgrund realpolitischer Erwägungen zwischen Bündnis und Aufstand hin- und herschwankte. In beiden Fällen lautet die Anklage des Propheten: Ihr habt das Bundesverhältnis mit Jahwe eigenmächtig aufgelöst!

Der Prophet wird von Jahwe dazu berufen, Volk und Königshaus energisch an das zu erinnern, was Gott in ihrer Geschichte gewirkt hat. Er ist verwachsen mit dem Gottesdienst und den Glaubenszeugnissen (Traditionen) der Väter Israels. Unsere Auslegung wird zeigen, wie das Neue, das der Prophet zu sagen hat, ganz in den Überlieferungen der Väter zu Hause ist. Diese Bindung an die Überlieferungen ist bei genauem Hinsehen nicht einfach ein Wiederholen (etwa der Zehn Gebote oder anderer Gebotsreihen), welches zu den Pflichten der alttestamentlichen Priesterschaft gehörte, sondern ein Zuspitzen, so etwas wie eine Bündelung dessen, was Gott eigentlich in dem bisherigen Verlauf der Heilsgeschichte gemeint hatte[11].

[11] Offenbar ist es für die Juden immer ein Problem gewesen, aus den vielen Worten des mosaischen Gesetzes die »Mitte der Schrift« herauszufinden, vgl. Mt 22,34–40. Jesus verhält sich dort wie ein Prophet, indem er das ganze AT zu dem »Doppelgebot der Liebe« bündelt und zuspitzt.

Bei Jeremia ist es der *Bund* mit seinen Konsequenzen für das Volk Gottes[12]. Er aktualisiert das, was Mose schon längst gesagt hatte, für die Zeit, in der er lebt, und zwar hinsichtlich der beiden Seiten, die der Bund Gottes mit Israel schon am Horeb zum Inhalt hatte: Bund als Gabe Jahwes – Bund als Treue Israels Jahwe gegenüber.

Wie sonst bei keinem alttestamentlichen Propheten wird bei Jeremia sichtbar, wie sehr ein Prophet mit dem Geschick seines Volkes verwoben sein kann. Was Gott zu ihm sagt, reicht er nicht teilnahmslos weiter, sondern Gottes Worte nehmen ihn, den Menschen Jeremia, ganz in Beschlag, ja, sie peinigen ihn und führen ihn in große seelische Not (vgl. den Exkurs zu den sogenannten »Konfessionen«, S. 104f). Er, dessen Worte nach dem Willen Gottes Juda treffen sollen, ist selbst ein Betroffener! – Parallel zu seinen Klagegebeten steht seine Leidensgeschichte, die sein Schüler Baruch (Kap. 26ff) aufgezeichnet hat. Dadurch soll deutlich werden, daß man Gottes Wort, das durch den Mund Jeremias ergeht, nicht ohne die Lebens- und Leidensgeschichte des Propheten verstehen kann. Gottes Wort nimmt also Knechtsgestalt an, indem es sich mit der Geschichte des Menschen Jeremia aus Anathoth verbindet (und zu dieser Geschichte gehören Jeremias Deutung der Weltgeschichte ebenso wie seine Neuinterpretation der Väterüberlieferungen) – und ist gerade so Gottes Wort!

Schematisch dargestellt:

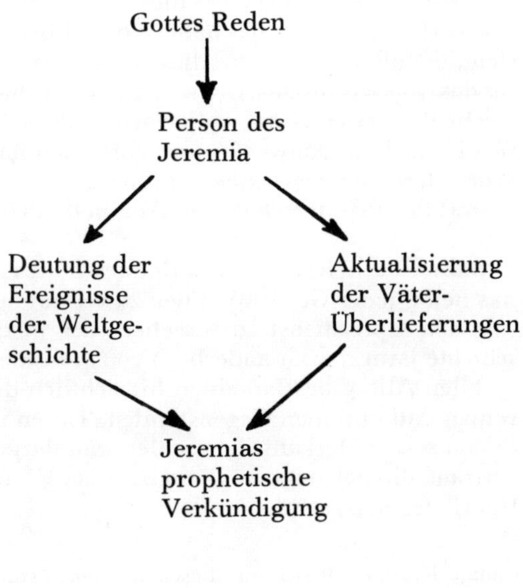

12 Darum wird auch die Auslegung von Jer 2,1–4,4 besonders ausführlich sein, weil dort das Herzstück der Verkündigung Jer.s liegt.

Auslegung

WORTE JEREMIAS AUS DER ZEIT JOSIAS: KAP. 1–6

Die Einleitung zum Jeremia-Buch: 1,1–3

1 **Worte Jeremias, des Sohnes Hilkias,** (der) **aus der Priesterschaft**
2 **von Anathoth im Lande Benjamin** (stammt).* **An ihn erging das**
[a] 2Kö 22,1–23,30 **Wort Jahwes in den Tagen des judäischen Königs Josia**[a] **des Sohnes**
2Chro 34; 35 3 **Amons,** (und zwar) **im 13. Jahr seiner Regierung.*** (Ferner) **erging**
[b] 2Kö 23,31–25,21 (es an Jeremia) **in den Tagen des judäischen Jojakim**[b]**, eines Sohnes**
2Chro 36 **Josias, bis zum Ende des elften Regierungsjahres des judäischen**
Königs Zedekia, eines (weiteren) **Sohnes Josias, bis zur Wegfüh-**
rung (der Bewohner) **Jerusalems** (nach Babylon) **im fünften Monat**
(jenes Jahres).

Diese Einleitung zum Jeremia-Buch stammt nicht von dem Propheten, sondern von einem späteren Abschreiber, der die Worte und Ereignisse aus dem Leben Jeremias zusammenstellte:

1 **»Worte Jeremias«** – das hebr. Wort »dibrē« (von »dabār«), das hier steht, umfaßt mehr als das dt. *»Worte«.* Es ist zugleich ein Ausdruck für das, was wir im Deutschen »Taten«, »Ereignisse« nennen würden. Die beiden ersten Worte wollen also in die »Geschichte und Ereignisse, die das Wort Jahwes in den Worten Jeremias hatte und durch die Worte Jeremias bewirkte«, einführen.

»aus der Priesterschaft von Anathoth«. Die Aufgabe der Priester war:

a) die Überlieferungen des Bundes Gottes mit Israel zu bewahren, das heißt, jeder Generation neu zu verkündigen;

b) den Opferdienst zu versehen, der in den Anfängen der Geschichte Israels auch außerhalb von Jerusalem stattfand;

c) den Alltag des Israeliten hinsichtlich der Unterscheidung von reinen und unreinen Gegenständen, Tieren usw. zu beobachten.

Von seiner Herkunft her ist Jeremia darum mit Überlieferungen vertraut, die sich mit dem Bund befassen[13] [c], ferner mit dem rituellen Überlieferungsgut[14] [d].

[c] 2,1ff
[d] 3,2ff; 1,5

[13] Besonders der junge Jeremia hat sich mit diesen Gedanken stark befaßt, vgl. 2,1ff.
[14] Z. B. nennt Jeremia in 3,2ff das fortgesetzte Sündigen eine »Verunreinigung« des Landes; aber auch der Zentralbegriff aus der Berufungsgeschichte (1,5) »geheiligt« stammt aus der priesterlichen Begriffswelt.

Anathoth[15] – ca. 5 km nordöstlich von Jerusalem, eine Levitensiedlung.

»An ihn erging das Wort Jahwes.« Oft wird auch übersetzt: *»geschah das Wort Jahwes«*. Hinter dieser auffälligen Formulierung steht: 2

a) Das Wort ist nicht wie in unserem abendländischen Sprachempfinden der Übermittler einer Bedeutsamkeit (hat es eine bestimmte Wahrheit übermittelt, tritt es zurück). Sondern das Wort Gottes als solches ist eine Mächtigkeit, es hat also nicht nur insofern Kraft, als es »etwas« aussagt.

b) Wann das Wort Gottes »ergeht« oder »geschieht«, ist unvorhersehbar. Es trifft ein, wann, wo und wie es Gott gefällt. Weil Gott der Freie ist, ist auch sein Wort unverfügbar. Aber gerade darin liegt die Kostbarkeit dieses Wortes: die unverdiente Gnade und Zuwendung Gottes zum Menschen leuchtet hier auf. Daß das Wort auf diese Weise eintrifft, hat darum nichts mit einer launischen Willkür Gottes zu tun.

c) Nach der hebr. Sprachlehre muß es heißen: »das« Wort Gottes, nicht »ein« Wort Gottes: Gott tut nicht eine Meinung kund, die erst mit anderen zusammengestellt werden müßte, um dann einen »Sinn« zu ergeben, sondern: »das« Wort Gottes ist ganz bestimmt gültig für eine konkret beschriebene Situation, darum unbedingter Wille Gottes, der augenblicklich Gehorsam erheischt. Darum muß der Prophet immer wieder warten, bis er »das« Wort Gottes für eine bestimmte Stunde bekommt und kann nicht aus dem Schatz seiner Erfahrungen »ein« Wort Gottes auswählen und es beliebig anwenden.

»in den Tagen des judäischen Königs Josia«. Weil wir im Jeremia-Buch ausreichend über die Könige Jojakim und Zedekia[16] unterrichtet werden, über Josia aber so gut wie nichts verlautet, müssen wir an dieser Stelle aus unserer Kenntnis der Geschichte Judas einiges über Josia zusammentragen. Josia und sein Werk sind nicht unerheblich für das Verständnis der Botschaft Jeremias.

Auszugehen ist von der Tatsache, daß einige Zeit nach dem Fall Samarias (721 v. Chr.) auch das Südreich Juda unter den Einfluß As-

[15] Nach G. v. Rad (Theol. d. AT I, 1961, 31) könnte sich hinter diesem Ortsnamen der Name der kanaanäischen Göttin »Anath« verbergen. Wenn das stimmt, dann könnte Jeremia schon als junger Mensch in seinem Heimatort auf die Spuren einer heidnischen Fruchtbarkeitsreligion gestoßen sein. Die Verwendung des Bildes von der Ehe Gottes mit Israel in den Kap. 2 und 3 im Zusammenhang mit seiner Aktualisierung der Bundestheologie könnte dann seine Reaktion auf diese von ihm vorgefundene Religiosität sein, wobei ihm sein »geistlicher Vater« Hosea, der in ähnlicher Auseinandersetzung in Nordisrael stand, auf literarischem Wege beigestanden haben könnte.

[16] Über die beiden nur kurze Zeit regierenden Könige Joahas (= Schallum) und Jojachin (= Konja) hören wir in der Einleitung nichts, ebenso nichts von dem Statthalter Gedalja.

syriens kam, was für Jerusalem die Verpflichtung mit sich brachte,
[e] 2Kö 16,10–18 dem assyrischen Staatskult im Tempel einen Platz einzuräumen[17 e]. Zwar gelang es dem König Hiskia (716–687 v. Chr.) für kurze Zeit – wegen der damaligen Schwäche Assurs – den assyrischen Staatskult zu beseitigen, doch bald wurde er wieder gezwungen, dem Gott aus Assur zu huldigen. Besonders unter der langen Regierungszeit des Hiskia-Sohnes Manasse (687–642 v. Chr.) wurde der fremde Kult in Jerusalem so heimisch, daß auch die Landbevölkerung sich dadurch ermutigt sah, ebenfalls diesem Kult zu huldigen, teils durch Wiederbelebung alt-kanaanäischer Heiligtümer, teils durch direkte Übernahme religiöser Praktiken aus dem Zweistromland.

Als jedoch das assyrische Reich sich aufzulösen begann, sah der regierende König Josia die Zeit für gekommen an, sich vom assyrischen Joch zu lösen. Zunächst stellte er die Tributzahlungen ein und schickte sich an – vorsichtig vorgehend, denn er fand in den Nordprovinzen einen noch weitgehend intakten assyrischen Verwaltungsapparat vor –, die Grenzen des alten Davidsreiches wiederherzustellen. Sodann verfügte er im Zuge der Loslösung von Assur auch die Beseitigung des fremden Kultes sowohl in Jerusalem als auch im Lande Juda
[f] 2Kö 23,4–20 und in den von ihm zurückgewonnenen Nordprovinzen[f].

Dann aber ereignete sich etwas im Jahre 621 v. Chr., von dem wir gerne genauer wüßten, wie sich Jeremia dazu stellte: Bei Aufräumungsarbeiten im Tempel wurde ein »Gesetzbuch« gefunden, dessen Inhalt sich Josia sehr zu Herzen nahm. Allerdings kam es den Plänen Josias sehr entgegen, brachte es doch zu seinen politischen Erneuerungsbestrebungen die geistliche Komponente hinzu, indem es für den *einen* Gott den *einen* Kultort forderte. – Von Josia wird berichtet, daß er die »Höhen« abtat. Unter diesen »Höhen« hat man sich einerseits Jahwe-Heiligtümer vorzustellen, die aber teilweise schon mit den heidnischen Kulten sympathisierten. Diese Heiligtümer löste Jo-
[g] 2Kö 23,8f sia auf und beorderte deren Priester nach Jerusalem[g]. Dort sollten sie mit der bisherigen Priesterschaft im Wechsel den Tempeldienst versehen. Andererseits haben wir uns unter den »Höhen« Heiligtümer vorzustellen, die ganz und gar dem heidnischen Wesen verfallen waren; diese wurden durch Josia völlig zerstört, und ihre Priesterschaft
[h] 2Kö 23,19f wurde getötet[19 h].

So sehr diese Unternehmungen Josias zu begrüßen sind – und das Alte Testament rechnet sie ihm hoch an! –, zu erwägen bleibt, ob nicht

[17] Vgl. 2Kö 16,10–18, wo beschrieben wird, wie der judäische König Ahas sich in Damaskus einen assyrischen Altar ansehen muß, um einen ähnlichen in Jerusalem zu errichten.

[19] Hierzu gehörte auch das Heiligtum in Bethel, das zwar ursprünglich eine Stätte der Jahwe-Verehrung war (vgl. 1Mo 28,10ff), aber entsprechend der Weissagung von 1Kö 13,1ff schon längst für den Untergang bestimmt war.

in der Kultkonzentration, die Josia vollzog, auch Gefahren lauerten, sicher von ihm nicht ausreichend bedacht:

a) Ist es eigentlich ein echter Gegensatz, das *eine* Heiligtum in Jerusalem zu fordern und zugleich auf dem Lande Stätten der Anbetung Jahwes zu belassen? Sicher war auf dem Lande immer die Gefahr der Vermischung mit Fremden gegeben – aber gab es nicht aus der Geschichte des Volkes Israel etliche Orte, an denen die Patriarchen Gott begegnet waren? Hielt man nicht dort Überlieferung von jenen Gottesbegegnungen in Ehren?

b) Entstand nicht dadurch für die Jerusalemer Priesterschaft die verhängnisvolle Versuchung, die Stadt Jerusalem als solche für besonders auserwählt, ja sogar für bevorzugt anzusehen? Die Vermutung hat manches für sich, wenn wir meinen, daß die übersteigerte Hochschätzung des Tempels, wie sie in 7,1ff sichtbar wird, ihre Wurzeln in eben jener Kultkonzentration haben kann.

c) Hat nicht Josia dadurch, daß er das Land regelrecht von allen »Geistlichen« entblößte, indirekt die Voraussetzungen für die Bildung eines »geistlichen Proletariats« geschaffen, nämlich tausender arbeitsloser Priester – der Tempeldienst brauchte doch nicht eine derartig große Anzahl von Priestern –, denen es um die Erhaltung ihrer Existenz willen wohl nur darum ging, beim Volk und beim Königshaus Wohlwollen zu erwerben? Vermutlich kamen mit jenen Leviten auch die Scharen der »Nabis« (= Propheten), mit denen Jeremia in Jerusalem zu kämpfen hatte[20].

Jeremia hat sich zur Reform Josias nicht geäußert. Wahre Prophetie hat nicht zu allem und jedem ein »Wort zur Lage« zu sagen. – Vielleicht bietet 3,10 einen versteckten Hinweis auf die Beurteilung der Josia-Reform durch den Propheten: Ihr habt wohl eine Umkehr vollzogen – aber nur mit halbem Herzen! – Ferner kann man 30,1ff als eine gewisse Billigung der nordisraelitischen Unternehmungen Josias durch Jeremia verstehen. In diesem Fall haben wir hier aber eine bemerkenswerte Korrektur dieses machtpolitischen Unternehmens (vgl. die Auslegungen z. St.) vor uns.

[20] Es ist nicht ganz deutlich aus dem Jeremia-Buch zu ersehen, wieweit jene Prophetenscharen wenigstens teilweise mit den vom Lande hereinströmenden Priesterscharen identisch waren. Oder hatte vielleicht die Jerusalemer Priesterschaft schon Verbindungen mit jener ungeistlichen Prophetie aufgenommen? Wir können nur Vermutungen aussprechen. Interessant ist in diesem Zusammenhang, daß beispielsweise der Priester Paschhur, der im Tempel gefangennimmt (20,1ff), von diesem wegen seiner falschen Prophetie verurteilt, ja in der griech. Übers. sogar als »Pseudo-Prophet« bezeichnet wird (V. 1).

Die Berufung Jeremias zum Propheten: 1,4–10

4/5 **Und es erging an mich das Wort Jahwes folgendermaßen: *Noch**
bevor ich dich bildete im Mutterleib, habe ich dich (schon) **er-**
kannt; noch bevor du hervorkamst aus dem Mutterschoß, habe ich
dich geheiligt[a]; zum Völkerpropheten habe ich dich bestimmt.
6 ***Aber ich sprach: Ach mein Herr Jahwe! Ich habe** (noch) **nicht zu**
7 **reden gelernt, denn ein Jüngling bin ich** (noch)[b]. ***Aber Jahwe**
sprach zu mir: Du sollst nicht sagen: ein Jünglich bin ich (noch)[c]**!**
Denn zu allen[21], zu denen ich dich schicke, wirst du (auch) **gehen.**
8 **Und alles, was ich dir auftrage, wirst du reden[d]. *Fürchte dich**
nicht vor ihnen, denn ich bin mit dir[e], um dich (aus der Bedräng-
9 nis) **herauszureißen, – Ausspruch Jahwes. *Und Jahwe reckte[22]**
seine Hand aus und berührte[23] meinen Mund[f]; und Jahwe sprach
10 **zu mir: Hiermit lege ich meine Worte in deinen Mund[24]. * Siehe,**
ich bestelle dich heute (als Prophet) **über Völker und Königreiche,**
um auszureißen und abzubrechen, um zunichte zu machen und in
Trümmer zu legen, (aber auch) **um zu bauen und um** (neu) **zu**
pflanzen[g].

[a] 2Mo 28,36 Jes 49,1 Rö 1,1 Gal 1,15
[b] 2Mo 4,10 Hi 32,6.7
[c] 1Tim 4,12
[d] 15,19
[e] 2Mo 3,12 Apg 18,9.10
[f] Jes 6,6.7
[g] Kap. 46–51

5 **»Habe ich dich geheiligt.«** In diesem Vers haben wir drei parallele Zeitwörter: *»erkannt« – »geheiligt« – »bestimmt«*. Sie stehen im hebr. Perfekt; damit soll gesagt sein: sie beschreiben einen Zustand, in dem sich Jeremia bereits befindet. Er hat es nur noch zur Kenntnis zu nehmen. Die beiden ersten Begriffe drücken ein persönliches Verhältnis zu Gott aus, der dritte beschreibt in Fortsetzung der beiden ersten gewissermaßen die »sichtbare Seite« des besonderen Verhältnisses, in dem Jeremia zu Gott steht.

Unter den beiden ersten Begriffen ist *»geheiligt«* ein alttestamentliches Schlüsselwort. Von diesem Wort her fällt Licht auf das Wesen von Berufung und Auftrag Jeremias. – Folgende Aspekte ergeben sich für dieses Wort aus dem biblischen Zeugnis:

a) Geheiligt sein heißt: Ganz für Gott in Anspruch genommen sein[25].

[21] o. überall, wohin ich dich schicke.
[22] w. sandte.
[23] w. schlug auf.
[24] w. gegeben.
[25] Ähnlich redet der Apostel Paulus von sich, dessen Apostelamt damit ebenfalls in die Nähe eines Priesterdienstes kommt: ». . . ausgesondert für das Evangelium Gottes« (Rö 1,1). – »Aus-gesondert« heißt es, nicht »ab-gesondert«. Es geht also bei Gottes Berufungen nicht um die Trennung des Berufenen von Seinesgleichen, sondern um das vorbehaltlose Dasein für Gott.

b) Eine Entsprechung zur Priesterweihe, die Mose an Aaron und dessen Söhnen vollzieht, fällt auf[26]. Von dorther hat die Annahme viel für sich, daß Berufung zum Prophetendienst zugleich eine Berufung zu einem Priesterdienst neuer Art ist, ohne daß die Berufung Jeremias eine äußere Ähnlichkeit mit einer Priesterweihe hat.

c) Prophetsein heißt: einen Dienst der Stellvertretung zu tun. Dies wird deutlich aus einer weiteren Parallele. Das Geheiligtsein des Priesters will nicht zu einer festen und selbstverständlichen Eigenschaft werden, sondern es meint eine Beauftragung zu einem Dienst[27]. Wie der Priester ausgesondert wird, damit die Kinder Israel ständig im Gedächtnis vor Gott sind, so wird auch Jeremia ausgesondert, daß er mit seiner Person und seinem ganzen Leben für das Juda der letzten Jahrzehnte vor der Zerstörung Jerusalems mitleidend und fürbittend (obwohl ihm die Fürbitte dann auch von Gott genommen werden kann) vor Gott steht. Die Aussonderung Jeremias zum Dienst für Gott erschöpft sich nämlich nicht in der Übermittlung von Gottessprüchen. Aber Gott will seine Gerichte nicht stumm über sein ungehorsames Volk hereinbrechen lassen, ohne daß es durch das Mahnen, Erinnern und Fürbitten eines treuen Boten hindurch geht! – Wir sehen also den Priesterdienst Jeremias nicht kultisch[28], sondern als ein umfassendes Einstehen mit Leib und Leben für sein Volk vor Gott an.

Erstaunlicherweise wird dieser Dienst nicht auf Juda eingegrenzt, sondern auf die Völker ausgeweitet. Es ist nicht einfach, diesen Völkerdienst des Jeremia näher zu bestimmen. Bei der Beantwortung dieser Frage ist folgendes in Betracht zu ziehen:

a) Obwohl Jeremia niemals zu einem ausländischen König persönliche Beziehungen aufgenommen hat, hatte er die fremden Machthaber ständig in seinem Blickfeld: sie sind nach der ihm gegebenen Einsicht Gerichtswerkzeuge Gottes[29].

[26] Der Priester soll ein Stirnblatt tragen, auf dem eingegraben ist: »Heilig dem Herrn!«

[27] Das wird z.B. deutlich in 2Mo 28,12: ». . . zum gnädigen Gedenken an die Kinder Israel, so daß Aaron ihre Namen trage auf seinen beiden Schultern vor dem Herrn, damit der Herr ihrer gedenke.« Oder V. 38: »(Das Stirnblatt) soll sein auf der Stirn Aarons, damit Aaron bei allen ihren Opfern alle Sünde trage . . .« Also: *Einer* wird geheiligt, damit die *Vielen* geheiligt werden! Die Linie von dem Einen zu den Vielen kommt im Neuen Testament in Jesus zum Ziel, Jo 17,19: »Ich heilige mich selbst für sie, damit auch sie geheiligt seien in der Wahrheit.« Von Jesus geht dieser Priesterdienst weiter zu seinen Nachfolgern, 1Petr 2,9: »Ihr seid . . . das königliche Priestertum, das heilige Volk, daß ihr verkündigen sollt die Wohltaten dessen, der euch berufen hat . . .«

[28] Und trotzdem benutzt Gott für sein Reden die dem Jeremia vertraute Sprache aus seinem priesterlichen Vaterhaus. Ein Beispiel für die Anknüpfung Gottes an das, was uns vertraut ist, wenn er einen Auftrag gibt!

[29] Z. B. der »Feind aus dem Norden«, der ab Jer 1,14 im Jeremia-Buch immer wieder vorkommt.

b) Das Gericht am Volke Gottes wirkt sich für die Völker zum Guten aus: die nach Babylon Verbannten sollen für ihre Verbanner Fürbitte
[h] 29,7 tun[h]!
[i] 3,17 c) Die Heiden werden mit dem kommenden Israel gesegnet, das sich zu Gott bekehrt[i].

d) Dennoch werden auch die Völker (genauso wenig wie das Gottesvolk) dem Gericht entgehen können[30].

Zusammenfassend halten wir fest:

Das Heiligsein Jeremias ist nicht das Ergebnis seines Lebens – wie unser der Werkgerechtigkeit verhaftetes Denken immer wieder meint –, sondern die Voraussetzung seines Prophetseins. Vor allem Dienst an Menschen im Namen Gottes steht das Dasein für Gott. Jeremias menschliches Wesen geht nicht in seinem Dienst auf, obwohl – wie wir noch sehen werden – dieser Dienst ihn ganz und gar in Anspruch nimmt. – Daß das, was man die »persönliche Dimension« im Leben der Gottesknechte nennen könnte, nicht zu kurz kommt, beweist auch die Verknüpfung von **»habe ich dich geheiligt«** mit:

»habe ich dich erkannt«. In dem vorausgehenden Nebensatz heißt es: **»bevor ich dich bildete«.** »Bilden« ist mehr die äußere, »handwerkliche« Seite von Gottes Schöpfungsakt, während »erkennen« mehr die innere, »geistliche« Seite bezeichnet. Was Gott erkannt hat, das liebt er mit ewiger Treue. Wen Gott erkannt hat, den verwechselt er nicht mit einem anderen, dem wendet er sich zu, so daß der Erkannte staunend bekennen kann: Ich glaube, Gott hat sein ganzes Heilswerk nur meinetwegen in Gang gesetzt[31].

6 **»Aber ich sprach«.** Gott sagt: Ich habe dich erkannt, im Sinne von: Ich liebe dich; Jeremia hingegen leistet Widerstand: Siehe, **»ich habe nicht erkannt zu reden«** im Sinne von: Ich kann nicht reden. Jeremia verwechselt die Berufung zum Propheten mit der Frage nach seinem Redetalent[32]. Wenn in der Bibel von der Berufung eines Propheten berichtet wird, ist dessen Bereitschaft normalerweise im Augenblick

[30] Vgl. die Völkersprüche Jer 46–51.

[31] Gottes Erkennen des Menschen – was nicht zu verwechseln ist mit einem lieblosen Analysieren – hat auch im Neuen Testament den Vorrang gegenüber der durch Christus vermittelten Gotteserkenntnis der Gläubigen. So nennt Paulus seine Gotteserkenntnis »Stückwerk« und sieht seine Gotteserkenntnis erst am Tage der Vollendung des Reiches Gottes als vollkommen an. Der letzte Satz von 1Kor 13,12 heißt: »Dann aber werde ich erkennen, gleichwie ich erkannt bin.« Er spricht die gleiche Sprache wie Gott in Jer 1,5.

[32] Vgl. dazu Moses Weigerung 2Mo 4,10–12. – Eigentlich verhält sich Jeremia so, wie es einem israelitischen jungen Mann zustand: Die Jugend hat zu schweigen (vgl. dazu den Eingang der Rede Elihus, Hi 32,6.7 oder das ehrerbietige Verhalten Moses seinem Schwiegervater Jethro gegenüber, 2Mo 18,7a.24). Wenn aber *Gott* redet, spielt das Alter keine Rolle, vgl. 1Tim 4,12: »Niemand verachte deine Jugend.«

da[33]. – Was in der Ewigkeit durch den unausforschlichen Willen Gottes bereits fest umrissene Gestalt angenommen hatte (»geheiligt«, »erkannt«), stößt in der Zeit auf das Nein eines sterblichen Menschen! Hier wird deutlich, daß Gottes Offenbarung sich dem menschlichen Widerspruch aussetzt – und doch zu ihrem Ziel kommt. Aber trotzdem: Gott redet weiter! Das ist seine unbegreifliche Barmherzigkeit, daß er sein Rufen und Berufen durchhält angesichts menschlicher Weigerung:

». . . wirst du gehen«. Gott läßt sich zwar auf ein Gespräch[34] ein, 7
doch sein erneutes Reden ist nur die Wiederholung seiner ursprünglichen Worte[35]: Gott stellt fest, daß Jeremia gehen wird. So bestimmt und kompromißlos ist das Reden Gottes! – Dabei liefert Gott dem Propheten kein abgerundetes Predigtprogramm mit: Jeremia muß gehen, ohne daß er im einzelnen weiß, was er zu sagen hat. Wir erinnern uns hier an den Geschehens-Charakter des Wortes Gottes, wie er uns schon in V. 4 deutlich wurde: das Wort Gottes trifft ein, wann es Gott gefällt; der Prophet hat nicht über es zu grübeln, sondern bereit zu sein, es zu empfangen und auftragsgemäß weiterzugeben[36].

»Fürchte dich nicht« [37] – Dennoch wird der unbedingte Wille Got- 8
tes eingekleidet in einen persönlichen Zuspruch. Gott sendet keinen,

[33] Besonders eindrucksvoll ist hier ein Vergleich aus der Berufung des Amos: »Der Löwe brüllt, – wer fürchtet sich nicht; Gott der Herr redet, – wer wird da nicht gleich Prophet?« (Am 3,8).

[34] W. Zimmerli (Bibl. Komm. XIII 1,18) sieht in der Berufung Jeremias eine »sehr persönliche Einzelbegegnung zwischen Jahwe und dem Berufenen« und meint zur Reaktion des Propheten: »In diesem Gespräch ist Raum für Zögern, ja für Widerspruch des Berufenen, den Jahwe durch persönliche Zusagen und Gewährung von Zeichen überwindet.« Dazu ist auch Jeremias Einwand bei der Nichtannahme seiner Fürbitte durch Gott zu vergleichen, 14,13ff. – W. Zimmerli meint, im Gegensatz hierzu einen anderen Typ von Berufungen im Alten Testament (und dann im Neuen Testament) zu erkennen. Dabei ist nach ihm die Weigerung oder das Zögern von vornherein ausgeschlossen. Er weist auf die Berufung Jesajas (Jes 6) und Hesekiels (Hes 1–3) hin und erklärt, daß das Widerfahrnis der himmlischen Thron-Herrlichkeit dem Propheten keine Möglichkeit zur Weigerung gelassen habe; ferner nennt er hier die Bekehrung bzw. Berufung des Saulus/Paulus nach Apg 9. Weiter sei an die Berufung der Jünger durch Jesus zu erinnern, wo auch kein Zögern sichtbar werde. – Hier ist bestimmt etwas Richtiges gesehen, nur sollte man diese Berufungen nicht gleich als einen anderen Typ bezeichnen: auch Mose und Jeremia müssen sich vor der Herrlichkeit Gottes beugen!

[35] Vgl. 15,19 und die Auslegung.

[36] So sagt Jesus dem Paulus (nach dessen Bericht vor dem König Agrippa, Apg 26,16): ». . . daß ich dich verordne zum Diener und Zeugen dessen, was du von mir gesehen hast und was ich dir noch erscheinen lassen will.«

[37] Man nennt solche Worte, die mit »Fürchte dich nicht . . .« beginnen, »priesterliche Heilsworte«. Der Priester hatte eine seelsorgerliche Aufgabe zu erfüllen, wenn ein Israelit im Zusammenhang einer Opferdarbringung auch Gewißheit haben wollte, daß er wieder von Gott angenommen sei. – C. Westermann (Theol. Bücherei 24, 118) gliedert die Heilsworte folgendermaßen auf:

den er nicht zugleich persönlich mit sich verbindet. Darum ist Berufung nie nur Beauftragung, sondern immer auch Selbstmitteilung Gottes an den Gesandten[38]: Daß Gott zu retten vermag, kann man erst erfahren, wenn man sich senden läßt.

9 **»und berührte meinen Mund«** – Keine Sendung ohne Selbstzuwendung Gottes zu dem, der gesandt werden soll, keine Sendung ohne Be-Gabung – und damit zugleich Reinigung von Sünden, ohne daß es ausdrücklich gesagt wird wie bei Jesaja (Jes 6,7) –: Gott legt seine Worte in Jeremias Mund[39]. Was im Mund, auf den Lippen liegt, ist »abrufbar«, das heißt, die Worte Gottes werden gegeben, damit sie weitergegeben werden.

10 **»um auszureißen und abzubrechen . . . aber auch um zu bauen und zu pflanzen«.** Wir haben hier die Doppelgestalt der Prophetie Jeremias zusammengefaßt. Obwohl es menschliche Heere sind, die dem Augenschein nach das vernichtende Werk im Auftrage Gottes an Juda vollziehen, wird hier gesagt, daß es das Wort des Menschen Jeremia ist, das das Gericht vollzieht[k]. Zum Niederreißen gehört auch die Zerstörung der falschen »Glaubensgewächse«[40] sowie der Kampf gegen die falsche Prophetie. – Das Bauen und Pflanzen Jeremias ist zu seinen Lebzeiten nicht sichtbar geworden, es ist Verheißung und Ankündigung geblieben[41].

[k] 23,29 31,28

a. Heilszuspruch: Fürchte dich nicht!
b. Begründung (nominal): Ich bin mit dir!
Begründung (verbal): Ich festige dich, ich helfe dir . . . o.ä.
c. Ankündigung: Als Folge dieser Zuwendung Gottes wird für die kommende Zeit ein Eingreifen Gottes angekündigt.

Besonderer Nachdruck liegt auf a.: »Der Ruf ›Fürchte dich nicht!‹ ist nicht eine Mahnung zur Furchtlosigkeit, sondern mit ihm wird die Furcht beseitigt« (ebd.). – Wir halten fest: Gott spricht mit Jeremia so, wie es ihm, dem Priestersohn, von Jugend auf geläufig war. – Der Zuspruch ›Fürchte dich nicht!‹ enthält also immer auch so etwas wie einen Sendungsbefehl; man sollte unter diesem Aspekt einmal die entsprechenden Stellen der Bibel durchsehen, z. B. Apg 18,9.10, wo Paulus angesichts der großen heidnischen Stadt Korinth verzagen will. Dort heißt es – damit wird seine Berufung erneuert! – ». . . Fürchte dich nicht, . . . denn ich habe ein großes Volk in dieser Stadt.«

[38] So auch Jesus im Missionsbefehl nach Mt 28,18ff: ». . . denn siehe, ich bin bei euch alle Tage bis an der Welt Ende.«

[39] Es ist zu fragen, ob es von Bedeutung ist, daß hier nicht steht: »in das Herz«. Natürlich gibt es keinen Gesandten Gottes, dessen Herz nicht voll von dem ist, was ihm von Gott her widerfahren ist. (Vgl. dazu die Auslegung zu 31,33.) Jedoch möge beachtet werden, daß in der Bibel das Herz des Menschen für die Verkündigung des Wortes Gottes sehr gefährlich werden kann. Auch der »von Herzen« Glaubende sollte sich dessen bewußt sein. Vgl. 23,26 und Hes 13,1–3, wo das Innere und der Geist des Menschen nicht in der Lage sind, den Willen zu erfassen. Am deutlichsten ist hier 1Kor 2,9.10: ». . . was keinem Menschen ins Herz emporgestiegen ist . . . Uns aber hat es Gott offenbart durch seinen Geist . . .« Auch der Heilige Geist, der *in* uns kommt, bleibt *Gottes* Geist.

[40] Z. B. die falsche Sicherheit, die Vertrauen zum Tempel, aber nicht zu Gott ist, Jer 7,1ff.

[41] Aufgrund dieses Verses kann man die Verheißungskapitel 30ff Jeremia nicht absprechen.

Die Bestätigung der Berufung: 1,11–16

11 **Und es erging an mich das Wort Jahwes folgendermaßen: Was
siehst du, Jeremia? Und ich sprach: Einen Mandelbaumzweig
12 sehe ich. * Jahwe sprach zu mir: Du hast richtig [42] gesehen, denn
13 ich wache über meinem Wort, daß ich es ausführe[a]. * Es erging an
mich das Wort Jahwes ein zweites Mal so: Was siehst du, Jeremia?
Ich sprach: Einen brodelnden Kochtopf sehe ich; seinen Ausguß
14 sehe ich von oben[43] her** (auf die Feuerstelle gerichtet). *** Da sprach
Jahwe zu mir: Von Norden her wird sich das Unheil auf alle Be-
15 wohner des Landes ergießen[44b]. * Denn siehe, ich bin dabei, alle
Stammesgruppen in den Königreichen des Nordens** (herbei-) **zu
rufen. Sie werden kommen, und ein jeder wird seinen Thron auf-
stellen an den Eingang der Tore Jerusalems und vor allen seinen
16 Mauern ringsum** (aber auch) **vor[45] allen Städten Judas. * Und ich
werde sie[46] zur Rechenschaft ziehen[47] wegen aller ihrer Übelta-
ten,** (vor allem) **daß sie mich verlassen haben und daß sie anderen
Göttern räuchern und daß sie anbetend niederfallen vor den
Werken ihrer Hände.**

[a] Jes 55,10.11
Hes 12,28
[b] 4,5–31
6,1.22
50,41–43

Gott hat gesprochen. Aber es geschieht nichts, was dem hohen Wort entsprechen würde. Vielleicht hat Jeremia nach einiger Zeit gefragt: Was ist nun mit dem Wort, das ich ausrichten soll? **11**

Auf diese oder eine ähnliche Frage hin antwortet Gott: Ich bin nicht über meinem Wort eingeschlafen, auch wenn die Erfüllung verzieht. Gottes Wachsein umschreibt seine Bereitschaft, das zu tun, was er sich vorgenommen hat, aber auch das angespannte »Lauern« dessen, der sein Volk liebt und abwartet, ob nicht doch noch eine Umkehr dieses Volkes stattfindet. **12**

Das Wort **»wachen«** kommt auch noch in 5,6 vor, wo von dem Lauern des Panthers auf Beute die Rede ist (Bild für den Feind aus dem Norden). Ebenso – so wird man folgern dürfen – liegt Gott auf dem Sprung, wenn es gilt, Gericht zu halten[c]. Andererseits kommt dieses »Lauern« Gottes in positiver Bedeutung in 31,28 vor, wenn es dort heißt, daß Gott wache, also darauf warte, sein Volk wieder einzupflanzen ins verheißene Land und seine Städte wieder aufbauen zu können[d].

[c] 1,16
[d] 44,27

[42] o. gut.
[43] w. von Norden.
[44] w. wird sich öffnen.
[45] w. gegen.
[46] d. h. die Judäer.
[47] w. mein Recht über sie sprechen.

Gott verbindet die Zusage, daß er **»wach«** bleibt (hebr. »schoqēd) mit einem ganz natürlichen Vorgang, nämlich dem, daß Jeremia gerade einen Mandelbaum (hebr. »schaqēd«) betrachtet.

Man darf diesen Vorgang keine Vision nennen. Eine Vision wäre, wie spätere Beispiele aus der Zeit zwischen den Testamenten beweisen, in den Einzelheiten viel ausladender. Vielmehr soll hier deutlich werden, daß das Ergehen des Wortes Gottes Ohr und Auge in Anspruch nimmt, daß es also in keinem Fall ein rein geistiges Produkt ist.

Hier leuchtet schon andeutungsweise auf, was später bei Jeremia noch offenkundiger wird, daß der Prophet mit seinen ganzen Sinnen, ja sogar mit seinem Leib in den Dienst des Wortes Gottes genommen wird.

Schließlich muß beachtet werden, daß hier keine »Gottesschau« stattfindet, und endlich: Wenn Gott fragt: Was siehst du? dann wird Jeremia zum Gebrauch seiner Sinne aufgefordert, so daß klar wird, daß ein Prophet beim Empfang des Gotteswortes keineswegs »von Sinnen« ist. Es hat bei Jeremia während des Wortempfanges auch keinen Gottesrausch gegeben, wenn es auch im Alten Testament gelegentlich so war (vgl. Saul: 1 Sam 10,6). Dennoch bekennt er später[e], daß das Reden Gottes ihm »Lust und Wonne« bereitet habe. Er denkt dabei nicht wie die heidnische Umwelt an eine Verschmelzung mit dem Göttlichen, sondern an ein Einswerden mit dem *Willen,* also dem *Wort* Gottes.

[e] 15,16

Jeremia sieht, wie an diesem Baum – es wird Frühjahr gewesen sein – vor allen anderen Baumarten die Knospen aufbrechen. Gott benutzt also das Sehen eines Menschen, um ihm sein Wort zu sagen: Wie der Mandelbaum erwacht (= erblüht) ist, so ist auch Gott im Begriff zu erwachen (= das angekündigte Wort der Berufungsstunde in Erfüllung gehen zu lassen), wobei allerdings nicht gemeint ist, daß dies sofort im nächsten Augenblick geschehen wird. Jeremia wird zu weiterem Warten aufgefordert.

13/14 Ein andermal stellt sich ein Gotteswort ein, als Jeremia sieht, wie ein Kessel über dem Feuer hängt, der im Begriff ist überzukochen. Jeden Augenblick kann sich sein Inhalt über die Feuerstelle ergießen: **»von oben her«** kommt das **»Unheil«**. – Erst indem zu dem Geschauten die mündliche Deutung durch Gott selbst kommt, wird der ganze Vorgang zu einem Gotteswort. Jeremia ist nicht ein tiefsinniger Mensch, der etwa die Gabe hat, Dinge und Vorgänge sprechen zu hören.

15/16 Noch wird das Gericht Gottes darin bestehen, daß er die Gerichtswerkzeuge erst herbeiführt. Noch werden die Feinde aus dem Norden[48] nichts zerstören, sondern nur drohen: **»ein jeder wird seinen Thron aufstellen«.**

Vor dieser schrecklichen Kulisse möchte Gott mit seinem Volk noch einmal verhandeln. Trotzdem wird es nicht ein freundliches Gespräch geben, sondern eine harte Gerichtsverhandlung[49]. Die Begründung für die Verhandlung: Juda hat Gott **»verlassen«**! Der Ausdruck »verlassen« stammt aus dem Eherecht. Jeremia sieht wie vor ihm der Prophet Hosea den Bund Gottes mit Israel als einen Liebes- und Ehebund an[50]. Abfall von Gott ist daher Ehebruch! – Doch wenn das Bundesverhältnis mit Gott von seiten des Volkes gelöst wird, gibt es keine Freiheit, sondern es folgt eine »Neubesetzung« auf dem Fuße: Die anderen Götter rücken nach. Entweder Gott oder die Götter, ein Drittes gibt es nicht. Die Götter aber haben kein eigenes Wesen, sondern sind *»Machwerke«* aus der Hand des Menschen[51]. Hier ist prophetische Verkündigung zur entlarvenden Rede geworden, hier wird rücksichtslos »entmythologisiert«. Die Götzendiener räuchern im Grund sich selbst. Götzendienst ist demnach reiner Egoismus; der Mensch bleibt bei sich selbst. Dieses merkwürdige Ineinander von Götzendienst und Selbstanbetung nennt die Bibel Torheit. Ergebnis dieser Selbstanbetung ist Überdruß[f]. [f] 4,30

Die Aussendung des Propheten: 1,17–19

17 **Du aber gürte deine Lenden[a], mache dich auf! Du sollst ihnen al-** [a] Jo 21,18
les sagen, was ich dir auftragen werde. Erschrick nicht vor ihnen[b], [b] Hes 2,6 [c] Hes 3,8.9
18 **damit ich dich nicht vor ihnen zum Erbeben bringe. * Siehe, ich** Jer 15,20
habe dich heute[52] zu einer befestigten Stadt gemacht, zu einer ei- 22,10–30
sernen Säule, zu einer bronzenen Mauer[53c], (zum Widerstand) **ge-** [d] 20,1–6 36
gen das ganze Land, gegen die Könige Judas und seine Vorneh- 38,1–13
19 **men, gegen seine Priester und gegen die Landbevölkerung. * Und**
wenn sie gegen dich streiten, werden sie dich nicht bezwingen,
denn ich bin mit dir – Ausspruch Jahwes –, um dich (aus der Bedrängnis) **herauszureißen[d].**

[48] Alle Heere aus dem Zweistromland brachen von Norden her (unter Umgehung des großen Wüstengebietes) in Palästina ein.

[49] In der ersten Epoche des Wirkens Jeremias waren die Gerichtsankündigungen noch nicht Vernichtungs-Ankündigungen (vgl. dazu die Darlegungen zu 2,1–13, besonders zu V. 9). In dieser Zeit ergeht noch der Ruf zur Umkehr.

[50] Hierbei muß aber streng unterschieden werden zwischen Liebesbund im kanaanäischen und Liebesbund im alttestamentlichen Sinne.

[51] Vgl. hierzu Einzelheiten in der Beschreibung Gottes und der Götter Jes 44,9–20.

[52] Man kann auch übersetzen: Ich mache dich hiermit . . .

[53] w. zu bronzenen Mauern.

17 **»gürte deine Lenden«**: Die Füße werden durch Gürten des langen Obergewandes frei gemacht, wenn ein Marsch auf den staubigen Straßen und Wegen des Orients unternommen werden soll. Von daher stammt die Rede »Gürte dich« für die Durchführung eines Auftrages überhaupt[54]. – Noch immer nicht sagt Gott dem Berufenen Einzelheiten über den Inhalt seiner Botschaft. **»Damit ich dich nicht zum Erbeben bringe«**: Wird Jeremia ungehorsam, weil er vor der Ablehnung oder gar Verfolgung seiner Zuhörer erschrickt, dann wird dieses Erschrecken von Gott sogar noch verstärkt. So hart kann Gott mit seinen Boten verfahren[55]. Es gibt für Jeremia kein Zurück in die Neutralität, sondern nur in die Verurteilung durch Gott im Falle seines Zurückweichens.

18/19 Jeremia bleibt jedoch nicht ungerüstet für die zu erwartende Auseinandersetzung: **»Ich habe dich heute zu einer befestigten Stadt gemacht.«** Was eine befestigte Stadt ist, veranschaulicht 4, 5: Zufluchtsstätte für die Landbevölkerung angesichts des massiven Einfalls feindlicher Truppen in das offene Land. Eine befestigte Stadt kann dem Feind beharrlich Widerstand leisten[56]. Der Streit wird nicht ausbleiben: Gott rettet nicht *vor* den Schwierigkeiten, sondern **»aus ihnen heraus«.**

Gott ist bestürzt über die zweifache Sünde seines Volkes: 2, 1–13

1/2 Es erging an mich das Wort Jahwes folgendermaßen: * Geh und rufe in die Ohren Jerusalems: So spricht Jahwe: Ich erinnere

[54] Als eine Zurüstung für die Auseinandersetzung mit den Gegnern des Evangeliums ist auch Lk 12,35 zu verstehen: »Lasset eure Lenden umgürtet sein und eure Lichter brennen.« Dieses Wort gehört in den großen Zusammenhang des sog. lukanischen Reiseberichtes (Jesus auf der Wanderung von Galiläa über Samarien nach Jerusalem zum Kreuz) ab Lk 9,51. Vor Lk 12,35 steht die Aussendung der Siebzig (Lk 10,1ff), die das Evangelium von der Nähe des Reiches Gottes verkündigen sollen. Der dem Evangelium angemessenste Widerstand gegen die Anfeindung wird geleistet, wenn die Jünger Jesu »ihre Lichter brennen« lassen, d. h. mit der Verkündigung unbeirrt fortfahren. – Der Ausdruck vom Gegürtetsein findet sich auch in Eph 6,14 und 1Petr 1,13, wo es sogar um das Gegürtetsein des Verstandes geht (Luther: »Gürtet die Lenden eures Gemütes«). J. Jeremias (Neutest. Theol. I, 1971, 260) führt aus: »Der Menschensohn kommt zu den Seinen, die ihn mit gegürteten Lenden erwarten . . . wie Israel in der Passah-Nacht die Hüften zum Aufbruch gegürtet hatte (2Mo 12,11).« – Wer gegürtet ist, ist frei für die Führung Gottes, vgl. auch Jo 21,18.

[55] Für Jeremia bedeutet diese Zusage aber nicht, daß er »ein dickes Fell« bekommt, also unempfindlich werden soll. Gerade er war empfindlicher als jeder andere Prophet, wie seine Konfessionen beweisen.

[56] Die Stärke Jeremias liegt allein darin, daß Gott sich ihm immer wieder zuwendet. Das alles schließt ein, daß er zuzeiten auch das Feld räumen muß – und trotzdem überwindet! 28,11b:

mich[57] an die treue Hingabe in deiner Jugendzeit, an die Liebe
deiner Brautzeit und an deine Folgsamkeit, wie du hinter mir her-
3 **gingst in der Wüste, im Land, wo keine Saat** (sproßt)[a]. * **Heilig war**
(damals) **Israel für Jahwe**[b], **Erstling seiner Ernte; alle, die davon**
4 **aßen, wurden zuschanden. Unheil kam über sie**[c]. * **Hört das Wort**
5 **Jahwes, Haus Jakob und alle Geschlechter Israels!** * **So spricht**
Jahwe: Was haben eure Väter an mir Unrechtes gefunden, daß sie
sich von mir entfernt haben und dem Nichtigen[58] nachfolgten und
6 **selbst** (nichtig) **wurden**[59][d]? * **Und sie fragten nicht: Wo ist Jahwe,**
der uns aus dem Lande Ägypten heraufführte, der uns in der Wü-
ste leitete[60], im Land der Öde und der Schluchten, im Land der
Trockenheit und der Todesschatten, im Land, wo (sonst) **kein**
Mensch hindurchzieht und kein Mensch seine Wohnung hat[e]?
7 * **Ich führte euch in ein Gartenland[61], damit ihr seine Erträge und**
Güter essen solltet. Doch ihr kamt hinein und habt mein Land
entweiht, und mein Erbteil habt ihr zur Greuelstätte gemacht[f].
8 * **Die Priester fragten nicht** (mehr): **Wo ist Jahwe? Und die, die die**
Weisung [62] (Gottes) **bewahren[63], erkennen mich nicht. Die Hir-**
ten[64] haben sich gegen mich erhoben, und die Propheten weissa-
gen im Namen [65] des Baal und laufen denen nach, die doch nichts
nützen[g].
9 **Darum muß ich den Rechtsstreit noch weiterhin mit ihnen füh-**
ren – Ausspruch Jahwes –, und mit den Söhnen ihrer Söhne werde
10 **ich** (noch weiter) **rechten**[h]. – * **Fahrt doch hinüber zu den Inseln**
der Kittäer[66][i] **und haltet Umschau! Nach Kedar**[67][k] **schickt** (Abge-
sandte)! **Gebt genau acht und seht, ob so etwas wie dieses** (dort
11 auch) **geschehen ist**[l]. * **Hat** (je) **ein Volk** (seine) **Götter vertauscht?**
– **und** (jene) **sind nicht einmal Götter**[m]! **Aber mein Volk hat seine**
Herrlichkeit vertauscht gegen etwas, was (doch) **nichts nützt**[n]. –

a Hos 2,16.17; 11,1
b Sach 2,12; 2Mo 19,6
c 1Petr 3,13; 2Mo 14,19.20
d Jes 5,4; Jer 10,8; Mi 6,3
e 2Mo 20,2.3; 5Mo 8,14–16; Jes 63,11–13; Hos 9,10
f 3Mo 18,24.25; 5Mo 8,7–10
g 8,8–10; 23,1.13; Hes 34,1ff
h 2,35; 12,1; Hos 2,4
i Jes 23,1.12
k 1Mo 25,13
l 18,13
m 5Mo 32,21; Jer 16,20
n Ps 106,20; Rö 1,23

»Da ging der Prophet Jeremia seines Wegs«, d.h. er wußte im Augenblick gegenüber dem falschen Propheten Hananja nichts zu sagen. – Kap. 36 mit dem Bericht von der Vernichtung und Neuabfassung der Buchrolle mit Jeremias Worten kann man als Kommentar zu V. 18/19 ansehen.

57 o. ich gedenke.
58 w. Hauch.
59 w. hauchähnlich.
60 w. gehen gemacht.
61 w. Land des Baumgartens.
62 hebr. ›tora‹.
63 w. handhaben.
64 d. h. die Könige.
65 o. durch (die Kraft) des Baal.
66 Vermutlich die Bewohner von Cypern; nach 1Mo 10,4 Nachkommen des Jawan.
67 Ein semitischer Nomadenstamm in der arabischen Wüste, vgl. 1Mo 25,13.

[o] Jes 1,2
[p] 17,13
Ps 36,9.10
Jo 4,1ff
7,37ff

12 * Erschaudert, ihr Himmel, darüber und entsetzt euch[o]! Erstarret
13 über die Maßen! – Ausspruch Jahwes. * Denn zweifaches Unrecht
hat mein Volk begangen: Mich haben sie verlassen, den Quell lebendigen[68] Wassers[p], um sich Brunnen auszuhauen, rissige Brunnen, die das Wasser nicht halten können.

Überblick:

Jeremia lehnt sich in diesem Abschnitt an eine Redeform an, die man überschreiben kann: »Rechtsstreit in Ehesachen«. Rechtsstreit: Gott nimmt sein Volk als verhandlungswürdigen und verhandlungsfähigen Partner ernst. Wäre Gott nicht durch den *Bund* mit seinem Volk verbunden, sondern bestünde sein Verhältnis zu ihm nur in der Äußerung von gelegentlichen göttlichen Affekten – was auf seiten des Volkes auch nicht Treue und Glauben bewirken würde –, dann wäre auch keine gerichtliche Verhandlung nötig gewesen. Ferner: Würde Gott nur reagieren, d. h. automatisch auf Ungehorsam Verderben folgen lassen, uns also keines Gespräches mehr würdigen, könnten wir nicht mehr sagen, daß er ein »persönlicher Gott« ist. Der Gott, der uns eines Prozesses würdigt, ist ein Gott, der ein Interesse an uns hat[69]! – H. W. Wolff[70] sieht hierin ein intensives Gespräch mit der sie umgebenden zeitgenössischen Religiosität, wenn die Propheten Hosea und Jeremia den Bundes-Gedanken mit dem Ehe-Motiv verknüpfen. Doch Anknüpfung heißt nicht Übernahme. Baal ist mit dem Land, der Saat und der Ernte wesensmäßig verbunden; Baals-Kult ist nichts weiter als Nachahmung der Befruchtung – die dieser Gott am Ackerboden in jedem Frühjahr vollzieht – durch sexuelle Praktiken an den Heiligtümern, damit das Land seinen Ertrag bringt. Jahwe aber ist freier *Herr* des Landes, »der die Gaben des Kulturlandes schenkt und wieder nimmt in freien Akten . . . Die Rechtskategorien des Bundesgedankens treten an die Stelle der mythisch-kultischen Fruchtbarkeitsvorstellungen, die im ›hieros-gamos‹ (= heilige Hochzeit) beheimatet sind . . .«. Jeremia (wie auch Hosea) knüpft an Vorstellungen seiner

[68] d. i. sprudelndes und frisches Wasser.
[69] Man kann das Heilshandeln Gottes in Jesus Christus auch unter dem Vorzeichen des Rechtsprozesses sehen: Gott drückt nicht einfach ein Auge zu, wenn er uns die Sünden vergibt, sondern er sendet Jesus, der nach einem Prozeß hingerichtet wird (»Der an unserer Stelle gerichtete Richter«, K. Barth) und setzt diesen Gerichteten nachträglich ins Recht, indem er ihn von den Toten auferweckt (»Das Urteil des Vaters«, K. Barth). Dadurch werden wir auch »gerechtfertigt«. Deshalb kann der Glaubende Gewißheit haben, denn wo es Recht gibt, gibt es auch letzte Eindeutigkeit!
[70] Bibl. Komm. (Hosea) XIV 1, XVIIIff.

Umwelt an, um sich verständlich zu machen, aber indem er sie aufnimmt, zerbricht er sie desto gründlicher[71].

V. 9 bietet den besten Einstieg für das Verständnis dieses Abschnittes: Gott kündigt einen Rechtsstreit mit seinem Volke an, der auch die nächsten Generationen mit einbezieht. Gott gibt sich große Mühe, sein Volk gerecht zu beurteilen! In diesem Rechtsstreit steht Juda eine Rechtshilfe zu. Es darf sich bei anderen Völkern (V. 10ff) danach erkundigen, ob dort jemals ein derart drastischer Wechsel in der Nachfolge einer Gottheit stattgefunden hat, wie es in Israel geschah, als man von Jahwe auf Baal überwechselte. Sollte Israel einen Beweis bringen können, würde Gott von einer Bestrafung absehen. Die anderen Völker jedoch müssen Israel für schuldig erklären! Deshalb ruft Gott seinerseits sie zu Zeugen auf, daß er im Recht ist, wenn er sein Volk bestrafen würde (V. 12). V. 13 ist dann als General-Anklage Israels vor dem Kosmos zu verstehen, den wir uns als Zuschauer in dem Prozeß vorzustellen haben. Vor lauter Entsetzen können Himmel und Erde nichts zur Entlastung des Angeklagten beitragen. – V. 2–8: »Zur Person des Angeklagten.«

Der Anfang des Gottesvolkes liegt in dem Ereignis seiner Erlösung 2
aus Ägypten[72]. Erst den Erlösten kann gesagt werden, was Sünde ist: das Verlassen dessen, der das Volk erlöst hat. Denn Gott hat Israel nicht erlöst, um es dann sich selbst zu überlassen, sondern um es mit sich zu verbinden. – Drei Begriffe stehen in V. 2b nebeneinander, die sich gegenseitig erklären[73]:

a) **»treue Hingabe«** (hebr. »chäsäd«)
b) **»Liebe«** (hebr. »åhabā«)
c) **»Folgsamkeit«** (w. hinter Gott hergehen).

»Liebe« ist hier nicht Verschmelzung von Gottheit und Menschheit, wie die kanaanäische Religiosität meinte, sondern treue Hingabe an Gott. Wer Gott liebt, stellt sich ihm zur Verfügung und ist bereit, einen bestimmten Weg zu gehen, seinen Willen zu tun. Darum ist die Kon-

71 H. W. Wolff aaO: »Mit dieser Entfaltung seiner Theologie im polemischen Gespräch mit dem kanaanäischen Mythos und Kultus hat Hosea ein grundlegendes Beispiel für das Gespräch des Glaubens mit der zeitgenössischen Weltanschauung geliefert.«

72 Zu beachten ist, daß Erlösung hier das Volksganze betrifft und insofern den einzelnen. Auch im Neuen Testament heißt es immer wieder: »Wir« sind erlöst. Der einzelne Christ kann seiner Erlösung auch nur im Rahmen einer Gemeinde, also des »Gottesvolkes« gewiß werden.

73 H. W. Wolff (Bibl. Komm. XIV 1,42) nennt ›'ahabā‹ ein »gefärdetes Wort«, weil es seiner Grundbedeutung nach »lebhafte Atmung und Gemütserregung« zum Ausdruck bringt; es ist ein Wort, das in den religiösen Sexual-Praktiken beheimatet ist. Dennoch wagen Hosea und Jeremia dieses besetzte Wort in ihrer Verkündigung zu benutzen. Jeremia »entmythologisiert« »'ahabā«, indem er es mit »treue Hingabe« und Gehorsam verbindet (so auch W. Zimmerli, Art. »charis« im ThWB IX,372).

sequenz von **»Liebe«** und **»treuer Hingabe«** Gehorsam. Die Zeit des Gehorsams ist nicht die Zeit der »Fleischtöpfe Ägyptens«, sondern die Zeit der – **»Wüste«!** Die Wüste schenkt das konzentrierte Hören auf Gott. Die Wüste ist Einübungsfeld für ein unmittelbares und kompromißloses Leben mit Gott[74].

3 V. 2 wird durch V. 3 zusammengefaßt: Wer Gott liebt und seinen Weisungen folgt, ist Gottes **»Erstling«**, Gottes **»Heiliger«** Besitz. Wie bei Jeremia selbst, so steht auch am Anfang des Lebens des Gottesvolkes dessen Heiligsein. Es ist nicht das Ergebnis eines langen Lebens mit Gott, sondern dessen Voraussetzungen[75]. Wer Gott gehört, ist unantastbar. Wer sich an den Heiligen Gottes vergreift, wird **»zuschanden«**. Aber Gottes Erstling zu sein, ist Vorrecht und Verpflichtung zugleich: »Israel ist Erstlingsgabe, durch die allen übrigen Völkern Segen erworben wird«[76].

4/5 In V. 5 »fragt Gott vorsichtig und stellt sich als der mögliche Schuldige dar. Gott nimmt den Menschen als Gesprächspartner ernst, er stellt seine göttliche Autorität einen Augenblick lang in den Hintergrund. Er will den Menschen dadurch zum Nachdenken veranlassen«[77]. Der fragende und Antwort erwartende Gott ist aber derselbe, der den abtrünnigen Menschen zur Rechenschaft zieht (V. 9). Doch wenn Gott Fragen stellt und auf Antwort wartet, ist das keine Schwäche, sondern Kennzeichen seiner richterlichen Vollmacht. – Wenn Jeremia im Auftrag Gottes von der Sünde seiner Generation spricht, muß er bei den Vätern anfangen; denn Gott sieht jedes Geschlecht als einen Ast am Stamm der Ahnen an[78]. – V. 5b führt V. 5a weiter: Woran sich der Mensch nach dem Abfall von dem wahren Gott klammert, das gestaltet ihn. Aus dem **»Hauch«**, dem Nichts, das der

[74] Auffällig ist hier die positive Bewertung der Frühgeschichte Israels. Wo sind Murren und Ungehorsam geblieben? Wird hier von Jeremia idealisiert? Verblassen in der Rückschau die vielen Fehltritte? Man wir es nur so sagen können: Im Vergleich zur Zeit Jeremias war die Zeit des Anfangs trotz vieler dunkler Stellen eine Epoche des *Hörens* auf Gott. – Zur Wüste: vgl. die »geistliche Jugendzeit« des Apostels Paulus in der arabischen Wüste, Gal 1,17. Jesus selber wurde in der Wüste nicht »getestet«, sondern er übte sich in das konzentrierte Hören auf Gottes Stimme ein. Auch für eine Gemeinde kann es einen neuen Aufbruch nur aus der Wüste geben (vgl. Hos 2,16–18, wo Gott solch eine Erneuerung ankündigt!).

[75] Vgl. die Auslegung zu 1,5. – Es gibt im Alten Testament eine Verbindung des Heiligkeitsgedankens mit dem »Erstgeborenen« bei Mensch und Vieh, z. B. 2Mo 13,2: »*Heilige* mir alle *Erstgeburt* bei den Kindern Israel; alles, was zuerst den Mutterschoß durchbricht bei Mensch und Vieh, das ist mein.« Damit aber diese an Gott verfallene Erstgeburt am Leben bleiben kann, muß sie »ausgelöst« werden, 2Mo 13,13.15, sonst müßte sie wie die Erstgeburt der Ägypter sterben. Wir haben hier eine deutliche Verknüpfung mit Gottes Heilshandeln in Ägypten. – Ebenso gehören auch bei der Ernte die zuerst geernteten Früchte Gott, z. B. 2Mo 23,16a: Hier mag der Gedanke der Dankbarkeit ausschlaggebend gewesen sein.

[76] C. Westermann (N).

[77] W. Zimmerli (N).

Mensch im Vollzug des Götzendienstes erhascht, wird ein **»gehauchtes«**, das ist ein **»nichtiges«** Leben[79][q]. [q] Ps 115,8; 135,15–18

In V. 6 und 7a zitiert Jeremia möglicherweise aus einem gottes- 6/7
dienstlichen Glaubensbekenntnis (**»Jahwe, der uns ...«**) und will sagen: Ihr sagt das alles zwar ganz korrekt auf, was Gott an euch getan hat, – aber wer von euch **»fragt«** schon ernsthaft nach Gott?[80]. – Nicht in der Wüste, sondern im Augenblick der Landnahme beginnt Israels Schuld. Hieraus wird deutlich, daß Sünde weniger die Verzweiflung an Gott in Zeiten der Bedrängnis ist als vielmehr Undankbarkeit gegen Gott in der Stunde des Segens[r]. Eine für israelitische Ohren ungeheuerliche Aussage wagt Jeremia, wenn er die Folge des Abfalls von Gott angibt: **»und habt mein Land entweiht«.** Hierbei mußte jeder Priester in Israel an das Ausland denken, das ja unheiliges Land war! Jeremia aber sagt: Das unheilige Ausland ist mitten in Gottes heiligem Land. Und weiter: Ungehorsam des Herzens hat Auswirkungen für die Erde, ja, den ganzen Kosmos[81]. [r] Rö 1,21

Jeremia, der Priestersohn, greift die Priester an, die den Kult voll- 8
ziehen, aber Gott nicht mehr ernst nehmen, die mit Gottes Weisungen umgehen, aber keine Gotteserkenntnis vermitteln[82]. – Neben den Priestern stehen die **»Hirten«**, d.h. die Könige Judas, die Jeremia anklagen muß im Namen seines Herrn. Dabei haben wir zu denken an:

a) an das Paktieren mit Ägypten gegen die sterbende assyrische

---

78 An diesen und ähnlichen Vorstellungen knüpft die spätere kirchliche Lehre von der Erbsünde an.

79 »Hauch« (hebr. ›häbäl‹; so lautet auch der Name des Sohnes Adams »Abel«) ist eine Bezeichnung für die Götter der Heiden: Jes 40,17; 41,24 u.ö. Die Götter haben durchaus ein Sein, aber im Unterschied zu Jahwe können sie keine Heilsgeschichte in Gang setzen, keine Treue bewahren und vor allem mit dem Menschen nicht in ein persönliches Verhältnis treten. – Vgl. auch 1Kor 8,4–6, wo Paulus das Sein der Götter neben ihre Wirkungslosigkeit stellt.

80 Zwischen dem Erkennen Gottes und dem Fragen nach ihm besteht kein Gegensatz, denn Fragen nach Gott führt zu neuem Erkennen Gottes, neues Erkennen zu neuem Fragen.

81 Wie die Sünde kosmische Auswirkungen hat, so auch die Erlösung, vgl. Kol 1,20, wo von Christus gesagt wird, daß *»alles* durch ihn versöhnt würde, es sei *auf Erden* oder *im Himmel* ...« Darum ist das Ende der Erlösung die Schaffung eines neuen Himmels und einer neuen Erde (Offb 21,1). – Im Jeremia-Buch lesen wir über die kosmische Dimension der menschlichen Sünde z.B. in 4,23–28; über die Wiederherstellung des Landes im Zuge der Erlösung des abtrünnigen Volkes z.B. in 31,4.5.12.23–26; ferner in 32: Der Kauf eines Ackers durch Jeremia als Unterpfand für die kommende Wiederherstellung des Landes.

82 Die Gotteserkenntnis, die die Priester zu vermitteln haben, besteht nach H. W. Wolff (Theol. Büch. 22, 195) im Bewahren der Gottestaten aus der Frühgeschichte Israels und in einer Art »Unterscheidungslehre, die klärt, wer Jahwe und wer Baal ist, wer Recht an Israel hat und welche Folgen es nach sich zieht«. – In der kommenden Heilszeit werden nicht mehr die Priester, sondern die Könige die Gotteserkenntnis vermitteln: »Ich will euch Hirten geben, die euch mit Erkenntnis ... weiden werden«, 3,15.

Großmacht, V. 18a; an das zeitweilige Bündnis mit Assyrien gegen Ägypten, V. 18b[83];

b) an die soziale Ungerechtigkeit, die allerdings erst in der Schlußphase der Verkündigung Jeremias zu einem ausführlichen Thema seiner Verkündigung wird, z.B. Jer 22,13–17; 34,8–22;

c) an die Förderung und Duldung der fremden Kulte, die trotz der Josia-Reform nie ganz abgeschafft wurden.

9/10 Der Prozeß Gottes gegen die Priester und Könige – Repräsentanten des abtrünnigen Gottesvolkes – geht auch in den folgenden Generationen weiter, V. 9. Gott hält sich mit seinem endgültigen Urteil noch zurück, bis die Heidenvölker als Zeugen gegen Israel aufgetreten sind. Auch der Kosmos kann nichts Entlastendes vorbringen, und so
[s] 1Kor 6,2 empfängt Gottes Volk – anstatt seinerseits »den Kosmos zu richten«[s]
[t] 3,1–4,4 – von diesem das Gerichtsurteil. Gott schließt sich dem Urteil von Himmel und Erde an, – aber noch wartet er mit der Vollstreckung! Der frühe Jeremia hat noch eine Möglichkeit der Umkehr gesehen[t].

»Aber mein Volk hat seine Herrlichkeit vertauscht.« Mitten in der Anklage Gottes vernehmen wir einen anderen Ton: Eine Klage Gottes über sein ungehorsames Volk! Gott steht bestürzt vor der Sünde und fragt sich: Wie ist das nur möglich gewesen? Nur weil Gott sich so intensiv seinem Volk zugewendet hat, kann er auch das Entsetzliche des Abfalls empfinden[84]. – Weil Gott sich mit seinem Volk verbunden hat, kann er sich selbst auch **»seine«** (d.h. des Volkes) **Herrlichkeit«** nennen[85]. Der Mensch, der Gott gehört, braucht nicht durch ehrgeizige Unternehmungen seine eigene Herrlichkeit zu erwerben, er bekommt vielmehr die Herrlichkeit Gottes geliehen. Götzendienst – obwohl dem Augenschein nach viel attraktiver – bringt nichts ein. Zu beachten ist, daß Jeremia sich nicht scheut, so praktisch vom wahren Gottesdienst zu reden. Er will sagen: Prüft, ob dabei etwas herauskommt, wenn ihr den Götzen nachlauft[86].

83 Die Bündnispolitik wird auch von Hosea als die besondere Sünde der Regierenden angesehen, Hos 8,9; 12,2.

84 Einige der Klagegebete Jeremias, die für diesen Propheten so typisch sind, könnte man sich hinsichtlich ihrer Entstehung so erklären (einmal abgesehen von den Klage-Psalmen, die Jeremia aus dem Gottesdienst kannte): Jeremia vernimmt in den ihm offenbarten Gottesworten nicht sachlich-unpersönliche Ankündigungen Gottes, sondern Gottesworte von höchster Anteilnahme, ja von Wehmut und Schmerz. Der Prophet nimmt diese Gottesklagen auf, macht sich eins mit ihnen – weil er ja ganz auf die Seite Gottes gehört – und spricht sie als seine Klagen aus.

85 Das hebr. Wort für Herrlichkeit »kabōd« bedeutet eigentlich »Schwergewichtigkeit«, d.h. Gottes Göttlichkeit, offenbart in seinen Taten an seinem Volk Israel, »fällt ins Gewicht«, prägt und bestimmt den Menschen, während die Götzen »Hauch« sind, d.h. letztlich den Menschen nicht zu verändern vermögen.

86 Zum Gedanken des Nützlichen bzw. Unnützlichen vgl. 4,30c; 7,8; ferner Ps 106,20.

V. 13 bringt die Zusammenfassung der Anklage Gottes, die Herausstellung der zweifachen Sünde. Sünde ist demnach: 13
a) Gott verlassen,
b) neue Herren suchen.
Dabei verwendet Jeremia das Bild vom Wasser: Gott wird als Quelle dargestellt, die brauchbares Wasser gibt, das ständig fließt[87]. Wo die Väter schon tranken, könnten auch die Söhne trinken. Der falsche Gott aber ist launisch, kann keine Treue halten, ist abhängig von den religiösen Übungen seiner Anhänger (wie eine Zisterne abhängig ist von der Menge des Regenwassers). Der falsche Gott kann seinen Anbetern keine Zukunft schenken und kann darum nichts Neues in der Geschichte seiner Untertanen hervorbringen, sondern nur Altes in ewig unverändertem Kreislauf wiederholen, – das ist das alte, brackige und unreine Wasser, für Menschen auf die Dauer ungenießbar[88].

Das Gespräch Gottes mit seinem Volk wird schärfer: 2,14–25

14 **Ist denn Israel ein Sklave, ein im** (Sklaven-) **Hause Geborener**[a]**?**
Warum ist es denn zum Ausrauben (preis-) **gegeben worden?**
15 *** Über ihm brüllen die jungen Löwen und lassen ihre Stimme erschallen. Sie haben sein Land zur Wüste gemacht, seine Städte**
16 **sind verbrannt, so daß sie keine Bewohner mehr haben**[b]**. * Auch die Leute von Noph und Tachpanches weiden dir den Scheitel**[89c]**. –**
17 *** Hast du dir das nicht selbst beschert**[d]**, weil du Jahwe deinen Gott verlassen hast** (schon) **zu der Zeit, als er dich auf dem Wege** (durch
18 die Wüste) **führte? * Und was soll dir der Weg nach Ägypten** (einbringen), **wenn du dort das Wasser aus dem Fluß**[90] **trinkst? Was**

a Jo 8,35
b 4,7; 5,6; 9,11
c 44,1; 46,14; Jes 3,17; 7,20
d 2,13.19; 4,18; 30,15

[87] Wenn Gott als ständig fließende Quelle bezeichnet wird, so ist dieses Bild im Zusammenhang der alttestamentlichen Rede von der Treue Gottes zu sehen.

[88] Jesus nimmt in Jo 7,37ff das Bild vom Quellwasser auf. Er überbietet in seiner Person das Wasser der Siloah-Quelle, das am Laubhüttenfest an den Altar gegossen wird, damit Gott die Bitte um Regen in der kommenden Zeit erhört. Wer Jesus hat, wird seinerseits zu einer Quelle, V. 38. – Vgl. auch Jo 4,10f. »Den wird wieder dürsten« (V. 13) würde bei Jeremia heißen: der hat einen rissigen Brunnen, der nur noch Reste brackigen Wassers enthält.

[89] Noph: manchmal auch Moph geschrieben; bibl. Name von Memphis, der Hauptstadt von Unter-Ägypten. Tachpanches: ägypt. Stadt an der Grenze von Juda. In den Jahren 608–605 sind Übergriffe der Ägypter auf judäisches Gebiet bezeugt; wahrscheinlich haben solche Unternehmungen auch vorher schon stattgefunden, die Juda ziemlich zusetzten. Jeremia bezeichnet sie als »Weiden des Scheitels«.

[90] d. i. der Nil: nach den Grenzstreitigkeiten gab es wieder Zeiten, wo ein Bündnis mit Ägypten zustande kam.

[e] 2,36
[f] Jes 3,9; Hos 5,5
[g] 2,31; Hos 6,7
[h] 3,6.13
[i] 2Mo 15,17; Ps 80,9; Jes 5,1–7
[k] 17,1; Hi 9,30
[l] 2,35; Spr 30,12
[m] 3,2; 8,6; 18,12; 22,21; Hos 2,7; Am 2,4

soll dir der Weg nach Assur (nützen), wenn du dort aus dem Fluß[91]
19 trinkst[e]? * Deine Bosheit[92] wird dich züchtigen, und deine Ab-
kehr[92](von Jahwe) wird dich zurechtweisen[f]. Aber erkenne und
sieh, daß es bitter und böse ist, wenn du Jahwe, deinen Gott, ver-
läßt und wenn du mich nicht mehr fürchtest – Ausspruch des
Herrn Jahwe Zebaoth.
20 Denn schon immer hast du dein Joch zerbrochen, hast dich dei-
nes Zuggeschirrs entledigt und hast gesagt: Ich will nicht dienen[g]!
Denn auf jedem hohen Hügel und unter jedem grünen Baum hast
21 du dich hingelegt, um Hurerei zu treiben[h]. * Ich aber hatte dich
gepflanzt als Edelrebe, als wirklich gutes[93] Gewächs. Wie hast du
dich mir gewandelt zum wilden und fremdartigen Rebstock[i]!
22 * Auch wenn du dich wüschest mit Natron und viel Laugensalz[94]
verwendetest, wäre doch deine Sünde ein Schmutzfleck vor mei-
23 nen Augen[k] – Ausspruch Jahwes. * Wie kannst du sagen: Ich habe
mich nicht verunreinigt, hinter den Baalen bin ich nicht hergelau-
fen[l]! – Sieh doch deinen Weg im Tal! Erkenne, was du getan hast!
(Wie) eine junge, schnellfüßige Kamelstute, die sinnlos hin- und
24 herläuft, ist dein (Lebens-)Weg geworden. * Sie bricht zur Wüste
hin aus; sie schnappt in der Begierde ihrer Seele nach Luft. Wer
wird deine Brunst stillen können? Jeder, der sie sucht, braucht
sich nicht zu mühen! In ihrer Brunstzeit findet er sie ohne weiter-
25 es[m]. * Schone deine Füße und gehe nicht barfuß. (Schone) deine
Kehle, daß sie nicht verdurstet! Aber du sagst: Es ist zwecklos,
(daß ich gewarnt werde), denn ich habe (nun einmal) zu Fremden
Liebe gefaßt, und ich folge ihnen.

14–16 Gott hat noch nicht aufgegeben, er fragt weiter. Wieder steht er bestürzt vor dem Ungehorsam seines Volkes. Er sieht schon längst, wie sein Eigentum in den Besitz fremder Herren übergegangen ist[95]. Was
17–19 aber heißt das: im Besitz fremder Herren sein? In V. 17 lesen wir den für biblisches Denken wichtigen Satz, daß das Versklavtsein des Menschen dadurch zustande kommt, daß seine eigene Tat auf ihn

[91] d. i. der Tigris: diese beiden bedeutenden Flüsse werden, wenn man V. 18 mit V. 13 verbindet, brüchige Zisternen genannt!
[92] Gemeint ist jedesmal die *Folge* der Bosheit und der Abkehr. Nach alttestamentlichem Denken wird der Sünder mit seiner eigenen Sünde bestraft.
[93] d. h. zuverlässig im Fruchtbringen.
[94] Eine Natriumverbindung, die, in Wasser gelöst, eine stark ätzende Wirkung hat.
[95] Ein in Israel Versklavter mußte nach sechs Jahren im siebenten Jahr, dem Hall-Jahr, freigelassen werden. Demgegenüber bestand für einen im Herrenhaus geborenen Sklaven-Sohn kaum Aussicht auf Freilassung. Ein solcher ist das Volk Gottes bereits geworden – Gott selber kann es nicht fassen!

selbst zurückfällt. Gott erscheint hierbei merkwürdig passiv! Er überläßt die Menschen der Eigengesetzlichkeit ihrer bösen Taten.

Wer Gott verlassen hat, dient ihm nicht mehr. Darum ist Schuld **20–22**
Verweigerung des Dienstes. »Die schuldige Antwort Israels wäre der Dienst gewesen«[96]. Wo aber das von Gott angelegte **»Jochgeschirr«** zerrissen wird, wird der Mensch fortan von seiner eigenen Bosheit dirigiert. – V. 20a wird in den folgenden Sätzen durch das Bild von der **»Edelrebe«** weiter ausgelegt, das jedoch mehr angedeutet als ausgeführt wird: Israel sollte für Gott Frucht bringen[n]; die Voraussetzungen[97] waren von Gott her gegeben. Darum wird die Schuld umso größer. Schuld ist die Verweigerung der Früchte, wo doch Gott alles bestens vorbereitet hatte.

[n] Jes 5,1–7

Das Bild von der brünstig schweifenden Kamelstute meint: Wer **23–25**
Gott den schuldigen Dank nicht darbringt, erntet Unruhe. Diese Unruhe bringt mit sich, daß andere Mächte umso ungehinderter zugreifen können. – Die Wendung **»auf jedem hohen Hügel, unter jedem grünen Baum«** gehört zu den stehenden Sätzen im Buch Jeremia. Das religiöse Leben der kanaanäischen Kulte ist der Versuch, aus der Nachahmung der naturhaften Vorgänge von Zeugung und Befruchtung eine Garantie für das geschöpfliche Leben zu gewinnen. Hier wird das Gotteswirken parallel zum Naturwirken gesehen[98].

Man könnte die kanaanäischen Kulte in Erinnerung an die Erfahrungen der jüngsten deutschen Geschichte eine »Blut- und Boden-Ideologie« nennen. Sexuelle Praktiken, die nicht im Sinne der göttlichen Schöpfungsordnung lagen, wurden vollzogen, indem die Priester der Kult-Orte – oft genug waren es Jahwe-Priester – mit sog. Weihe-Dirnen, den »Kedeschen«, eine kultische Prostitution vollzogen, um durch den Besamungsakt eine symbolische Befruchtung der Ackerflur zu vollziehen. Wenn die Propheten Jeremia und Hosea dagegen vorgehen, so stand ihnen nicht allein die Ehebruch-Sünde vor Augen, sondern viel mehr die totale Verzerrung des Jahwe-Glaubens, die damit geschah: Jahwe hat sich mit seinem Volk in einer freien

[96] C. Westermann (N).

[97] Vgl. dazu das Gleichnis von den Arbeitern im Gleichnis Mt 21,33ff, wo die Sünde der Weinbergpächter im Verweigern der Frucht besteht. – Im Anschluß hieran ist Jo 15,1–8 zu vergleichen: Wir, die wir es mit dem Fruchtbringen so schwer haben, dürfen noch einmal anfangen; wenn wir uns im Glauben an Jesus anschließen, können wir Frucht bringen.

[98] Wenn wir von der Unruhe hören, die der Götzendienst hervorbringt, werden wir an 1Kor 12,2 erinnert, wo es heißt: »Ihr wißt, daß ihr damals Heiden gewesen wart, die zu den sprachunfähigen Götterbildern mit allen Mitteln gewaltsam getrieben wurden.« Dazu sagt Ad. Schlatter (Paulus – der Bote Jesu, 1956^2, 331): »Beim Heiden stehen alle Merkmale seines religiösen Verhaltens im völligen Gegensatz zu dem, was der Geist hervorbringt. . . . getrieben wurden sie; sie wußten nicht, was sie taten, und übten ihren Kultus nicht mit eigener Gewißheit und persönlichem Entschluß aus . . .«

Wahl seiner Liebe verbunden, indem er Israel aus Ägypten herausführte, während der Baals-Kult dem Volk vortäuschte, Gottheit und Menschheit würden sich durch einen mit religiösem Naturleben verbundenen Kult-Akt vereinigen.

Die Unruhe, die der Götzendienst nach sich zieht, wird schließlich nicht als Last empfunden, sondern als – Lust: Das Volk kann nicht nur nicht anders, sondern will letztendlich auch nicht anders, V. 25b.

Gottes Volk bleibt hartnäckig: 2,26–37

26 **Wie ein Dieb sich schämen muß, wenn er ertappt[99] wird, so wird**
sich auch das Haus Israel schämen müssen[a], – sie, ihre Könige,
27 **ihre Fürsten, ihre Priester und ihre Propheten, * die zum Holz sa-**
gen: Mein Vater bist du! und zum Stein: Du hast mich geboren[b]!
Denn sie haben mir den Nacken zugewendet und nicht das Ange-
sicht. Aber zur Zeit ihres Unheils sagen sie: Auf, rette uns[c]!
28 *** Aber wo sind dann deine Götter, die du dir gemacht hast? Sie mö-**
gen sich erheben und dich retten zur Zeit deines Unglücks[d]! Denn
entsprechend der Zahl deiner Städte sind auch deine Götter (zahl-
29 reich) **geworden, Juda[e]. * Warum rechtet ihr mit mir? Habt ihr**
30 **euch doch alle gegen mich erhoben[f] – Ausspruch Jahwes. * Ver-**
gebens habe ich eure Söhne geschlagen; Züchtigung nehmen sie
nicht an. Das Schwert[100] hat eure Propheten gefressen wie ein
31 **Verderben bringender Löwe[g]. * O ihr** (verkehrtes) **Geschlecht:**
Seht das Wort Jahwes!
Bin ich denn für Israel zur Wüste geworden oder zu einem
Land, wo tiefe Finsternis (herrscht)? **Warum sagt mein Volk: Wir**
32 **wollen uns auflehnen[101], wir kommen nicht zu dir? * Kann etwa**
eine Jungfrau ihren Schmuck vergessen und die Braut ihren Gür-
tel[102]? Doch mein Volk hat mich vergessen, (schon) **seit Tagen, die**
nicht zu zählen sind[h]!
33 *** Wie gut weißt du Wege zu finden, um Liebschaften[103] zu suchen!**
Darum hast du auch gelernt[104], auf deinen Wegen Böses zu tun.
34 *** An den Zipfeln[105]** (deiner Kleider) **findet man Blut vom Leben**

[a] Rö 6,21
[b] 3,9; Jes 44,9 Hos 4,12
[c] Jes 26,16
[d] 5Mo 32,37f
[e] 11,13
[f] 2,23.35; Hi 9,3f
[g] 5,3; 14,12 Jes 1,5
[h] 13,25; 5Mo 32,18 Ps 106,21

[99] w. gefunden.
[100] w. Euer Schwert.
[101] Die griech. Übers. hat hier: Wir lassen uns nicht beherrschen.
[102] w. Brustbinde.
[103] w. Liebe.
[104] d. h. du hast es bis zur Meisterschaft eingeübt.
[105] w. Flügel.

unschuldiger Armer[i], die nicht beim Einbruch überrascht wor- [i] Jes 1,15
35 **den sind[106]. * Aber du sagst: Ich bin unschuldig! Er[107] hat ja sei-** Vers 35: [k] 2,9.23.29
nen Zorn von mir abgewendet! – Siehe, ich will dich zur Rechen- Vers 36:
schaft ziehen, weil du gesagt hast: Ich habe nicht gesündigt[k]! [l] 2,18
36 *** Was bist du doch so leichtfertig im Ändern deines Weges!** Vers 37: [m] 2Sam 13,19
Auch wegen Ägypten wirst du zuschanden werden, wie du wegen [n] Klgl 4,17
37 **Assur zuschanden wurdest[108][l]. * Auch von diesem** (Land Ägyp-
ten) **wirst du abziehen müssen, und deine Hände werden auf dei-**
nem Haupt[m] (vor lauter Trauer) **sein; denn Jahwe hat die verwor-**
fen, auf die du dein Vertrauen gerichtet hast, und du wirst kein
Glück mit ihnen haben[n].

Die Sünde nimmt ihren Lauf: Wo man Gott nicht mehr anspricht, weil man ihm **»den Nacken zugewendet«** hat, fängt man an, Gegenstände vertraulich anzureden, V. 27. Die harten Gegenstände, die der Mensch wie einen Gott behandelt, machen sein Herz hart: Man wird so, wie der Gott ist, den man anbetet! Wer die stummen Gegenstände anredet, wird auf die Dauer selbst stumm und hat nichts zu sagen, – auch wenn er pausenlos weiterredet[109]. **26–28**

Zu beachten ist die Gebetsanrede: **»Mein Vater bist du!«** Gott ist in Israel im Gebet selten mit »Mein Vater – Unser Vater« angeredet worden[110]. Das Alte Testament hat den Begriff der Vaterschaft Gottes grundlegend anders als seine Umgebung angesehen. »Schon das ist bedeutsam, daß Gott im Alten Testament als Schöpfer und Vater nicht der Ahnherr oder der Erzeuger ist«[111]. – »Das entscheidend Neue dabei ist, daß die Erwählung Israels zum Erstgeborenen in einem geschichtlichen Akt, nämlich beim Auszug aus Ägypten sichtbar geworden ist«[112]. Es handelt sich im Bekenntnis Israels zu Gott dem

106 Wo ein Totschlag, der nicht geahndet wird, u. U. denkbar gewesen wäre.

107 d. i. Gott.

108 Vgl. die Auslegung zu V. 13 und V. 18.

109 In der kanaanäischen Kultwelt handelt es sich beim »Holz« um Ascheren, um Standbilder, zu Ehren der Göttin Aschera geschnitzt. Sie war eine Vegetationsgottheit aus dem Zweistromland, deren Verehrung dem Sexual-Kult an den Heiligtümern Vorschub leistete. – Im Gegensatz zu den Ascheren handelt es sich beim »Stein« um Mazzeben, um Gedenksteine, die in der frühisraelitischen Zeit noch nicht verboten waren, z. B. Jos 24,26. Nach und nach gerieten aber auch die Mazzeben unter kanaanäischen Einfluß: Die an der heiligen Stätte wirksame göttliche Kraft – so glaubte man – übertrage sich auf den Stein, durch die er selbst zum Kraftträger werde. Erst durch die Josia-Reform (2Kö 23,14; vorher schon zeitweise durch Hiskia entfernt, 2Kö 18,4) werden die Mazzeben beseitigt, – wenigstens dem Grundsatz nach. Anscheinend hat die Kultreform doch nicht alle Winkel des Landes erreicht. Oder stammt dieses Jeremia-Wort aus der Zeit vor der Reform?

110 J. Jeremias in: ›ABBA‹, 1966, 15f zählt nur 15 Belege, in denen Gott im Alten Testament als Vater bezeichnet wird (die Vergleiche Gottes mit einem Vater scheiden hier aus).

111 aaO, 16.

112 aaO, 17.

Vater nicht um ein leiblich-natürliches Verwandtschaftsverhältnis, was sich erst im Laufe der Geschichte Israels allmählich in die Frömmigkeit einschlich. Mit der Anrede an die Mazzebe: Mein Vater bist du! kann durchaus noch Jahwe gemeint sein – aber dieser Jahwe ist unter der Hand ein anderer geworden. Der wahre Gebetsruf zu Jahwe: »Mein Vater!« hat also ein ganz anderes Fundament als der entsprechende in der kanaanisierten Religiosität[113]. Das Elend dieser Frömmigkeit ist, daß sie nicht durchträgt. In Zeiten der äußersten Not besann man sich wieder auf den Jahwe, der das Volk aus Ägypten erlöst hat. Zugespitzt formuliert: Israel hatte Baal für das normale Leben, Jahwe aber für die Notzeit! Diese Spaltung im Gottes-Bild hat gewiß auch eine Spaltung des menschlichen Gewissens bewirkt, welche die prophetische Verkündigung aufdecken mußte.

In V. 28 vernimmt man einen neuen Ton in den Worten Jeremias: Der Prophet spottet angesichts solchen Rufens zu Jahwe in der Not! **»Sie mögen sich erheben.«** Der Spott auf die falschen Götter ist Kampf gegen sie[114]. Jeremia redet vom Baal in der Mehrzahl-Form: Götzendienst hat immer die Neigung, die Kultobjekte zu vermehren; Ausdruck für die Ungewißheit des menschlichen Herzens[115]. »Die irrige Meinung ist: Die Multiplikation sei eine Verstärkung des Gottesverhältnisses; doch das Viele ist weniger, das Eine ist alles«[116].

29–35 In den Versen 29.30.33–35 finden wir Elemente eines Streitgespräches[117] zwischen Gott und seinem Volk wieder. Das Thema mag gelautet haben: »Schuld oder Unschuld Israels.« Die prophetische Verkündigung ist auf Widerstand gestoßen; das Volk beginnt sich zu wehren. Während eigentlich Gott als einziger das Recht hätte, einen Rechtsstreit zu führen[118], erdreistet sich nun das Volk – in grober Verkennung seiner Rolle als Angeklagter –, seinen Gott zur Rechen-

[113] Vgl. 3,4ff; 3,19ff: Ergeht der Appell an Gottes Vaterschaft aus bußfertigen Herzen, so antwortet Gott auch entsprechend mit ganzer Zuwendung. – Im Spätjudentum wird die Vateranrede Gottes von anderen Titeln, die Gottes Unvergleichlichkeit, Erhabenheit usw. ausdrükken, nahezu völlig verdrängt. Erst Jesus bringt wieder das alte Vater-Sohn-Verhältnis, weil er selbst Gottes Sohn ist und Gott als Vater anredet. Dieses sein persönliches Gottesverhältnis übergibt er vollmächtig seinen Jüngern, indem er ihnen das Vaterunser schenkt: ». . . so wird man folgern dürfen, daß die Übergabe des Vaterunsers an die Jünger die Ermächtigung bedeutet, ihm das ABBA nachzusprechen. Er gibt ihnen damit Anteil an seinem Gottesverhältnis . . .« (aaO, 65). Damit ist auch die Anrede an die Gegenstände »Mein Vater bist du!« überwunden.

[114] Eine ausführliche Götzenverspottung finden wir in Jes 44,9–20.

[115] Vgl. dazu die Rede des Paulus in Athen angesichts der vielen Götterbilder in jener Stadt, bes. Apg 17,16.23.

[116] W. Zimmerli (N).

[117] So C. Westermann (N).

[118] Wie in 2,1–13.

schaft herauszufordern. Menschliche Sünde bringt an irgendeiner Stelle immer das Aufbegehren gegen Gottes Urteil hervor. Man kann zwar Gott verlassen und ihn vergessen, aber sobald seine Zeugen reden, flammt heftiger Widerstand auf. Schlimmer noch als die Übertretung von Gottes Geboten ist die trotzige Behauptung: **»Ich bin unschuldig«**, V. 35. Das sagt ein Volk, das es in der Sünde schon zu einer »Meisterschaft« gebracht hat, V. 33.

Wie schon in 2, 1–13 ist die Anklage, die Gott in bezug auf sein Volk **31/32**
aussprechen muß, durchzogen von der Klage: Gott beklagt sich wie einer, den man geflissentlich meidet; er kommt sich vor wie eine Wüste, die der Wanderer wenn eben möglich umgeht; wie eine tiefe Dunkelheit, während der man zu Hause bleibt; wie ein Hochzeitsschmuck, den eine Braut – obwohl gerade für die Hochzeit gekauft – aus unbegreiflichen Gründen anzulegen vergißt.

Das Bild von der unruhigen, brünstigen Kamelstute von V. 23–25 **36/37**
kehrt wieder. Die baalisierte Jahwe-Frömmigkeit ist durchaus aufregend, letztendlich aber enttäuschend, V. 37a; sie läßt schließlich das Leben in einer Art Erstarrung – wie bei Menschen, deren Herz starke Trauer gefühllos macht – enden: **»und deine Hände werden auf deinem Haupt sein«** [119].

[119] Die Hände auf dem Haupt drücken das Entsetzen eines Menschen aus, der Liebe suchte, doch Verachtung fand; vgl. 2Sam 13,19, wo Thamar diese Geste vollzieht, weil sie nach der Vergewaltigung durch Amnon über dessen geheuchelte Liebe enttäuscht ist. – Eine andere Geste zum Ausdruck für große Trauer: 7,29, das Abschneiden des Haupthaars.

ÜBERBLICK über 3,1–4,4

Als Hilfe für den Bibelleser machen wir den Vorschlag, folgende Verse im Zusammenhang zu lesen und zu bedenken:

a) 3,1–5.19.20; 4,1.2: Ein Streitgespräch Gottes über den geistlichen Ehebruch seines Volkes.

b) 3,6–13: Ruf zur Rückkehr der beiden Schwestern Juda und Israel in den Ehebund mit Gott.

c) 3,14–18: Ankündigung der Wiederannahme der beiden Volksteile zu einem Volk.

d) 3,21–25: Liturgie eines Buß-Gottesdienstes der kommenden Zeit, wie Jeremia sie jetzt schon hört.

e) 4,3.4: Das Ergebnis der Heimkehr: der neu gepflügte Gottesacker.

Alle fünf Abschnitte hängen inhaltlich zusammen, wenn wir sie auch um der besseren inhaltlichen Erfassung willen voneinander absetzen wollen. Es ist nicht unwesentlich, daß das Streitgespräch unterbrochen wird: So ernst meint es Gott mit seinem Ruf zur Rückkehr, daß er schon die Rückkehr als vollzogen ansieht!

Ein Streitgespräch Gottes über den geistlichen Ehebruch seines Volkes: 3,1–5.19.20; 4,1.2

1 **Folgendermaßen** (fuhr Jahwe fort zu reden): **Wenn ein Mann**
seine Frau entläßt und sie von ihm fortgeht und sie dann eines an-
deren Mannes (Frau) **geworden ist – darf sie dann wieder zu** (ih-
rem ersten Mann) **zurückkehren? Würde dann nicht dieses Land**
völlig entweiht[a]**? – Und du hast mit vielen Freunden Hurerei ge-**
trieben – dürftest du da zu mir zurückkehren? – Ausspruch Jah-
2 **wes. * Hebe deine Augen auf zu den Hügeln und sieh: Wo bist du**
nicht geschändet[120] **worden? Auf Straßen** (sogar) **hast du für sie**
dagesessen wie ein Landstreicher[121] **in der Wüste, und du hast das**
Land durch deine Hurerei und deine Bosheit verunreinigt[b].
3 ***** (Darum) **wurde der Tau zurückgehalten und blieb der Spätregen**
aus[c]. **Doch du hattest** (nach wie vor) **die Stirn eines Hurenweibes**
4 **und hast dich geweigert, dich zu schämen. * Hast du nicht auch**
jetzt noch[122] **zu mir gerufen: Vater, du bist mein Vertrauter seit**

[a] 5Mo 24,1–4
[b] 2,20; Hes 16,24.25
[c] 5,24.25; 14,4

[120] w. beschlafen.
[121] w. Araber.
[122] w. von nun an.

5 meiner Jugendzeit[d]! * Wird er denn für immer grollen und wei-
terhin Zorn bewahren? Siehe, (so) hast du gesprochen, aber Böses
19 hast du (weiterhin) getan und es weit darin gebracht! – * Und ich
hatte doch gesagt: Wie (sehr) will ich dich behandeln wie einen
Sohn und dir ein liebliches Land geben, ein Erbteil, das die Zierde
unter den Kostbarkeiten der Völker ist. Und ich sprach: Vater
20 sollst du mich nennen und niemals von mir weggehen[123e]. * Aber
ach! wie eine Frau ihrem Gefährten untreu wird, so seid ihr mir
4,1 untreu geworden, Haus Israel[f] – Ausspruch Jahwes. – * Wenn du
umkehrst, Israel – Ausspruch Jahwes –, zu mir kehre um! Wenn
du deine Scheusale aus meinem Angesicht entfernst, brauchst du
2 nicht (mehr) heimatlos zu sein[g]. * Und wenn du schwörst: ›So
wahr Jahwe lebt‹ in Treue und rechtem Verhalten und Gerechtig-
keit, dann werden sich in dir (wieder) Völker Segen wünschen[124]
und in dir sich rühmen[h].

-d Hos 2,18
e 31,9.20
f Hos 2,7
g Hos 2,4
h 5Mo 10,20
Jes 65,16

Überblick

Die innere Einheit dieses Abschnittes ist gegeben durch das Thema: »Ehebruch des Gottesvolkes – ermöglichte Heimkehr der untreu gewordenen Frau.« Das Bild vom Eheherrn und seiner Ehefrau wird durchbrochen von dem anderen: »Gott als Vater – das Gottesvolk als Sohn.« Der Gedanke des Ehebundes wird weitergeführt in Richtung auf den Bund überhaupt. – Die Form dieses Abschnittes ist die uns seit 2,1–13 bekannte Form des *Streitgespräches,* worin allerdings nur ein indirekter Dialog stattfindet; denn Gott spricht allein; die Antworten des Volkes werden in die Gottesreden mit hineingenommen. Entsprechend Hes 14,1ff[125] könnte hier ein Streitgespräch »in der Kasuistik[126] des priesterlichen Rechtes« vorliegen. Der Prophet würde dann wie ein Priester über konkrete Verfehlungen am Gottesrecht reden. Damit hätten wir ein weiteres Beispiel für die Verbundenheit Jeremias mit dem priesterlichen Denken seiner Familie[127].

Eine Scheidung kann im Alten Testament nur von seiten des Mannes **3,1f/20**
vollzogen werden, wenn dieser an seiner Frau etwas entdeckt, was die weitere Ehe mit ihr unmöglich macht. Die Scheidung wird rechtskräf-

[123] w. von hinter mir her.
[124] o. in (oder: mit) deinem Namen gesegnet werden.
[125] W. Zimmerli, Bibl. Komm. XIII (Ezechiel), 1, 302ff.
[126] d. i. eine Sammlung von vielen Einzelfällen, aus denen die Rechtsprechung erfolgt.
[127] Im Unterschied zu Hesekiel nimmt Jeremia hier nicht Bezug auf das »Heiligkeitsgesetz« von 3Mo 17, sondern auf einen Abschnitt aus 5Mo 24,1–4.

tig durch den Scheidebrief. Hier aber ist das Ungeheuerliche geschehen, daß die Frau (das Gottesvolk) den Ehebund eigenmächtig verlassen hat, was das alttestamentliche Eherecht nicht vorsah, V. 1c.20. Unter der Voraussetzung, daß die Ehescheidung vom Eheherrn ordnungsgemäß vollzogen worden ist, kann die geschiedene Frau nicht mehr zu ihrem ersten Mann zurückkehren, sofern sie von ihrem zweiten Mann wiederum ordnungsgemäß entlassen wird[128].

Was macht Gott mit seinen von ihm selbst festgelegten Geboten? Zunächst fällt auf, daß Gott die Erörterung dieser Rechtsangelegenheit in *Fragen* kleidet, V. 1b.c.; und in V. 19.20 hören wir wie in 2,1–13 *Wehmut* und *Klage* heraus! Noch hält Gott die letzte Konsequenz seines eigenen Rechtes zurück; noch erwägt er; noch kann er sich nicht lösen von seinem Erbarmen; noch ist es dem Gericht verwehrt, entsprechend dem Gottesrecht seinen Lauf zu nehmen!

4,1f Da geschieht das Unglaubliche: Gott diskutiert nicht mehr mit seinem eigenen Recht (. . . soll ich mein Volk bestrafen? . . . soll ich nicht?), sondern Gott schiebt sein eigenes Recht beiseite: Die eigenmächtig davongelaufene Ehefrau Israel darf wieder in den Ehebund mit ihrem Gott zurückkehren! Gott fällt sich gleichsam selber in den Arm. Hier leuchtet mitten im Alten Testament die Herrlichkeit des Evangeliums[129] auf.

3,2–5/ Umkehr zu Gott ist die eine Seite, Abkehr von den Götzen die ande-
4,1 re: **»Wenn du deine Scheusale aus meinem Angesicht entfernst.«** Und ferner: Keine Umkehr ohne Erkenntnis dessen, was zuvor verschuldet worden war. Israel hat Gottes Vaterschaft verscherzt. Sie wird auch nicht durch ein gelegentliches Vertrauensbekenntnis im Tempel-Gottesdienst so einfach wieder zurückgewonnen, 3,4b.

4,2 Wenn die Umkehr zu Gott und die Abkehr von den Götzen vollzogen wird, ist auch das Bekenntnis zu Gott wieder in Ordnung[130]. Ist das ursprüngliche Gottesverhältnis wiederhergestellt, bleibt der Se-

128 »So bewegt sich hier Jeremia auf der Linie von Jes 6,10: nach Jahwes Recht darf nicht einmal mehr die Umkehr stattfinden, selbst wenn sie das Volk unternehmen sollte!« (H. W. Wolff, Theol. Büch. 22, 141). Vor diesem Hintergrund bedeutet 4,1f geradezu eine Revolution!

129 Das Überwältigende dieser Wiederannahme Israels, wo man Gott gewissermaßen ins Herz sieht, finden wir auch in 31,22: »Denn Jahwe schafft etwas Neues im Land: das Weib sucht ihren Mann«; oder Hos 2,22: »Du wirst mir wieder angetraut in Treue« (d. h., nun bleibt es dabei); oder Jes 54,6.7: »Kann man die Gattin der Jugend verschmähen? spricht dein Gott. Nur eine kleine Weile verließ ich dich; aber mit großer Liebe hole ich dich wieder heim.« – Daß Gott »sich selbst in den Arm fällt«, ist nur durch die Fürsprache des Mittlers Jesus möglich. Das wird aber erst im Neuen Testament offenbar, vgl. Lk 13,8: »Laß ihn noch dieses Jahr.«

130 Das Schwören ›So wahr Jahwe lebt‹ ist im Alten Testament das ungeteilte Bekenntnis zu Gott und bezeugt den völligen Gehorsam ihm gegenüber.

gen nicht auf Israel beschränkt, sondern geht von Israel auf die Völker über.

Wir stehen hier vor einem in der Bibel immer wieder bezeugten Grundsatz: Gott segnet die *Welt* nur so, daß er sein *auserwähltes Volk* segnet und dieses Volk in die Welt *sendet,* das den empfangenen Segen *weitergibt.* Darum gibt es für die Welt auch keine Erkenntnis Gottes, es sei denn, sie gewinnt sie in der Gemeinde.

Im Neuen Testament haben die Apostel, unter der Verheißung von 1Mo 12,1–3 stehend, ihr Missionswerk begonnen, z.B. Apg 3,25; Gal 3,8[131].

EXKURS: Das Thema ›Umkehr‹ in der alttestamentlichen Prophetie und in der Bibel überhaupt

Nach H. W. Wolff[132] wird bei Jeremia die Umkehr des Gottesvolkes zu Gott zum zentralen Thema. So nennt auch die Schriftrolle, die der Prophet zum Verlesen vor dem König Jojakim verfaßt hat, die Verkündigung der Umkehr das Typische seiner Botschaft[a]. Die falschen Propheten hingegen bestärken Israel im alten Wesen, d.h. bei ihnen gibt es keine Umkehr-Predigt[b].

[a] 36,3.7; 35,15 Sach 1,4
[b] 23,14

Interessant ist, daß das hebr. Wort ›schūb‹, das Jeremia für ›umkehren‹ gebraucht, zunächst der Alltagssprache angehört und von Natur

[131] Daß dieser für die neutestamentliche Gemeinde allgemein anerkannte Grundsatz auch schon für die alttestamentliche Gemeinde gegolten hat, weist sehr schön H. W. Wolff in Theol. Büch. 22, 345ff (»Das Kerygma des Jahwisten«) nach: Im Gegensatz zu dem eigenen Sichgroß-Machen der Turmbauer von 1Mo 11,1–9 macht Gott den Abram groß, indem er ihn segnet, also indem Gott ihm einen großen Namen gibt. In diesem Segen heißt es: »So können denn in dir Segen gewinnen alle Sippen der Erde« (Übers. n. Wolff). In der Zeit des davidisch-salomonischen Großreiches gewinnt diese Verheißung besondere Aktualität: Israel hat nämlich die Nachbarvölker von sich abhängig gemacht. Dem damit verbundenen Überlegenheitsgefühl stellt 1Mo 12,3 die Frage: »Die in Salomos Tagen beginnenden Krisen zeigen das Fortwähren der Spannungen in den unterworfenen Völkern. Nun stellt sich vom Leitwort des Jahwisten (= einer möglichen Quellenschrift im 1. und 2. Mose-Buch) her die Frage: Hat Abrahams Volk für sie bisher schon zum Segen gewirkt?« (S. 357). Durch 1Mo 12,1–3 soll den unterworfenen Völkern gesagt werden, was Israel ihnen bedeuten kann: Durch Israel sollen sie »zum freien und fruchtbaren Leben kommen, aus der Fesselung, aus vergeblichen Mühen, aus dem ziellosen Irren, aus der Hybris (= Hochmut) und aus der Angst vor der Todesdrohung ...« (S. 361). – Dieses Wort hat in der Überlieferung der heiligen Schriften Israels seine Geschichte gehabt, z.B. Ps 47,10: »Die Fürsten der Völker treten zusammen mit dem (o. als das) Volk des Gottes Abrahams auf«, oder Jes 19,23–25: »... gesegnet mein Volk (!) Ägypten und das Werk meiner Hände (!) Assur und (!) mein Besitz Israel ...« – Unser Jeremia-Wort sagt, daß Israel nur unter der Voraussetzung seiner Umkehr zu Gott ein Segen für die Völker sein kann. Sonst kann es auch zum Fluch für die Völker werden, vgl. Sach 8,13.23.

[132] In: Theol. Büch. 22, 130ff.

aus keinen religiösen Klang hat. Dieser Begriff besagt eigentlich nur, daß einer, der einen Weg geht, auf diesem Weg eine Wendung vollzieht, so daß ›schūb‹ sowohl Umkehr im Sinne von Rückkehr oder Heimkehr eine positive Bedeutung hat als auch negativ im Sinne von Abkehr[133] zu fassen ist. Wolff folgert: »Das Wort bleibt innerhalb des AT offensichtlich davor bewahrt, zur religiösen Formel zu erstarren«[134]. An sich hätte Jeremia der Priestersohn auch zwei Begriffe gebrauchen können, die aus der Kultsprache stammten: ›darasch‹ und ›bikēsch‹, die beide das Aufsuchen Gottes im Heiligtum ausdrükken. Wenn diese beiden Wörter in seiner Verkündigung zurücktreten, deutet dieser Sachverhalt an, »daß der prophetische Ruf zur Umkehr etwas anderes meint als die Hinwendung zum Heiligtum«[135]. Eine Hinwendung zum Heiligtum in Jerusalem gab es ja, wie Kap. 7 beweist, nur war diese Hinwendung keine echte Bekehrung zu Gott. Darum meidet Jeremia jene Worte aus der Kultsprache.

»Dem Wort ›schūb‹ wohnt also die Vorstellung der *Wiederholung* neben dem der *Wendung* – ursprünglich inne«, sagt Wolff. Umkehr meint die Wiederherstellung eines ursprünglichen Zustandes. Darum erinnert Jeremia sein Volk in 2, 1–3 an die Tage der Vorzeit; Umkehr bedeutet dann, die erste Liebe zurückzugewinnen. Sehr deutlich wird das auch aus dem Vergleich Israels mit der untreuen, dann aber wieder angenommenen Ehefrau Jahwes. Eine Rückkehr zu den Anfängen ist sogar dem Propheten Jeremia selbst von Gott auferlegt worden. Nach 15, 20 muß er zu seinem Auftrag zurückkehren, nachdem er sich schon auf dem Wege befunden hat, seinen Auftrag an Gott zurückzugeben.

Bei Jeremia erfährt das Thema ›Umkehr‹ im Vergleich zu seinem prophetischen Vorgängern eine bezeichnende Veränderung, die bis zum Neuen Testament ihre Bedeutung hat: »So wird bei Jeremia erstmalig in Sachen Umkehr der einzelne angeredet. Bei Amos, Hosea und Jesaja erschien das Thema ausschließlich in Verbindung mit dem Gesamtschicksal Israels. Jetzt heißt es immer wieder: Es kehre ein jeder von seinem bösen Wege um (18, 11; 25, 5; 26,3; 36,3. 7). Pauschale Bekehrungen können nicht Rückkehr zu Jahwe sein! In der Zeit allgemeiner Reform bekommt der Ruf zur Umkehr, damit sie aufrichtige Rückkehr zu Jahwe selbst sei, notwendig die *individualisierende*[136] Tendenz«[137].

[133] So nach dem hebr. Text in Jer 2,19; 3,22; 8,5 u. ö.
[134] aaO, 133.
[135] ebd.
[136] d. i. auf den einzelnen Mensch bezogen.
[137] aaO, 148.

Aber noch mehr ist zu sagen. »Man darf das Wort . . . nicht isoliert als Mahnung verstehen. Es ist ganz Einladung zu dem von Jahwe bereiteten Heil. Das Thema Umkehr ist also hier (gemeint ist die Stelle Hos 14,2ff, die die Worte Jeremias vorbereitet) ganz und gar im Heilswort entfaltet«[138]. Ähnlich urteilt Ad. Schlatter[139]: »Die Kirche hat oft übersehen, daß Paulus das Herz für unfähig zur Buße hielt; sie verlangt oft mit Eifer vom Menschen, daß er Buße tue. Weil das Herz unfähig zur Buße ist, war Paulus nicht Bußprediger, sondern Evangelist. Dadurch brachte er den Menschen in Verbindung mit Jesus und legte damit in sein Herz das Neue hinein, das das alte Gedankengefüge zerbrach und der alten Willensgestalt widersprach.« Ebenso Wolff: »Die Bekehrung ist nicht die Bedingung für den Empfang des Heils, sondern das zugesagte Heil ist die Begründung für die Bekehrung.« Aber ohne Heilsaneignung durch den Menschen, also ohne Bekehrung, nützt auch die göttliche Begründung dem einzelnen noch nicht – vgl. Ausl. zu 3, 11–13. Sehr deutlich wird dieser Sachverhalt in dem Jeremia-Wort: »Bekehre du mich, Jahwe, so bin ich bekehrt«[c]. Aus dem weiteren Verlauf des Schicksals Judas und Jerusalems ergibt sich, daß auch die nationale Katastrophe der Zerstörung des Zentralheiligtums beim Volke keine Umkehr des Herzens bewirken konnte. Das wird unsere Auslegung noch zeigen. Wir halten fest: Umkehr ist Geschenk der göttlichen Gnade. Damit ist die Bekehrungs-Predigt nicht unnötig geworden, sondern erst recht motiviert.

So sind auch Jesus und die Apostel keine Bußprediger im Sinne der Bekehrungs-Forderung gewesen. Nach Mk 1, 15 ruft Jesus deshalb zur Buße, weil in ihm das Reich Gottes nahe herbeigekommen ist. Paulus verkündigte die Äonen-Wende durch Sterben und Auferstehen Jesu Christi und hatte *darum* Vollmacht, von der Umkehr des Herzens zu reden: »Laßt euch versöhnen mit Gott!«[d]

[c] 31,18
[d] 2Kor 5,20

Ruf zur Rückkehr der beiden Schwestern Juda und Israel in den Ehebund mit Gott: 3,6–13

6 **Jahwe sprach zu mir in den Tagen des Königs Josia: Hast du ge-**
sehen, was Israel, die Abtrünnige, getan hat? Daß sie auf jeden
hohen Berg geht und unter jeden grünen Baum und dort hurt[a]?
7 ***Und ich sprach: Nachdem sie das alles getan hat – vielleicht wird**
8 **sie umkehren! – Das alles sah ihre untreue Schwester Juda[b]. * Ge-**

[a] Hes 16,15–34; 23
[b] Hes 16,44–52

[138] aaO, 143.
[139] Kommentar zum Römer-Brief »Gottes Gerechtigkeit«, 1959^{3}, 77, Fußn. 1.

[c] Jes 50,1
5Mo 24,1–4
[d] 2,7
[e] 5Mo 4,29–31
Jer 31,21
Ps 103,9.10

rade deshalb, weil die treulose Israel Hurerei trieb, habe ich sie
weggeworfen, und ich gab ihr den Scheidebrief[c], aber (das alles)
sah die treulose Juda, ihre Schwester, nicht; sie ging hin und trieb
9 **ihrerseits Hurerei. * Und schließlich war durch ihre ganze Hure-**
rei das Land entweiht[d]. Sie trieb sogar Unzucht mit Stein und
10 **Baum. * Aber auch während all dieser Dinge kehrte die treulose**
Schwester Juda nicht zu mir zurück, (und zwar) **mit ganzem Her-**
zen, sondern (sie kehrte) **in Heuchelei** (zurück) **– Ausspruch Jah-**
11 **wes. *Da sagte Jahwe zu mir: Die abtrünnige Israel steht gerech-**
12 **ter da als die treulose Juda. * Gehe und rufe diese Worte in Rich-**
tung Norden und sage: Kehre um, abtrünnige Israel – Ausspruch
Jahwes –, ich will euch nicht mehr ungnädig sein[140], denn ich bin
huldvoll[141] – Ausspruch Jahwes –, ich will nicht für immer grol-
13 **len[e]. * Nur erkenne deine Schuld, denn gegen Jahwe deinen Gott**
hast du dich erhoben. Du hast dich den Fremden preisgegeben[142]
unter jedem grünen Baum, und auf meine Stimme habt ihr nicht
gehört – Ausspruch Jahwes.

Zwischen den Abschnitten 3,6–13 und 3,14–18 sind große inhaltliche Zusammenhänge, wie das Stichwort **»die Abtrünnige«** zeigt (V. 6.8.11.12.14), das wiederum auf den Abschnitt 3,1–5.19.20; 4,1.2 rückverweist. Im Unterschied zu dort wird aber hier das Nordreich Israel gesondert angeredet – obwohl es dieses Nordreich als Staat überhaupt nicht mehr gibt[143]!

6–10 In den Tagen, da sich der judäische König Josia[144] anschickt, die Nordprovinzen wieder an das Südreich anzugliedern und der Prophet Jeremia diese Unternehmung aufmerksam mitverfolgt, kommt Gott in ein *Gespräch* mit dem Propheten: **»Hast du gesehen . . .«** Die Feldzüge Josias gen Norden brachten nämlich manche erschütternde Einblicke in die dortigen religiösen Verhältnisse. Jeder Judäer mußte davor erschaudern. – Zunächst läßt Gott vor den Augen seines Propheten die Geschichte des Nordreiches in kurzen Strichen vorüberziehen: Das schlimme Ende Samarias brachte aber für das benachbarte Jerusalem keine Einsicht in die Tiefe der eigenen Verfehlung, sondern nur eine oberflächliche Wendung zu Jahwe[145].

[140] w. ich will mein Angesicht nicht wegen euch fallen lassen.
[141] o. fromm.
[142] w. du hast deine Knie gespreizt.
[143] Vgl. Rö 4,17: »Gott . . . ruft dem, was nicht ist, daß es sei.«
[144] s. Einl. zum Jeremia-Buch.
[145] Diese oberflächliche Wendung zu Gott sieht Jeremia auch als das Ergebnis der Josia-Reform an, vgl. die Auslegung zu 1,2.

Während Juda für die eigene Verfehlung blind ist und die Katastrophe Israels teils mit Abscheu, teils mit Bedauern kommentiert, wendet sich der Judäer Jeremia an das gar nicht mehr vorhandene Israel und verkündigt ihm die Umkehr, V. 12! Unter der Voraussetzung einer radikalen Bekehrung zu Gott würde Israel Erbarmen finden. **11–13**

Ankündigung der Wiederannahme der beiden Volksteile
zu einem Volk: 3, 14–18

14 **Kehrt um, ihr abgefallenen Söhne – Ausspruch Jahwes –, denn**
ich habe das Herrenrecht an euch. Ich will euch nehmen: Einen
aus der Stadt, zwei aus einer Sippe[a] und will euch zum Zion brin-
15 **gen. * Ich werde euch Hirten geben, die meinem Willen[146]** (ent-
sprechen). **Sie werden euch weiden mit Erkenntnis und Einsicht[b].**
16 *** Und es soll geschehen, wenn ihr zahlreich werdet und euch aus-**
breitet auf Erden in jenen Tagen[c] – Ausspruch Jahwes –, daß man
nicht mehr sagen wird: (Hier ist) **die Lade des Jahwe-Gesetzes!**
Das wird keinem mehr in den Sinn kommen[147]. Man wird nicht
mehr an sie denken; man wird sie nicht vermissen und auch keine
17 **mehr anfertigen[d]. * In jener Zeit wird man Jerusalem ›Thron**
Jahwes‹ nennen, und es werden sich bei ihm versammeln alle
Völker – zum Namen Jahwes in Jerusalem –[e], und sie werden
nicht mehr entsprechend ihren verhärteten, bösen Herzen ihr Le-
18 **ben führen[148]. * In jenen Tagen wird das Haus Juda zum Haus Is-**
rael gehen, und sie werden zusammen aus dem Nordland kom-
men zu dem Lande, das ich ihren Vätern zum Erbteil gegeben ha-
be[f].

a Jes 4,3; 10,21.22
b Jer 23,3; 23,4.5.6; 33,15.16
c Hes 34; 31,27
d Jes 65,17
e Jes 2,2; 45,14; Mt 8,11
f 23,5.6; 31,1; Hes 37,15–27; Jes 11,13.14

V. 14 beweist[149], daß die Aufforderung zur Umkehr Folge und nicht Voraussetzung eines neuen Heilshandelns Gottes: **»Kehrt um . . . Ich will euch nehmen.«** – Es ist schwierig, genau die Situation zu bestimmen, in der Jeremia solches Heilshandeln Gottes für die Zukunft angekündigt hat[150]. Darum wollen wir hier nur die Aspekte des kommenden Heils zusammenstellen· **14–18**

146 w. Herz.
147 w. wird nicht zum Herzen heraufsteigen.
148 w. gehen.
149 Vgl. den Exkurs »Das Thema ›Umkehr‹ . . .«, S. 53ff.
150 Manche Ausleger meinen, daß dieses Wort nicht von Jeremia stammt oder, wenn von Jeremia, dann aus der Zeit nach 587 v. Chr., weil die Zerstörung des Tempels von Jerusalem und der Bundeslade in V. 16 vorauszusetzen sei. Doch es ist nicht einzusehen, warum nicht Gott schon vorher Heilsankündigungen gegeben haben soll. 3,14–18 signalisiert die Treue Gottes

a) Weil Gott auch durch das Gericht hindurch »Herrenrecht« an seinem Volk hat, wird das kommende Leben der Erlösten bestimmt und regiert durch von Gott beauftragte **»Hirten«**, V. 15.

b) Wenn die von Gott Beauftragten Gottes Herde weiden, finden sich auch die einzelnen Volksteile zueinander, V. 18[151].

c) Wenn Gott neues Heil schenkt, bedarf es auch nicht mehr des alten Gesetzes, der Bundeslade, V. 16.

d) Wenn Gott auf diese Weise sein Volk erlöst, eint und regiert, werden auch die Völker Anteil am Heil gewinnen, das Gott in Israel schafft[152].

Liturgie eines Buß-Gottesdienstes der kommenden Zeit, wie Jeremia sie jetzt schon hört: 3,21–25

21 Horch, auf den Höhen hört man flehentliches Weinen der Söhne
Israels, denn ihr Wandel war verkehrt [153]. Vergessen haben sie
22 Jahwe, ihren Gott[a]. – * Kehrt zurück, ihr abtrünnigen Söhne, ich
heile eure Abkehr[b]!
Ja, hier sind wir; wir gehören dir, denn du bist Jahwe, unser
23 Gott. * Wahrlich, zum Trug (sind uns) **die Hügel geworden und**
der Lärm der Höhen. Wahrlich, nur in Jahwe, unserem Gott, liegt
24 die Rettung für Israel. * Der Schandgötze hat seit unserer Frühzeit
gefressen, was unsere Väter mühsam erwarben[154]: ihr Kleinvieh
25 und ihre Rinder, ihre Söhne und ihre Töchter. * So wollen wir ruhen[155] in unserer Schande, wir wollen uns decken mit Schmach, denn vor Jahwe, unserem Gott, haben wir gesündigt: Wir und unsere Väter von unserer Jugendzeit an bis zu diesem Tag haben nicht auf die Stimme Jahwes, unseres Gottes gehört[c].

[a] Hos 6,1–4
[b] Hos 2,9
[c] 22,21

jenseits des Gerichtes, indem es jetzt schon Heil ankündigt, während 3,6–13 die Umkehr gefordert hatte.

[151] Das völlig zerschlagene Israel übernimmt dabei den Anfang!

[152] V. 17b kann sich sowohl auf die Herzensumwandlung der Völker wie auf die des alten Gottesvolkes beziehen: Im gleichen Maße, wie die Ungläubigen zur Gottesgemeinde kommen und dabei ihre Erneuerung erfahren, wird auch den Gläubigen Erneuerung geschenkt!

[153] w. sie haben ihre Wege verkehrt gemacht.

[154] w. gefressen die Mühe unserer Väter.

[155] d. h. wir wollen sie aushalten. – Wahre Buße, die die Gnade Gottes ergreift, nimmt aber auch Strafe und Gericht auf. Zum Bekenntnis des heimkehrenden verlorenen Sohnes gehört nicht nur die Anrede »Vater«, sondern auch: »Ich bin nicht mehr wert, dein Sohn zu heißen«, Lk 15,19.

Diesen Abschnitt kann man nach zwei Richtungen hin auslegen: 21–25

1. Wenn man Jer 3,10 als Vorspruch ansieht, dann ist dieses Buß-Gebet die typische Äußerung einer geistlichen Heuchelei: Das Volk macht die kultischen Übungen mit, ohne sich von ganzem Herzen Gott zu nahen. Solche religiösen Übungen hat Jeremia im Namen seines Gottes abgelehnt. Wenn wir Jeremia 14,7ff mit ins Auge fassen, so wird deutlich, daß Gott solche Gebete ablehnt, wobei vorauszusetzen ist, daß Jeremia selbst in den Reihen der Büßenden zu finden ist[156].

2. Oder man faßt den Ausruf **»Horch!«** in V. 21 als Einleitung für eine Audition[157] auf. Dann würde er jetzt im Geiste schon hören, was erst für die kommende Zeit – die Zeit des neuen Heilshandelns Gottes – gültig wäre: Wenn Gott sich seines Volkes wieder annimmt, wird es wieder Raum zur Buße haben. Dann hätten wir hier so etwas wie ein Formular zur Durchführung eines kommenden Buß-Gottesdienstes[158]. Da es aber Heilskündigungen schon vor der letzten Gerichts-Katastrophe gibt, wie sich aus 3,14–18 ergibt, ist die zweite Auslegung als richtig anzusehen. Dann könnten wir in jenem angesagten Bußgottesdienst folgende Elemente entdecken:

a) Das Bekenntnis zu Gott ist völlige Hingabe: **»wir gehören dir«.**

b) Die Buße ist konsequent: An den gleichen Stellen, wo früher der lärmerfüllte Götzendienst stattfand, findet nun eine willige Annahme des Gerichtes Gottes statt: **»auf den Höhen hört man flehentliches Weinen«**; und: **»zum Trug sind uns die Hügel geworden und der Lärm der Höhen«**; und: **»So wollen wir ruhen in unserer Schande«.**

c) Die Buße der Heilszeit nimmt auch die Verfehlung der vergangenen Generationen auf, **»von unserer Jugendzeit an«**, V. 24.

Das Ergebnis der Heimkehr: der neue gepflügte Gottesacker: 4,3.4

3 **So spricht Jahwe zu den Männern in Juda und Jerusalem: Pflügt euch einen Acker von Grund auf um[159]; sät nicht auf die Dornen[a]!**
4 **Beschneidet euch für Jahwe; entfernt die Vorhaut auf euren Herzen[b], ein jeder Mann in Juda und die Einwohner Jerusalems, damit nicht wie Feuer mein Zorn sich entzünde und brenne und kein Löschen** (möglich) **ist wegen der Bosheit eurer Taten.**

[a] Hos 10,12
[b] 6,10; 24,7 5Mo 10,12–16 Phil 3,3 Kol 2,11

[156] Zum Prophetenamt gehört auch die Leitung eines Fürbitte-Gottesdienstes.
[157] d. i. ein Hören von kommenden Ereignissen.
[158] Vgl. die Liturgie von Hos 6,1–4 und die Antwort Gottes in 6,4ff, die H. W. Wolff in seinem Hosea-Kommentar »ratlos« nennt.
[159] o. brecht euch einen Neubruch.

3–4 Wir haben hier wieder die Aufforderung zur Umkehr ohne die Ankündigung des vorausgehenden Heilshandelns Gottes. Dennoch muß auch in der Zeit, da das Gottesgericht unumgänglich wird, die Verkündigung der Buße aufrechterhalten bleiben. – Zwei Bilder verwendet Jeremia:

1. Das Brachland, das nach langer Zeit wieder unter den Pflug genommen wird, als Bild für das, was Buße eigentlich meint. Zu vergleichen ist V. 3 mit Hos 10,12. 13: »Säet euch Gerechtigkeit, erntet Liebe, schafft euch Neuland! . . . Warum habt ihr Gottlosigkeit eingepflügt, Unrecht geerntet, die Frucht der Lüge verzehrt?«[160]. »Das Bild vom Neubruch denkt an den Acker, der entweder erstmalig oder nach der Zeit der Brache vom Wildwuchs befreit und aufgebrochen wird. Der Neubruch verspricht eine besonders gute Ernte«[161].

2. Jeremia führt das Bild vom neugepflügten Brachland weiter: Wessen Gewissen neu geworden ist, dessen Herz kann auch frei sein für Gott und seinen Willen: **»entfernt die Vorhaut auf euren Herzen«.** Von diesem Wort führt eine Linie zu 31,33.

Bei der Frage nach dem Sinn der Beschneidung ist am besten von 1Mo 17,10 auszugehen, wo die Beschneidung Isaaks durch Abraham meint: »Hier wird also von Abraham eine Stellungnahme zu der Satzung Gottes gefordert«[162]. Der Vollzug der Beschneidung ist also menschliche Antwort auf göttliches Bundeshandeln. Da der Bundesgedanke durch die prophetische Verkündigung wieder aufgenommen und radikalisiert wurde, wird nun von der »Beschneidung des Herzens« gesprochen, indem eine alte Forderung aus 5Mo 10,16 wieder aufgenommen wurde.

Schon an dieser Stelle wird deutlich, daß die Beschneidung des Herzens eigentlich die Liebe zu Gott ist. Ferner ist die Herzensbeschneidung nun etwas geworden, was der Mensch nicht mehr vollziehen kann. Sie ist reine Verheißung geworden. Gott selber wird sie
[c] 5Mo 30,6 vollziehen[c]. In der Zeit des babylonischen Exils ging diese Erkenntnis wieder verloren. Die Beschneidung wurde nun zum unterscheidenden Zeichen zwischen Juden und Heiden, was dann auch die typische jüdische Unterscheidungs-Moral hervorbrachte, die noch im Neuen Testament den Verkehr der Judenchristen mit den Heidenchristen sehr erschwerte. Doch weil Jesus durch sein Sterben auch das Gesetz zunichte machte, wird nun auch die alte prophetische Sicht der Beschneidung wieder zu einem Thema der Christusverkündigung: »Vermutlich können gerade nicht die religiösen, sondern nur die hy-

[160] Hosea nimmt zu dem Bild von dem Neubruch noch den Erntevorgang hinzu.
[161] H. W. Wolff, Bibl. Komm. XIV, 1,241.
[162] G. v. Rad, ATD 2/4, 170.

gienischen Wurzeln des Brauches erhalten, was hier gemeint ist: die Entfernung der Vorhaut sollte freilegen und unmittelbar aktionsfähig machen, was sonst verdeckt und gehemmt war . . . Ob nicht der übertragene Gebrauch des Begriffes Ähnliches im Sinn hat: offen vor Gott, dienstbereit für ihn zu werden, um seinen Auftrag gehorsam zu erfüllen?«[163]

[163] Theol. Begriffslexikon I, 98.

ÜBERBLICK über 4,5–30

Besonderes Kennzeichen dieses großen Abschnittes sind *Beschreibungen* des kommenden Unheils in *Visionen* und *Auditionen,* in denen Jeremia das Kommende bereits als gegenwärtig erlebt. Hier erfährt er, daß Prophetsein heißt: mit Leib und Seele und allen Sinnen hineingenommen sein in das Wort Gottes, das sich zu erfüllen beginnt. Darum finden wir hier schon Ansätze (z.B. 4,19–21) zu persönlichen Klageliedern, die uns später noch ausgeführter begegnen werden. – Im Vergleich zu 2,1–4,4 ist der werbende, fragende, ja sogar klagende Ton Gottes, der für sein Volk eine Rechenschafts-Verhandlung eingeleitet hat (2,9) zurückgetreten; das Gericht Gottes (der Feind aus dem Norden) fängt an, sich zu einem abschließenden Vernichtungsurteil zu verdichten. Eine letzte Prüfung des Volkes, die Jeremia im Auftrag Gottes durchführt, hat ein negatives Ergebnis, und 6,30, der letzte Vers in diesem Abschnitt, schließt dann auch mit dem Satz: **»denn Jahwe hat sie verworfen«.**

Die Flucht vor dem Feind: 4,5–18

5 **Meldet es in Juda und laßt es in Jerusalem hören! Blast die Po-**
saune im Lande, ruft aus vollem Halse[164] **und sagt: Versammelt**
6 **euch und laßt uns zu den befestigten Städten ziehen**[a]**! * Stellt eine**
Signalstange in Richtung Zion auf, bergt euch, bleibt nicht stehen;
denn ich führe Unheil von Norden herbei und eine große Kata-
7 **strophe**[165][b]**. * Es hat sich der Löwe aus seinem Gestrüpp erhoben,**
und der Völkerverderber hat (sein Zelt) **abgebrochen und kommt**
aus seinem Ort hervor, um dein Land zu verwüsten und deine
Städte zum Untergang zu bringen, bis kein Einwohner mehr (dar-
8 innen) **ist. * Darum gürtet euch mit Säcken, trauert und wehklagt**[c]**,**
denn es hat die Glut und der Zorn Jahwes nicht aufgehört[166]**. –**
9 *** Und es soll geschehen an jenem Tag – Ausspruch Jahwes –, daß**
der Mut des Königs sinkt[167] **und der Mut der Fürsten, und die**
Priester werden erschaudern, und die Propheten werden erstar-
10 **ren**[d]**. * Und sie werden sagen: Ach Herr Jahwe! wie hast du dieses**
Volk und Jerusalem so sehr getäuscht, als du sagtest: Friede wird
euch werden[e]**! – aber das Schwert nimmt uns** (nun) **das Leben. –**

[a] 1,13–15; 6,1; 8,14 Joel 2,1–11 Mt 10,23; 24,16
[b] 5,6; 6,26 Nah 2,12.13 1Kor 10,10
[c] Am 8,10 Jona 3,5 Mt 11,21
[d] 2,26.27 Ps 76,13
[e] 5,12; 6,14; 14,13

[164] w. macht voll und sagt.
[165] w. Zerbruch.
[166] w. ist nicht umgekehrt.
[167] w. das Herz des Königs vergeht.

11 * In jener Zeit wird man diesem Volk und Jerusalem sagen: Ein
glutheißer Sturm von den Höhen in der Wüste (kommt gebraust)
auf den Weg der Tochter meines Volkes, aber nicht um zu worfeln
12 und zu sieben[f]. * Ein gewaltiger[168] Sturm wird von mir kommen; f Hos 4,19
13 jetzt werde ich selbst das Gerichtsurteil über sie sprechen[g]. * Sie- g 1,16
he, wie die Wolken wird (der Sturm) heraufziehen, wie eine h Ps 51,4.9 Jes 1,16
Windsbraut sind seine Kriegswagen; schneller als Adler sind Hebr 10,22 Offb 7,14
seine Pferde. Wehe uns, denn über uns bricht Gewalttat herein! – i 8,16
14 * Wasche vom Bösen dein Herz, Jerusalem, damit du gerettet k 44,22; 1Petr 1,1
wirst[h]! Wie lange sollen in deinem Innern unheilvolle Gedanken
schlummern?
15 * Horch! ein Bote von Dan[169][i] und ein Unheil-Künder vom Ge-
16 birge Ephraim! – * Bringt es Juda[170] ins Gedächtnis und laßt es in
Jerusalem hören: Belagerer[171] kommen aus einem fernen Land
17 und erheben ihre Stimmen über die Städte Judas. – * Wie Feldhü-
ter sind sie rings um (Jerusalem) herum; – denn gegen mich waren
18 sie widerspenstig – Ausspruch Jahwes. – * Dein Wandel[172] und
deine Taten haben dir das gebracht; diese deine Bosheit, daß es so
bitter ist und dir dein Herz trifft[k].

Jeremia hört bereits die aufgeregten Aufforderungen der Verwaltungsbehörden, daß die Landbevölkerung sich in Richtung auf die befestigten Städte, insbesondere nach Jerusalem, aufmachen soll. Die »Aufforderung zur Flucht« ist eine Aufgabe, die zum Prophetenamt gehört. Wir haben hier wieder ein Beispiel dafür, wie ein Prophet, obwohl er *aus*gesondert ist für Gott, keineswegs *ab*gesondert von seinem Volke ist. Jeremia ist bereit – noch ist es keine Wirklichkeit –, zusammen mit den Behörden des Landes die Flucht in die Städte zu organisieren, während das einfache Volk sehr schnell den Kopf verlieren konnte. Dieser Dienst bringt zwar keine Rettung vor dem Gericht, ist aber dennoch ein Zeichen von Gottes Barmherzigkeit mitten im Gericht[173]. 5/6

[168] w. gefüllter.
[169] d. h. von Nordosten.
[170] Der hebr. Text ist hier verderbt; »Juda« ist wegen des Zusammenhangs hier eingesetzt.
[171] w. die, die Wache halten.
[172] w. Weg.
[173] Gottes Barmherzigkeit kann auch darin bestehen, daß er mitten in Situationen großer Verwirrung seinen Zeugen Ruhe und Klarheit zum helfenden Handeln schenkt. So steht Paulus nach Apg 27,21ff der kopflosen Schiffsmannschaft bei und gibt Anweisungen zum richtigen Verhalten während des Seesturmes. Dadurch konnte sich die Besatzung in Sicherheit bringen, wenn auch das Schiff ein Opfer der Wellen wurde.

7–10 Der Feind aus dem Norden[174] ist nicht »Schicksal«, sondern der Glutwind des Zornes Gottes. Es ist zu beachten, daß Gottes Gerichte niemals »stumm« ablaufen, sondern begleitet werden durch das sie deutende Prophetenwort, V. 8: **»denn es hat die Glut und der Zorn Jahwes nicht aufgehört«.** – Während der Prophet an dem sich vollziehenden Gericht höchsten Anteil nimmt, haben der König, die Fürsten, Priester und Propheten nichts zu sagen, außer daß sie Gott erneut anklagen, V. 10[175].

Klage über Gottes umfassendes Gericht: 4,19–31:

[a] 8,23 (= 9,1); 10,19 Klgl 1,20; Hab 3,16
[b] 10,20
[c] 5Mo 32,6.28 2Kor 4,4; 1Jo 2,19
[d] Nah 1,5; Joel 3,4
9 (= Apg 2,20); Jes 24,4

19 **Meine Brust, meine Brust [176]! Ich leide Schmerzen. O ihr Wände**
meines Herzens, es lärmt (in) **mir mein Herz[a]. Ich kann nicht**
schweigen[177]; denn den Hall der Posaune höre ich, den Lärm des
20 **Krieges. * Katastrophe auf Katastrophe wird gemeldet, denn die**
ganze Erde ist verwüstet. Plötzlich sind meine Zelte zerstört, im
21 **Nu meine Zeltdecke** (vernichtet)[b]. *** Wie lange** (muß) **ich noch die**
Signalstange sehen, muß ich hören den Hall der Posaune? –
22 *** Wie verblendet ist doch mein Volk! Mich kennen sie nicht. Törichte und nicht verständige Söhne sind sie. Weise sind sie, um**
Böses zu tun; aber Gutes zu tun verstehen sie nicht[c]. –
23 *** Ich blicke die Erde an: Siehe, sie ist wüst und leer[178] und zum**
24 **Himmel** (blicke ich), **und sein Licht ist nicht mehr da[d]. * Ich blicke**
zu den Bergen: Siehe, sie erbeben, und alle Hügel werden hin-
25 **und hergeschüttelt. * Ich blicke** (umher): **Siehe, kein Mensch ist**
26 **da, und alle Vögel unter dem Himmel sind entflogen. * Ich blicke**
(umher): **Siehe, die Fruchtgärten sind wüst geworden und alle**
seine[179] Städte sind niedergerissen – vor dem Angesicht Jahwes,

[174] Er heißt hier auch »*Völker*verderber«: Wenn Gott Gerichtswerkzeuge beruft, fangen sie zwar an am Hause Gottes, aber von dort geht das Gericht zu den Völkern. Darum finden wir im Jeremia-Buch, nachdem das Gericht an Jerusalem durchgeführt worden ist, in den Kap. 46–51 Gerichtsworte gegen die Völker, verbunden mit konkreten Beschreibungen dieses Gerichts.

[175] Wenn Gottes Gerichte anfangen, werden die Menschen ratlos, vgl. Lk 21,25.26 – lukanische Version der synoptischen Endzeitrede –: ». . . so daß sie sich nicht zu raten wissen vor dem Tosen und Wogen des Meeres; Menschen werden den Geist aufgeben.« Wer gewohnt ist, mit Lügenworten umzugehen, wird in der Stunde der Katastrophe keine klare Erkenntnis mehr haben können.

[176] w. meine Eingeweide.

[177] o. ich kann mein Herz nicht beruhigen.

[178] w. »tohuwabohu« wie 1Mo 1,2.

[179] d. h. Judas.

27 **wegen seiner Zornesglut –, * denn so spricht Jahwe: Verwüstet**
werden soll die ganze Erde – aber ein Ende will ich nicht mit ihr
28 **machen**[180]**! – * Darum trauert die Erde und hüllt sich über ihr der**
Himmel in Trauer[e]**. Ich habe meine** (Gerichts-) **Gedanken ausgesprochen, und es soll mich nicht reuen: ich will nicht** (vom Gericht) **absehen**[181]**. –**
29 *** Vor dem Ruf »Reiter und Bogenschützen!« ist die ganze Stadt auf der Flucht.** (Die Bewohner) **sind in das Dickicht gekrochen und haben die hohen Felsen erstiegen. Jede Stadt ist verlassen, und es ist nirgendwo ein Einwohner zurückgeblieben. –**
30 *** Und du, der Gewalt angetan wurde, was willst du tun? Denn du kleidest dich in Karmesinrot und schmückst dich mit Gold und vergrößerst mit schwarzer Schminke deine Augen – umsonst**
machst du dich schön! Deine Liebhaber haben dich verworfen. Sie
31 **suchen** (jetzt) **dein Leben** (auszulöschen)[f]**. * Denn eine Stimme wie**
von einer Gebärenden höre ich, die notvollen (Schreie) **einer Erstgebärenden**[g]**. Die Stimme der Tochter Zion ringt nach Atem, und sie breitet ihre Hände aus: Weh! ausgeblasen ist mein Leben**[182] **durch die Mörder!**

[e] Jes 61,3; Hos 13,21;
[f] Jes 3,16–24
[g] 6,24; 10,19

19–21 Die Verse 19–21 zeigen uns Jeremia nicht in der Rolle des Ankündigenden, sondern des Mitleidenden. Er kann seine Botschaft nicht ausrichten und dabei innerlich unbeteiligt bleiben. Während seine Landsleute trotz aller erfahrenen Not das Gericht Gottes noch nicht ernst nehmen, leidet er darunter bis hin zum körperlichen Schmerz. –
22 Wo der Prophet klagt, ist auch die Gottesklage nicht fern, V. 22! Es ist wieder Bestürzung, mit der Gott die Werke seiner Hände beklagt[h].

[h] 2,1–13

23–26 Kein Gottesgericht gibt es ohne die Erschütterung von Himmel und Erde; das ist durchweg in der Bibel so[i]. Wo Gottes Volk gerichtet wird, da können die Völker, da kann der Kosmos nicht unbeteiligt zusehen. Viermal kommt in V. 23–26 die Wendung vor: **»Ich blikke . . . Siehe . . .«** C. Westermann (N) spricht hier von einer Einleitungsformel für eine »apokalyptische Schilderung«[183]. –
27–30 Zwar ist Gott der Urheber der Gerichte, und Königreiche sind die Vollstrecker –

[i] Mt 24,29

[180] Unvermittelt findet sich in den Gerichtsworten solch ein Satz! Es ist jedoch festzuhalten, daß das Innehalten Gottes im Vollzug seines Gerichtshandelns noch keine Gnade im eigentlichen Sinne ist. Vom Neuen Testament herkommend muß man sagen, daß Heil nicht Zurückhalten von Zorn, sondern *Offenbarung* der Liebe Gottes ist.
[181] w. umkehren.
[182] o. erschöpft ist meine Seele.
[183] Apokalyptik (w. Offenbarung) nennt man eine Theologie- und Frömmigkeitsrichtung im Spätjudentum – die auch ihre Auswirkungen bis in das Neue Testament hat –, die für die Zukunft eine umfassende Weltkatastrophe erwartet, nach der Gott eine ewig dauernde Frie-

aber die Götzen sind es, die, gleichsam unheimlich verkleidet, von Israel nun das Leben fordern: **»Sie suchen jetzt dein Leben auszulöschen«.** Der Mensch, der von den Götzen nicht lassen wollte, hat es auch in der Katastrophe noch mit ihnen zu tun, auch wenn Gott, der allmächtige Richter, sie in Händen hält[184]! Statt den Leib für den Götzendienst zu schmücken, ist nun die Zeit gekommen, diesen Leib in Trauergewänder zu hüllen. Himmel und Erde haben damit schon angefangen, V. 28b!

Wenn wenigstens zehn Gerechte in Jerusalem gewesen wären . . .: 5,1–17

1 **Durchstreift die Gassen Jerusalems und seht doch und schaut ge-**
nau hin[185]; sucht auf ihren freien Plätzen, ob ihr einen Mann fin-
det, der recht tut und nach Zuverlässigkeit strebt – und ich werde
2 **ihr[186] verzeihen[a]! * Auch wenn sie sagen: ›So wahr Jahwe lebt‹,**
schwören sie trotzdem falsch[b]. –
3 *** Jahwe, sind deine Augen nicht auf Zuverlässigkeit[187] gerich-**
tet[c]? Du hast sie geschlagen, aber sie empfinden keinen Schmerz
dabei. Du hast es (nahezu) **aus mit ihnen gemacht, aber sie wei-**
gern sich, Züchtigung anzunehmen. Sie haben ihr Angesicht här-
ter als Fels gemacht; sie weigern sich umzukehren. –
4 *** Da sagte ich: Nur die geringen** (Leute) **sind so; diese sind tö-**
richt, denn sie kennen den Weg Jahwes und das Recht ihres Gottes
5 **nicht. * Ich will doch zu den angesehenen** (Leuten) **gehen und sie**
fragen, denn sie kennen doch den Weg Jahwes, das Recht ihres
Gottes. – Aber auch diese haben alle zusammen das Joch zerbro-
6 **chen, sie haben die** (Joch-) **Seile[188d] zerrissen. * Darum schlägt sie**
der Löwe aus dem Wald, der Wüstenwolf reißt sie nieder; (darum)
ist der Leopard wachsam[189] über ihren Städten, um jeden, der aus
ihnen herauskommt, zu zerreißen. Denn sie haben ihre Übertre-

[a] 1Mo 18,23 Jer 5,7 Ps 14,2.3 (= Rö 3,10–12)
[b] 4,2; Jes 48,1
[c] 1Mo 18,16–33 Hes 14,12
[d] 2,20; Hos 10,11 Mt 11,28–30

denszeit aufrichten wird. Die gewaltigen Schilderungen des kommenden Zorngerichtes, wie wir sie in der Offenbarung des Johannes finden, erwachsen aus den Erfahrungen eines konkreten Gerichtes, wie es Jeremia erlebt hat.

184 Vgl. Rö 1,24 u. ö.: ». . . darum hat sie auch Gott dahingegeben *in ihrer Herzen Gelüste*.« Daß der Mensch es nach dieser Stelle schließlich nur noch mit seinem bösen Herzen zu tun hat, das gerade ist das Gericht Gottes.

185 w. und erkennt.

186 d. i. Jerusalem.

187 o. Treue.

188 Hier steht im Hebr. das gleiche Wort wie in V. 3, das dort mit »Züchtigung« übersetzt wurde.

189 Vgl. 1,12: Gottes Wachsamkeit bedingt auch die Wachsamkeit der Gerichtswerkzeuge.

tungen vermehrt[190], ihre Abkehr (-Handlungen) sind beachtlich
7 groß geworden[e]. * Wenn es so ist – wieso soll ich dir verzeihen?
Deine Söhne haben mich verlassen, sie haben bei einem Nicht-
Gott[191] geschworen [192f]. Aber ich mache sie satt[193]: sie (dürfen
dann) die Ehe brechen und sich im Hurenhaus herumtreiben[194].
8 * Brünstige Hengste sind sie, zeitig am Tage (schon auf den Bei-
9 nen)[195]; jeder wiehert nach der Frau seines Nächsten[g]. * Sollte ich
sie deshalb nicht heimsuchen? – Ausspruch Jahwes – und an ei-
nem solchen Volke mich nicht rächen? –
10 * Steigt auf ihre Stützmauern (in den Weinbergen) und verheert
sie – aber ein Ende macht nicht mit ihnen! Entfernt die Ranken;
11 denn sie gehören Jahwe nicht[h]! * Denn sie sind mir ganz und gar
treulos geworden[i], das Haus Israel und das Haus Juda – Aus-
12 spruch Jahwes. * Sie haben Jahwe verleugnet und gesagt: Er ist
nicht (da)[196]; es wird auf uns kein Übel kommen und Schwert und
13 Hunger werden wir nicht sehen[k]. * Und die Propheten sind für
den Wind[197] (wie leichtes Material) geworden, und das Wort
(Jahwes) ist nicht in ihnen: So soll es mit ihnen geschehen. –
14 * Darum spricht Jahwe, der Gott der Heerscharen: Weil ihr die-
ses (lügenhafte) Wort sagt, siehe, mache ich mein Wort in deinem
Munde[198] zu Feuer und dieses Volk zu Holzscheiten, und es soll
15 sie auffressen[l]. – * Siehe, ich führe gegen euch ein Volk aus der
Ferne, Haus Israel – Ausspruch Jahwes –, ein siegreiches[199] Volk;
ein Volk, das von langer Zeit her (schon existiert), ein Volk, dessen
Sprache du nicht kennst und das du darum nicht verstehst[200m].
16 * Sein Köcher ist wie ein geöffnetes Grab; sie sind alle Helden[201].
17 * Und (jenes Volk) wird deine Ernte und dein Brot aufzehren[202] und
(sogar) deine Söhne und Töchter; es wird auffressen dein Klein-
und Großvieh, wird essen deine Trauben und deine Feigen[n], und

[e] 2,15; 30,15
[f] 4,2
[g] 23,10
[h] 2,21
[i] 3,20
[k] 14,13; Am 6,1 Zeph 1,12
[l] Offb 11,5
[m] 5Mo 28,49–51 Jes 5,26; 28,11
[n] Hab 3,17

[190] Gottes Gericht setzt erst beim Übermaß der Schuld ein, nicht schon bei ihrem Beginn.
[191] o. bei Göttern. die es nicht gibt, d. h. die nichts Rechtes bewirken können.
[192] hebr. ›schaba‹.
[193] hebr. ›saba‹ (Wortspiel!).
[194] Vor dem endgültigen »Vernichtungs«-Gericht kommt ein »Dahingabe«-Gericht.
[195] a. Übers.: sie schweifen umher.
[196] o. er (tut) nichts.
[197] Vgl. die Auslegung zu 2,4.
[198] Vgl. 1,9.10.
[199] w. immer Wasser führend, d. h. sie sind wie ein reißender Bach.
[200] Fremde und unverständliche Sprachen waren für die Menschen des Alten Testaments Inbegriff des Schrecklichen und Unheimlichen.
[201] w. Starke.
[202] Bevor die Assyrer und Chaldäer die festen Städte angriffen, plünderten sie das offene Land zur Versorgung ihrer Truppen.

es wird mit dem Schwert deine befestigten Städte einnehmen, in denen du (bisher) **Schutz gesucht hast.**

Keine Aussicht auf Umkehr mehr: 5, 18–31

18 **Aber auch in jenen Tagen – Ausspruch Jahwes – will ich euch**
19 **nicht den Garaus machen**[203]. * Wenn ihr dann fragt: Warum hat
uns Jahwe, unser Gott, dies alles getan? dann sollst du ihnen sa-
gen: Wie ihr mich verlassen habt und fremden Göttern in eurem
eigenen Lande gedient, so werdet ihr Fremden dienen in einem
Land, das nicht euer ist[204a].
20 * **Verkündigt dies im Hause Jakob und laßt folgendes in Juda**
21 **hören: * Hört doch dies, ihr unverständiges**[205] **Volk, das keine**
Vernunft[206] **hat: Augen habt ihr, aber ihr seht nicht; Ohren habt**
22 **ihr, aber ihr hört nicht**[b]. * **Mich wollt ihr nicht fürchten – Aus-**
spruch Jahwes – und vor meinem Angesicht erschreckt ihr nicht,
der ich den Sand für das Meer als Grenze[207] **gesetzt habe, als ewig**
dauernde Schranke, die (das Meer) **nicht überschreiten darf**[c]; **es**
brandet immer wieder dagegen, aber es vermag nicht (diese
Schranke zu überrollen); **es tosen seine Wellen,** (aber es kann
23 nicht diese Barrieren überwinden). * **Aber dieses Volk hat ein**
störrisches und widerspenstiges Herz; es ist abgewichen und ist
24 (seinen eigenen Weg) **gegangen**[208d]. * **Sie sprechen nicht zu ihrem**
Herzen: Laßt uns doch Jahwe, unseren Gott, fürchten, der den
Regen gibt: den Frühregen und den Spätregen zu seiner Zeit, der
25 **uns die festgesetzten Erntewochen bewahrt**[e]. * **Eure Sünden ha-**
ben diese (Gaben) **von euch fern gehalten, und eure Übertretun-**
26 **gen haben das Gute von euch zurückgehalten**[f]. * **Denn in meinem**
Volke findet man Übeltäter, die auf der Lauer liegen, wie Häscher
27 **stellen sie Fallen auf, um Menschen einzufangen. * Wie ein Käfig**
voller Vögel ist, so sind ihre Häuser voll hinterlistig (erbeutetem
28 Gut). **Auf diese Weise sind sie groß und reich geworden. * (Fett**
sind sie geworden, auch quellen sie über von bösen Reden)[209g].

a 5Mo 28,47.48; 29,23.24
b 5Mo 29,3 Mk 4,11.12; 8,17.18
c Hi 38,8–11
d Jes 63,10
e Apg 14,17
f 1Kö 17,1
g Ps 73,7

203 Vgl. die Anm. zu 4,27.
204 Beachte die Entsprechung von Schuld und Strafe.
205 Trotzdem hört Jeremia nicht auf, ein hörunfähiges Volk immer wieder anzureden.
206 w. Herz.
207 Es gibt auch Grenzen für die Menschen, vgl. Apg 17,26.27: sie sollen an ihnen aber nicht zuschanden werden, sondern sie als Mahnung verstehen, Gott um so intensiver zu suchen.
208 Während die Naturkräfte Gott gehorchen, scheitert seine Macht an den Herzen der Menschen.
209 Übers. ist unsicher, weil der hebr. Text verderbt ist.

Recht üben sie nicht; der Sache der Vaterlosen verhelfen sie nicht
zum Erfolg, und den Rechtsanspruch der Armen unterstützen sie
29 **nicht. * Und deswegen sollte ich euch nicht heimsuchen – Aus-**
spruch Jahwes – und an einem Volk wie diesem sollte ich[210] nicht
30 **Vergeltung üben[h]? * Schauerliches und Gräßliches geschieht im** [h] 5,9
31 **Lande. * Und die Propheten weissagen Lügen** (-worte)[i], **und die** [i] 14,14; 23,13
Priester arbeiten mit ihnen Hand in Hand[211]. Und mein Volk liebt
es so. – Was werdet ihr tun, wenn diese (gottlosen Praktiken) **vor-**
bei sind?

Erneute Flucht: 6,1–15

1 **Flüchtet, ihr Söhne Benjamins, aus Jerusalem! Stoßt zu Thekoa in**
die Posaune, über Beth-Kerem richtet ein Signal auf[212]; denn Un-
2 **heil droht von Norden[213]: eine große Katastrophe[a]! * (Gleicht die** [a] Joel 2,1
3 **Tochter Zion noch einer lieblichen Aue?)[214] * Über sie brechen** [b] Jer 1,13–15
Hirten mit ihren Herden herein, schlagen Zelte rings um sie 12,10
herum auf[b]. So weidet ein jeder seinen Anteil ab.
4 *** Heiligt euch wieder** (Jerusalem) **zum Kampf! Auf, laßt uns zur**
Mittagszeit hinaufsteigen (zum Berge Zion)[c]**! – Weh uns! denn der** [c] 15,8
Tag hat sich geneigt, und die Abendschatten werden länger! – [d] 32,24; 39,2
5 *** Auf, laßt uns des Nachts hinaufsteigen und laßt uns ihre Paläste**
6 **zerstören![215] * Denn so spricht Jahwe Zebaoth[216]: Fällt Bäume**
und schüttet in Richtung Jerusalem eine Rampe auf[d]! Dies ist die
heimgesuchte Stadt, allenthalben ist Unterdrückung[217] in ihr.
7 *** Wie ein Brunnen sein Wasser sprudeln läßt, so läßt sie ihre Bos-**
heit sprudeln: von Gewalttaten und Unterdrückung hört man in
ihr. Vor meinen Augen (stehen) **ständig** (ihre) **Krankheit und**
8 (ihre) **Wunden. – * Nimm Züchtigung an, Jerusalem, damit ich**

[210] Beachte die Frageform: Gottes Gerichtsspruch will dadurch das Schuldbekenntnis seines Volkes erwirken: Ja, du hast recht, wir sind schuldig.
[211] w. geben Weisung in Richtung auf ihre (= der falschen Propheten) Hände.
[212] w. Erhebung; also etwas, was auffällig ist.
[213] w. blickt von Norden herunter.
[214] Übers. in Anlehnung an den griech. Text; der hebr. Text ist nicht verständlich.
[215] In V. 4 und 5 haben wir Kommandorufe von verschiedenen Abteilungen der stürmenden Chaldäer, die Jeremia schon im Geiste hört. – Zu beachten ist, daß die Heiden ihre Feldzüge als »Heilige Kriege« verstehen.
[216] Jahwe Zebaoth = Herr der Heerscharen: Beachte, daß Gott hier nicht der Heerführer seines Volkes, sondern der Anführer von dessen Feinden ist!
[217] Ein Beispiel für die soziale Unterdrückung aus der letzten Zeit vor der Eroberung Jerusalems: 34,8ff.

mich nicht von dir abwende[218]; damit ich dich nicht zur Wüstenei
und zum unbewohnbaren Lande mache[219]. –
9 * So spricht Jahwe Zebaoth: Halte am Rest Israels gründliche
Nachlese wie an einem Weinstock! Suche mit deiner Hand[220] noch
10 einmal wie ein Winzer an den Ranken nach[e]! – * Zu wem soll ich
noch reden und wen soll ich noch warnen[221], damit sie hören? Sie-
he, unbeschnitten[222] sind ihre Ohren[f], so daß sie nicht achtgeben
können. Siehe, das Wort Jahwes ist ihnen zum Hohn geworden;
11 sie mögen es nicht. * Mit der Zornesglut Jahwes bin ich, (Jeremia),
angefüllt; nur mit Mühe kann ich sie (zurückhalten)[223]: Gieße[224]
sie aus über das Kind auf der Straße und über die Runde der Jüng-
linge; Mann und Frau sollen (davon) gepackt werden, der Greis
12 und der Uralte[225]. * Ihre Häuser sollen an andere übereignet wer-
den, die Felder und auch die Frauen; denn ich will meine Hand
gegen die Bewohner des Landes ausstrecken[g] – Ausspruch Jah-
13 wes. * Denn von ihren geringen Leuten an bis zu ihren angesehe-
nen[226] machen sie alle schändlichen Gewinn. Vom Propheten bis
14 zum Priester gehen sie alle mit Heuchelei um[227h]. * Und sie heilen
den Schaden meines Volkes nur oberflächlich, indem sie sagen:
15 Friede! Friede! – aber es ist kein Friede[228i]. * Zuschanden werden
müssen die, denn sie verüben Schändliches. Doch sie schämen
sich nicht, denn Scham ist ihnen unbekannt. Darum werden sie
fallen, wenn alles fällt[229]; zu der Zeit, wenn ich sie heimsuche,
werden sie straucheln – spricht Jahwe.

[e] 2,21
[f] 7,26
[g] 5Mo 28,30–32 Jes 8,10
[h] 8,10; 23,11
[i] 8,11; Hes 13,10

218 w. damit sich nicht meine Seele von dir wegstößt.
219 V. 8 mit seiner Mahnung zur Umkehr könnte aus der ersten Zeit Jeremias stammen.
220 w. (lege) dein Hand noch einmal wie einer, der Weinlese hält, auf die Schosse.
221 w. immer wieder (Worte gebrauchen).
222 Vgl. 4,4 und Ausl.
223 Vgl. dazu 20,9c.
224 Die griech. Übers. hat hier anstelle der Bitte Jeremias zu Gott: »Ich (= Jeremia) gieße sie aus ...«
225 w. dessen Tage voll sind.
226 w. großen.
227 w. tun Lüge.
228 Beachte die Vorliebe der falschen Propheten für Schlagworte und Parolen; darum die Doppelung: Friede! Friede! Dadurch wollen sie das Volk auf ihre Seite ziehen.
229 w. sie werden fallen unter den Fallenden.

Die Katastrophe ist da: 6,16–26

16 So spricht Jahwe: Stellt euch an die Wege und seht! Fragt nach
den Pfaden der Vorzeit[230], wo der Weg des Glücks[231] ist und dann
geht ihn, und ihr findet einen Ruheplatz für euer Leben[232][a]. –
17 Aber sie sagen: Wir wollen ihn nicht gehen. * Und da hatte ich ih-
nen Wächter aufgestellt: Merkt auf den Hall der Posaune[233]! –
Aber sie sagten: Wir wollen nicht aufmerken[b].
18 * Darum hört, ihr Völker, und erkenne, Gemeinde[234], was mit
19 ihnen geschieht. * Höre, Land: Siehe, ich bringe Unheil über die-
ses Volk. (Das ist) die Frucht ihrer (bösen) Gedanken, denn auf
meine Worte merkten sie nicht, und meine Weisung haben sie
20 verworfen[c]. * Wozu soll mir da der Weihrauch aus Saba[235] und
das Würzrohr[236] aus einem fernen Land? Eure Brandopfer gefal-
len mir nicht, und eure Schlachtopfer sind mir nicht angenehm[d].
21 * Darum spricht Jahwe so: Siehe, ich lege diesem Volk Hindernisse
(in den Weg), über die sie stolpern[e], die Väter mit den Söhnen; ein
22 Nachbar mit dem anderen kommt um. * So spricht Jahwe: Siehe,
ein Volk kommt aus dem Nordland, ein großes Volk bricht auf von
23 den Enden der Erde[237][f]. * Bogen und Wurfspieß halten sie fest in
den Händen; grausam ist dieses (Volk) und hat kein Erbarmen.
Ihr Gebrüll tost wie das Meer, und auf Rossen kommen sie gerit-
ten; in Schlachtreihen wie Kriegsleute (kommen sie daher) gegen
dich, Tochter Zion! –
24 * Wir haben die Kunde davon gehört, unsere Hände sind er-
schlafft. Angst hat uns gepackt, Wehen wie bei einer Gebären-
25 den[g]. – * Geht nicht hinaus auf das Feld, tretet nicht auf die Stra-
ße; denn da (droht) das Schwert des Feindes[h]! – Grauen rings-
um! –
26 * Tochter meines Volkes, gürte dich in Sackleinen, wälze dich
im Staub[238], stimme die Totenklage an wie um den einzigen Sohn,

a 18,15; Jes 28,12
b 25,4 Hes 3,17; 33,2–5 Sach 7,7.11 Hos 8,1
c Spr 1,29–31
d Jes 1,11; 43,24; 60,6 Am 5,21
e Jes 8,14.15
f 1,15; 5,15; 50,41–43
g 4,31; 38,4
h 4,5

230 Vgl. 2,2.3 und Ausl.
231 o. des Guten.
232 o. Seele.
233 Wer die Posaune der »Mahnung« nicht hören will, muß die Posaune des »Gerichtes« hören.
234 »Gemeinde« ist vermutlich ein Zusatz aus späterer Zeit, als dieser Abschnitt im Gottesdienst verlesen wurde und der Bezug zur Gegenwart deutlich gemacht werden sollte.
235 Ein Volk und Königreich in Süd-Arabien, bekannt wegen Gold, Edelsteinen, Weihrauch, Spezereien; vgl. auch 1Kö 10,1–3: die »Königin von Saba«.
236 w. gutes Rohr.
237 Der Ungehorsame stolpert nicht nur an seiner Sünde, sondern auch über Hindernisse, die Gott ihm bewußt in den Weg legt.
238 In V. 24 u. 25 haben wir Schreckensrufe des Volkes angesichts des daherstürmenden Feindes, die für Jeremia zur Zeit noch Auditionen sind, aber eines Tages Wirklichkeit werden. V.

bitteres Trauerklagen, denn plötzlich kommt der Verderber über uns[i]!

[i] 15,8; 25,34 Am 8,10 Sach 12,10

Der Prüfung nicht standgehalten: 6,27–30

27 * **Zum Prüfer habe ich dich in meinem Volk gemacht – wie ein**
28 **Bollwerk[239] –, damit du ihren Weg erkennst und prüfst.** * (Das Er-
gebnis ist gewesen): **Sie sind alle widerspenstig, führen einen Le-
benswandel als Verleumder,** (sie sind) **aus Erz** (= Bronze) **und Ei-**
29 **sen[240]. Sie sind alle verdorben. – * Der Blasebalg schnaubte, vom**
Feuer (unversehrt) **blieb das Blei[241]; vergeblich ist alles heiße**
Schmelzen gewesen, vom Bösen lassen sie sich nicht trennen[242a].
30 * **»Verworfenes Silber«[243] sollen sie heißen, denn Jahwe hat sie**
verworfen.

[a] 9,6; Jes 1,22 Hes 22,17–22; 24,12.13 Mal 3,2.3

ZUSAMMENFASSUNG DER PROPHETISCHEN BOTSCHAFT VON 4,5–6,30

Wir haben in 4,5ff eine Sammlung von frühen Jeremia-Worten vor uns, deren Aufbau oder Gedankenführung nicht zu erkennen sind. Unser Vorschlag, in diesen grellen Bildern Auditionen von kommenden Ereignissen zu sehen, geht von der Tatsache aus, daß der frühe

26 könnte die Antwort Jeremias sein, die er geben wird: Statt eines kopflosen Schreiens soll das Volk lieber eine Totenklage vor Gott anstimmen; hierdurch käme eine letzte Ehrerweisung vor dem richtenden Volk zum Ausdruck.

239 Möglicherweise ist durch einen späteren Leser, der sich beim Anfang von V. 27 an die Berufung Jeremias erinnert fühlte (»ich mache dich heute zum Bollwerk«) dieses Wort hier ergänzt worden.

240 »Erz und Eisen«: vielleicht wieder ein Anklang an Jeremias Berufung, 1,18.

241 d. h. es konnte nicht ausgeschieden werden. Zur Silbergewinnung: Zuerst wurde der silberhaltige Bleiglanz (PbS) zusammen mit Eisen erhitzt, damit sich der Schwefel mit dem Eisen verbinde. Sodann wurde in einem zweiten Verfahren der Restbestand von Silber und Blei oxydiert, wobei sich die Bleiglätte (PbO) vom Silber trennen sollte. Dieses letztere gelang aber nicht immer.

242 Gottes Heimsuchungen, die bisher im Volk geschahen, haben nicht das Ausscheiden der Bosheit bewirkt. Auch nach der Vollendung des Gerichtes an Jerusalem wird keine Scheidung vom Bösen sichtbar. Erst die Offenbarung der Gnade im Neuen Testament hat die Scheidung vom Bösen bewirkt, dadurch daß Christus den Bösen in seinem Sterben vernichtete.

243 d. h. weil die Gewinnung des Silbers mißlang, wurde der Inhalt des Schmelzofens weggeschüttet.

Jeremia in der politisch einigermaßen ruhigen Josia-Zeit zu reden anfing, als die Assyrer ihren Niedergang erlebten und die Chaldäer noch nicht als Macht sichtbar waren. Während seine Landsleute sich bereits in Sicherheit wähnten, sah Jeremia das Reich der Chaldäer mit seiner Bedrohung für Juda bereits vor seinem geistigen Auge.

Will man jedoch davon ausgehen, daß Jeremia diese Schreckensbilder nicht im Geiste hörte und sah, sondern die Schrecken selbst miterlebte, dann wären die Jahre vor 597 v. Chr., also vor dem ersten Einmarsch der Babylonier in Jerusalem, der zeitliche Hintergrund für diesen Abschnitt. Eine endgültige Entscheidung wird nicht möglich sein.

Folgendes bleibt festzuhalten:

1. Die Aufforderung zur Flucht beim Feindeinfall.

Neben 4.5.6 steht 6,1–8: Hier haben wir schon die nächste Stufe der Flucht, nämlich nicht mehr die Flucht aus dem offenen Land in die feste Stadt, sondern die Flucht aus der Metropole weiter in den Süden. Damit geht es nicht mehr um Hilfe für die Bedrängten, die sich irgendwo verbergen sollen, sondern um die Freigabe der Hauptstadt – Ort des heuchlerischen Gottesdienstes! – für das Gericht Gottes[244].

2. Beschreibung des Feindeinfalls

Es sind die Texte: 4,7.11.12a.13.16.29; 5,6.15–17; 6,3.22–26. Hiermit verwandt ist die Beschreibung der Erschütterung von Himmel und Erde, 6,23–26. Prophetische Verkündigung ist nicht nur Ansage des Kommenden, sondern auch Schilderung dessen, was zu erwarten ist. Dabei sollte aber beachtet werden, daß sie nur den Zweck verfolgt, den Hörern die Realität des Gerichtshandelns Gottes zu zeigen, nicht aber ein Gemälde zu malen, das bis in die Einzelheiten auf die Wirklichkeit zu übertragen ist.

3. Jeremias Auftrag zum Prüferamt

Hatte es in der Berufung geheißen, daß er »niederbrechen und ausreißen« solle, so wird in diesen Kapiteln gesagt, daß dies erst nach einer »Nachprüfung« des tatsächlichen Ungehorsams im Volk durch den Propheten geschehen kann. Er ist damit mit seiner eigenen Urteilskraft (»Was siehst du, Jeremia?«, 1,11.13) in den Gerichtsvorgang eingebaut. Gott läßt sein Schlußurteil nicht ergehen, ohne daß wenigstens ein Mensch ihm recht gibt: Ja, es ist richtig, wie du handelst!

Auszugehen ist am besten von 5,1–5: Ein Gespräch des Propheten mit seinem Gott (V. 3) geht über in eine Reflexion: **»Da sagte ich«**, V. 4. Jeremia kann nicht glauben, daß wirklich alles verloren ist, darum heißt es in V. 5: **»Ich will doch zu den angesehenen Leuten gehen.«** Er

[244] Später änderte sich die Botschaft Jeremias: Lauft zu den Chaldäern über!

möchte bei diesem Nachprüfen gerne Helfer haben, 5, 1. – In dieser Linie ist dann 6, 9 zu lesen. Gott befiehlt: Halte Nachlese! Vielleicht findet er doch noch einige Fromme, um derentwillen die Stadt verschont bliebe. Schließlich haben wir in 6, 27–30 das Prüfungsergebnis endgültig vorliegen: Gott und sein Prophet haben durch sorgfältiges Nachprüfen keinen Anlaß entdecken können, um dessentwillen das Gericht vorübergehen sollte. – Im Unterschied zu 2, 1–4, 4 liegt nun die Vernichtung Judas im Ratschluß Gottes fest.

4. Die Verlorenheit des Gottesvolkes

a) Der geistliche Ehebruch (5, 7) zieht den zwischenmenschlichen Ehebruch nach sich (5, 8) und hängt mit dem politischen Ehebruch zusammen (5, 19; schon 2,18).

b) Der Götzendienst macht blind für das Gerichtshandeln Gottes (5, 12) und bringt Verhärtung mit sich (6, 16c. 17b); angesichts des unumgänglich gewordenen Gerichtes bleibt nur die nackte Angst (6, 24). Weil diese Angst aus der Verhärtung des Herzens kommt, treibt sie nicht mehr zu Gott.

c) Der Abfall von Gott führt zur sozialen Ungerechtigkeit (5, 28; 6, 7) und in die Maßlosigkeit (6, 13a).

5. Die Verlorenheit der geistlichen Führer

Könige, Priester und Propheten sind miteinander in einem verhängnisvollen Bündnis; durch sie kam das Unrecht in das Volk (5, 26; 6, 13b), weil sie beschwichtigten, anstatt den Ernst des Gerichtes Gottes zu verkündigen (6, 14).

Jeremias Kampf gegen den falschen Tempel-Gottesdienst: 7,1–15

1/2 **Das Wort, das an Jeremia durch Jahwe erging,** (lautet so): *** Stelle**
dich in das Tor zum Hause Jahwes und rufe dort dieses Wort aus[a]
und sage: Hört das Wort Jahwes, alle (in) **Juda, die ihr durch diese**
3 **Tore eintretet, um vor Jahwe anzubeten. * So spricht Jahwe Ze-**
baoth, der Gott Israels: Bessert[245] **euren Wandel**[246] **und eure Ta-**
4 **ten, und ich will euch wohnen lassen an diesem Ort**[b]. *** Verlaßt**
euch nicht auf Lügenworte, welche sagen: Der Tempel Jahwes!
5 **der Tempel Jahwes! der Tempel Jahwes ist hier**[c]**! * Denn wenn ihr**
wirklich euren Wandel[246] **und eure Taten bessert**[245]**, wenn ihr**
6 **wirklich untereinander rechttut, *** (wenn) **ihr Fremdlinge, Vater-**
lose und Witwen nicht bedrückt und unschuldiges Blut nicht ver-
gießt an diesem Ort und anderen Göttern nicht hinterherlauft[d] **–**
7 **was euch** (nur) **zum Unheil dient –, * dann will ich euch wohnen**
lassen an diesem Ort, in dem Lande, das ich euren Vätern vor Zei-
8 **ten bis in alle Zukunft gegeben habe**[e]**. * Siehe, ihr verlaßt euch auf**
9 **Lügenworte, welche euch** (doch) **nichts nützen. * Ist es nicht so:**
Stehlen, Morden, Ehebruch treiben, falsch schwören, dem Baal
räuchern und anderen Göttern nachlaufen, die ihr nicht kennt[247][f]**,**
10 *** und dann kommen und sich vor mich hinstellen in diesem Hause,**
das nach meinem Namen genannt wird[248] **und dann sagen: Wir**
sind in Sicherheit! – um (dann wieder) **alle diese Scheußlichkeiten**
zu begehen!
11 *** Ist denn dieses Haus, das nach meinem Namen genannt**
wird[248]**, in euren Augen eine Räuberhöhle**[g]**? Wahrlich, ich sehe**
12 **das alles – Ausspruch Jahwes. – * Geht doch zu meinem** (Anbe-
tungs-)**Ort nach Silo, wo ich früher meinen Namen habe wohnen**
lassen, und seht, was ich mit ihm gemacht habe wegen der Bosheit
13 **meines Volkes Israel**[h]**! – * Und nun, weil ihr alle diese Taten tut –**
Ausspruch Jahwes –, – und ich habe zu euch unermüdlich gespro-
chen, aber ihr wolltet nicht hören; ich habe euch gerufen, doch ihr
14 **antwortetet nicht**[i] **–, * will ich mit dem Haus, das nach meinem**
Namen genannt wird[248]**, auf das ihr euer Vertrauen setzt, und mit**
der Stätte, die ich euch und euren Vätern gegeben habe, so verfah-
15 **ren, wie ich mit Silo verfahren bin. * Und ich will euch von mir**
entfernen[249]**, wie ich alle eure Brüder verworfen habe, das ganze**
Geschlecht Ephraim[k]**.**

[a] 26,1–19; 36,5.6; 11,15–17
[b] 18,11; 26,13
[c] Mi 3,11
[d] 2Mo 22,21–24 5Mo 6,14.15 Jer 22,3
[e] 5Mo 4,40
[f] Hos 4,2
[g] Jes 56,7 Mt 21,13
[h] 1Sam 1,3; 4,12–22 Ps 78,59–69
[i] Jes 50,2; 65,12; 66,4
[k] 2Kö 17,7–18

245 w. macht gut.
246 w. Weg.
247 d. h. die euch nichts angehen.
248 o. über das mein Name ausgerufen wird.
249 w. ich werfe euch aus meinem Angesicht hinweg.

Überblick

An die Stelle der bilderreichen, durch kurze Redestücke gekennzeichneten bisherigen Verkündigung Jeremias tritt nun eine im Stil der Rede gehaltene Abhandlung, eine Art Predigt, wie wir sie aus dem 5. Buch Mose kennen. Die Gerichtsankündigung wird verbunden mit einem indirekten Dialog, der gekennzeichnet ist durch Bedingungssätze: **»wenn . . . dann«**. – Erstmalig werden nicht nur Götzendienst und Ungerechtigkeit vom Propheten einer harten Kritik unterzogen, sondern auch der Gottesdienst, wie er im Tempel vollzogen wird[250]. – Zu beachten ist aber: Jeremia und Jesus kommen zu solch einer kritischen Stellung dem Tempel gegenüber aus einer grundsätzlich positiven Haltung zu ihm und aus einer Bejahung des Gottesdienstes dort[251]. – Diese Predigt Jeremias in 7,1–15 hat einen Rahmen, der später im Jeremia-Buch dargestellt wird: Kap. 26. Dort werden die Auswirkungen dieser Predigt näher erläutert[252].

1–3 Wie in 2, 1–4, 4 sieht auch hier der Prophet noch eine Möglichkeit der Umkehr Judas. Diese Umkehr des Gottesvolkes hätte auch eine Auswirkung auf den Gottesdienst. Folgendermaßen wäre der Gottesdienst, der Gott wohlgefallen würde:

– eine alte griechische Übersetzung von 7, 3 sowie die lateinische Übersetzung sagen: »Ich will mit euch wohnen an diesem Ort«. Wenn wir auch die hebr. Formulierung für echter halten, so drückt doch diese Übersetzung einen wertvollen Gedanken aus. Tempelgottesdienst heißt: Gott will mit den Menschen zusammenwohnen! Der Tempel ist also keine Kommandozentrale Gottes, sondern Ort der Gemeinschaft, wo die Gemeinde mit dem lebendigen Gott zusammen ist.

250 Eine Variation zum Thema bietet z. B. K. Bockmühl, Was heißt heute Mission?, 1974, wenn er auf S. 54 schreibt: ». . . der Verlust des Missionsbewußtseins bedeutet, daß die Kirche unfruchtbar wird und abstirbt . . ., denn hier wird Gott zu einer Baalsgottheit degradiert, die nur für das eigene Heiligtum zuständig ist und den Anspruch auf die Weltherrschaft ins Belieben gestellt hat.« –Vgl. dazu die Stellung Jesu zum Tempeldienst seiner Zeit. Auch Jesus geht es nicht nur um den falschen Glauben und um die Gebundenheiten an Sünde, sondern auch um den falschen Gottesdienst im Tempel und im Alltag, so daß sich die Anklage vor dem Hohen Rat schließlich zuspitzt in der Behauptung, Jesus lehre den Untergang des Tempels – was er auch getan hat: Mk 14,58 und Jo 2,19.

251 So muß man heute angesichts der Rede von »Gottes umfassendem Handeln in der Geschichte« sagen – indem die andere Seite der Kritik Jeremias am gettohaften Tempelkult hervorgekehrt wird: »Gewiß war und ist Jahwe nicht wie Baal eine ›ansässige Gottheit‹, ein Ortsgötze, der nur an seinem Platz Macht hat. Und doch beschließt er, ›seinen Namen‹ in Jerusalem wohnen zu lassen . . .« (Bockmühl, aaO, S. 90).

252 Zur Hochschätzung des Tempels vgl. 1,2.

– sich vor Gott **»hinstellen«** (V. 10); dies entspricht Rö 6,13: sich Gott zur Verfügung stellen[253]:

– sich von Gott anrufen lassen und Antwort geben (V. 13); hier ist das hörende Beten gemeint. Von dem Darbringen der Opfergaben wird an dieser Stelle nichts erwähnt.

Die Rede, daß Gott das Gottesvolk schützt (**»Wir sind in Sicherheit«**,
V.10) ist gefährdet! Ein Vertrauensgebet wie Ps 23 ist richtig, darf
aber nicht zu einem Recht unsererseits an Gott führen; darum gilt: Er-
fahrungen mit Gottes Hilfe sind keine Garantie, daß es immer auf
dieselbe Weise gehen muß. Solch eine Erfahrung war für Juda die
wunderbare Rettung Jerusalems vor dem Assyrer Sanherib im Jahre
701 v. Chr., welche sich im Gedächtnis der Jerusalemer unauslösch-
lich eingeprägt hatte (vgl. 2 Kö 19,32–37; Jes 37,33–38); jetzt jedoch
ist die politische Lage Judas sehr unsicher. Josia war gefallen, Joahas
wurde von den Ägyptern abgesetzt, dafür Jojakim eingesetzt. Vom
Menschlichen her gesehen kann man verstehen, wenn sich Juda nun
an den Tempel klammert. Ist aber der Tempel nicht mehr Stätte der **11**
Anbetung Gottes im Geist der Wahrheit, dann wird er nahezu auto-
matisch zu einer Stätte des Verderbens. In diesem Zusammenhang
fällt der Ausdruck **»Räuberhöhle«** (V. 11)[254].

Dagegen setzt Jeremia: **»Wandel«** und **»Taten«** müssen sich bes- **4–5**
sern (V. 3.5). Die Reihenfolge könnte wichtig sein; erst die Neuorien-
tierung des Lebens (= Wege) kann entsprechende Taten (= Werke)
hervorbringen. Umgekehrt geht es nicht[255]. – Gottes Gerichtshandeln **12–14**
an Juda (V. 12–14) ist nicht willkürlich, sondern es kann auf ein ähn-
liches Geschehen zurückgreifen. Gott wiederholt sich in seinen Ge-
richtshandlungen, aber sein Heil ist immer eine Überbietung dessen,
war er in der Vergangenheit getan hat.

253 Das Ergebnis für den, der sich vor Gott hinstellt. »Denn die Sünde wird euch nicht beherrschen«, Rö 6,14. Und weiter: »So gebt nun eure Glieder dem Dienst der Gerechtigkeit zur Heiligkeit hin«, Rö 6,13. Dann wäre der Gottesdienst zu seinem Ziel gekommen.

254 Diese Bezeichnung hat auch Jesus für den Tempel seiner Zeit gebraucht (vgl. Mt 21,13). Ad. Schlatter (Der Evangelist Matthäus 1959, S. 613) sagt zu diesem Begriff und der dahinter liegenden Vorstellung: »Jesus sagt der Judenschaft, sie benütze den Tempel nicht zur Befreiung vom Bösen und zur Reinigung ihres Willens im Gehorsam gegen Gottes Gebot, sondern suche in ihm den Schutz für ihr Übeltun, wie die Höhle den Banditen vor seinen Verfolgern schützt und ihm die Fortsetzung seines verbrecherischen Verhaltens ermöglicht. Ebenso bleibt der Tempeldienst ohne sittliche Frucht und gibt der Gemeinde nicht das Unvermögen zum Bösen, sondern hat einzig die Absicht, Jerusalem und der ganzen Judenschaft den göttlichen Schutz zu erwerben, der ihre Sünden gütig zudeckt und ihr alles, was sie wünscht, gewähren soll.«

255 Vgl. »ein guter Baum kann nicht arge Früchte bringen«, Mt 7,16ff.

14/15 Weil Gott im Gegensatz zu den kanaanäischen Göttern mit seinem Tempel nicht naturhaft verbunden ist, sondern ihn erwählt hat, kann er diesen Tempel auch zerstören, ohne daß sein Name Schaden erleidet. Dies zu lernen war für Juda eine bittere Lektion. Daß Gott den Tempel erwählt hat, steht hinter der Formulierung: »Mein Name wird über diesem Hause genannt«; oder: **»Dieses Haus ist nach meinem Namen genannt«**, d.h., dieses Haus ist von vornherein eben nicht Gottes Wohnstätte gewesen. Es muß bei dem Gericht an dem Hause Gottes nicht zuerst an Zerstörung gedacht werden, was zwar im Fall Silos durch die Philister geschehen war. Viel schlimmer ist, daß Gottes Gericht an seinem Hause ein »Entleeren« des Heiligtums von seiner Gegenwart bewirkt[256]. Ähnliches wird auch aus der Erzählung über das Elend im Hause des Priesters Eli deutlich[257].

Die untersagte Fürbitte: 7,16–20

16 **Aber du** (Jeremia), **sollst nicht für dieses Volk beten und zu ih-**
ren Gunsten sollst du nicht den Klageruf erheben, denn dein Ge-
bet wird nicht zu mir gelangen[258], denn ich höre jetzt nicht auf
17 **dich[a]. * Siehst du denn nicht, was jene treiben in den Städten Ju-**
18 **das und auf den Gassen Jerusalems? * Die Söhne lesen Holz zu-**
sammen, und die Väter zünden das Feuer an; die Frauen kne-
ten Mehlteig, um Kuchen für die Himmelskönigin[b] zu backen
und bringen fremden Göttern Trankopfer dar, um mich zu reizen.
19 *** Reizen sie mich etwa mit so etwas[c] – Ausspruch Jahwes – und**
20 **nicht vielmehr sich selbst zu ihrer eigenen Schande? * Darum, so**
spricht der Herr Jahwe: Siehe, meine Zornesglut ergießt sich auf
diesen Ort, auf die Menschen, auf die Tiere, auf die Bäume der
Flur und auf die Frucht des Ackerbodens, und sie brennt und er-
lischt nicht.

[a] 11,14; 14,11
[b] 44,17–19 Hos 3,1
[c] Hi 35,6

16–20 Das seelisch-körperliche Mitempfinden Jeremias, das uns schon in 4,19–21 begegnet war, ist nicht nur Mitempfinden geblieben, sondern hat sich immer wieder zur konkreten Fürbitte für das Volk verdichtet. Zu beachten ist, daß Gott nicht einfach sagt: Ich erhöre dich

[256] Vgl. Ps 78,59–61: »Und er verließ seine Wohnung in Silo, das Zelt, da er wohnte unter den Menschen«, V. 60.
[257] Vgl. 1Sam 4,4–22.
[258] w.: wird mich nicht treffen, oder sogar »schlagen«.

nicht, sondern: Höre auf zu beten! Dahinter steckt eine deutliche Erkenntnis von der Macht der Fürbitte. Es könnte nämlich möglich sein, daß Gott selber sich dem andringenden Gebet seines Knechtes nicht entziehen mag. Darum sagt er lieber: Höre auf, Fürbitte zu tun[259].

Sieht man die Verse 16–20 im Zusammenhang mit den Versen 1–15, so kann man erkennen, daß falscher Gottesdienst im Tempel und offenbarer Götzendienst durchaus Hand in Hand gehen können. In ähnlicher Weise gehören dann auch die Verse 21–28 (die gut in den Zusammenhang der Tempelrede V. 1–15 passen) und die Verse 7,29–8,3 (die den unverhüllten Götzendienst beschreiben) zusammen. Es gibt aber nicht allein die Möglichkeit: Hier Gottesdienst – dort Götzendienst, sondern, wie V. 30 zeigt, die direkte Vermischung von beidem. – (Zum Kult der Himmelskönigin vgl. die Auslegung zu 44,15ff.)

Das Spiel mit dem Feuer und die Ungeborgenheit der Toten: 7,21–8,3

21 **So spricht Jahwe Zebaoth, der Gott Israels: Eure Brandopfer legt nur weiter zu euren Schlachtopfern und eßt** (Opfer-)**Fleisch!**
22 *** Doch** (davon) **habe ich euren Vätern nichts gesagt und habe es ihnen nicht geboten am Tage, da ich sie aus dem Lande Ägypten herausführte – hinsichtlich der Brandopfer und der Schlachtop-**
23 **fer**[a]. *** Aber dieses Wort habe ich ihnen befohlen: Hört auf meine Stimme, dann will ich euer Gott sein, und ihr sollt mein Volk sein.**

[a] 11,1–14 Ps 40,7; 51,18.19 1Sam 15,22

[259] Vgl. auch 11,14 und 14,11; vgl. ferner 1Jo 5,16b: »Es gibt Sünde zum Tode, nicht von der sage ich, daß (man) beten soll.« – C. Westermann (N) weist darauf hin, daß im Alten Testament die Fürbitte dem Propheten und nicht dem Priester zugeordnet ist; damit werde die Fürbitte aus dem Bereich des Rituellen und des Institutionellen herausgehoben. Er folgert: »Mit dem Fehlen einer Bindung an ein Amt hängt zusammen, daß diese Fürbitte ebenso unmittelbar verboten werden kann. – Nach unserem Verständnis ist Fürbitte dann treu, wenn sie regelmäßig und stetig und für alle einzelnen Anliegen geübt wird. Im Alten Testament gehört zur Fürbitte die Wachsamkeit zu sehen, wo und für wen Fürbitte getan werden soll und wann diese aufhören kann. Fürbitte ist damit kein mir zur Verfügung stehendes Mittel, das stets angewandt werden könnte.« – Erst im Neuen Testament wird die Fürbitte »institutionalisiert«, d.h., andauernd (Paulus: ». . . indem ich allezeit in allem meinem Beten für euch alle mit Freuden das Gebet verrichte«, Phil 1,4), weil es hier, anders als im Alten Testament, einen Hohenpriester gibt, der selbst andauernd für uns Fürbitte vor Gott tut, Hebr 7,24–25. Von der Treue des Betens Jesu Christi vor Gott erhält unser Beten auf Erden seine Beharrlichkeit. – Allerdings sollte uns dieses Wort an Jeremia wachsamer und sorgfältiger machen, um was und für wen wir Fürbitte tun sollen.

Und verhaltet euch entsprechend[260], wie ich es euch befohlen
24 habe, damit es euch gut gehe. – * Aber sie haben nicht gehört und
haben ihr Ohr nicht (zu meinem Wort) **geneigt, und sie gingen ent-**
sprechend dem Ratschlag ihrer verstockten, bösen Herzen[b]. Und
25 sie (kehrten mir) **den Rücken zu und nicht das Angesicht. * Von**
dem Tage an, da ich eure Väter aus dem Lande Ägypten heraus-
führte, habe ich bis zum heutigen Tag zu euch geschickt alle meine
26 Knechte, die Propheten, Tag für Tag[c]. * Aber sie haben nicht auf
mich gehört, und sie neigten ihr Ohr nicht (zu meinem Wort), **son-**
dern verhärteten ihren Nacken und waren (damit sogar noch) **bö-**
27 ser als ihre Väter. – * Und wenn du ihnen alle diese Worte sagst,
werden sie nicht auf dich hören; wenn du sie rufst, geben sie dir
28 keine Antwort. * So sage zu ihnen: Das ist das Volk, welches nicht
auf die Stimme Jahwes, seines Gottes, gehört hat, sie nahmen
nicht Züchtigung an. Verloren ist die Treue, abgeschafft [261] von
29 ihrem Mund. – * Schere dein langes Haar und wirf es weg und
stimme auf den Höhen ein Leichenlied an, denn verworfen hat
Jahwe und sich selbst überlassen das Geschlecht, dem er
30 zürnt[262][d]. * Denn es haben die Söhne Judas Böses in meinen Au-
gen getan – Ausspruch Jahwes –, sie haben ihre abscheulichen
Kultbilder in das Haus gestellt, welches nach meinem Namen ge-
31 nannt ist; und haben es verunreinigt[e]. * Und sie haben die (Op-
fer-)**Stätte[263] des Topheth[264] im Tal Ben-Hinnon gebaut, um** (für
diesen Götzen) **ihre Söhne und Töchter zu verbrennen, was ich ih-**
nen nie angeordnet habe und mir auch nie in den Sinn gekommen
32 wäre[265][f]. * Darum siehe: Es kommen Tage – Ausspruch Jahwes –,
da wird man nicht mehr Topheth sagen und nicht mehr Tal Ben-
Hinnon, sondern Mord-Tal, und man wird im Topheth begraben,
33 weil (sonst) **kein Platz mehr da ist. * Dann werden die Leichen die-**
ses Volkes den Vögeln des Himmels und den wilden Tieren der

[b] 9,13; 17,23 Ps 81,13 Mk 3,5 Rö 2,5
[c] 25,4; 26,5; 29,19; 44,4
[d] 9,17–21; 16,5–7
[e] 32,34
[f] 19,1–13 3Mo 18,21; 20,1–5

[260] w.: geht auf dem Weg.
[261] w.: abgeschnitten aus.
[262] w.: dem Geschlecht seiner Aufwallung.
[263] o. Höhe.
[264] Feuerstätte im Tal Ben-Hinnom, hebr. Ge'-Hinnom, griech. Ge-enna oder Gehenna. Dieses Wort steht im Neuen Testament für Feuerstätte (Mk 9,43) und ist zu unterscheiden vom Hades (= Totenreich). »Der Unterschied ist . . . der, daß der Hades die Gottlosen nur für die Zeit zwischen Tod und Auferstehung aufnimmt, während die Gehenna ihr Strafort nach dem Endgericht ist« (Theol. Wörterb. z. NT I, 655). – Weil über jenes Tal südl. von Jerusalem Gerichtsworte ausgesprochen wurden (7,31; 19,6; auch Jes 31,9; 66,24) wegen des dort praktizierten Menschenopfer-Kultes (Moloch-Kult), vgl. 2Kö 23,10, wurde es zum Inbegriff von allem Abscheulichen, was man nur den Gottlosen wünschen könnte. Das Neue Testament knüpft hier an die jüdische Anschauung an.
[265] w.: zu meinem Herzen heraufgestiegen wäre.

Erde zum Fraße dienen[g], ohne daß sie dabei gestört werden[266]. [g] 16,4; 34,20 Ps 79,2
34 *** Und ich will aufhören[267] lassen in den Städten Judas und in den** [h] 16,9; 25,10 Offb 18,22
Gassen Jerusalems Freuden-Jauchzer und Fröhlichkeit, den Ju-
bel des Bräutigams und den Jubel der Braut[h]; denn zur Wüste
wird das Land.
8,1 *** Zu jener Zeit – Ausspruch Jahwes –, will ich hervorholen die**
Knochen der Könige Judas und seiner Fürsten, die Knochen der
Priester, der Propheten und der Einwohner Jerusalems aus ihren
2 **Gräbern. * Und ich werde sie in der Sonne und dem Mond aus-**
breiten und dem ganzen Himmelsheer[268], welche sie geliebt und
welchen sie gedient haben und denen sie nachgelaufen sind, wel-
che sie gesucht [269] und vor welchen sie (die Knie) **gebeugt haben.**
Nicht mehr eingesammelt und begraben werden sollen sie; zum
3 **Dünger auf dem Erdboden sollen sie werden[i]. * Und es wird der** [i] 16,4; 25,33 2Kö 9,37
Tod dem Leben vorgezogen[270] werden von denen, die aus diesem
bösen Geschlecht übrig geblieben sind, an all den verbliebenen
Orten, wohin ich sie verstoßen habe – Ausspruch Jahwe Zebaoths.

Überblick

Wir haben in V. 21–29 (möglicherweise als Ausweitung des Prophetenwortes über den lügenhaften Gottesdienst, das in 7, 1–15 entfaltet wurde) einen Rückblick auf die Geschichte des Gottesvolkes, aber anders als in 2, 1ff, wo von Israels ursprünglicher Liebe zu Gott geredet war. Hier finden wir in prophetischer Vollmacht eine andere Zusammenfassung des alttestamentlichen Glaubens. Prophetische Verkündigung ist auch immer wieder Konzentration des Allerlei und des Vielerlei auf das Eine, das nottut, auf das, was ursprünglich von Gott gemeint gewesen war[271]. Zum Protest der Propheten gegen den Mißbrauch des Opfers sagt W. Eichrodt[272]: ». . . der Protest der Propheten . . . gab dem Kultus sein Recht als Gnadenveranstaltung nur innerhalb des bestehenden Bundesverhältnisses . . .«, d.h. der Kultus bewirkt kein Heil, sondern bezeugt es. Oder anders: die Opfergottesdienste sind Gott dann angenehm, wenn der Gehorsam im Leben des

[266] w.: ohne, daß (jemand sie) erbeben macht.
[267] w.: zum Umkehren bringen.
[268] d. h. den Sternen.
[269] o. befragt.
[270] w.: erwählt.
[271] Vgl. zur Opferkritik, hinter der man auch Einflüsse des Prophetentums vermuten kann, Ps 40,7f; 51,8ff; 69,31f.
[272] Theol. d. AT I, 1959⁶ S. 103.

Gottesvolkes das Entscheidende ist. Ebenso setzt Jesus (Mk 10,2–6) der Erlaubnis der Ehescheidung durch 5 Mo 24,1 einen ursprünglichen Gotteswillen entgegen (V. 6): »Von Anfang der Schöpfung an aber hat (Gott) sie als Mann und Frau geschaffen«, d.h. als eine unauflösliche Einheit[273].

21–28 Wie die Zerstorung von Silo für das Schicksal des Südreiches Juda ein vergeblich errichtetes Mahnmal war, so steht auch der Prophet Jeremia als ein Letzter in einer Kette von Mahnern, die alle abgewiesen wurden (V. 25ff). Wenn die Gottesboten, die abgewiesen werden, aber dennoch weiter ihre Botschaft verkündigen, dann bewirkt dies Verstockung[k]. Wie in dem Gleichnis von den bösen Winzern[l] die abgesandten Boten des Weinbergbesitzers getötet werden, so sind schon im Alten Testament Gottes Boten, die Propheten, abgewiesen worden. Daß jede Generation in eigener Verantwortung Gottes Wort überhört, darin liegt das Entscheidende dessen, was man seit dem Kirchenvater Augustinus in der christlichen Lehre Erbsünde nennt.

k Mk 4,12
l Mt 21,33ff

Die bereits vollzogene Trennung von Gott und Mensch wirkt sich aus in der Anrede, die das Volk nun von Gott durch den Propheten erfährt. In V. 28 heißt es: **»Das ist das Volk, welches nicht auf die Stimme Jahwes, seines Gottes, gehört hat.«** Eigentlich müßte es ja heißen: »Du bist . . .« Das Volk, das nicht mehr hört, wird aus dem Zugehörigkeitsverhältnis zu Gott genommen. Hosea, Jeremias »geistlicher Vater«, hat hier noch härter gesprochen, wenn er statt »dieses Volk da« über Israel sagt: »Nicht-mein-Volk«, Hos 1,9; 2,23. H.W. Wolff[274] sagt hierzu: »Das Deutewort (= nicht-mein-Volk) läßt sich als Antwort auf die Frage verstehen, die im Laufe der Jahre statt der Umkehr aufgekommen sein kann, wie sich denn die Gerichtsdrohung mit Jahwes Bundeszusage vertrage . . . sie knüpft an den Wortschatz der Erzählung Exodus (= 2. Buch Mose) 3f) an . . . und ist in Antithese (= Entgegnung) zur Bundesschlußformel . . . als Scheideformel gebildet«.

29 Das Volk, das von Gott nicht mehr persönlich mit »du« angeredet wird, bleibt **»sich selbst überlassen«**; wir werden hierbei an Rö 1,24 erinnert: »Daher gab sie Gott in den Gelüsten ihrer Herzen in Unkeuschheit dahin«[275].

273 Jesus macht also deutlich, daß es bei dem Vielerlei der alttestamentlichen Ehegesetze Gott eigentlich um die Erhaltung seiner ursprünglichen Absicht als Schöpfer geht. Ist aber die Sünde im Gottesvolk mächtig geworden, ist auch der Blick für das Wesentliche verlorengegangen. Der von Gott abgefallene Mensch hat dann die Neigung, seine Unsicherheit mit allen möglichen frommen Verrichtungen (V. 21) zu verdecken.

274 In Bibl. Komm. XIX, 1, S. 23.

275 Vgl. auch 5,7.

In V. 30f kommt im Gegensatz zu dem lieblichen Kult der Himmelskönigin (44, 15ff) ein grausamer Kult zur Sprache. Obwohl die Götzen »Wind« sind, können sie sich grausam gebärden: Der Götzendienst des Topheth forderte die Verbrennung von Söhnen und Töchtern im Feuer. Wir erkennen, daß das Liebliche beim Götzendienst neben dem Grausamen stehen kann! Wo der Mensch einen grausamen Götzendienst befolgt, der ihn sogar das Leben kosten kann (V. 31), da »verlängert« Gott diesen scheußlichen Kult auf eine eigenartige Weise: Er läßt die in jenem Götzendienst Umgekommenen nicht einfach tot sein (damit wäre alles erledigt), sondern die, die den Götzen folgten, bekommen auch im Tode keine Ruhe. 30/31

Ihre Leichname müssen »in den Augen« der Mächte liegen, denen sie zu Lebzeiten nachgefolgt sind, nämlich in der Sonne und im Schein des Mondes. Sonne und Mond sind hier Vertreter der Götzenmächte. »Welch ein grausamer Hohn auf die Anbetung der Gestirne, der sie sich zu Lebzeiten ergeben hatten, daß nun die Gebeine der Toten unter den Sternen bleiben![276]« – Nicht-Begrabensein ist für den alttestamentlichen Menschen Signal für die Verwerfung in die äußerste Gottesferne, während der, der »zu seinen Vätern versammelt wurde« wenigstens seinen Hinterbliebenen die Gewißheit seines, wenn auch noch sehr undeutlich beschriebenen, Aufgehobenseins bei Gott gab. Vgl. dazu die ausführliche Beschreibung des Grabkaufes zu Hebron durch Abraham, 1 Mo 23: Wenn er auch Fremdling im Lande Kanaan bleiben mußte, so hatte er doch wenigstens ein Grab für sich und seine Familie; vgl. weiter dazu Jer 22, 19; 36, 30, wo dem König Jojakim die Versagung eines Begräbnisses als Gericht Gottes angekündigt wird. 8,2

Möglicherweise haben die Babylonier, darin ganz Werkzeuge Gottes, die Öffnung der Gräber zum Schänden der Leichname nachträglich vollzogen. Und das alles soll in Gottes heiligem Land geschehen, wo doch »Leichnam« und »Heilig« im Alten Testament überhaupt nicht zusammenpassen! Das muß für die wenigen Überlebenden so furchtbar anzusehen gewesen sein, daß sie es lieber vorziehen, außerhalb des geliebten Landes umzukommen und irgendwie verscharrt zu werden. Vgl. als Gegenbild zu diesem Totenfeld Hes 3
37, 1–14, wo das Verdorrtsein der Gebeine die Hoffnungslosigkeit des Volkes Gottes im Exil darstellt (V. 11). Bei Hesekiel aber geschieht das Öffnen der Gräber (V. 12) nicht wie bei Jeremia zur Schändung der Gestorbenen, sondern zur Auferweckung. –

Jesus erwartete ebenfalls, kein ordentliches Grab zu bekommen,

[276] H. Lamparter, Prophet wider Willen. Der Prophet Jeremia. Die Botschaft des AT Bd. 20, S. 99.

sondern als Verbrecher gekreuzigt und dann liegen gelassen zu werden! Die dann doch erfolgte Bestattung des Leichnams Jesus durch Josef von Arimathia ist dann als ein unvorhergesehenes Geschehen zu bezeichnen. Weil Jesus ein Verbrecher-Begräbnis erwartete, d.h. daß seine Gebeine geschändet liegen bleiben würden, läßt er sich durch Maria in Bethanien salben; diese Salbung Jesu durch Maria ist als eine vorweggenommene Begräbnis-Salbung zu verstehen, weil Jesus eine ordentliche Begräbnis-Handlung für sich nicht erwartet hat.

EXKURS: Menschenopfer im Alten Testament und im alten Orient (vgl. W. Eichrodt, Theol. d. AT I, 1959[6], S. 88–90)

1. In Israel waren Menschenopfer verboten, wie sie aufgrund von Ausgrabungen für das vorisraelitische Kanaan nachzuweisen sind. Israel sollte sich darin von den Völkern unterscheiden (5 Mo 12,29–31; 18,10; 3 Mo 18,21; 20,2–5).

2. Doch in dem Maß, wie die heidnische Frömmigkeit den Jahwe-Glauben durchsetzt, wird auch das Menschenopfer wieder belebt. Eichrodt: »Wie die Verkündigung und die Wundertaten der Propheten vielfach die Verstockung des Volkes beschleunigten, ja an die Stelle des wahren Prophetentums durch den im Volk lebenden Hang zur Lüge ein falsches Prophetentum gesetzt wurde, so konnte auch jene lakonische (= nicht näher begründete) Gesetzesvorschrift über die Weihung der menschlichen Erstgeburt von einem gottentfremdeten Volk dahin ausgelegt werden, daß das Kinderopfer von Jahwe verlangt werde« (S. 89). Es ist also möglich, daß der von Jeremia beschriebene greuliche Kinderopferdienst durchaus mit einem bestimmten Element aus dem Jahwe-Glauben verbunden war: Das Wertvollste gehört Gott! Aber die Bibel meint es anders; die Weihung der Erstgeburt (z.B. 2 Mo 13,2) ist ein Zur-Verfügung-Stellen zu neuer Verwendung, während der heidnische Kult sich das Opfer nur als totes Opfer vorstellen kann.

Aus einem ähnlichen Anlaß heraus sagt Paulus ausdrücklich (Rö 12,1): »Stellt eure Leiber Gott als ein lebendiges Opfer zur Verfügung . . .«, und: »Verhaltet euch nicht entsprechend dieser Welt«, d.h., kommt nicht in der Stunde einer religiösen Raserei auf den Gedanken, euch seelisch oder körperlich abtöten zu wollen; denn das wäre ein wahnsinniger Götzendienst. Euer Gottesdienst sei vielmehr »vernünftig«, d.h. »prüft, welches der Wille Gottes ist«. Zu solchem Prüfen ist jener selbst-zerstörische Götzendienst nicht mehr fähig. – Es ist weiter zu beachten, daß Leichtfertigkeit (wie in den ersten Kapiteln des Jeremia-Buches immer wieder beschrieben) und Rigorismus (wie hier dargelegt) wie die beiden Seiten einer und derselben Münze sind!

3. Der Vollständigkeit halber müssen wir hier noch anfügen, daß es in verwilderten Zeiten in Israel durchaus Menschenopfer gab, welche von der Bibel nicht mit einem harten Urteil belegt werden (was aber nicht bedeutet, daß die Bibel sie billigt), z. B. beim Wiederaufbau einer gebannten Stadt wird in 1 Kön 16,34 berichtet: »... gemäß dem Worte, das Jahwe (!) durch Josua, den Sohn Nuns, gesprochen hatte«, daß nämlich ein Menschenopfer dargebracht werden soll; oder Rich 11,29–40: Das Opfer Jephtahs V. 31: »... dann soll, wenn ich als Sieger gegen die Ammoniter heimkehre, wer zuerst aus der Tür meines Hauses mit entgegenkommt, Jahwe gehören, und ich will ihn als Brandopfer darbringen«. Es gibt unsinnige Gelübde Gott gegenüber; in schwerer Zeit will man sich durch Zufügen von Schmerzen vor Gott angenehm machen. Gott kann dann auch dazu schweigen; darum vernehmen wir hier nichts von einem Verbot des Menschenopfers. – Weil aber nach Jes 53,4 die Schmerzen auf Jesus, dem Gottesknecht, liegen, brauchen wir uns keine mehr zuzufügen; wenn Jesus sich um unseretwillen töten läßt, brauchen wir es nicht mehr mit unserem Leib zu tun!

Versäumnis der rechtzeitigen Umkehr bringt Verzweiflung: 8,4–17

4 **So sollst du ihnen sagen, spricht Jahwe: Gibt es jemanden, der**
fällt und nicht (gleich wieder) **aufsteht**[a]**? Und wenn sich jemand**
5 **abkehrt, kehrt der nicht gerne wieder um?**[277] *** Warum ist dieses**
Volk abtrünnig[278]**;** (und warum) **ist Jerusalem in seiner Abkehr so**
beharrlich? Warum halten sie fest am Trug und weigern sich um-
6 **zukehren**[b]**; – * Ich habe aufgepaßt und** (hin-)**gehört: Nicht so re-**
den sie, (daß es der Wahrheit entspricht)**; kein einziger empfindet**
Reue über seine Bosheit, indem er sagt: Was habe ich getan! Alle
machen weiter[279] **in ihrem Jagen, wie schäumende Schlachtrosse**[c]
7 (sind sie). *** Auch der Reiher**[280] **unter dem Himmel kennt seine**

[a] Rö 11,11
[b] 5,3; 7,24.26
[c] Hi 39,19–25

[277] Sowohl für »abkehren«, wie für »umkehren« steht im Hebr. das gleiche Wort ›schûb‹; ein deutliches Beispiel dafür, daß das wichtige Wort »sich bekehren« ursprünglich nichts anderes als eine Kehrtwendung auf einem Weg bedeutet; darum kann es auch eine »negative Bekehrung« geben, d. h. auch der Götzendienst ist eine »Bekehrung«!
[278] In diesem Wort steckt im Hebr. ebenfalls ›schûb‹!
[279] w.: Jeder ist umgekehrt, um weiterzumachen.
[280] o. Storch.

Zeit (wann er zum Nest zurückzukehren hat); Taube, Mauersegler
und Drossel[281] beachten die Zeit ihres Heimkommens; aber mein
Volk kennt nicht das Recht Jahwes[d]!
8 * Wie könnt ihr behaupten: Weise sind wir und die Weisung
Jahwes ist mit uns?! Ja, in der Tat: Zum Trug hat es (= das Recht)
9 verkehrt[282] der Lügengriffel der Schreiber[e]! * Zuschanden wer-
den müssen die Weisen, erschüttert und gefangen werden (in ih-
rer Weisheit) die Weisen[f]; siehe, sie haben das Wort Jahwes ver-
worfen; und (ihre) Weisheit – was (soll sie) ihnen?
10 * Darum gebe ich ihre Frauen den Fremden; ihre Felder den
Eroberern; denn vom Kleinen bis zum Großen – alle sind Halsab-
schneider! Vom Propheten bis zum Priester – alle gehen mit Trug
11 um[g]! * Sie heilen die Katastrophe[283] der Tochter meines Volkes
nur oberflächlich, wenn sie sagen: Friede! Friede! – Und es ist
12 kein Friede[h]! * Zuschanden werden müssen sie, denn Greuliches
tun sie; aber wirklich schämen können sie sich nicht einmal und
auch nicht sich gekränkt fühlen, das bringen sie nicht fertig;
darum fallen sie, wenn alles fällt[284]; zu der Zeit, wenn sie heimge-
sucht werden, werden sie straucheln, spricht Jahwe. –
13 * Will ich Lese bei ihnen halten – Ausspruch Jahwes –, sind
keine Trauben an den Reben und keine Feigen an dem Feigen-
baum, und das Laub ist welk; darum will ich ihnen Leute besor-
gen, die (die ertraglosen und vertrockneten alten Reben und Bäu-
14 me) wegschaffen[i]. – * Warum bleiben wir (so ruhig wohnen)?
Sammelt euch und laßt uns in die befestigten Städte fliehen[k]! Dort
werden wir Ruhe haben[285]. Denn Jahwe, unser Gott, wird uns
Ruhe verschaffen[286] und wird uns Giftwasser zu trinken geben;
15 denn wir haben gegen Jahwe gesündigt. * Hoffnung auf Frieden
(hatten wir), aber es gab nicht Gutes; auf die Zeit der Heilung
(warteten wir), aber siehe, (nur) Schrecken (kam)[l].
16 * Von Dan her hört man das Schnauben seiner Rosse; vom Wie-
hern seiner starken (Hengste) erbebt die ganze Erde[m]; und sie
kommen und fressen das Land und seine Erträge[287], die Stadt mit
17 ihren Bewohnern. * Denn siehe, ich werfe jetzt unter euch giftige
Schlangen, die auf keine Beschwörung eingehen, (so daß sie sich
zurückziehen) und sie beißen euch[n] – Ausspruch Jahwes.

[d] Jes 1,3
[e] 2,8 Mt 23,1–36 Rö 2,17.18
[f] 6,15 1Kor 3,19.20
[g] 6,12–15
[h] 6,4 Hes 13,10
[i] Jes 5,1–7 Mt 21,18–22 Lk 13,6–9
[k] 4,5
[l] 14,19 Jes 59,9
[m] 4,15; 47,2.3
[n] 4Mo 21,6 1Mo 3,14.15 Offb 12,9

[281] o. übers.: Kranich.
[282] w.: gemacht.
[283] w.: Zerbruch.
[284] w.: unter den Fallenden.
[285] d. h. umkommen, so daß wir Ruhe haben.
[286] d. h. umkommen lassen.
[287] w.: seine Fülle.

Gott befindet sich wieder mit seinem Volk im Gespräch; der Tonfall erinnert an 2,1–13: Auch hier ist bestürztes Fragen von Gott zu hö- 4–7
ren. Wie dort, so ist auch hier das Klagen Gottes nicht fern. »Dieses Wort ist erfüllt von einem staunend verlegenen Fragen, typisch für den Propheten Jeremia[288]«. Wenn schon eine Abkehr von mir sein muß – man meint, Gott hielte ein einmaliges Fallen durchaus für möglich –, muß die Abkehr denn so ausschließlich und endgültig sein?[289]

V. 7 c: Das Gottesrecht würde also das gelegentliche, mehr unwissentliche Ausgleiten des Volkes Gottes einkalkulieren; von daher ist es keine Überforderung für den Menschen, der durchaus nicht fehllos sein müßte. – Zu beachten ist, daß der Prophet die Hörer zum Nachdenken über ihr ungewöhnliches Verhalten anhält, indem er jene Bilder aus der Natur heranzieht, um deutlich zu machen, daß Gott seine Geschöpfe unter dem Himmel kennt und ihre Heimkehr in das Nest zu bestimmten Zeiten verfolgt, und daß er – wie auch der Prophet – unaufhörlich darauf gelauscht hat, ob nicht eine neue Wendung eingetreten ist. Das Wort »aufmerken« (V. 6 a) wird oft von den Betern gebraucht, z.B. Ps 5,3 u. ä.: »Merke auf die Stimme meines Flehens«, oder Ps 10,17: »Du hast deine Ohren aufmerken lassen«. Dieses Wort, das Jeremia aus dem Psalter kennt, verwendet er nun für Gott: Weil es sein Volk verlernt hat, auf seine Stimme zu hören, sperrt nun Gott seinerseits angestrengt seine Ohren auf und neigt sich zu ihm herab, um wenigstens eine leise Regung von Umkehr zu erlauschen. – Hier wird ferner das Wort vom Prüferamt des Propheten noch einmal aufgenommen; prüfen aber ist nicht Lauern, sondern ein sehnsüchtiges Hoffen: hoffentlich gibt es noch eine Wendung zum Guten!

Aber der Abfall von Gott hat sich zur Dreistigkeit verdichtet. 8–12
Darum muß Gott sagen: Ihr lügt! Lüge bedeutet jedoch nicht Falsches sagen, sondern: trotz treuer Überlieferung wird aus dem Gotteswort Lüge, wenn es dem lebendigen Wort, das heute aus Gottes Mund kommt, ausweicht. Wenn das Wort Gottes, das heute ergeht, nicht gehört wird, dann wird auch das treue gewissenhafte Überliefern und Weitergeben des Wortes Gottes von früher zur Lüge (V. 8). Man wird wohl nicht wie C. Westermann (N) sagen können: »Die schriftliche Fixierung hat die Tora (= das Gesetz oder die Weisung Gottes) zur

[288] Westermann (N).

[289] Vgl. dazu auch Ps 8,7–9: die Kreatur, über die der Mensch nach Gottes Schöpferwillen herrschen soll, ist diesem voraus, wenn es um die Frage nach der rechtzeitigen Heimkehr in das Nest oder das Stammland geht; ähnlich auch Jes 1,3. Daraus ergibt sich: Sünde ist widernatürlich! Wenn das Gottesvolk doch wenigstens entsprechend dem periodischen Vogelflug nur eine gewisse Zeit des Sündigens kennen würde! Doch Sünde ist grenzenlos und maßlos; sie kann sich nicht beschränken.

Lüge gemacht und hat zur Verfälschung geführt«. Dennoch ist der Gegensatz zwischen Buchstabe und Geist schon da, welcher dann bei Paulus[o] eine so große Rolle spielt: der Buchstabe tötet immer dann, wenn der Gehorsam ausbleibt.

[o] 2Kor 3,6

13–18 In einem neuen Bild wird Gottes vergebliches Werben um sein Volk dargestellt, und zwar im Bilde des Winzers und des Feigenbaumes, der vergeblich in seinem Weinberg die Trauben und an seinen Feigenbäumen die Feigen sucht[290]. – V. 14–16: Hier haben wir einen Aufruf zur Flucht in Richtung auf die befestigten Städte, wie er uns schon in 4, 5ff begegnet. Im Unterschied dazu wird aber hier Mutlosigkeit sichtbar, die auch eine Folge und letzte Konsequenz des Abfalls von Gott ist. Diese Mutlosigkeit ist durchaus zu einer Art Reue fähig (vgl. V. 14c)[291]. Statt daß sich das Gottesvolk sammelt, damit Gott Frucht »einsammeln« kann (V. 13), »sammeln« sie sich zur Flucht. Doch sie wissen schon, daß der Schutz der festen Städte nichts hilft[292]; dennoch bleibt ihnen nichts anderes übrig.

Jeremia wird krank an der Krankheit seines Volkes: 8, 18–23

18 **Auf mich ist Kummer gekommen[293]; mein Herz ist krank[a].**
19 *** Horch! ein Hilferuf der Tochter meines Volkes aus fernen Lan-**
den: Ist Jahwe nicht mehr in Zion? Hat sein Königtum auf ihm (=
dem Zion) **nicht mehr Bestand? – Warum haben sie mich erzürnt**
durch ihre Götterbilder, durch die Nichtigkeiten der Fremden? –
20 *** Vorbei ist die Ernte, zu Ende der Sommer, und uns ist noch keine**
21 **Rettung widerfahren[b]! – * Über dem Zusammenbruch der Toch-**
ter meines Volkes habe ich selbst meinen Zusammenbruch erfah-
22 **ren. Ich trauere[c]; Entsetzen hat mich gepackt. * Ist kein Balsam in**
Gilead und ist kein Arzt dort[d]? Warum ist keine Heilung zur Toch-
23 **ter meines Volkes gelangt? * O daß mein Haupt voll Wasser**
wäre[294], o daß meine Augen eine Tränenquelle würden[e]! Dann

[a] 4,19–21
[b] 14,1–6
[c] 14,17
[d] 46,11; 51,8
[e] 13,17 Klgl 2,11 Lk 19,41 Offb 5,5

290 Vgl. dazu Jes 5,1ff. Das Verweigern der Frucht ist böser Wille; denn Gott fordert nichts, was er nicht zuvor gegeben hat. Schuld ist hier nicht nur einfach Verfehlung, sondern Versagen der Frucht, zu deren Wachstum Gott alle Voraussetzungen geschaffen hat. Ähnliche Motive über die versagte Frucht finden sich in Mt 21,18–22 und Par. und Lk 13,6–9. – Der Vers 13 entspricht Jo 15,6.

291 Vgl. auch den verwandten Abschnitt 3,21–25; aber mit Paulus könnte man sagen, daß diese Reue keine göttliche Traurigkeit ist, sondern eine Traurigkeit der Welt (vgl. 2Kor 7,10).

292 Vgl. schon 6,1ff.

293 Die Übersetzung der ersten Satzhälfte ist unsicher.

294 w.: Wer gibt mir für mein Haupt Wasser?

würde ich beweinen Tag und Nacht die Erschlagenen der Tochter meines Volkes.

Im Zusammenhang der Gerichte Gottes an seinem Volk steht auch eine Mißernte, die eine schwere Hungersnot hervorruft (V. 20); sie ist gleichsam eine Vorankündigung der kommenden endgültigen Katastrophe, da Gott nicht nur sein Volk richtet, sondern ebenso die ganze Kreatur, darum auch alles Gewächs. Anders H. Lamparter (a.a.O. 105): »V. 20 ist eine sprichwörtliche Redensart und muß durchaus nicht auf eine Mißernte gedeutet werden.« Er weist auch auf die Erschlagenen in V. 23 hin, welche schlecht zu dem Hungertod passen. Möglicherweise sind in diese kurze Schilderung auch andere schreckliche Erfahrungen von Gerichten Gottes eingeflossen, wie sie das Volk in seiner Abfallgeschichte immer aufs neue erlebt hat; darauf würden auch die Worte **»aus fernen Landen«** passen: Hier wird die Gefangenschaft im Ausland schon vorausgesetzt. **18–23**

Während bei ähnlichen Notständen der Prophet das Amt der Fürbitte übernahm (vgl. 7, 16; 14, 1 ff) – welches ihm dann aber von Gott untersagt wurde –, ist hier »nur« von einer schmerzlichen Anteilnahme Jeremias die Rede. Der Prophet, der das Gericht verkündigt, **19/22** steht nicht außerhalb des Gerichtsvollzuges; er steht auf der Seite Gottes und auf der Seite des geschlagenen Volkes zugleich: **»Über dem Zusammenbruch der Tochter meines Volkes habe ich selbst meinen Zusammenbruch erfahren«.** Noch ist hier die sühnende, stellvertretende Funktion dieses Mitleidens wie beim Gottesknecht, Jes 53, nicht in Sicht. Aber Jeremia übernimmt die Fragen des Volkes (V. 19) als seine eigenen, wobei er allerdings die Frage des Volkes nach der Gegenwart Gottes umformuliert zur Frage nach dem Arzt, der die Wunden von Grund auf heilt. Sicher wird sich in diesem Satz (V. 22) ein im Volke umgehendes Alltagsrezept verbergen, das etwa folgendermaßen gelautet haben könnte: Wenn du Heilsalbe brauchst, dann besorge dir das Harz des Toraxbaumes aus der Landschaft Gilead.

Daß Gott König ist, hatte das Volk immer wieder im Tempelgottesdienst erfahren, wie es z. B. der Ps 93 zum Ausdruck bringt. Aber das Bekenntnis zu Gottes Königtum bleibt jetzt unbeantwortet. Und weil die göttliche Antwort ausbleibt[295], kann der Prophet nur noch eine sich ins Unermeßliche ausweitende Klage anstimmen (V. 23). Wir achten hierbei auf die konkrete hebr. Ausdrucksweise: **»O daß mein Haupt voll Wasser wäre«**, während wir nur von einem unermeßlich **23**

[295] Vielleicht könnte der Satz in V. 19c (»Warum ...«) einen Gottesbescheid andeuten; aber eine Antwort, die das Volk zufriedenstellt, ist auch dieser Satz nicht.

tiefen Schmerz sprechen würden. Die Tränen Jeremias[296] sind vorweggenommenes Weinen der Gerichteten (und nicht nur einfach Anteilnahme) und damit doch ein Stückchen Stellvertretung, obwohl es nach wie vor gilt, daß Jeremia offiziell zu einem solchen Stellvertreteramt nicht berufen war.

Gott ist ratlos über die Zerstörung der Gemeinschaft innerhalb seines Volkes: 9,1–15[297]

[a] Ps 55,7–9
[b] 4,22
Ps 64,4
[c] 12,6
1Mo 27,36
Jes 43,26
Hos 12,4
[d] 6,27–30
3 [e] Ps 12,3
28,3

1 **Wer gibt mir in der Wüste einen Ort, wo man übernachten kann[a]?**
Dann würde ich mein Volk verlassen und von ihm weggehen!
Denn sie sind alle Ehebrecher, eine Gesellschaft von Treulosen.
2 *** Sie biegen ihre Zungen wie einen Bogen** (wie zum Abschießen)
von Lügen-(Worten); **aber keine Zuverlässigkeit[298] herrscht im**
Lande. Denn von Bosheit zu Bosheit schreiten sie, aber mich ken-
nen sie nicht[b] – Ausspruch Jahwes.
3 *** Ein jeder hüte sich vor dem anderen und keiner vertraue auf**
seinen Bruder, denn ein Bruder hintergeht[299] den anderen[c], und
4 **jeder Freund verbreitet Verleumdung! * Einer wird vom anderen**
getäuscht, aber die Wahrheit reden sie nicht. Sie haben ihre Zun-
gen daran gewöhnt, Trug zu reden, und geben sich Mühe[300], ver-
5 **kehrt zu handeln. * In ihrer Mitte** (geschieht) **Gewalttat auf Ge-**
walttat;[301] sie weigern sich, mich zu erkennen – Ausspruch Jah-
6 **wes. * Darum spricht Jahwe Zebaoth so: Sieh, ich will sie schmel-**
zen[302] und prüfen[d]; denn wie sollte ich sonst mit der Tochter mei-
7 **nes Volkes verfahren? * Einem Verderben bringenden Pfeil**
gleicht ihre Zunge, Bitterkeit redet ihr Mund. »Friede« (sagen sie)
zueinander; aber in ihrer Mitte legen sie (für den anderen) **einen**
8 **Hinterhalt an[e]. * Sollte ich sie dieser Dinge willen nicht heimsu-**

[296] Vgl. die Tränen Jesu über Jerusalem, Lk 19,41.

[297] In der Lutherbibel ist der Vers 1 noch zu Kap. 8 gezählt: 8,23. Darum verschiebt sich die Zählung jeweils um einen Vers. Wir folgen der Verseinteilung in der »Biblia Hebraica«, Hrsg. R. Kittel.

[298] o. Wahrheit.

[299] In dem hebr. Wort für »hintergehen« ›'akab‹ steckt auch der Konsonantenbestand für den Namen »Jakob«, so daß man auch übersetzen könnte (z. B. Zürcher Bibel): »ein jeder hintergeht den anderen wie Jakob (den Esau)«; vgl. auch Hos 12,4.

[300] w.: und ermüden sich dabei . . .; a. übers.: sie wandeln verkehrt, sie können nicht mehr (o.: sie sind müde geworden) umkehren.

[301] o. dein Wohnsitz (ist) inmitten von Gewalttat; in (o. wegen) der Gewalttat weigern sie sich, mich zu erkennen.

[302] w.: brennen.

chen? – Ausspruch Jahwes. Sollte ich[303] nicht an einem Volke wie
diesem Rache üben?
9 * Über den Bergen will ich mein Weinen und meine Wehklage
erheben und über den Auen soll mein Leichenlied (ertönen); denn
verödet sind sie, kein Mensch zieht hindurch, noch hört man das
Blöken der Herde. Von den Vögeln unter dem Himmel bis zum
Herdenvieh sind alle (Lebewesen) entflohen und weggelaufen[f]. –
10 * Und ich mache Jerusalem zum Steinhaufen, zu einer Stätte der
Schakale[g], und die Stätte Judas mache ich zur Wüstenei ohne ei-
11 nen einzigen Bewohner. – * Wer ist der Mann, der weise und ver-
ständig ist in diesen (Dingen), zu dem der Mund Jahwes geredet
hat, daß er kundtue, warum das Land zugrunde gegangen und
12 verödet ist wie eine Wüste, die niemand durchwandert?[304] – * Und
Jahwe sagte: Weil sie meine Weisung verlassen haben, die ich ih-
nen vorgelegt hatte, und weil sie auf meine Stimme nicht gehört
13 haben und ihr nicht gefolgt sind, * sondern sich entsprechend
dem Starrsinn ihrer Herzen verhielten[305h] und den Baalen nach-
14 liefen, wie es sie ihre Väter gelehrt hatten: * Darum spricht Jahwe
Zebaoth, der Gott Israels, so: Siehe, ich gebe diesem Volk da
15 Wermutpflanzen zu essen und Giftwasser zu trinken[i], * und ich
will sie zerstreuen unter die Völker[k], welche weder sie noch ihre
Väter kennen, und ich will das Schwert hinter ihnen herschicken,
bis sie ganz vernichtet sind.

f 8,23; 4,23–26
g Ps 44,20
h 7,24
i 8,14; 23,15; Offb 8,11
k 5Mo 4,27

Eine weitere Anklage Gottes muß Jeremia aussprechen: V. 1b–5. Sie wird nicht durch ein »so spricht Jahwe« eingeleitet, sondern durch einen Wunsch Jeremias (V. 1a), der aber schon mehr die Form einer Klage hat: Der Bote Gottes möchte sich am liebsten von seinem Volke zurückziehen! Hier klingt schon an, was später (20,14ff) zur Existenzverneinung ausgeweitet wird: Jeremia kann nicht mehr in die neutrale Position zurück, indem er sich einfach nicht mehr um seinen Auftrag und um sein Volk kümmert, sondern es bliebe dann nur noch die Flucht in die Wüste. Aber dies ist ihm verwehrt, denn Gott hat ihn zum Mitleiden bestimmt! **1–5**

Die Anklage Gottes ist jedoch zunächst eine Schilderung, V. 2–5, **10–15**
wobei wieder die schon häufiger vorgekommene Klage Gottes auf-

[303] w.: meine Seele.

[304] Es ist nicht ausgeschlossen, daß ein späterer Leser, der betroffen war von dem Schrecklichen, das er im Jeremia-Buch las, und vielleicht als Lehrer seiner Gemeinde die Frage stellte: Wer ist der Mamm, der weise ist ... d.h.: wer von euch hat im Gegensatz zu der damaligen Generation endlich verstanden, warum Gott dieses große Unglück geschehen ließ?

[305] w.: gingen.

fällt: indem Jeremia schildert (im Namen Gottes), spürt man Gottes Leid, der sich das alles mit ansehen muß; vielleicht klingt so etwas wie Trauer an, wenn es in V. 5b heißt: **»sie weigern sich, mich zu erkennen«.** In V. 10 und dann in V. 14 + 15 ergeht das Urteil Gottes: die Zerstreuung des Gottesvolkes ist die Folge der Auflösung der Gemeinschaft untereinander; wo die Bruderschaft zerstört ist, kann auch das Volk als Ganzes keinen Bestand mehr haben.

2–6 Die Anklage und der Aufweis der Mißstände werden gerahmt durch das zweimalige **»sie kennen mich nicht«** (V. 2c+ 5b). Wenn man Gott nicht kennt[306], ist auch die Gemeinschaft vergiftet: Ehebruch – er ist immer auch Verfehlung an der Gemeinschaft –, Lüge, Mißtrauen, Hintergehen, Verleumdung sind die Folge. – V. 3a kann man entweder als Zitat auffassen: dann übernimmt Jeremia eine Rede, die er immer wieder im Volk gehört hat; oder aber: Jeremia selbst warnt die Leute vor ihresgleichen. Denn es gibt einen Zeitpunkt, wo die Sünde derart überhand genommen hat, daß man voreinander nur noch warnen kann! – In V. 6 erscheint das Bild vom Prüfer noch einmal[l], diesmal aber prüft Gott selber. Wir beachten, daß Gott angesichts der großen Verschuldung nicht in der Lage ist, hier schon ein Urteil zu sprechen (was erst in V. 10.14.15 geschieht). Zu beachten ist die Frageform, in die hier die Gottesrede gefaßt ist: **»denn wie sollte ich sonst mit der Tochter meines Volkes verfahren?«** Gott scheint trotz – oder vielleicht auch wegen – seines scharfen Gerichtes ratlos!

[l] 6,27–30

An dieser Stelle ist eine Grenze des Alten Testamentes deutlich geworden. Gottes Gericht, so furchtbar es ist, bringt doch nicht die Überwindung des Bösen. Von daher wird auch deutlich, wie sehr der Hebräerbrief recht hat, wenn er von dem ständigen Bedenken der Schuld innerhalb des Alten Bundes spricht (gerade dann, wenn der Opferdienst am Altar vollzogen wird). In Rö 3,25 heißt es: »Die früher begangenen Sünden ließ er hingehen, in der Zeit der Geduld Gottes.« In Apg 17,30 lesen wir: »Nun hat Gott über die Zeit der Unwissenheit hinweggesehen . . .«. Trotz der Gerichte, die über Israel hinweggegangen sind, heißt vom Neuen Testament her das Urteil über die alttestamentliche Zeit: Gott hatte Geduld, Gott sah hinweg. Etwas von diesem Sich-selbst-in-Frage-Stellen Gottes in seinen Gerichten wird auch in der Frage von V. 6b deutlich. – Ad. Schlatter (Gottes Gerechtigkeit 1959³) sagt zu Rö 3,25: »Das Gute, was Gott bisher den Sündern tat, war Schonung, die die Strafe aufschob, Nachsicht, die den Menschen, auch wenn er sündigte, ertrug. Dadurch erfuhr der Mensch Gottes Geduld. Aber aus der Duldung entsteht nicht Gerech-

[306] Lamparter, aaO, 108: »Wer dem Herrn die Treue brach, dem kann man nicht mehr trauen.«

tigkeit. Sie erspart dem Menschen die Verurteilung; aber er bleibt mit der Schuld seiner Übeltaten belastet« (S. 148). Erst im Kreuz Jesu Christi kommt das Gericht Gottes zu seiner vollen Auswirkung. Aber so, daß damit zugleich das Böse vernichtet und die Grundlage für eine neue Gerechtigkeit geschaffen wird.

Die Lebenden müssen schon ihren Tod beklagen: 9,16–21

16 **So spricht Jahwe Zebaoth: Merkt auf und schickt zu den Klage-**
weibern und bringt sie her! Schickt zu den weisen Frauen und
17 **bringt** (auch diese) **her! * Sie sollen sich eilen und über uns die**
Wehklage erheben; (aus) **unseren Augen rollen die Tränen, und**
18 **von unseren Wimpern rinnt das Wasser**[a]**. – * Horch! Wehklage**
hört man vom Zion her: Weh! zerschmettert[307] **sind wir und in**
große Schande geraten, denn wir müssen das Land verlassen und
19 **werden verjagt von unseren Wohnungen! – * Hört, ihr Frauen,**
das Wort des Herrn und nehmt zu Herzen[308] **das Wort seines**
Mundes: Lehrt eure Töchter die Wehklage, und eine Frau (lehre)
20 **die andere das Leichenlied: * »Es ist heraufgestiegen der Tod**
durch unsere Fenster und ist hereingekommen in unsere Paläste,
rafft die Kinder von der Straße weg und die Jünglinge von den
21 **Treffpunkten**[b]**!« – * So spricht Jahwe: Es liegen Menschenleichen**
umher wie Dünger auf dem Erdboden[c] **und wie abgeschnittene**
Ähren hinter dem Schnitter; niemand ist da, der sie aufliest.

[a] Klgl 1,2 Jak 5,1
[b] Klgl 1,20
[c] 8,2 Zeph 1,17

16–21 Im Alten Orient hatte die Totenklage die Aufgabe, die Macht der Totengeister über die Lebenden zu bannen. Darum gab es auch das Amt der Totenklägerin, das vermutlich erblich war, wie V. 19 nahelegt. Ganz anders wird die Totenklage aber im Zusammenhang der prophetischen Verkündigung: Es geht nicht um eine Beschwörung, sondern um die Annahme des Gerichtes Gottes. Die Lebenden müssen sich als bereits Gestorbene betrachten! Da das Volk in guten Zeiten Gott nicht ehren wollte, muß es seinem Gericht in der Totenklage zustimmen, um ihm wenigstens jetzt die Ehre zu geben. Auch die kommenden Generationen werden im Bereich des Todes leben; darum muß dafür gesorgt werden, daß in Zukunft die Totenklage nicht verstummt, V. 19.

307 o. vergewaltigt.
308 w. zu euren Ohren.

Zwei Kommentare zur Gerichtspredigt Jeremias: 9,22–25

22 So spricht Jahwe: Es rühme sich der Weise nicht wegen seiner
Weisheit, der Starke nicht wegen seiner Stärke und der Reiche
23 nicht wegen seines Reichtums[a]. * Sondern der, der sich rühmen
will, rühme sich dessen, daß er mich kennt; denn ich bin Jahwe,
der Treue, Recht und gerechtes Verhalten auf der Erde walten
läßt. Ja, an diesen (Dingen) **habe ich mein Wohlgefallen – Aus-**
spruch Jahwes.
24 * Siehe, es kommen Tage – Ausspruch Jahwes –, da werde ich
25 alle, die an der Vorhaut beschnitten sind, heimsuchen, * und zwar
Ägypten, Edom, die Ammoniter, die Moabiter, und alle, die ge-
schorene Schläfen haben, die Bewohner der Wüste; denn alle
diese Völker sind (in Wirklichkeit) **unbeschnitten, und das ganze**
Haus Israel ist unbeschnitten am Herzen[b]!

[a] Ps 49,7; 1Kor 1,31; 2Kor 10,17; Jak 1,9

[b] 4,4; Rö 2,25

22/23 Betroffenheit über die Verlorenheit und den Trotz des menschlichen Herzens hört man in V. 22.23: Alle Stände in Israel hielten bis zuletzt an dem fest, was sie bisher getan hatten; ihnen Torheit, Blindheit, Lüge und vor allem Eigensucht vorzuhalten, war in ihren Augen eine Ungeheuerlichkeit. Jeremia bekam es an seinem Leibe zu spüren. – Was aber ist denn Weisheit, Klugheit, Wahrheit, so reflektiert hier der Prophet, erleuchtet durch Gottes Wort, – und mancher spätere Synagogengottesdienstbesucher, der diesen Text vernahm, wird es ebenfalls getan haben –, wenn nicht dies: Gott ernst nehmen und ihn erkennen[309]. Das ist alles!

24/25 Israels Verlorenheit ist zwar besonders groß, aber wo von der Sünde des Gottesvolkes geredet wird, kann der Prophet nicht die Sünde der Völker übergehen. – Vgl. die Ausl. zu 4,4: Wie Israel und die Völker im gleichen Gericht stehen, so deutet der Prophet hier von ferne an, daß Gott sich über Israel und die Völker erbarmen wird, indem er ihnen die »Beschneidung des Herzens« schenkt: **»ich werde sie heimsuchen«** – zum Erbarmen!

[309] Gotteserkenntnis und Weisheit für die Lebensbewältigung sind Früchte des Gehorsams gegen Gott. Gehorsam gegen Gott aber ist Verzicht auf Eigenruhm. – Weil der Apostel Paulus zeit seines Lebens und Wirkens mit der Problematik »Eigenruhm – Fremdruhm« befaßt war, sollen aus seiner Erkenntnis einige Gesichtspunkte dazu aufgezeigt werden:
– Verzicht auf Selbstruhm ist nicht Ich-Verneinung; – jedem Menschen steht ein bestimmtes Maß an Eigenruhm zu: Rö 12,2; 2Kor 10,13.
– Jedes Rühmen ist ein geschenktes Rühmen und wurzelt in dem Kindschaftsverhältnis des Christen und in der Danksagung dafür;
– Sich rühmen des Herrn ist kein »Protzen mit Gott«, sondern – wie 2Kor 12,1–10 deutlich macht – ein Stehen im Leiden um des Kreuzes Christi willen.

Ein Spottlied auf die Götzen – ein Loblied auf Gott: 10,1–16

1/2 Hört das Wort, das Jahwe über euch, Haus Israel, redet! * So
spricht Jahwe: Gewöhnt euch nicht an den Weg der Völker, und
laßt euch nicht von den Zeichen am Himmel erschrecken; denn
3 vor ihnen erschrecken die Völker. * Die Satzungen[310] der Völker
sind ein Hauch, denn (nur) Holz sind sie, im Walde geschlagen;
4 Machwerke der Hände von Schnitz-Künstlern[a]. * Mit Silber und — a Ps 115,4–8
Gold verziert sind sie, mit Hammer und Nagel haben sie sie (auf — Jes 40,19.20 41,6.7
5 ein Podest) festgemacht, damit sie nicht wackeln! * Wie eine Vo- — 44,9–20
gelscheuche im Gurkenfeld sind sie: Sie können nicht sprechen;
sie müssen vorsichtig getragen werden, denn sie können nicht ge-
hen. Fürchtet euch nicht vor ihnen, denn sie können kein Unheil
anrichten! Aber auch Gutes können sie nicht tun!
6 * Keiner ist wie du, Jahwe. Groß bist du, und groß ist dein
7 kraftvoller Name[b]! * Wer fürchtet dich nicht, König der Völker, — b Ps 86,8
denn dir gebührt es! Denn unter allen Weisen der Völker und un- — Jes 40,12–18 42,8
8 ter allen ihren Königen ist keiner wie du[c]. – * Und ebenso sind sie — c Ps 47,9
dumm und töricht. Die Unterweisung[311] der Götzen [312], – Holz ist — Jer 5,22
9 sie! * Gehämmertes Silber wird aus Tarsis eingeführt, Gold aus
Uphas[313]. Machwerke der Handwerker und (Erzeugnisse) von
Handwerker-Händen (sind die Götterbilder). Violette und rote
Purpurwolle haben sie zu Kleidern gemacht: alles Machwerke
von Künstlern[314].
10 * Aber Jahwe – der wahre Gott – ist der lebendige[315] Gott und
König in Ewigkeit. Vor seinem Zorn erbebt die Erde, und die Völ-
11 ker können seinen Grimm[316] nicht ertragen[d]. – * Deshalb sollt ihr — d Ps 10,6
(zu den Götzen) sagen: Die Götter, die Himmel und Erde nicht — 5Mo 5,26 32,4
gemacht haben[e], müssen verschwinden von der Erde und unter — e Ps 96,5
12 dem Himmel. – * (Jahwe ist es), der die Erde durch seine Kraft — f Hi 38
gemacht, das Festland durch seine Weisheit gegründet und durch — Ps 104 Spr 8,27–31
13 seine Einsicht den Himmel ausgebreitet hat[f]. * Durch die Stimme
seines Donners bewegt sich das Wasser im Himmel; er führt Wol-

[310] Gemeint sind wohl die Überlieferungen der handwerklichen Kunstfertigkeit beim Herstellen von Götterbildern.
[311] w. Zucht.
[312] w. der Hauch-Wesen.
[313] Tarsis: Landschaft oder Stadt unbekannter Lage (manche vermuten in Spanien), von wo man im Alten Orient Metalle einführte. Uphas: vielleicht mit Ophir, dem südarabischen (oder afrikanischen) Land, aus dem man in alttestamentlicher Zeit (Salomo) Gold bezog.
[314] w. von Weisen.
[315] w. der Gott des Lebens.
[316] w. Verwünschung.

ken herauf von den Enden der Erde; Blitze und Regen erschafft er
14 und führt den Wind aus seinen Kammern herbei. * Dann steht je-
der Mensch dumm da, ohne es begreifen zu können[317], wird zu-
schanden jeder Schmied wegen seines Götterbildes, denn ein
15 Trug (-Bild) **hat er gegossen, und es ist kein Geist[318] in ihm. * Ein**
Hauch sind sie, Werke, die Spott (verdienen); **zur Zeit ihrer Heim-**
16 suchung werden sie vernichtet. * Ganz anders als diese ist »Ja-
kobs Anteil«[319], denn er hat das All geschaffen, und Israel ist der
Stamm seines Erbbesitzes: Jahwe Zebaoth ist sein Name.

Überblick

Dieser Abschnitt hat ein Thema, das nicht leicht in unser Bild von der Art und Weise der prophetischen Verkündigung paßt: Nicht mehr Israel oder die Völker, sondern die Götzen selber sind jetzt zum Thema geworden[320]. Bei genauem Hinsehen jedoch ist mehr von Gott und seiner die Götzen überragenden Göttlichkeit die Rede, als daß wir tiefe Einblicke in das Wesen der Götzen bekämen: Einblicke nur soweit, als ihre Anmaßung, Gott gleich sein zu wollen, lächerlich ist[321].

3/4/8 Über die Art und Weise, wie die Götter die Menschen beeinflussen, ergibt aus diesem Text folgendes:

- Es gibt einen Zusammenhang zwischen **»den Zeichen am Himmel«** (also der Beobachtung von Sternbildern und kosmischen Erscheinungen) und dem mit menschlicher Kunst gefertigten Götterstandbild, V. 2.3. Wie die Beobachtung der geheimnisvollen Gesetzmäßigkeiten am Himmel (die Astrologie) unfrei macht, so auch der Umgang mit den stummen Bildern[322].
- Der Mensch unterliegt einer großen Täuschung, wenn er meint, die unheimlichen Mächte des Himmels sich gefügig machen zu können, indem er sie in anschaubare Bilder hineinbannt. Er kann letzt-

317 w. ohne Erkenntnis.
318 o. Leben.
319 Ein Name für Jahwe.
320 Manche Ausleger meinen, daß Jer 10,1–16 nicht von Jeremia selbst stamme, weil die Götzenpolemik nicht zum Auftrag eines Propheten gehöre.
321 Weiteres zu den Götzen vgl. die Ausl. zu Jer 2,5 und zu Jer 2,23–25.
322 Vgl. 1Kor 12,2. Wenn es dort (luth.) heißt: ». . . als ihr Heiden wart, zog es euch mit Macht zu den stummen Götzen«, so heißt nach Ad. Schlatter, Paulus, der Bote Jesu (1. u. 2. Korintherbrief) »mit Macht« eigentlich »abgeführt«; das ist »das übliche Wort für die Abführung in das Gefängnis und zur Hinrichtung . . .« (1956², S. 331f).

lich doch nicht vergessen, daß er, der Mensch, diese »Götter« gemacht hat: **»Holz, . . . im Walde geschlagen«**, V. 3; **»mit Hammer und Nagel . . . festgemacht«**, V. 4. Der Mensch begegnet nicht einem Göttlichen, sondern nur – sich selbst. Wer aber in seinem Gottesdienst nur sich selbst begegnet, wird nicht frei: **»Die Unterweisung der Götter – Holz ist sie«**, V. 8.

Weil die Darlegungen über die Götzen immer wieder (V. 6.7; 10; 5
12–14; 16) von Bekenntnissen zu Gottes Herrlichkeit unterbrochen werden, gibt es auch die Möglichkeit des Spottes über sie: **»wie eine Vogelscheuche im Gurkenfeld sind sie«; »sie müssen vorsichtig getragen werden, denn sie können nicht gehen«**, V. 5. Die Götzenverspottung ist Teilhabe am Triumph Gottes über sie!

Die Verbannung wird Wirklichkeit: 10,17–25

17 Raffe von der Erde dein Bündel auf[a], (Jerusalem), die du in Be-
18 drängnis sitzt: * Denn so spricht Jahwe: Siehe, diesmal schleu-
dere ich die Einwohner des Landes fort; ich will sie in Bedrängnis
19 versetzen, damit man sie findet[323]. – * Weh mir! was für ein
Schlag: Meine Wunde[324] schmerzt mich[b]. Doch ich sagte: Das ist
20 eben meine Krankheit, ich will sie tragen[325]. * Mein Zelt ist zer-
stört, alle meine Zeltstricke sind zerrissen, meine Söhne sind von
mir weggegangen; sie sind nicht mehr da. Niemand wird mehr
21 mein Zelt aufstellen und meine Zeltdecken aufspannen. – * Ja, die
Hirten[326] haben den Verstand verloren und haben Jahwe nicht
gesucht. Deshalb haben sie keinen Erfolg gehabt und ihre ganze
22 Herde ist zerstreut[c]! – * Horch! eine Nachricht ist gekommen: ein
großes Getöse von Norden her, um die Städte Judas zur Einöde zu
machen, zu einer Stätte der Schakale[d]. –
23 * Ich weiß, Jahwe, daß es nicht in eines Menschen (Macht) **steht,**
seinen Weg (zu wählen), **und daß es einem Mann nicht möglich ist,**
(von sich aus) **zu gehen und seinem Gang eine bestimmte Richtung**
24 zu geben[327][e]. – * Züchtige mich, Jahwe – aber entsprechend dem
(Gottes-)**Recht und nicht entsprechend deinem Zorn, damit du**
25 mich nicht (ganz) **klein[328] machst[f]. – * Gieße aus deinen Zorn über**

[a] Hes 12,3
[b] 5Mo 28,20.63.64 4,19.31; 8,18.21
[c] 23,1–4 Hes 34,1–10
[d] 1,15; 4,7.9.11
[e] Spr 20,4
[f] 30,11 Ps 6,2

323 erg.: um sie in die Gefangenschaft zu führen.
324 w.: Schlag.
325 o. ich dachte, dies sei eine Krankheit, die erträglich ist.
326 d. h. Könige.
327 w. und seinen Schritt festzumachen.
328 o. zunichte, unbedeutend.

die Völker, welche dich nicht kennen, und über die Geschlechter, die deinen Namen nicht anrufen. Denn sie haben Jakob gefressen, ja, sie haben ihn völlig verschlungen[329] **und haben seine Weide verwüstet**[g]**.**

[g] Ps 79,6.7

17–22 Zum erstenmal wird im Buche Jeremia die Wegführung aus dem Lande – **»Siehe, diesmal schleudere ich die Einwohner des Landes fort«** (V. 18) – als Gericht angedeutet (in 9, 15 a war nur allgemein von der Zerstreuung die Rede). Weil das Land verunreinigt wurde (2, 7 b), muß das Land auch gereinigt werden; darum ist eine Wegführung aus dem Lande nötig[330]. – Jes 54, 2. 3 gibt uns das Gegenteil des Satzes von dem Abbrechen des Zeltes (V. 20): Familien- und Volksbande sind nicht mehr vorhanden, die Existenz des Volkes ist in Frage gestellt und verkümmert, wenn Zelte zerstört sind; werden sie aber wieder aufgerichtet, ja sogar erweitert (Jes 54, 2), bedeutet das Neuanfang des Heils. – Wiederum: dies alles betrachtet der Prophet nicht aus der Entfernung, sondern als ein Mitbetroffener. Während er später aus dieser Schicksalsgemeinschaft mit seinem Volke ausbrechen will, ist seine Klage hier noch verhalten: er ist bereit zum Tragen.

23–25 Der Ton wechselt in V. 23: vielleicht kommt irgendwann nach dem Durcheinander des Gerichtes die Einkehr. Das Gebet ist ruhig und überlegt; es ist kein Klagen mehr zu hören, sondern ein Eingestehen der Ohnmacht. Wir beachten, daß hier kein guter Vorsatz, es besser zu machen, ausgesprochen wird; sondern das Eingeständnis des eigenen Unvermögens ist der beste Anfang für einen geistlichen Neubeginn! Denkbar ist, daß Jeremia im Laufe seines Gebetes erst zu diesem ruhigen Sprechen kommt. V. 22 könnte als Unterbrechung dieses Betens durch eine unvermittelt einsetzende Audition (vgl. Jes 4,15) zu verstehen sein. – Beachtenswert ist ferner, daß der Beter in V. 24 auf Grund der Furchtbarkeit des erfahrenen Gottesgerichtes sagt, daß er das Gottesgericht in seiner vollen Schärfe doch nicht ertragen kann: er bittet um Beschränkung in der Durchführung des Gerichtes. H. Lamparter[331] sagt dazu: »Das Wort ›Recht‹ bekommt hier den Sinn von Milde. Die Stelle ist deshalb bedeutsam, weil sich hier der Bedeutungswandel von ›mischpat‹ zum ersten Mal im AT ankündigt. Gottes Gerechtigkeit erweist sich in seiner zurechtbringenden Barmherzigkeit . . .«. Erst in Christus ist auf Golgatha Gottes gerechtes Gerichts-

[329] w. ihn gefressen und ein Ende mit ihm gemacht.

[330] In Hes 12,3.4.6.7 haben wir eine das Geschick Judas vorwegnehmende Zeichenhandlung Hesekiels und die ausführlichere Beschreibung eines Aufbruches in die Gefangenschaft; dazu ist das Schicksal Josephs in 1Mo 37,24ff zu vergleichen, der auch von Fremden in dem Brunnen gefunden und ins Ausland abtransportiert wird.

[331] aaO, 120, Anm. 19.

handeln voll zur Auswirkung gekommen. Ein Mensch hätte dieses niemals aushalten können, der Gottessohn aber hat es ertragen. Aber gerade im Verlaufe dieses gerechten Gottesgerichtes ist uns die Gnade geschenkt worden. Um des Todes Christi willen kann darum das Evangelium, die Botschaft von der Gnade Gottes, Gottes Gerechtigkeit genannt werden (Rö 1, 17). Dazu gehört aber auch Rö 1, 18 (das Ausgießen des Zornes Gottes über alles gottlose Wesen). In diesem Sinne – also dem Beieinander von Gnade und Zorn – kann auch der V. 24 gedeutet werden, wobei der Beter jedoch oftmals von seinem eigenen Zorn fortgerissen wurde.

Der Bundesbruch ist nicht mehr heilbar: 11, 1–14

1 Das Wort, welches von Jahwe an Jeremia erging, lautet folgen-
2 dermaßen[a]: * Höre die Worte dieses Bundes und verkündige sie
3 den Männern Judas und den Bewohnern Jerusalems. * Sprich zu
ihnen: So spricht Jahwe, der Gott Israels: Verflucht ist der Mann,
4 der nicht hört die Worte dieses Bundes[b], * die ich geboten habe
euren Vätern an dem Tage ihrer Herausführung aus dem Lande
Ägypten, dem Eisen-Schmelzofen, da ich sagte: Hört auf meine
Stimme und tut, was ich euch geboten habe, dann werde ich euer
5 Gott sein und ihr werdet mein Volk sein[c]. * Dadurch wird der
Schwur bekräftigt[332], den ich euren Vätern geschworen habe[d],
nämlich ihnen ein Land zu geben, das von Milch und Honig über-
fließt, wie es heute noch der Fall ist – und ich antwortete und sag-
6 te: Amen, Jahwe. – * Und es sprach Jahwe zu mir: Rufe alle diese
Worte in den Städten Judas und auf den Gassen Jerusalems aus:
7 Hört die Worte dieses Bundes und befolgt sie. * Denn ich habe eu-
ren Vätern eindringlich bezeugt vom Tage ihrer Heraufführung
aus dem Lande Ägypten bis zum heutigen Tag: Hört auf meine
8 Stimme! * Aber sie hörten nicht und neigten ihre Ohren nicht
(zum Hören); es ging ein jeder, wie es ihm sein verhärtetes böses
Herz (vorschrieb). Da ließ ich alle Worte dieses Bundes über sie
kommen, von denen ich befohlen hatte, sie zu befolgen – aber sie
9 taten es nicht. * Da sprach Jahwe zu mir: Es besteht eine Ver-
schwörung unter den Männern Judas und den Bewohnern Jeru-
10 salems, * sie haben sich bekehrt[333] zu den Sünden ihrer Väter von
ehedem, die sich auch schon weigerten, auf meine Worte zu hören,

[a] 7,21–28
[b] 5Mo 27,26
[c] 2Mo 19,5
3Mo 26,12
5Mo 4,20
1Kö 8,51
[d] 5Mo 6,3;
7,12.13;
10,15;
11,9

[332] d. h. erfüllt; w.: aufgerichtet.
[333] d. h. sie haben wieder angefangen mit den Sünden der Väter.

[e] 4Mo 25,1–3
[f] 5Mo 32,37.38
[g] 2,28
[h] 7,16; 14,11

und auch diese schon liefen fremden Göttern nach, um ihnen zu
dienen[e]. Zerbrochen hat das Haus Israel und das Haus Juda mei-
11 nen Bund, den ich mit ihren Vätern geschlossen habe. * Darum
spricht Jahwe also: Siehe, ich bringe über euch Unheil, dem ihr
nicht entrinnen könnt. Dann werdet ihr zu mir schreien, aber ich
12 werde euch nicht erhören. * Dann werden die Städte Judas und
die Bewohner Jerusalems hingehen und zu den Göttern schreien,
denen sie opfern; aber wirklich helfen werden sie ihnen doch
13 nicht zur Zeit ihrer Not[f]. * Denn entsprechend der Zahl deiner
Städte, Juda, ist auch die Zahl deiner Götter[g]; und entsprechend
der Zahl der Gassen in Jerusalem habt ihr Altäre dem Schandgott
14 aufgestellt, Altäre, um dem Baal zu opfern. – * Du aber sollst
nicht zugunsten dieses Volkes beten[h], und um ihretwillen nicht
dein klagendes Flehen erheben, denn ich will sie nicht erhören,
wenn sie schreien – wegen ihrer Bosheit.

Überblick

[i] 7,16

Im Vergleich zu Kap. 10 liegt hier ein Abschnitt von großer Geschlossenheit, eine Art Predigt vor. Vieles erinnert an Kap. 7, 1 ff. Während es dort nicht so offensichtlich ist, wie solch eine Predigt aus dem ständigen Zwiegespräch zwischen Gott und dem Propheten geboren wird, ist es hier deutlicher: (V. 5 b, 6 a. 9). Wie intensiv und leidenschaftlich dieses Gespräch mit Gott geführt wurde, davon legt V. 14 ein beredtes Zeugnis ab: der Prophet ist nämlich nicht unbeteiligter Befehlsempfänger, sondern im selben Maße, wie Gott ihm die Schuld seines Volkes vor Augen führt, fängt Jeremia an, Fürbitte zu tun[i], die ihm jetzt aber von Gott untersagt wird[334]. Aber vor diesem letzten Wort Gottes steht noch einmal die Bezeugung der Zuwendung Gottes zum Volk, hier mit dem Wort **»Bund«** ausgedrückt (fünfmal kommt es in diesem Abschnitt vor: V. 2. 3. 6. 8. 10); denn die Abwendung Gottes (V. 14) ist nur verständlich, wenn zuvor Gottes intensive Zuwendung geschah. Daß wir hier nicht einfach ein »Gesetz« vor uns haben, sondern persönliche Anrede, wird auch aus der Wendung deutlich: **»Worte dieses Bundes«** (V. 2. 3. 6). Wie Mose auf dem Horeb, so steht jetzt Jeremia vor Gott; wenigstens er hält das Gespräch mit Gott durch (V. 5 b); **»und ich antwortete und sagte: Amen« (= So sei es).**

334 H. Lamparter (aaO, S. 123) bemerkt dazu: »Mose vermochte einst nach dem ersten Bruch des Bundes durch seine Fürsprache den Zorn Gottes aufzufangen und das Gericht abzuwenden . . . Jetzt aber, nach dem fortwährenden Bundesbruch, läßt sich Gott durch kein Bitten mehr bewegen.«

Zu denen, die die grundlose Barmherzigkeit Gottes in der Erlösung **1–8**
erfahren haben, muß nun auch gesagt werden: Wenn ihr gehorsam seid, dann bin ich euer Gott. Für den, der die Liebe Gottes schon erfahren hat, ist nun auch gültig: **»Verflucht ist der Mann, der nicht hört«** (V. 3b). Es gibt die »unbedingte« Gnade Gottes für den, der noch nichts von Gott gehört hat; für den, der ihn aber kennt, gibt es die »bedingte« Gnade[335]. – Die Verse 3–5 und dann die Verse 6 + 7 klingen darum so, wie die Verkündigung der Leviten an den hohen Festtagen in Israel[336]. Jeremia hat sich ihrem Stil angeschlossen. Von V. 8 an aber ist ein Bruch in der Gedankenführung zu beachten: es gibt auf seiten des Volkes doch kein Hören auf Gott. Beachtenswert ist, daß in V. 8 das Wort **»Bund«** in negativer Bedeutung gebracht wird. Zum Bund, den Gott mit seinem Volk schließt, gehört eben auch die Verwerfung im Falle des Ungehorsams. Nicht als würden Gottes Worte »Ja und Nein« sein[337], sondern die Worte der Gnade wirken sich im Falle von Ungehorsam als Worte des Gerichtes aus[338].

So findet also im Volke Gottes eine Bekehrung in negativer Rich- **9–14**
tung statt: in V. 10 steht das Wort **»bekehren«**, welches in Richtung auf Gott stattfinden sollte, nun aber in Richtung auf die Sünden der Väter geschieht! Sünde also ist nicht etwas Neues, noch nie Dagewesenes, sondern immer das Alte, das, was schon die Väter taten. – Weil Götzendienst keine Gewißheit gibt, meint man, durch Häufung (V. 13) von religiösen Übungen dieses erreichen zu können, was aber die Unsicherheit nur noch verstärkt[339].

Keine Zuflucht mehr im Gotteshaus: 11,15–17

15 **Was will mein Geliebter** (= mein Lieblingsvolk) **in meinem Hau-**
se? Um Anschläge auszuführen? Wird das Opferfleisch[340] (das
Unheil) **abwenden**[a], (das) **über dir** (ausgesprochen ist), **so daß du** [a] 7,1–15.21–28
16 **dich dann freuen könntest**[341]? * **Grüner Ölbaum mit schön ge-**

[335] »Wenn . . . dann . . .«: solche Bedingungssätze finden sich häufig im 5. Mosebuch.
[336] Diese Verkündigung spiegelt sich im 5. Mosebuch wider.
[337] Vgl. 2Kor 1,10: »Denn der Sohn Gottes, Christus Jesus . . . war nicht Ja und Nein zugleich, sondern in ihm ist das Ja Wirklichkeit geworden.«
[338] Ähnliches gilt auch vom Abendmahl der neutestamentlichen Gemeinde, daß Brot und Wein ein Stück »Ja Gottes« sind; dann aber heißt es in 1Kor 11,29: »Denn wer ißt und trinkt, der ißt und trinkt sich das Gericht, wenn er den Leib nicht unterscheidet (= nicht richtig beurteilt).«
[339] Zu V. 14: Vgl. auch 7,16 und 14,11 und die Ausl.
[340] w.: heiliges Fleisch.
[341] Der hebr. Wortbestand ist kaum verständlich; unsere Übersetzung ist ein Versuch.

[b] Ps 52,10
[c] 2,21
Jes 5,1–7

wachsenen Früchten – so hat Jahwe deinen Namen genannt[b]. Ein
großes Getöse: Feuer ist an ihn gelegt, und sein Laub taugt nichts
17 **mehr** (weil es verbrannt ist)[c]. *** Jahwe Zebaoth, der dich gepflanzt**
hat, hat über dich Unheil beschlossen[342] – wegen der Bosheit des
Hauses Israel und des Hauses Juda, weil sie mich erzürnten, in-
dem sie dem Baal räucherten.

15–17 Irgendwann kommt der Kummer; der Götzendienst ermüdet, man kommt wieder auf den Gedanken, sich dem Tempel des Herrn zuzuwenden, ja sogar dem lebendigen Gott wieder einen Treueschwur zu leisten. Aber dies alles liegt doch in der Linie des heuchlerischen Rufens: »Hier ist der Tempel des Herrn« von Kap. 7. Das Vertrauen auf den Kult ersetzt keine Umkehr des Herzens. – Trotz allem wird auch das zum Gericht reife Gottesvolk mit dem Ehrennamen angeredet: **»Geliebter«, »grüner Oelbaum«.**

Ein Prophet gilt nichts in seinem Vaterland: 11,18–23

[a] 18,18; 20,10
Jes 53,7
Ps 83,2–6
[b] 15,15
17,10.18
20,12
Ps 139,13
Offb 2,23
[c] Jes 30,10
Am 2,12
[d] 23,12

18 **Jahwe hat** (es) **mich wissen lassen, und ich erkannte es auch; da-**
19 **mals hast du meine Augen vor ihren Taten geöffnet[343]. * Aber ich**
war wie ein zutraulicher Widder[344], der zur Schlachtung geführt
wurde. Ich hatte noch nicht gemerkt, daß sie gegen mich Verder-
ben bringende Anschläge ausheckten[a]: »(Diesen) **saftigen Baum**
laßt uns aus dem Lande der Lebenden ausrotten; dann wird sei-
20 **nes Namens nicht mehr gedacht«. * Aber Jahwe Zebaoth ist ein**
gerechter Richter und prüft Nieren und Herz; ich werde deine Ra-
che an ihnen sehen, denn dir habe ich meinen Rechtsstreit an-
21 **heimgestellt[345b]. * Darum spricht Jahwe über die Männer von**
Anathoth, die dein Leben (zu vernichten) **suchten, und sagten:**
»Nicht sollst du im Namen Jahwes prophezeien, wenn du nicht
22 **durch unsere Hand sterben willst[c] –, * so also spricht Jahwe Ze-**
baoth: Siehe, ich suche sie heim; ihre jungen Männer werden
sterben durch das Schwert; ihre Söhne und Töchter werden Hun-
23 **gers sterben. * Einen Rest wird es nicht geben, denn ich will Un-**
heil bringen über die Männer aus Anathoth im Jahr ihrer Heim-
suchung[d].

[342] w.: geredet.
[343] w.: hast du mich ihre Taten sehen lassen.
[344] o. Lamm.
[345] w.: enthüllt.

Überblick

An der prophetischen Existenz eines Jeremia scheidet sich auch trotz der Geschlossenheit des alten Bundesvolkes Glaube und Unglaube. Diese Entwicklung kann man schon in vielen Psalmen beobachten, und zwar in den sog. »Klageliedern des einzelnen«. Die Entwicklung des Ringens um den Weg des Gottesvolkes durch den Götzendienst hindurch brachte letztlich die Aufspaltung der alten Volksgemeinde[346]. Hier beginnt, was dann im Neuen Testament endgültig offenbar wird: der Unterschied zwischen Volks- und Gottesgemeinde. Aber an der Stelle, wo der Unglaube seiner Stammesverwandten an seiner prophetischen Existenz aufbricht, bricht auch der Schmerz des Propheten in besonderer Weise auf; denn man empfindet ihn um so heftiger, je enger seine Verursacher mit einem verbunden sind; der Bruch innerhalb der Gemeinde darf niemals von dem Gottestreuen als selbstverständlich angesehen werden.

V. 19 gehört sinngemäß vor den V. 18. Hier fällt die Rede vom Opferlamm auf, das zur Schlachtung geführt wird, was später im Gottesknechtslied Jes 53 in aller Deutlichkeit ausgeführt wird. Im Unterschied zu jener Stelle (und darum auch im Unterschied zu Jesus, auf den Jes 53 am deutlichsten hinweist), ist hier nichts von einer sühnenden Wirkung des prophetischen Leidens zu erkennen. **18–23**

Gott warnt den Propheten (V. 18) und mildert dadurch das Leiden etwas herab (anders wieder Jes 53)! Entsprechend dem Formular vieler Psalmen erfleht Jeremia die Rache für seine Feinde. Auch hier der Gottesknecht von Jes 53 ganz anders: Jes 53, 12: »Er trat für die Übeltäter ein«. Allerdings ist der Rachewunsch Jeremias gehemmt, darum hat das Rachegebet auch ein ganz neues Ziel bekommen. Indem Jeremia Gott sein Herz zur Prüfung freigibt, ist er nicht mehr ausschließlich Herr über seinen Rachewunsch! Es heißt: **»ich werde deine Rache an ihen sehen«,** V. 20 (nicht: meine Rache!); und: **»dir habe ich meinen Rechtsstreit anheimgestellt«.** Folglich will Jeremia nicht in eigenmächtiger Weise seiner Rache Raum verschaffen[347].

[346] C. Westermann sagt dazu (in Struktur und Geschichte der Klage im AT, ThB 24, 290): »Die Aussagen über die Feinde in den ›Klageliedern des Einzelnen‹ . . . (spiegeln den Vorgang des allmählichen Zerfalls des Gottesvolkes wider). Sie zeigen das allmähliche Rissigwerden und Abbröckeln an einer Gemeinschaft, in der Gegensätze, die wir im einzelnen nicht erkennen können, zu stark werden.«

[347] Die Märtyrer der Makkabäer-Zeit haben solche Rachewünsche vor ihrem Sterben ausgesprochen: wie Gott ihr Leiden zur Sühne für ihre eigenen Sünden und die ihres Volkes als Sühnopfer annehmen möge, so möge Gott Rache an den Feinden des Gottesvolkes üben. »Deshalb haben die Märtyrer die feste Gewißheit, daß Gott ihren Tod rächen wird« (E. Loh-

EXKURS: Die Konfessionen Jeremias

1. Wir stehen bei dem Abschnitt 11,18–23 vor einer besonderen Eigenart des Jeremia-Buches. Es handelt sich hierbei um persönliche Klagelieder des Propheten. Allgemein rechnet man zu diesen persönlichen Liedern des Jeremia folgende Abschnitte:

- 11,18–23
- 12,1–5
- 15,10–12. 15–21
- 17,12–18
- 18,18–23
- 20.7–18

2. Neben den besonderen Einzelzügen, die je an ihrem Ort im Zuge der Auslegung erläutert werden, sollen hier Gesichtspunkte zusammengestellt werden, die für die Gesamtverkündigung Jeremias von Bedeutung sind. – Diese Konfessionen sind sehr deutlich mit der Verkündigung Jeremias verklammert.

a) Vgl. 1,11ff und die Erläuterungen dazu; dort wurde gesagt, wie sehr Jeremia mit seiner ganzen Person, also mit Leib und Seele in den Verkündigungsauftrag von Gott hineingestellt war.

b) Vgl. 2,1–13 (und andere Stellen): Gott klagt über die Unbegreiflichkeit des Abfalls seines Volkes. Aus dieser Gottesklage wird die Propheten-Klage geboren! Der Prophet »folgt« hier seinem Herrn buchstäblich »nach«. Die Konfessionen aus dem empfindsamen Gemüt Jeremias erklären zu wollen, reicht nicht aus.

c) Vgl. 4,5–31 und 6,1ff. Hier wird deutlich, daß das kommende Unheil, das über Juda ergeht, dem Propheten in schmerzhaften Auditionen bewußt wird.

se, Märtyrer und Gottesknecht, 1955, 68). – Erst Jesus entfernt den Rachegedanken aus den religiösen Zukunftserwartungen. Nach J. Jeremias (Jesu Verheißung für die Völker, 1959[2]) entsteht der Anstoß der Juden an der Botschaft Jesu u. a. gerade wegen dieses Sachverhaltes. Wenn Jesus in Lk 4,19 im Anschluß an Jes 61,2 ein »angenehmes Jahr des Herrn« ausruft, so entsteht der Haß der Synagogen-Besucher aus Nazareth gerade deswegen, weil er den »Tag der Rache unseres Gottes« aus dem Jesaja-Zitat fortläßt. »Jesus läßt den Rachetag fort! Darüber sind sie – nicht erstaunt, sondern entrüstet! Sie protestierten einhellig und waren darüber empört, daß er nur von dem Gnadenjahr Gottes sprach und die Worte von der messianischen Rache fortließ« (aaO, 38f). – Von dieser Stelle geht eine Linie zu Lk 23,34, wo Jesus vom Kreuz herunter für seine Feinde betet und nicht die Rache für seine Peiniger erfleht. Hier geschieht totale Zuwendung zum sündigen Menschen, »als wir noch Feinde waren« (Rö 5,8). – Jeremia aber stand noch ganz im Alten Bund, wo die Rache an den Feinden für die Frommen in ihren Glauben an Gottes Bundestreue fest verankert war. Im Neuen Bund gehört es nicht mehr zur Aufgabe der irdischen Gemeinde, die Rache Gottes herbeizuwünschen, wohl aber die der bereits vollendeten: »Herr, du Heiliger und Wahrhaftiger, wie lange richtest du nicht und rächest nicht unser Blut an denen, die auf der Erde wohnen?« – beten die Vollendeten unter dem Altar vor dem Thron Gottes (Offb 5,10).

d) Vgl. 11,18ff: die Feindschaft seiner Angehörigen. Wer unter seinen Angehörigen leidet, dessen Leid ist besonders tief.

e) Eine weitere Quelle für das Leid des Jeremia ist die Abweisung seiner Fürbitte durch Gott, während er doch von Anfang an als Prophet auch zum Amt der Fürbitte berufen war. (Vgl. 7,16; 11,14; 14,11 und auch 8,18–23: die erfolglose Fürbitte bei einer Mißernte.)

f) Vgl. 19,1–20,6; dann auch Kap. 37–44: Der Prophet erleidet körperliche Pein durch seine Widersacher.

g) Vgl. Jer 28 und Jer 29: Der Widerstand der falschen Propheten und der Kampf mit ihnen; das Leiden unter dem imponierenden Auftreten seiner (falschen) Propheten-Kollegen ist eine weitere Quelle des Leidens.

Die Klagelieder Jeremias knüpfen an die Form der sog. »Klagelieder des einzelnen« an, die wir aus den Psalmen kennen. Der Prophet konnte in seiner großen Not immer wieder in die vorgeprägten Formen des Betens seines Volkes hineinflüchten. Nach C. Westermann (Struktur und Geschichte der Klage im AT, ThB 24,266ff) ist bei den Klageliedern zu beachten, daß sie drei sog. »Subjekte« haben:

– Gott
– den Klagenden
– die Feinde

Da unser deutsches Wort »Klage« nicht eindeutig ist, schlägt Westermann eine Differenzierung vor: Wo jemand vor Gott klagt, sollte man von einer Anklage reden. Wo der Klagende nicht mehr Gott anredet, sondern nur noch auf sich selbst sieht, von einem Sich-Beklagen; wo der Feind in die Klage kommt, vom Verklagen.

Quälende Fragen des Propheten und eine barsche Antwort Gottes: 12,1–6

1 Im Recht bleibst du[348], Jahwe, wenn ich mit dir einen Rechtsstreit
führe; nur will ich mit dir über dein Rechtsverhalten[349] einmal
sprechen: Warum ist der Weg der Gottlosen so erfolgreich? Warum
2 genießen alle Treulosen solche Ruhe[a]? * Du hast sie gepflanzt, [a] Ps 73
darum schlagen sie Wurzel und bringen Frucht; nahe bist du in ih- Ps 94
3 rem Mund; aber ferne ihrem Herzen[350]. * Aber du, Jahwe, kennst

[348] o. du bist gerecht, Jahwe.
[349] o. deine Gerichte.
[350] w.: Nieren.

[b] Ps 139,1–3
[c] 5,20–25 Hos 4,3
[d] 15,10

und siehst mich, du prüfst mein Herz, ob es zu dir steht[351][b]. Nimm
sie doch wie Schafe für die Opferschlachtung und sondere[352] sie dir
4 **aus für den Tag des Mordens! – * Wie lange soll noch das Land**
trauern und das Gras des Feldes vertrocknen? – Wegen der Bosheit
seiner Bewohner schwindet dahin Vieh und Vogel[c], denn sie spre-
5 **chen: Gott sieht nicht unser Ende[353]. – * Wenn du mit Fußgängern**
läufst und die dich schon müde machen, wie willst du da mit Ros-
sen um die Wette laufen? Und wenn du nur im sicheren Land[354]
Schutz findest – wie wird es dir ergehen im Walddickicht der Jor-
6 **dan**(-senke)[355]**. – * Auch deine Brüder und dein Vaterhaus sind dir**
gegenüber falsch; sie schreien hinter dir her (aus) **vollem** (Hals)**;**
Glaube[356] ihnen nicht, (auch) **wenn sie zu dir freundlich sind[d]!**

1 Daß das Bekenntnis zu Gottes Gerechtigkeit nicht alle Fragen ersterben läßt, sondern gerade erst hervorbringt, zeigt V. 1: **»nur will ich mit dir über dein Rechtsverhalten einmal sprechen«.** Veranlaßt durch die Nachstellungen seiner Sippe, kommt Jeremia zum Fragen: Warum haben die Gottlosen Glück in ihrem Leben?

»Rechten möchte Jeremia mit Gott; aber er gibt im ersten Satz alle Trümpfe aus der Hand, denn Jahwe bleibt ja doch im Recht«[357]. – Das Rechten mit Gott im Sinne des »unverschämten Drängens« von Lk 18,1–8 ist ein Kennzeichen des alttestamentlichen Betens. Es gibt allerdings unter manchen Gläubigen eine falsche Demut: man wagt in der an sich richtigen Erkenntnis von der Erhabenheit Gottes nicht, mit Gott zu ringen (im alttestamentlichen Sprachgebrauch: einen Rechtsstreit zu führen). Man hält das für Unglauben und sieht das Sich-Schicken in den Willen Gottes als etwas an, was nicht erst am Ende, sondern schon von Anfang an Christenpflicht sei. Demgegenüber aber Jeremia: Er schickt sich in den Willen Gottes erst am Ende eines Gebetes, von dem man nicht sagen kann, daß es ein Niederringen Gottes zum Ergebnis hat. Es fällt auf (wie auch in vielen Psalmen), daß so ein Gebets-Rechtsstreit niemals bis zu Ende durchgefochten wird. Plötzlich gibt es einen Umbruch, einen Wechsel im Tonfall, ein Bekenntnis des Vertrauens, ja sogar ein Gotteslob. Wichtig aber ist, daß diese Wende erst möglich ist, wenn zuvor die ganze ungehemmte Leidenschaft des Beters zum Ausdruck kam. – Wir haben auch bei den

[351] o. es ist doch mit dir.
[352] w.: heilige.
[353] o. Gott sieht nicht unsere Wege.
[354] w.: im Land des Friedens.
[355] In Biblischer Zeit waren dort Löwen und andere Raubtiere.
[356] o. traue.
[357] G. v. Rad, Theologie des AT II, 1965[4], S. 210.

weiteren Klageliedern Jeremias auf dieses Miteinander von Rechtsstreit einerseits, Vertrauensbekenntnis und Gotteslob andererseits zu achten. – Bei Hiob steht zwar das Sich-Schicken in den Willen Gottes gleich am Anfang seines Rechtsstreites mit Gott (Hi 1,21), aber dann bricht das Rechten mit Gott wieder in aller Schärfe auf.

Die Warum-Frage nach dem Glück der Gottlosen kommt aus der Spannung zwischen Gerichtsankündigung und dem Ausbleiben des Vollzuges dieses Gerichtes. Jedes Gebet, das aus der Erfahrung einer konkreten Feindschaft herrührt, hat die Bestrebung, den Unterschied zwischen dem eigenen Frommsein und dem Ungläubigsein der anderen stark herauszukehren[358].

Wir achten darauf, wie der Prophet sein Verhältnis zu den Gottlo- 2–5
sen umschreibt. Er sagt nicht: ich bin fromm und die anderen sind
gottlos, sondern er sagt in echter Demut (V. 3): **»aber du, Jahwe,
kennst mich«** [359]. Wenn auf diese Weise das Herz vor Gott offenbar
ist, dann ist auch der erneute Rachewunsch (V. 3b) anders zu bewer-
ten. – Die Antwort Gottes, die als solche nicht einmal äußerlich kennt- 6
lich gemacht ist, ist von großer Schärfe[360]. Gott kündigt seinem verzagten Diener erneute innere und äußere Not an, etwa in dem Sinne: Sei getrost, es kommt noch viel schlimmer! Solche harte Seelsorge Gottes findet sich auch in 15,19.

Gott beklagt sein Gericht: 12,7–13

7 **Ich habe mein Haus verlassen; aufgegeben habe ich mein Erbe;**
habe den Geliebten meiner Seele in die Hände seiner Feinde ge-
8 **geben[a]. * Mein Erbteil ist mir geworden wie ein Löwe im Walde.** [a] 7,14
9 **Er hat gegen mich sein Gebrüll erhoben, darum hasse ich es. * Ist** Ps 78,61.62 Ps 80,13.14
mein Erbe denn zum bunten Geier geworden[361], so daß sich (auch [b] 18,22
andere) Raubvögel mit ihm versammeln: Auf, versammelt euch,
10 **alle wilden Feldtiere, und kommt zum Fraße[b]! – * Viele Hirten**
haben meinen Weinberg verdorben, meinen Erbbesitz[362] zertre-

[358] Daß hier sehr schnell eine Grenze überschritten werden kann, zeigt das Gleichnis vom Pharisäer und dem Zöllner, Lk 18,9–14; der Pharisäer betet zu Gott, indem er sich unaufhörlich die Unterschiede von seiner Person zu der des Zöllners deutlich macht.

[359] Vgl. Petrus in Jo 21,15–21. Er sagt nicht volltönend: es ist ja selbstverständlich, daß ich dich liebe, sondern in eigenartiger Selbstbescheidung: Du weißt es!

[360] G. v. Rad (Theol. des AT II, 210) sagt: »Jahwe schlägt die Frage mit einer Gegenfrage nieder.«

[361] a. Übers.: (zum) Raubvogel, (zur) Hyäne ist mir mein Erbteil geworden; (andere) Raubvögel (stoßen) von allen Seiten auf ihn: Auf . . .

[362] a. Übers.: mein Ackerland.

ten. Sie haben meinen köstlichen Erbbesitz[362] zur schrecklichen
[c] 6,3 Jes 56,11 63,18
11 **Wüste gemacht[c]. – * Ja, zu einer Einöde haben sie ihn gemacht;**
verödet trauert er vor mir; verwüstet ist das ganze Land – aber
niemand nimmt es sich zu Herzen!
12 *** Über alle Hügel der Wüste sind die Verwüster eingedrungen,**
– denn Jahwe hat ein fressendes Schwert, von einem Ende des
Landes bis zum anderen gibt es keinen Frieden für alles Fleisch. –
13 *** Sie hatten Weizen gesät, aber haben Dornen geerntet; sie haben**
[d] 3Mo 26,16 5Mo 28,38
sich abgemüht[363], aber es hat ihnen nichts genützt[d]. Schämen
müssen sie sich ihres Ertrages wegen des Zornes Jahwes.

7–13 Nach Jeremias Klage hier nun die Klage Gottes[364]! Gottes Strafgericht nimmt nicht einfach seinen Gang, sondern wird begleitet durch die Äußerung des Schmerzes Gottes. Es gibt keinen Schmerz des Propheten, der nicht seine Entsprechung im Schmerz Gottes fände[365]. Nur oberflächliches Denken kann sagen: Warum klagt denn Gott und bedauert sich selbst? Er braucht doch nur das schreckliche Gericht nicht durchzuführen! – Aber um der Gottheit Gottes und seiner Heiligkeit willen muß das Gericht seinen Lauf nehmen.

Anzeichen der Gnade für Israel und die Völker nach dem Gericht: 12,14–17

14 **So spricht Jahwe über alle meine bösen Nachbarn[366], die den**
Erbbesitz antasten, den ich meinem Volk Israel gegeben habe:
Siehe, ich will sie von ihrem Ackerboden wegreißen – und das
15 **Haus Juda will ich aus ihrer Mitte herausreißen, * und es soll ge-**
schehen, wenn ich sie herausgerissen habe, will ich mich wie-
derum[367] ihrer erbarmen und will einen jeden heimkehren lassen
[a] 48,47 49,6 Am 9,14
16 **in seinen Erbbesitz, einen jeden in sein Land[a]. * Und es soll ge-**
schehen, wenn die (Nachbarn) mit Ernst sich der Weise der Got-

363 w.: sich krank gemacht.

364 Daß hier eine Gottesklage vorliegt, ergibt sich eindeutig aus V. 7 und V. 11a. Sonst aber klingt die Fortsetzung so, wie auch der Mensch Jeremia sprechen könnte. So sehr hat sich göttliches und prophetisches Klagen einsgemacht.

365 Hier wird schattenhaft sichtbar, was im Neuen Testament dann offenbar ist: wenn Jesus für uns am Kreuz leidet, dann leidet Gott mit ihm.

366 Die wörtliche Übersetzung hat ihre Schwierigkeiten: »meine« würde sich einmal auf Jeremia, dann auf Gott beziehen. Der Sinn wird aber deutlicher, wenn das Wort »über« gestrichen wird. Dann heißt es (von Gott): So spricht Jahwe: Alle meine bösen Nachbarn, die ...

367 w.: will ich umkehren.

tesverehrung (meines Volkes) **anschließen**[368]**, indem sie bei mei-**
nem Namen schwören: So wahr Jahwe lebt – so, wie sie mein Volk
gelehrt haben, beim Baal zu schwören –, dann sollen sie inmitten
17 **meines Volkes Lebensrecht haben**[369b]**. * Wenn sie aber nicht hö-** [b] 4,2 24,6 1Petr 2,5
ren, dann werde ich ein solches Volk endgültig ausrotten und ver-
nichten – Ausspruch Jahwes.

Nach der Klage Gottes ist jetzt wieder von seinem Handeln die Rede. **14–17** Hier widerfährt den Rachegebeten Jeremias ihre Erfüllung. Hier geht ein Auftrag an Jeremia aus der Berufungsgeschichte in Erfüllung: das Gottesvolk und die Völker werden gerichtet (»ausgerissen«). Dann aber gibt es im Rahmen einer Heilsankündigung eine »Bekehrung Gottes«: **»ich will umkehren«**, d.h. **»mich wiederum ihrer erbarmen«, »ich will einen jeden umkehren lassen (= heimkehren lassen) in sein Erbteil«.** Zweimal kommt hier das hebräische Zeitwort ›schūb‹ vor: Gottes »Umkehr« zur Barmherzigkeit bewirkt die »Umkehr« des Herzens des Gottesvolkes und die Heimkehr in das Land, das Israel und den Völkern als Erbe zugedacht ist. Dennoch bezieht sich das Bauen und Pflanzen von 1, 10 nicht auf Israel allein, sondern auf Israel und die Völkerwelt; vielleicht auch auf die Völker allein, denn von Israel wird nur gesagt, daß es heimkehrt in sein Land, während die Völker »eingebaut« werden[370]. Zu beachten ist aber, daß dieses Heil erst auf Grund des ergangenen Gerichtes geschenkt werden kann. Die Heiden werden mit Heil beschenkt, indem sie mit dem alten Gottesvolk zusammengebracht werden und von ihm lernen[371]. Die Völker lernen von Israel, in der Gnade zu leben, während vordem Israel von den Völkern die Sünde gelernt hat (vgl. auch 9,4.13).

Nicht mehr in Gottes Nähe: 13,1–11

1 **So sprach Jahwe zu mir: Geh, kaufe dir einen Leinengürtel, lege**
ihn um deine Lenden, aber bringe ihn nicht mit Wasser (in Berüh-

368 w.: die Wege meines Volkes mit Ernst lernen.
369 w.: eingebaut werden.
370 Wir befinden uns mit dieser Aussage in der Nähe von Rö 11,17–24, wo es auch um das »Einpfropfen« der Völker in das Volk Israel geht. Vergleicht man diesen Abschnitt mit dem Jeremia-Text, dann muß man sagen: Auch das Ausgerissenwerden des Gottesvolkes war nicht dessen Vernichtung; der »Stamm« des Gottesvolkes blieb erhalten, es handelte sich nur um die »ungehorsamen Zweige«.
371 Ähnlich heißt es in Eph 2,13: »Jetzt aber in Christus Jesus seid ihr, die ihr einst fern wart, nahe geworden durch das Blut Jesu Christi.« – Auch heute gäbe es für die Völker der Welt Hilfe, wenn sie von der Gemeinde Jesu Christi »lernten«.

2 **rung). * Da kaufte ich mir den Gürtel entsprechend dem Worte**
3 **Jahwes und legte ihn um meine Lenden. * Da erging das Wort**
4 **Jahwes zu mir zum zweiten Mal: * Nimm den Gürtel, welchen du**
dir gekauft und um deine Lenden gelegt hast; auf, gehe zum (Fluß)
5 **Phrat[372] und verstecke ihn dort in einer Felsspalte. * Da ging ich**
und versteckte ihn am Phrat, wie es Jahwe mir geboten hatte.
6 *** Und es geschah am Ende von etlichen Tagen, daß Jahwe zu mir**
sprach: Auf, geh zum Phrat und nimm von dort dir den Gürtel,
7 **den ich dich dort vergraben hieß. * Da ging ich zum Phrat und**
grub und nahm den Gürtel von dort, wo ich ihn versteckt hatte,
und siehe: verdorben war der Gürtel, zu nichts mehr nütze!
8/9 *** Daraufhin erging das Wort Jahwes an mich: * So spricht Jah-**
we: Ebenso will ich den Hochmut[373] Judas verderben und den ge-
10 **waltigen Hochmut[373] Jerusalems. * Dieses böse Volk, das sich ge-**
weigert hatte, auf meine Worte zu hören, das sich entsprechend
seiner Herzenshärte verhielt, und das anderen Göttern nachläuft,
um ihnen zu dienen und vor ihnen niederzufallen, soll sein wie
11 **dieser Gürtel: zu nichts soll er mehr taugen! * Denn wie der Gür-**
tel an den Lenden eines Mannes haftet, so habe ich eng um mich
geschlungen[374] das ganze Haus Israel und das ganze Haus Juda –
Ausspruch Jahwes –, damit sie mein Volk, mein Name, mein Preis
und mein Schmuck seien[a] – aber sie haben nicht gehört!

[a] 5Mo 26,18.19 Jer 33,9

Überblick

Ist dieser Abschnitt vom Vergraben eines Leinengürtels eine Gleichnis-Handlung, die ein wirkliches Vergraben und dann wieder Ausgraben des Gürtels voraussetzt? Eine Gleichnishandlung setzt ja die Tatsache voraus, daß sie wirklich geschehen ist. Dies aber ist bei der Angabe des Ortes des Verbergens (V. 3 – **»auf, gehe zum Fluß Euphrat«**) sehr schwer vorstellbar. Es müßte schon ein Fußmarsch bei zweimaligem Hin und Zurück von mehr als tausend Kilometern gewesen sein, dazu meist durch die Wüste. Darum haben die Ausleger vorgeschlagen, diesen Bericht nicht als einen realen Vorgang, sondern als eine Schau anzusehen. – Eine weitere Möglichkeit bietet C. Westermann (Jeremia, Bibl. Seminar 1972², 48) an: ». . . so ist es am wahrscheinlichsten, daß das hebräische Wort für Euphrat (›phrat‹)

[372] o. Euphrat.
[373] w.: die Höhe.
[374] w.: haften gemacht.

hier für einen anderen Fluß steht (nahe bei Anathoth ist ein Bach, der heute ›en fara‹ heißt)«.

An Jeremias Person erprobt Gott, was das Volk ihm versagt: V. 11b: **»aber sie haben nicht gehört«.** Er selbst muß hören und einem ihm sinnlos erscheinenden Befehl gehorchen, und zwar mehrmals: (V. 1.3.6). Hier wird deutlich, daß die Worte und Handlungen Jeremias nicht einfach herausgesponnen werden durch die schöpferische Tätigkeit seines menschlichen Geistes, sondern immer neu von Gott selbst eingegeben werden. Die Deutung des ganzen Vorgangs kommt erst am Ende, als das Verrotten des Gürtels augenfällig geworden ist. Soviel Zeit hat Gott! **1–11**

Ein Vierfaches wird an dem Gürtel deutlich:
- Gott hat sein Volk erkauft (»Gehe hin und kaufe ...«);
- Gott hat sein Volk in seine Nähe[375] geführt: Gott erkauft nichts, was er nicht auch für sich als festes Eigentum beansprucht;
- Gott hat sein Volk vor Verderben geschützt, d.h. geheiligt;
- Gott tut das alles, damit seine Ehre dadurch vergrößert werde[376].

Das Gericht Gottes fängt an, wenn die Nähe Gottes für den Menschen nicht mehr drängend ist, d.h. nur noch zum seelischen Genuß dient. Wie es in der Gleichnishandlung heißt, daß Jeremia selbst den Gürtel abnehmen und vergraben soll, wird man für Gottes Volk ebenso sagen müssen: sie selbst haben sich aus Gottes Nähe entfernt, und sie selbst haben sich zersetzendem Einfluß ausgesetzt, der sich allmählich auswirkte. Zugleich ist dieses Sich-selbst-Verderben ein Gericht Gottes. So heißt es denn auch in V. 9: Gott vernichtet selbst sein Volk. Ergebnis dieses Gerichtes Gottes ist: Israel taugt zu nichts mehr! Wenn man vor Gott zu nichts mehr nütze ist, wird man wegge-

[375] Das hebr. Wort, das hier steht, kann man auch mit »kleben« übersetzen. – In 1Kor 6,17 (»Wer aber dem Herrn anhanget, der ist ein Geist mit ihm«) heißt das entsprechende griech. Wort ›kollao‹ ebenfalls in wörtlicher Übersetzung »kleben«. Zugleich wird durch die Wendung »ein Geist mit ihm« angedeutet, daß es sich bei diesem Einssein nicht um eine naturhafte Verschmelzung handelt, sondern um eine vom Heiligen Geist gewirkte Verbindung.

[376] H. J. Iwand sagt in einer Predigt zu diesem Abschnitt (Nachgelassene Werke, Bd. 3, S. 63): »Denn (Gott) braucht uns. Er braucht uns, um sich an uns zu verherrlichen. Und wir sollen darum nichts anderes sein, als solch ein Werkzeug und Mittel, die Herrschaft Gottes darzutun vor aller Welt ... Darum, weil Gott sich mit uns gürtet in seinem Kampf und Sieg, sind wir, was wir sind, das auserwählte Geschlecht, das königliche Volk, das Volk des Eigentums ... Alles, was wir sind und haben, soll auf Gott verweisen, soll ihn schmücken, ihn zieren, und herrlich darstellen. Der Mensch, der wir sind, der gefallene, sündige, elende, sterbliche Mensch, eine Zierde Gottes? Jawohl, gerade dieser Mensch Gottes Schmuck und Ruhm und Herrlichkeit!«

worfen[377] in Lebensüberdruß und Lebensverneinung. Die heutige Erfahrung der Sinnlosigkeit des Daseins ist Auswirkung des Gerichtes Gottes: sie sind zu nichts mehr nütze.

Aufforderung zur Demut – aber kann der Mensch sich ändern? 13,12–27

12 Sage ihnen dieses Wort: So hat Jahwe, der Gott Israels, gespro-
chen. Jeder Krug ist mit Wein gefüllt. Dann werden sie dir sagen:
Wissen wir etwa nicht, daß jeder Krug mit Wein gefüllt ist?
13 * Dann sage ihnen: So spricht Jahwe: Siehe, ich werde jetzt jeden
Einwohner dieses Landes und die Könige, die auf dem Thron Da-
vids sitzen, die Priester und die Propheten und alle Einwohner Je-
[a] 25,15–18; 12 Jes 51,17
[b] 19,10.11
14 rusalems mit Trunkenheit füllen[a]. * Und ich will einen am ande-
ren zerschmettern[b], die Väter mit den Söhnen – Ausspruch Jah-
wes; ich werde nicht verschonen und betrübt sein, kein Erbarmen
will ich zeigen, sondern sie verderben.
15 * Hört, sperrt eure Ohren auf; seid nicht hochmütig, denn
16 Jahwe hat gesprochen. * Gebt Jahwe, eurem Gott, die Ehre, bevor
es finster wird und bevor eure Füße anstoßen an den Bergen im
Dunkeln und ihr auf Licht hofft – aber Gott hat es in Todesschat-
[c] Am 8,9 Jo 12,35.36
[d] 14,17
17 ten und Düsternis verwandelt[c]. * Wenn ihr aber nicht gehorcht,
dann muß im Verborgenen meine Seele weinen wegen des Hoch-
muts, und meine Tränen vergießen, und mei Auge muß zu einer
Tränenquelle werden[d], weil die Herde Jahwes gefangen wegge-
führt wird.
18 * Saget zum König und zur Königin-Mutter: Setzt euch tiefer
[e] 22,26
19 hinunter, denn von eurem Haupt ist eure Krone gefallen[e]! * Die
Städte im Süden sind (euch) verschlossen und niemand schließt
sie auf, ganz Juda wandert in Gefangenschaft, alle in die Verban-
nung.
20 * Hebt eure Augen auf! Sieh, (Jerusalem, wie) sie von Norden
[f] 6,22–24
2 [g] 5Mo 28,24 Jer 4,30
kommen[f]! Wo ist die Herde, die dir gegeben war, deine herrlichen
21 Schafe? * Was sagst du, wenn sie über dich herfallen[378][g] – und du
warst so an den vertrauten Umgang mit ihnen gewöhnt –: werden
22 dich da nicht Wehen ergreifen, wie eine Gebärende? * Und wenn
du in deinem Herzen fragst: Warum ist mir dieses zugestoßen? (so

[377] Jo 15,2: »Jede Rebe an mir, die keine Frucht bringt, entfernt der Weingärtner«, vgl. auch Jo 15,6.
[378] a. Übers.: wenn sie zu Aufsehern über dich bestellt werden.

muß ich dir sagen:) wegen deiner zahlreichen Verschuldungen ist
deine Schleppe hochgehoben, hast du Gewalt erleiden müssen[h]. – h Jes 47,2.3
23 *** Kann ein Schwarzer[379] seine Haut wechseln und ein Panther** Jer 13,26
sein buntes Fell? (Wenn das möglich wäre) könntet auch ihr Gutes i Mt 19,24 k Mt 7,16–19
24 **tun, die ihr doch an das Böse gewöhnt seid[i]! – * Ich werde sie zer-** l 2,20
25 **streuen wie die Spreu, die verweht wird vom Wüstenwind[k]. * Das**
ist dein Los, dir von mir zugemessen – Ausspruch Jahwes –, der du
26 **mich vergessen und dich auf Trug verlassen hast. * Auch entblöße**
ich deine Schleppe bis zu deinem Gesicht hinauf, dann wird deine
27 **Schande sichtbar, * dein Ehebrechen, dein lustvolles Stöhnen, die**
Schande deiner Hurerei[l]. Auf den Höhen und auf dem Feld habe
ich deine Greuel gesehen. Wehe dir, Jerusalem, daß du dich nicht
reinigst! Wie lange noch?

12–14

Man kann fragen, warum wir die Verse 12–27 unter einer Überschrift zusammengestellt haben. Unsere Zusammenfassung ist – wie so oft in dieser Auslegung – nur ein Vorschlag, üblicherweise voneinander losgetrennte Abschnitte einmal unter einem bestimmten Gesichtspunkt im Zusammenhang zu sehen.

Vielleicht hat der König Jojachim ein großes Fest veranstaltet, wohin er die verschiedenen Gruppen seines Volkes eingeladen hat. Jeremia, so könnte man sich vorstellen, spricht zu dem Volk, das draußen den Festlärm vernimmt und sagt über jene Tafelrunde in den Palästen: Nicht nur die Bessergestellten, die jetzt dem Wein zusprechen, sondern ganz Juda wird von Sinnen sein, wie ein Betrunkener besinnungslos ist und nicht mehr weiß, was er tut (V. 13). Hier kommt etwas vor, was in dem alttestamentlichen Bild vom »Taumelbecher« wieder auftaucht[m]: Gottes Gericht geschieht so, daß er die Menschen unaufhörlich mit dem füllt, was sie gerne haben wollen ohne ihn, bis es ihnen zum Überdruß wird und sie den Verstand verlieren[380]. – In dieser Verwirrung erfahren die Menschen das Zerschlagenwerden durch Gott, wobei sie sich gegenseitig übel tun (V. 14), wie Betrunkene sich gegenseitig Schaden zufügen.

m Jes 51,17 Ps 60,5; 75,9 Hes 23,33 Hab 2,16 Klgl 4,21

15–19

Gericht ist Nacht, in der man sich nicht mehr vor Unfall hüten kann[n]. Aber der, der in die Gerichts-Nacht geht, soll wenigstens noch Gott die Ehre geben (V. 16), wenn auch dieses ihm nichts mehr nützt!

n Jo 12,35

[379] w.: ein Kuschit.

[380] Jesus hat an unserer Stelle den Gerichtskelch getrunken, damit wir ihn nicht trinken müssen (vgl. Mt 20,22; aus der Gethsemane-Geschichte Mt 26,39: »Mein Vater, ist's möglich, so gehe dieser Kelch an mir vorüber«). Weil Jesus den Kelch des Gerichtes leertrank, hat er Vollmacht, uns den Kelch des neuen Bundes mit Gott zu geben: »Dieser Kelch ist das neue Testament (= Bund) in meinem Blut . . .«

– V. 18[381] führt V. 16 für das Königshaus aus; wahrscheinlich ist der junge König Jojachim gemeint, der zusammen mit seiner Mutter für drei Monate die Regierung in Jerusalem innehatte. Jerusalem ist bereits vom Südland abgeschnitten, die Babylonier schicken sich an, die Metropole zu demütigen (598 v. Chr.); die Nacht ist schon da.

20–27 Anknüpfend an das Gerichtswort gegen den König, den Hirten, ergeht hier ein Gerichtswort über das Schicksal der Herde. Die Strafe entspricht der Verfehlung: Hat Juda aus freien Stücken Ehebruch mit den Götzen getrieben, so muß es jetzt die Vergewaltigung durch die Fremden ertragen. Was man früher mit Lust tat, muß man um des Gerichtes Gottes willen als Last ertragen. –

Mitten in dieser Gerichtsansage finden wir in V. 23 eine Reflexion über das Wesen der menschlichen Sünde. Wenn die Sünde auch nicht zum Wesen des Menschen gehört, so ist sie dennoch so endgültig und unabwaschbar geworden, wie das beim bunten Panther-Fell der Fall ist. Erst will der Mensch sich nicht ändern, dann kann er es nicht mehr, auch wenn er es wollte. Wir erinnern uns an 9,4.13; 12,15, wo etwas über das »Lernen« der Sünde steht: Was gelernt ist, kommt zwar ursprünglich von außen, ist dann aber internalisiert, d.h. ein Teil vom Lernenden geworden. Jeremia wird zu solchen Schlußfolgerungen im Anschluß an die erste Wegführung 598/7 v. Chr. gekommen sein; Juda hatte daraus nichts gelernt – weil es dies nicht mehr konnte! – Von solchen Stellen her wird deutlich, daß Erlösung im Neuen Testament nicht Verbesserung des Alten sein kann, sondern Neuschöpfung ist (2 Kor 5,17: »Ist jemand in Christus, so ist er ein neues Geschöpf«).

Erneute Ablehnung der Fürbitte Jeremias durch Gott: 14,1–16

[a] 8,18–23; 12,4
[b] 5Mo 28,23.24; Hos 4,3

1/2 Das Wort Jahwes an Jeremia aus Anlaß der Dürre[a]: * In Trauer
ist Juda, und seine Tore welken dahin, sind im Trauergewand zu
Boden (gesunken), und das Klagegeschrei Jerusalems steigt auf.
3 * Ihre Mächtigen schicken ihre Untergebenen nach Wasser. Sie
kommen zu den Brunnen, aber sie finden kein Wasser und kehren
zurück mit leeren Gefäßen. – Sie schämen sich, sind bestürzt und
4 verhüllen ihr Haupt. – * Wegen des Ackerlandes, das keine Frucht
bringt[382], weil kein Regen auf das Land fiel[b], sind die Bauern ent-

[381] V. 18 und Jak 5,2.3 klingen ähnlich: Das Gericht an den Reichen wird als schon vollzogen verkündigt.

[382] w.: das entsetzt ist.

5 setzt und verhüllen ihr Haupt. * Auch die Hirschkuh auf dem Feld
6 verläßt ihr eben erst Geborenes, weil kein Grün mehr da ist. * Und
die Wildesel[383] stehen auf den Höhen, schnappen nach Luft wie
Schakale; ermattet[384] sind ihre Augen; denn es ist kein Gras da. –
7 * Wenn unsere Sünden gegen uns Zeugnis ablegen[385] – Jahwe, so
handle (an uns) um deines Namens willen, denn groß ist unsere
8 Abkehr; an dir haben wir gesündigt[c]. * Du Hoffnung Israels, sein
Retter zur Zeit der Not – warum bist du wie ein Ausländer in (dei-
nem eigenen) Land geworden und wie ein Wanderer, der sich aus-
9 streckt zum Schlafen (nur für eine Nacht)? * Warum bist du wie ein
erschrockener Mann, wie ein Held, der nicht mehr zu helfen [386]
vermag? Aber dennoch bist du ja in unserer Mitte, Jahwe, und
dein Name wird über uns ausgerufen[387]: Laß uns nicht im Stich!
10 * So spricht Jahwe zu diesem Volk: Sie lieben es, hin und her zu
schwanken[388], ihre Füße halten sie nicht zurück[389][d]. Doch Jahwe
hat kein Wohlgefallen mehr an ihnen; jetzt gedenkt er ihrer Frevel
11 und sucht ihre Sünden heim. – * Und Jahwe sagt zu mir: Bete nicht
12 mehr für dieses Volk um Gnade[390][e]. * Auch wenn sie fasten,
werde ich bestimmt nicht auf ihr Klagen hören, und wenn sie
Brandopfer und Speisopfer darbringen, habe ich dennoch kein
Wohlgefallen mehr an ihnen[f], denn durch Schwert, Hunger und
13 Pest mache ich mit ihnen ein Ende. – * Da sagte ich: Ach mein
Herr Jahwe! Siehe, ihre Propheten sagen ihnen: Ihr werdet kein
Schwert sehen, und hungern werdet ihr auch nicht müssen, denn
14 sicheren Frieden werde ich euch an diesem Orte geben[g]! – * Dar-
auf antwortete Jahwe mir: Trug weissagen die Propheten in mei-
nem Namen; ich habe sie nicht gesandt und ihnen keinen Auftrag
erteilt; ich habe nicht zu ihnen geredet. Lügengesichte, Göt-
zen-Orakel und den Trug ihres Herzens haben sie euch geweis-
15 sagt[h]. – * Darum spricht Jahwe über die Propheten, die in meinem
Namen weissagen, während ich sie nicht gesandt habe[i], welche
sagen: Schwert und Hunger werden nicht in dieses Land kom-
men; – durch Schwert und Hunger werden diese Propheten um-
16 kommen! * Und das Volk, welchem sie weissagen, wird liegen
niedergestreckt auf den Gassen Jerusalems durch Hunger und

c 3,21–25 Hos 6,1–3 Dan 9,4–14
d 2,23–25 Hos 8,13
e 7,16 11,14 2Mo 32,11–14
f Jes 1,15 Jer 6,20
g 28,1–17
h 5,31 7,4 23,16 27,10 29,9
i 5,12.13

383 o. Zebras.
384 w.: haben aufgehört.
385 w.: antworten.
386 w.: retten.
387 o. wir sind ja nach deinem Namen genannt.
388 d. h. von einem zum anderen zu laufen.
389 d. h. schonen sie nicht.
390 w.: zum Guten.

[k] 7,33 19,7

Schwert, und niemand wird sie begraben, weder sie selbst, noch ihre Frauen, noch ihre Söhne[k], noch ihre Töchter, und ich will ihnen ihre Bosheit vergelten[391].

Dieser Abschnitt ist eine Gerichtsansage an die falschen Propheten, verbunden mit einer persönlichen Rechtfertigung Jeremias vor ihnen, warum er sich vom allgemeinen Fürbitte-Dienst zurückgehalten hat, der angesichts einer großen Trockenzeit von der gesamten Tempelpropheten-Geistlichkeit wahrgenommen wurde.

1–6 Wir haben in V. 2–6 zunächst die Beschreibung der Trauer über eine Dürre, während in den Versen 7–9 eine Klage des Volkes zu hören ist. Warum die Naturkatastrophe[392] kommt, war schon in 5, 23–25 deutlich gesagt worden: fortgesetztes Sündigen verhindert den Segen Gottes und den für die Ernte notwendigen Regen. Wenn der Segen dem Volke Gottes vorenthalten wird, leidet auch die Kreatur mit[393]. In dieser Stunde hatte sich das Volk wieder an die Möglichkeit erinnert, angeleitet durch die Tempel-Propheten, vor Gott die ganze Not auszubreiten.

7–10 Im Tempelgottesdienst hatte das Volk Gottes das Klagen gelernt. Es verhält sich darum, wie der Psalter es vorschrieb: Nicht wildes, ungezähmtes Geschrei wird hörbar, sondern Trauer und Scham (V. 2.4). Aber es ist eine Klage, die schon ganz dicht bei der Verzweiflung ist. Ist das wirklich der Anfang der Buße? Wird diese Beschreibung des Elends von Gott als Buße angenommen?[394] Die Wendung in V. 9, **»aber dennoch bist du ja in unserer Mitte, Jahwe«**, erinnert an eine ähnliche Formulierung in 7, 1ff, wo allerdings deutlich wird, daß dieses Vertrauensbekenntnis zu Gott eigentlich nur ein Vertrauen auf

[391] w.: ich will ausgießen über sie ihre Bosheit.

[392] Vgl. schon 8,20.

[393] Vgl. 9,9 u. a. – H. Lamparter (aaO, 141): »Der Herr hat, wie zur Zeit Elias, den Himmel verschlossen: Nicht nur, daß kein Tropfen Regen mehr fällt; es dringt auch kein Gebet mehr durch die ehern verschlossene Wand des Himmels hindurch.«

[394] C. Westermann hat in seinem schon häufiger zitierten Aufsatz »Struktur und Geschichte der Klage im AT« dargelegt, daß die nachprophetische Zeit die Loslösung der Klage aus dem Bittgebet kennt. Ähnliches kann man hier schon beobachten. Westermann sagt (aaO, 278): ». . . (es) erweitert sich die Wir-Klage in den späteren Klagen gewaltig durch die Schilderung des Zustandes, der durch den (in den früheren Klagen beklagten) Schlag herbeigeführt ist . . . Die ausgebreitete, überschwengliche Elendsschilderung in den Threni (= Klagelieder Jeremias) weicht derart stark von den Volksklagen ab, daß man von Klage im eigentlichen Sinne nicht mehr reden kann. Die Klage ist hier über ihre Ufer geströmt und hat sich in klagende Schilderung ergossen.« – Man sollte dieses vor Augen haben, wenn man sich die Frage stellt, warum Gott die Fürbitte des Jeremia abgewiesen hat, die sicherlich eine Bußstimmung im Volke voraussetzte.

den Tempel ist. Sollte Gott auch aus diesem Grunde das Bußgebet des Volkes abgewiesen haben? Ferner kann man erkennen, daß Gottes Gegenwart zwar bekannt, aber nicht in seiner Ausschließlichkeit ernst genommen wird, was das fortgesetzte Sündigen des Volkes ja bestätigt. Die Klage, die nach der Formulierung von Westermann »über ihre Ufer strömt«, hat durchaus etwas Ergreifendes an sich[395]. Gott verwirft nicht nur das Bußgebet seines Volkes, sondern auch – und das ist viel erschreckender – die Fürbitte Jeremias. Auf die Warum-Frage des klagenden Volkes antwortet Gott: Euer derzeitiges reumütiges Beten ist ja doch nur ein zeitweiliges Hinlaufen zu mir (Elia fragte: »Wie lange hinket ihr auf beiden Seiten?« 1Kö 18,21). Wie ihr gestern den Götzen nachgelaufen seid, so lauft ihr heute zu mir. Nicht ich bin ein flüchtiger Gast (V. 8), sondern ihr selbst stattet mir auch jetzt nur einen Not-Besuch ab und werdet morgen wieder beim Baal sein[396].

Weil die Fürbitte abgewiesen wird, muß das Gericht Gottes an seinem Volk vollendet werden. Gott fällt sich hier nicht in den Arm! – **11–16**
Aber Jeremia läßt sich so schnell nicht abweisen; es zeigt sich wieder, wie sehr er mit seinem Volke verbunden ist. Er weiß auch, daß für ihn selbst keine große Lebenschance mehr bleibt, wenn das Volk abgewiesen wird. Darum fängt er noch einmal an zu beten (V. 13). Wir erinnern uns an das, was zur Berufungsgeschichte Jeremias gesagt worden ist: Gott hat Jeremia persönlich angeredet, persönliche Anrede aber eröffnet das Zwiegespräch. Wie Jeremia bei seiner Berufung in einem solchen Zwiegespräch sagte: Ich bin zu jung, so fängt er hier erneut an, mit Gott zu sprechen. Und zwar deshalb, weil er doch noch ein Argument gefunden zu haben meint, das das Volk entlasten könnte. Jeremia versucht, seine Volksgenossen zu entschuldigen, indem er sagt, sie seien doch nur von den falschen Propheten Verführte. Aber Gott nimmt auch dieses erneute Gebet nicht an[397]. Gottes Gericht kennt nicht (wie menschliche Gerichte es tun) die Unterscheidung zwischen Verführern und Verführten!

395 Zu V. 9: »Die Warum-Frage ist wie das Tappen eines (Menschen), der im Dunkeln nicht mehr weiter weiß. Sie hat den Sinn des Sichzurechtfindens« (aaO, 276).

396 An dieser Stelle muß an Johannes den Täufer erinnert werden, der die Buße der Pharisäer ja auch abweist, weil nicht Früchte der Buße hervorgebracht werden (Mt 3,8). Früchte der Buße wären etwa: Zu Gott gelaufen kommen und bei ihm bleiben und sein ganzes Leben neu gestalten lassen.

397 Lamparter (aaO, 145) meint: »Vermutlich ist es Jeremia bei dieser Zwiesprache mit dem Herrn während jener großen Dürre erstmals klar geworden, wie tief der Gegensatz ist, der ihn auch von denen trennt, die sein Volk als einen ›Propheten‹ ehrt.«

Wenn Klagen nicht mehr helfen: 14,17–15,4

17 **Und sage ihnen dieses Wort[398]: Es fließen meine Augen von Trä-**
nen über Nacht und Tag[a], und es gibt keinen Stillstand, denn eine
große Katastrophe hat die Tochter meines Volkes getroffen[399],
18 **eine sehr tiefe Wunde** (ist ihr beigebracht worden). *** Wenn ich auf**
das Feld hinausgehe, siehe da: Vom Schwert Erschlagene! Und
wenn ich in die Stadt eintrete, siehe da: Hungerqualen! Auch
Prophet und Priester müssen als Händler in einem Lande umher-
19 **streifen, das sie nicht kennen[b]. – * Hast du Juda wirklich verwor-**
fen und empfindet deine Seele an Zion Ekel? Warum hast du uns
geschlagen, und es ist keine Heilung da für uns? Man hofft auf
Frieden, und es kommt nichts Gutes; auf die Zeit der Heilung,
doch siehe: nur Schrecken!
20 *** Wir erkennen, Jahwe, unsere Gottlosigkeit, die Schuld unse-**
21 **rer Väter, denn vor dir haben wir gesündigt[c]. * Doch verschmähe**
uns nicht um deines Namens willen; laß den Thron deiner Herr-
lichkeit nicht in Unehre fallen! Gedenke deines Bundes mit uns
22 **und zerbrich ihn nicht[d]! * Gibt es etwa unter den nichtigen Götzen**
der Völker Regenspender? Oder gibt etwa der Himmel (von
selbst) **Regen? Bist du es nicht, Jahwe, unser Gott, der das alles**
nur alleine vermag, auf welchen wir auch hoffen[e]? –
15,1 *** – Und es sprach Jahwe zu mir: Wenn auch Mose und Samuel**
vor meinem Angesichte stünden, soll sich dennoch meine Seele
diesem Volke nicht (zuwenden)[f]. **Schaffe sie mir aus den Augen,**
2 **sie mögen gehen! * Wenn sie dich dann fragen: Wohin sollen wir**
gehen? dann sage ihnen, so spricht Jahwe: Wer für den Tod (be-
stimmt ist, der gehe) **zum Tod; wer für das Schwert, zum Schwert;**
wer für den Hunger, zum Hunger; wer für die Gefangenschaft,
3 **zur Gefangenschaft[g]. * Ich schicke über sie vier** (Arten von) **Ver-**
derben[h] – Ausspruch Jahwes: Das Schwert zum Morden, die
Hunde zum Zerren[400], die Vögel des Himmels und das Getier des
4 **Landes, um sie zu fressen und zu vertilgen. * Und ich mache sie**
zum abschreckenden Beispiel[401] für alle Königreiche der Erde[i] –
um Manasses willen, des Sohnes Hiskias, des Königs von Juda,
wegen all der Dinge, die er in Jerusalem getan hat.

[a] 9,18
[b] 8,15
13,8
Am 5,18
[c] Ps 106,5.6
Dan 9,5–8.15
[d] 14,7
Ps 106,8
Dan 9,19
Ps 25,11
4 6 3Mo 26,40–45
[e] 5,24
10,12–15
Sach 10,1.2
Ps 147,8
[f] 2Mo 32,11–14
1Sam 7,1–6
Ps 99,6
Hes 14,12–20
[g] 14,12; 43,11
Hes 5,12
4 7 Offb 6,1–8
13,10
[h] Hes 14,21
[i] 23,9; 29,18

[398] Der Satz »Und sage ihnen dieses Wort« hat seine Schwierigkeiten: Wie er dasteht, könnte er bedeuten, daß Gott selber sein Gericht beweint. Daß so etwas im Rahmen der Gottes-Klage bei Jeremia möglich ist, hat die Auslegung schon gezeigt. – Jedoch ist es einfacher, ihn als allgemeine Einleitung zu verstehen: »Dies sollst du ihnen von dir selbst sagen.« Dann spricht hier der Prophet von sich.

[399] w.: in einem großen Zerbruch ist zerbrochen worden.

[400] d. h. Fortschleppen.

[401] w.: zum Zittern.

Jeremia soll seinem Volke antworten, indem er sagt: Seht, ich weine mit euch – mehr nicht! Sein Schmerz ist Befehl Gottes, und alles, was Gott ihm befiehlt, davon muß er seinem Volke Kenntnis geben. Deswegen spricht er zu ihnen über seine eigenen Tränen (V. 17). – Wie in V. 7–9, so haben wir auch in V. 19–22 ein intensives Klagegebet des Volkes. Die Fragen an Gott, die schon in V. 8.9 laut wurden, werden noch heftiger: Gott wird nicht nur als ein unsteter Wanderer beschrieben, sondern als einer, der vielleicht Ekel vor seinem Volk empfinden könnte; die Schuld, die das Volk zur Sprache bringt, wird auch auf die Vätergeneration ausgedehnt (V. 20). Aber auch ein dergestalt ausgeweitetes Bußgebet ändert an der verdorbenen Grundeinstellung des Volkes nichts. Neben dem Appell an den großen Gottesnamen wird sogar noch ein Vergleich mit den Götzen gewagt, um Gottes Zuwendung durch diesen Vergleich zu bewirken. Aber Gott geht nicht auf diese ehrenrührige Formulierung ein. 17–22

Entsprechend der gesteigerten Klage des Volkes ist auch Jeremias Fürbitte – obwohl von Gott vorher schon abgewiesen! – noch dringlicher geworden. Dies muß man voraussetzen, wenn es heißt: **»Wenn auch Mose und Samuel vor meinem Angesichte stünden, soll sich dennoch meine Seele diesem Volk nicht zuwenden«.** Lamparter (a.a.O., 148) sieht hier mit Recht eine Steigerung. Nicht nur heißt es: **»Meine Seele soll sich diesem Volke nicht zuwenden«**, sondern sogar: **»Schaffe sie mir aus den Augen, sie mögen gehen!«** (Vgl. auch dazu die unpersönliche Bezeichnung für das Volk in 5,1: **»dieses Volk da«**). Die Gerichtsdiener Gottes werden aufgeboten, um sein Gericht endgültig zu machen (V. 2.3)[402]. – Nicht als ob der König Manasse (V. 4) der Hauptschuldige wäre, und die anderen unschuldig; nur: In diesem König gipfelt das ganze Unrecht, das Juda seinem Gott getan hat. 1–4

Der verlassene Gott verläßt sein Volk: 15,5–9

5 Wer wird mit dir Mitleid haben, Jerusalem, wer wird Teilnahme an
dir bekunden[a]? Wer biegt (vom Wege ab, um bei dir einzukehren
6 und) **zu fragen, wie es dir gehe? * Du hast mich aufgegeben[403] –**
Ausspruch Jahwes –, du hast mir den Rücken zugekehrt. Da

[a] Jes 51,19 Nah 3,7

[402] Die Frage des Volkes in V. 2: Wohin sollen wir gehen? erinnert an die gleiche Frage des Petrus in Jo 6,68. Der Unterschied: Petrus fragt aufgrund eines Ergriffenseins durch Jesus: Wenn wir das alles mit dir erlebt haben, was könnte uns denn noch ein lockenderes Ziel sein? Hier aber handelt es sich um die Ratlosigkeit derer, die ferne von Gott sind.

[403] w.: mich mir selber überlassen.

[b] 2Mo 34,6.7
[c] Mt 3,12
[d] 6,4
Ps 91,6
Am 8,9
[e] 1Sam 2,5

streckte ich meine Hand wider dich aus und zerschmetterte dich.
7 **Ich bin es müde geworden, Reue zu haben[404b]. * Ich habe sie geworfelt mit der Worfschaufel[c] an den Toren des Landes; ich habe sie um ihre Kinder gebracht; ich habe mein Volk zugrundegerichtet,**
8 **(denn) sie sind von ihren Wegen nicht umgekehrt. * Ihre Witwen sind mir zahlreicher geworden als der Sand am Meer; ich habe ihnen – über die Mutter des Jünglings – den Verderber zur Mittagszeit geschickt. Ich habe über sie fallen lassen plötzliche Aufregung**
9 **und jähen Schrecken[d]. * Hinfällig geworden ist die, die sieben (Kinder) geboren hat, schwer atmet ihre Seele[405e]. Untergegangen ist ihre Sonne noch bei Tage, zuschanden geworden und beschämt steht sie da. Die Übriggebliebenen will ich dem Schwerte preisgeben im Angesicht ihrer Feinde – Ausspruch Jahwes.**

Gott beklagt wiederum sein eigenes Gericht (vgl. 12,7–13)! Die Gerichtsankündigung Gottes wandelt sich zu einer Klage Gottes. Gott selber schaut aus nach einem Tröster für sein Volk (V. 5) und beklagt sein von ihm verhängtes Gericht. Denn Gott vollzieht sein Gericht nicht kalt und unbewegt, sondern nimmt selbst im Innersten daran teil. **»Du hast mich aufgegeben«**, oder: **»mich mir selber überlassen«**, klagt Gott in V. 6, so, als würde ein Mensch einfach weitergehen und Gott achtlos am Wegesrand liegen lassen. Gott kommt sich vor wie einer, der unter die Räuber gefallen ist (V. 6 a), von dem sich die Vorübergehenden mit Grausen abwenden (vgl. den vorübergehenden Priester und Leviten im Gleichnis vom barmherzigen Samariter).

Und dieser Gott kann auch **»müde«** werden (V. 6 c), obwohl es heißt (Jes 40,28), daß Gott nicht müde und matt wird. Wo der Eine, der Gottesknecht, in Sicht ist, wird auch von Gottes ermüdender Arbeit gesprochen. Wenn es im Jesaja-Buch sinngemäß heißt: Du hast mir zwar Arbeit gemacht mit deinen Sünden, aber ich schaffe es dennoch, dich neu zu machen, so heißt es bei Jeremia: Du hast mich müde gemacht, ich kann jetzt nicht mehr! Aber obwohl Gott müde geworden ist, muß sich sein Gericht vollenden. Der in der Gnade müde gewordene Gott zeigt Eifer im Gericht. Das Gericht ist hier die Zerstörung der Familie durch Vernichtung der jungen Mannschaft. – Lamparter (a.a.O., 150) sieht eine Verklammerung mit dem vorangegangenen Abschnitt: Weil Gott des Erbarmens müde geworden ist, ist der Himmel für den Regen verschlossen.

[404] o. Barmherzigkeit zu zeigen.
[405] o. haucht ihr Leben aus.

Die Bekehrung eines Bekehrten: 15,10–21

10 **Weh' mir, meine Mutter, daß du mich geboren hast[a]: ein Mann,** a 20,15
mit dem man sich streitet und zankt, bin ich für das ganze Land Hi 6,22 b 17,3.4
geworden. Geld habe ich nicht ausgeliehen oder geborgt, aber c Ps 17,13.14
11 **dennoch fluchen mir alle! * Es spricht Jahwe: Ich will dich zum** d Ps 119,103
Guten stärken; ich will deinen Feind zur Zeit des Unglücks und Hes 3,1–3 Jer 14,9
12 **der Not dazu bringen, daß er dich bittet[406]. – * Kann man Eisen** e Ps 1,1 26,4
13 **zerbrechen – und zwar Eisen aus dem Norden – und Erz? – * Dein** f 4,19
Vermögen und deinen Vorrat will ich dem Raube preisgeben
ohne Entgelt – wegen aller deiner Sünden in allen Gegenden dei-
14 **nes Landes[b]. * Ich mache dich zum Sklaven[407] in einem Land, das**
du nicht kennst; denn ein Feuer hat sich entzündet durch meinen
15 **Zorn[408] und lodert gegen euch. – * Du weißt es: Jahwe, erinnere**
dich meiner, suche mich heim[409] und schaffe mir Rache an meinen
Verfolgern! Nicht zu langsam sei dein Zorn, so daß ich (vorher
schon) **hinweggerafft werde! Wisse, ich erleide um deinetwillen**
16 **Schmach[c]! * Fanden sich Worte von dir, so aß ich sie. Deine Worte**
waren für mich Freude und Wonne; denn ich bin ja nach deinem
17 **Namen genannt, Jahwe, Gott Zebaoth[d]. * Nie saß ich in der Runde**
der Scherzenden und frohlockte (mit ihnen)[e]; **unter der Wucht[410]**
deiner Hand saß ich einsam, und von Verwünschungs(-Gedan-
18 ken) **war ich angefüllt. * Warum hält mein Schmerz schon solan-**
ge[411] an? Meine Wunde ist unheilbar, weigert sich zu heilen[f]. Ach!
du bist mir wie ein Trugbach geworden, wie ein Wasser, auf das
man sich nicht verlassen kann[412].
19 *** Doch so spricht Jahwe: Wenn du von ganzem Herzen um-**
kehrst, darfst du vor mir stehen, und wenn nur Richtiges[413] anstatt
Leichtfertiges (aus deinem Mund) **kommt[g], darfst du wie mein** g 1,9
Mund sein; dann werden sie zu dir umkehren, und du sollst nicht h 1,18.19
20 **zu ihnen umkehren[414]. * Und ich will dich für dieses Volk zu einer**
ehernen und unersteigbaren Mauer machen; dann werden sie mit
dir Krieg führen, aber sie können dich nicht bezwingen[h], denn ich

[406] w.: in dich bringen lassen. – Die Übersetzung von V. 11–15 ist sehr schwierig, weil der hebr. Wortbestand unklar ist.
[407] a. Lesart: Ich lasse dich übergehen (= ich liefere dich aus).
[408] w.: Nase.
[409] o. achte auf mich.
[410] w.: angesichts.
[411] w.: ewig.
[412] d. h., welches unregelmäßig fließt.
[413] w.: Kostbares.
[414] d. h., du sollst ihnen nicht verfallen.

bin mit dir, um dich zu retten, um dich herauszureißen (aus der
21 Bedrängnis) – **Ausspruch Jahwes. * Und ich will dich herausrei-
ßen aus der Hand der Übeltäter und dich lösen aus der Faust der
Gewalttätigen.**

Überblick

Wenn der richtende Gott sein Gericht beklagt, kann sein Prophet nicht gefühllos abseits stehen. Auch hier gilt: Des Propheten Klage wird aus der Klage Gottes geboren; der, dessen Dasein im Lauschen auf das Gotteswort besteht, muß die Klage Gottes als seine eigene aufnehmen. – C. Westermann (a.a.O., 291 – Anm. 82) will scharf unterschieden haben: Die Ur-Klage, die mit einer Warum-Frage eingeleitet wird (z.B. 20, 18) von dem Wehe-Ruf, den er nicht zur Klage hinzurechnen will. Was den Inhalt betrifft, scheint zwischen den beiden Stellen 15,10 und 15,18 kein Unterschied zu sein; in beiden Fällen wird Gott nicht direkt angeredet. Soweit ist es schon gekommen! Wir merken spätestens hier, daß durch die Klagen Jeremias das Bild des Propheten als des fraglos Gehorsamen und des exakten Botschaft-Übermittlers zerbrochen ist. »Spricht dann hier Jeremia noch als Prophet?« hat G. v. Rad mit Recht gefragt[415]. – Die Klage ist umgekippt zum Hader mit Gott dem Schöpfer, wenn Jeremia den Tag seiner Geburt mit einem »Wehe« belegt (vgl. 20, 14, wo der Prophet den Tag seiner Geburt sogar verflucht). Der Schmerz ist so groß, daß Jeremia sich nicht etwas anderem zuwenden kann, sondern seinen Frieden nur in der Auslöschung seines Daseins finden zu können meint. – Die Quelle seines Leidens (V. 11): Zunächst hat er erfahren, daß alle Welt sich mit ihm im Streit befindet um seiner Botschaft willen. Ist das nur Empfindlichkeit, typisch menschliches Gekränktsein? Hier haben wir einen Gottesboten vor uns, der sich so mit seiner Botschaft identifiziert hat, daß er die Ablehnung seiner Botschaft durch das Volk als tödlichen Anlauf gegen seine eigene Person angesehen hat. C. Westermann (Jeremia, Bibl. Seminar, 1072², 40) sieht Jeremia als einen Menschen, der aus einer tiefen Lebensbejahung herauskommt und von daher so intensiv klagt.

11 V. 11[416] könnte eine neue Zusage Gottes enthalten, und zwar in der Form der »Selbstverfluchung Gottes« (so im hebr. Text): Wenn Gott das, was er jetzt sagt, nicht durchführt, will er sich selbst verfluchen.

[415] Theol. Bücherei 48, 229.
[416] Unter der Voraussetzung, daß der in der Übersetzung wiedergegebene Text akzeptiert wird.

»Ich will dich zum Guten stärken« wird fortgesetzt durch »und ich will verflucht sein, wenn ich nicht deinen Feind zur Zeit der Not bittend in dich dringen lassen werde«[417]; d.h., ich will dafür sorgen, daß dein Feind sich bittend an dich wendet, wenn es ihm schlecht ergeht. Ähnlich wie in 1,18 könnte Gott dem Propheten eine Verheißung gegeben haben: Wenn ich dich hiermit zur eisernen Säule mache, kann
man diese dann brechen? Dann wäre V. 12 eine Kurzfassung von **12–15**
1,18. – V. 15 klingt wieder viel ruhiger. Der, der das Unrecht genau sieht, das die anderen ihm antun, befiehlt sich wieder Gott und seiner Rache an (vgl. 11,20). Aber wieder fängt die Klage an! Es ist besonders notvoll, wenn die unruhigen Gedanken immer wieder von vorne beginnen, und das Kreisen der Gedanken einen Menschen müde macht.

Als Jeremia sich schon wieder fast verlieren will in der Aussichts- **16**
losigkeit seiner derzeitigen Lage, fällt sein Blick mit einem Mal zurück auf frühere Zeiten, V. 16. Der Klagende muß trotz allem erkennen, daß die an ihn ergangenen Gottesworte für ihn selbst Leben und Seligkeit waren. Darin besteht hier die Hilfe Gottes, daß Jeremia an die Seligkeit des Wortempfangs erinnert wird. Nicht darin liegt Gottes Hilfe, daß dem Propheten die Last des Augenblicks fortgenommen wird. Aber wo die Lust am Worte Gottes unermeßlich groß geworden ist, da ist auch der Schmerz unermeßlich groß geworden. Welch ein Geheimnis! – G. v. Rad[418] sagt: »Sein Verhältnis zur Offenbarung ist ein nahezu triebhaftes, er spürt ein inneres Angelegtsein auf Gott, das bis in die physischen (= körperlichen) Wurzeln seiner Existenz hinabreicht«. Auch wenn es Worte des Gerichtes sind, die Gott kundtut: allein die Tatsache, daß Gott redet, reicht aus zu unbändiger Freude und Lust.

G. v. Rad weiter: »Dieses Ausgerichtetsein auf Gott hat eine Rückseite: der ganz und gar zu Gott Hingewandte ist den Menschen abgewandt; gerade seine Offenheit für Gott hat ihn unter den Menschen vereinsamt«. – Sogleich wird wieder die andere Seite sichtbar. Der, der die Lust an dem Wort Gottes erfuhr, erlebt zugleich die Beschlagnahme durch dieses Wort, und das heißt für Jeremia: Unter der Ohnmacht dieses Wortes leiden, denn dieses Wort hat es nicht geschafft, sein Volk zum Aufmerken zu bringen. Ferner muß er mit ansehen, wie dieses Volk zugrunde geht. Das ist ebenfalls sein Schmerz, denn er kann sich nicht von dem Geschick Israels einfach fernhalten. Gott, der Kraft genug hatte, ihn völlig in Beschlag zu nehmen, hat an-

[417] So das Lexikon Koehler/Baumgartner, S. 751.
[418] Theol. Bücherei 48, 225.

scheinend keine Kraft, das Übermaß dieser Leiden von ihm fernzuhalten.

17–18 Jeremia findet im Sinnen über diesen seinen rätselhaften Gott einen ungeheuerlichen Vergleich: Gott erscheint ihm wie ein trügerischer Winterbach[419]. G. v. Rad (a.a.O., 225f): »Wie so ein Wasserlauf Herde und Zelte anlockt, so hat Gott Jeremia angelockt; eine Weile ging es gut, aber dann war es wie ein Getäuschtwerden; ein Vertrauen ist zerbrochen«. – Hier kündigt sich ein Riß im Gottesbild an, unter dem insbesondere die spätere alttestamentliche Zeit zu leiden hatte. Gott wird regelrecht als Feind erfahren, wobei der Trugbach nur eine harmlose Vorstufe ist[420]. G.v. Rad sagt dazu[421]: »Hiob steht, so muß man nun sagen, vor einer ganz neuen Erfahrung der Wirklichkeit Gottes. Vor einer Unberechenbarkeit und Furchtbarkeit, von denen wohl das alte Israel und einige Propheten etwas wußten, vor denen aber Hiobs Freunde völlig ratlos standen ... Und wirklich neu war, daß Hiob Gott in einer ganz anderen Weise viel tiefer und schrecklicher in das Leiden hineinzog. Das war nicht mehr der souverän strafende, menschliche Geschicke erfüllende Gott; nein, Hiob sieht einen Gott, der ganz persönlich und mit allen seinen Machtmitteln in das Leiden hineinsteigt und sich darin austobt. Das ist sein großes einsames Wissen, das ihn allerdings fast um den Verstand bringt«[422]. Und Jeremia sagt: »Ich wurde müde es auszuhalten, ich konnte es nicht ertragen« (20,9).

19–21 Im Gegensatz zu V. 11 ergeht hier auf Jeremias Hadern eine äußerst schroffe Antwort Gottes. Kein Mitleid mit dem klagenden Propheten wird sichtbar. Das Wort von der Umkehr, das Jeremia in den ersten Zeiten seines Wirkens an Juda gerichtet hat, und an dem er dann zuschanden geworden ist, muß er sich nun selbst sagen lassen! Nur wer sich selbst hat predigen lassen, darf anderen predigen. Hier zeigt sich, daß Jeremia zwar auserwählter Gottesbote ist, trotzdem aber einer ist wie alle anderen im Gottesvolk. Auch er hat die Umkehr nötig. Wie bei Israels und Judas Abkehr, so steht auch bei Jeremias Abkehr von Gott das Aufbegehren gegen Gottes Willen im Vordergrund. – Gott aber weiß, daß Jeremia nie mehr auf den Dienst als Gottesbote verzichten kann, und daß ihm nur noch geholfen werden kann, wenn

[419] Man denkt auch an 2,13, an das Bild vom rissigen Brunnen, der auch nur Wasser geben kann, wenn gerade ein außergewöhnlicher Regenguß ihn angefüllt hat. Während dort aber Jeremia dieses Bild für den Götzendienst seines Volkes gebrauchte, benutzt er es hier für seinen eigenen Gottesdienst!

[420] Vgl. z. B. Hi 16,9–17.

[421] Weisheit in Israel, 1970, 280f.

[422] Weiterführung dieser Überlegungen in Richtung auf das Kreuz Christi vgl. die Ausl. zu 20,7–18.

Gott ihn als Boten wieder in Dienst nimmt: Dann **»darfst du vor mir stehen«**. Darum wird die Berufung Jeremias erneuert. Der neue Bund, den Jeremia dann[i] seinem Volk verkündigt, muß zuvor bei ihm selbst Wirklichkeit geworden sein, d.h., er darf Gottes Forderung nicht als ein drohendes Gesetz ansehen, vor dem er scheitert, sondern er muß noch einmal Gottes Willen und Gottes Auftrag ganz in sein Herz und Gewissen aufnehmen. – Eine verhüllte Kritik Gottes an Jeremia schließt sich an: Hat sich Jeremia etwa schon den leichtfertigen Reden der anderen Propheten angeglichen, statt das kostbare Gotteswort zu sagen? Dafür spricht auch die weitere Kritik Gottes in V. 19: **»und du sollst nicht zu ihnen umkehren«** (= du sollst ihnen nicht verfallen). Also hat es Jeremia doch schon getan! – Dann werden die Zusagen des göttlichen Beistandes erneuert, wie sie schon aus 1, 18. 19 bekannt sind. Wird Jeremia nun Erfolg zugesprochen, wenn Gott sagt: Dann werden sie zu dir umkehren?

[i] 31,31–34

Berufen zur Einsamkeit: 16, 1–13

1/2 **Das Wort Jahwes erging an mich: * Du sollst dir keine Frau neh-**
men, und es sollen dir keine Söhne und Töchter an diesem Ort
3 **(geboren) werden, * denn so spricht Jahwe über die Söhne und**
Töchter, die an diesem Ort geboren werden, und über ihre Mütter,
die sie gebären, und über ihre Väter, die sie zeugen in diesem
4 **Lande: * An fürchterlichen Krankheiten werden sie sterben, sie**
werden nicht beklagt und nicht begraben worden, sondern zu
Dünger auf dem Erdboden sollen sie werden[a]. Durch Schwert,
Hunger soll es aus werden mit ihnen. Ihre Leichname sollen zum
Fraß den Vögeln unter dem Himmel und den Landtieren (hinge-
5 **worfen) werden. – * So spricht Jahwe: Betritt kein Haus, in dem**
eine Totenfeier stattfindet, keine Totenklage mache mit, und be-
kunde ihnen nicht (deine) Teilnahme[b], denn ich nehme meinen
Frieden von diesem Volke zurück[423] – Ausspruch Jahwes –, und
6 **meine Huld und mein Erbarmen. * Groß und klein soll in diesem**
Lande sterben und nicht begraben werden – ohne Totenklage –;
man soll sich auch nicht Schnittwunden für sie beibringen und
7 **sich auch nicht (das Haupthaar) scheren[c]. * Auch wird nicht das**
Brot gebrochen für den, der in Trauer ist, um ihn wegen eines
Verstorbenen zu trösten. Nicht wird man einem den Trostbecher
8 **reichen wegen seines Vaters oder seiner Mutter[d]. – * Betritt kein**

[a] 7,33; 8,2
[b] Hes 24,15–24
[c] 23,18.19; 3Mo 19,28; 5Mo 14,1
[d] Spr 31,6.7; Hes 24,17

[423] w.: ich sammle meinen Frieden ein.

Haus, in dem ein Festmahl gefeiert wird, um dort mit ihnen zu-
9 **sammen zu sitzen und zu essen und zu trinken. * Denn so spricht**
Jahwe Zebaoth, der Gott Israels: Siehe, ich lasse an diesem Ort
vor euren Augen und schon in euren Tagen Freude und Jauchzen
verstummen, den Freudengesang vom Bräutigam und Braut[e]**.**
10 *** Wenn du diesem Volk alle diese Worte ausrichtest, dann wer-**
den sie zu dir sagen: Aus welchem Grund redet Jahwe über uns
alle diese großen Unglücksworte? Was für einen Frevel und was
für eine Sünde haben wir gegen Jahwe, unseren Gott, auf uns ge-
11 **laden**[f]**? * Dann sollst du ihnen sagen: Weil** (schon) **eure Väter**
mich verlassen haben – Ausspruch Jahwes –, und (schon) **sie hin-**
ter fremden Göttern herliefen, ihnen dienten und vor ihnen nie-
derfielen; weil (schon) **sie mich verlassen haben und meine Wei-**
12 **sung nicht beachteten**[g]**. * Treibt ihr es nicht schlimmer als eure**
Väter? Siehe, es läuft ein jeder entsprechend der Bosheit seines
verhärteten Herzens, ohne auf mich zu hören (hinter den anderen
13 Göttern her)[h]. *** Und ich will euch weit wegwerfen aus diesem**
Land in ein Land, welches ihr nicht kennt und eure Väter auch
nicht kannten[i]; **und sie werden dort anderen Göttern dienen Tag**
und Nacht, und ich werde ihnen kein Erbarmen geben.

[e] 7,34; 25,10; Jes 24,8; Offb 18,22
[f] 2,35; 5,19; 13,22
[g] 22,8.9; 5Mo 29,23–27
[h] 7,24–26
[i] 10,18; 15,14; 5Mo 1,26–28

Überblick

C. Westermann (Jeremia, Bibl. Seminar, 45) spricht hier von dem »Gebot der Einsamkeit« und legt dar, daß der Verzicht auf Ehe und Familie (V. 2–4), die Nicht-Teilnahme an Trauer-Riten (V. 5–7) und an Familien-Festen (V. 8. 9) eine letzte Folge des Gerichtes Gottes darstellen soll. Wenn es in V. 13 heißt: **»Ich will euch weit wegwerfen aus diesem Land«**, dann hat das völlige Isolierung und Gemeinschaftslosigkeit zur Folge; denn Familie einerseits, Totenklage und Festmahl andererseits zeigen ein intaktes, unter der Huld Gottes stehendes Gemeinschaftsleben an. Nun aber heißt es in V. 5: **»Ich nehme meinen Frieden von diesem Volke zurück«**. Wenn kein Gottesfriede mehr da ist, ist auch keine Gemeinschaft unter den Menschen mehr da! – Beachtlich ist die kommentarlose Darstellung der an sich heidnischen Gebräuche des Einritzens in den eigenen Körper und das Scheren des Haupthaares (was nicht bedeutet, daß Jeremia es billigt!) als Trauerbrauch. Aber am schmerzlichsten scheint das Verbot des Trostmahls im Zusammenhang der Bestattung zu sein, wo das Gemeinschaftserleben für die, die durch den Tod eines Angehörigen einen Verlust an Gemeinschaft erlebt haben, wieder hergestellt und zum Ausdruck gebracht wird.

Das alles (auch das Verstummen von Jubel und Gesang an Hochzeitsfesten) als Folge des Gerichtes Gottes hat Jeremia zunächst selbst zu ertragen, damit er solche Einsamkeit als Gericht Gottes seinem Volke ansagen kann, und zwar die Einsamkeit als eine innerliche und äußerliche. Darum muß er auf Ehe und Familie verzichten. Hier ist die Einsamkeit bis in die äußerste Konsequenz gesteigert, hatte Jeremia doch schon um seiner Botschaft willen viel Einsamkeit ertragen müssen[k]. – Vielleicht schwingt im ersten Befehl an Jeremia noch etwas anderes mit: Gott will seinem Knecht viel Herzeleid ersparen. Darum mutet er ihm nicht eine Familie zu; denn auch die wäre, wie Jeremia selbst, dem Geschick des Volkes preisgegeben. Er müßte dann in dem Durcheinander der Zerstörungen auf ein ordentliches Begräbnis seiner Angehörigen verzichten, und das wäre für den auf Gemeinschaft hin angelegten Israeliten furchtbar. – C. Westermann (N) bemerkt hierzu: »Hier wird sichtbar, daß das Sterben nicht nur Angelegenheit des Sterbenden ist, sondern auch Sache der Gemeinschaft«[l]. Vielleicht leuchtet hier mitten im Gerichts-Chaos eine verhaltene Gnade auf. Wenn es für Jeremia auch kein Nichtbeteiligtsein am Gericht Gottes geben kann, so kann ihm doch durch Verzicht etwas erspart bleiben. – Zum Sinn dieses Abschnittes ist zusammenfassend zu sagen: Der Prophet soll heute schon durch sein Leben etwas sichtbar machen, was später erst für das ganze Volk kommen wird. Insofern kann man diesen Abschnitt im weiteren Sinne zu den Zeichenhandlungen rechnen, über die später noch zu reden sein wird (Kap. 28).

[k] 15,17

[l] 18,11–13

Die Sammlung des Gottesvolkes führt zur Sammlung der Völker: 16, 14–21

14 Darum siehe, es kommen Tage – Ausspruch Jahwes –, da wird
man nicht mehr sagen: So wahr Jahwe lebt, der die Kinder Israel
15 aus dem Lande Ägypten herausgeführt hat[a], * sondern: So wahr
Jahwe lebt, der die Kinder Israel aus dem Land des Nordens her-
ausgeführt hat und aus all den Lägern, wohin er sie versprengt
hat. Ich bringe sie in ihr Land zurück, welches ich ihren Vätern
gegeben habe.
16 * Siehe, ich werde viele Fischer kommen lassen, die werden sie
(heraus-) fischen[b] – Ausspruch Jahwes –, und danach werde ich
viele Jäger kommen lassen, die werden sie von jedem Berg und
17 von jedem Hügel und aus den Felsspalten herausjagen. * Denn
meine Augen sind auf alle ihre Wege (gerichtet), sie können sich

[a] 23,7.8; 3,16; 4,2

[b] Hab 1,14

[c] Ps 33,13 Jer 32,19
[d] Jes 40,2 Offb 18,6
[e] Jes 2,2.3; 45,14
[f] 2,11 10,25
[g] Gal 4,8
[h] Hes 12,15.16

nicht vor mir verbergen[c]; und ebenfalls können sie ihre Schuld
18 **nicht vor mir verstecken. * Aber zuvor werde ich ihnen ihre Frevel**
und ihre Schuld doppelt vergelten[d], weil sie mein Land verunrei-
nigt haben mit dem Aas ihrer Scheusale und ihrer Schandgötzen,
womit sie mein Erbteil erfüllt haben. –
19 *** Jahwe, meine Stärke, meine Zuflucht am Tage der Not. Zu dir**
werden Völker kommen von den Enden der Erde[e] und werden sa-
gen: Ach! Trug haben uns unsere Väter vererbt, nichtige Götzen,
20 **die doch nichts nützen[f]. * Kann ein Mensch sich denn Götter ma-**
21 **chen? (Sicher), aber das sind dann keine Götter[g] ! * Darum siehe,**
diesmal werde ich sie zur Erkenntnis führen und sie meine Hand
und meine Stärke erkennen lassen; und sie sollen erkennen, daß
mein Name »Jahwe« ist[h].

Überblick

Hier haben wir drei verschieden geartete Abschnitte, wobei allerdings der erste und der dritte bei genauem Hinsehen doch eine verwandte Thematik haben:
– V. 14.15: Weissagung über Israels kommende Erlösung
– V. 19–21: Weissagung über die kommende Bekehrung der Völker

Auffällig ist, daß hier ein Auszug aus der Gefangenschaft angekündigt wird, und zwar nicht ausschließlich aus Babylon, sondern überhaupt aus den verschiedenen Ländern der Erde (darum ist dieser Abschnitt auch noch für das heutige Israel gültig!). Dieser Auszug wird von derart großer Bedeutung sein, daß er zu einem neuen Glaubensbekenntnis führt. In Verbindung mit einem neuen Treueschwur zu Gott wird die neue Tat Gottes gerühmt: Der Gott des ersten Gebotes, der Israel »aus Ägypten geführt« hatte, wird zum Gott, der Israel **»aus dem Lande des Nordens«** führt[424].

[424] Wie W. Zimmerli (»Der ›neue Exodus‹ in der Verkündigung der beiden großen Exilspropheten«, ThB 19, 192ff) dargelegt hat, beginnt das Thema »neuer Exodus« bereits bei dem Propheten Hosea (2,17), wird von Hesekiel weiter ausgeführt, z. B. Hes 20,33–38, wo u. a. deutlich wird, daß dieses Herausführen auch ein reinigendes Gerichtshandeln Gottes an seinem Volke ist (V. 35.37). Zimmerli spricht von einem »richtenden Zurechtbringen« (S. 203) in Hes 20. – Demgegenüber liegt bei Jesaja (Jes 40ff), der ebenfalls die Botschaft vom neuen Exodus aufnimmt, der Ton auf dem Weg nach der Befreiungstat. »Darin erfährt dieser Wüstenweg, auf dem Jahwe sein Volk zurückbringt, erst seinen vollen Glanz, daß er zum Ort der Offenbarung des Befreiers wird« (S. 199). Darum kann man 16,21 durchaus mit 16,14.15 verknüpfen. – Zu dem neuen Bekenntnis kommt es, weil die alte Gottestat durch eine neue überboten wird (was nicht heißt, daß sie dadurch abgeschafft würde). Mitten im Alten Testament leuchtet auf, was im Neuen Testament erfüllt wird: angesichts der neuen Tat Gottes, wie der Auferweckung Jesu von den Toten durch Gott, kommt der »alte Zweifler« Thomas zu dem »neuen Bekenntnis«: Mein Herr und mein Gott (Jo 20,28).

Beim Beten wird dem Beter mit einem Mal die Schau geschenkt, daß auch die Heiden neben Israel einen Neuanfang mit Gott machen werden, und zwar im Unterschied zu Israel aus eigenem Antrieb (vgl. Jes 2,3). Die Völker werden, was Juda trotz des unaufhörlichen Mahnens Jeremias nicht tat, sich von ihren Götzen lossagen und sich dem Gott Israels und Judas anvertrauen[425]. – Eingeschoben zwischen diese beiden Heilsankündigungen ist wieder eine Gerichtsansage, wobei diesmal die Bevölkerung, die sich außerhalb der befestigten Städte befindet, angesprochen ist. Wie die feste Stadt keinen Schutz vor Gottes strafendem Arm sein kann, so kann man sich auch nicht im zerklüfteten Bergland verstecken. Hier kann auch eine Anspielung auf die Hügel der Baals-Kulte gemeint sein: Gott wird im Gericht sie auch von ihrem Götzen losreißen[426]. – Zu der doppelten Vergeltung vgl. Jes 40,2. Die doppelte Vergeltung entspricht der doppelten Sünde (vgl. 2,13). 19–21

Die zwei Wege des Gottesvolkes: 17,1–18

1 **Die Sünde Judas ist geschrieben mit eisernem Griffel, mit einer**
Diamantspitze eingegraben in die Tafel ihres Herzens[a] – auf die
2 **Hörner eurer Altäre – * als ein Mahnmal,** (bestimmt) **für eure**
Söhne, (und zwar) **ihre Altäre und ihre Ascheren bei belaubten**
3 **Bäumen und auf hohen Hügeln * – auf den Bergen im Felde –.**
Deine Habe, alle deine Schätze, will ich dem Raube preisgeben als
4 **Vergeltung für die Sünde in allen deinen Landstrichen[b]. * Du**
mußt deine Hand loslassen von deinem Erbteil, das ich dir gegeben habe; und ich will dich deinen Feinden zum Knecht machen in einem Land, das du nicht kennst. Denn ein Feuer wird sich entzünden durch meinen Zorn[427]; für alle Zeiten bleibt es angezündet. –
5 *** So spricht Jahwe: Verflucht ist der Mann, der sich auf Menschen verläßt und macht Fleisch zu seinem Arm,** (der ihm helfen
6 soll), **und der von Jahwe mit seinem Herzen abweicht[c]. * Der**
gleicht einem Wacholderstrauch in der Wüste, der nicht erlebt, daß ihm Gutes widerfährt. Der wohnt in der glühenden Steinwü-
7 **ste auf Salzboden, wo sonst niemand wohnt. * Gesegnet ist der**

[a] Hi 19,23.24; Spr 3,3; 7,3; 5Mo 6,6–9; Kol 2,14
[b] 15,13.14
[c] Ps 146,3.4; Jes 2,22

[425] Das »Kommen der Heiden« (vgl. z. B. Mt 8,11, oder schon die Weisen aus dem Morgenland, Mt 2,1ff) ist die andere Seite des Missionsauftrages »Gehet hin ...«
[426] Hos 2,8.9a spricht in diesem Zusammenhang vom »Verzäunen der Wege zu den Liebhabern (= den Götzen)«.
[427] w.: Nase.

Mann, der sich auf Jahwe verläßt – und Jahwe ist sein Schutz! –
8 * Der ist wie ein Baum, gepflanzt am Wasser, und am Bach breitet
er seine Wurzeln aus. Nicht wird er sich fürchten, wenn die Glut
kommt, und seine Blätter bleiben grün. Im Jahr der Dürre ist ihm
nicht bange, und er hört nicht auf, Frucht zu bringen[d]. –
9 * Verschlagener als alles andere ist das Herz und unheilbar –
10 wer kann es ergründen[e]? * Ich, Jahwe, erforsche[428] das Herz und
prüfe die Nieren und gebe jedem, wie es sein Wandel[429] und die
11 Ergebnisse seiner Taten (verdienen)[f]. ***** (Wie) **ein Rebhuhn, das**
Eier ausbrütet, die es nicht gelegt hat, (so ist der), **der sich Reich-**
tum erwirbt, aber nicht mit rechtmäßigen Mitteln. In der Mitte
seiner Tage muß er (ihn) **verlassen, und am Ende** (seiner Jahre)
steht er da[430] (wie) **ein Tor!**
12 * Ein herrlicher Thron, erhaben von Anbeginn an, ist der Ort
13 unseres Heiligtums! * Die Hoffnung Israels ist Jahwe[g]; alle, die
dich verlassen, werden zuschanden; die von dir[431] abweichen,
(deren Name) **wird auf den Erd**(boden) **geschrieben[432]; denn sie**
haben die lebendige[433] Wasserquelle verlassen, (nämlich) **Jahwe.**
14 * Heile mich, Jahwe, dann bin ich geheilt; rette mich, dann bin
15 ich gerettet[h], denn du bist mein Lobpreis! * Jene sagen ständig zu
16 mir: Wo ist das Wort Jahwes? Es treffe doch ein[i]! * Aber ich habe
dich nie gedrängt wegen des Unheils[434] und den Tag des Unheils
nicht herbeigesehnt! Du weißt es: Was über meine Lippen kam,
17 liegt offen[435] vor deinem Angesicht. * Werde mir nicht zum
18 Schrecken! Du bist meine Zuflucht am Tage des Unheils. * Es
werden meine Verfolger zuschanden, nicht aber ich werde zu-
schanden. Sie werden erbeben, nicht aber ich werde erbeben. Laß
über sie den Tag des Unheils hereinbrechen und zerbrich sie mit
einem doppelten Schlag[k].

[d] 2,13 Ps 1,3 Jo 4,14 7,37.38
[e] Ps 64,7 Mk 7,21
[f] 1Sam 16,7 Jer 11,20 32,19 Ps 62,13 Mt 16,27 Rö 2,6–11
[g] 14,8 Ps 68,27
[h] 15,10 Ps 6,3.4
[i] Jes 5,19 Am 5,18 2Petr 3,4
[k] Ps 5,11 Jer 15,15 18,20–23

428 w.: auskundschaften.
429 w.: Weg.
430 w.: ist er.
431 Im Urtext steht »mir«.
432 d. h.: so daß er bald verwischt ist; a. Überl.: die von dir abweichen, werden aus dem Lande ausgerottet.
433 d. h.: sprudelnde.
434 d. h.: das du, Gott, doch nun endlich herbeiführen möchtest; a. Überl.: Ich habe mich nicht vom Hirte-sein weggedrängt.
435 w.: gegenüber.

Überblick

Kap. 17 zerfällt in fünf verschiedenartige Abschnitte. Sie müssen je in ihrem besonderen Aussagegehalt gewürdigt wie auch auf ihren inneren Zusammenhang hin befragt werden.

– V. 1–4: Eine Gerichtsankündigung;

– V. 5–11: Verschiedene »Weisheits-Sprüche«, wie sie ein Prophet formulieren konnte, der mit der Art, Weisheitssprüche zu formulieren, vertraut war;

– V. 12.13: Ein Vertrauensbekenntnis zum Tempel, aber anders als das von 7,1ff;

– V. 14–18: Ein persönliches Gebet Jeremias;

– V. 19–27: Ein prophetisches Wort gegen die Sabbat-Entheiligung.

Schuld kann nicht vergessen werden, weder von Menschen noch von 1–4
Gott: Die Schuld ist **»eingegraben in die Tafel ihres Herzens«**, d.h., die Schuld ist in ihr Gewissen eingebrannt[436]. Wie das Gotteswort aufgeschrieben werden muß, so muß auch bei fortschreitender Unbußfertigkeit Sünde »aufgeschrieben« werden von Gott[437]. – Zu beachten ist, daß die unvergebene Schuld neben dem Brandmal im Gewissen dessen, der sie begangen hat, auch ein »objektives«, d.h. äußerliches Erinnerungsmal hat, nämlich die Opferaltäre, wobei – wahrscheinlich absichtlich – unklar bleibt, ob es Jahwe- oder Baal-Altäre sind, d.h. der Gottesdienst, der vollzogen wird, ist eine Dokumentation von Schuld! Schuld ist hier völlig dem Empfinden entzogen, sie liegt dokumentarisch fest. – Was aber »aufgeschrieben« ist, kann dann auch »zerrissen« werden, d.h., die Spuren der Sünde können dann auch endgültig getilgt werden. So führt uns dieses Wort von dem Aufgeschriebensein der Sünde – wenn wir das Neue Testament mit im Blick haben – zur frohen Botschaft von der Vergebung der Sünde[438].

436 Vgl. 1Tim 4,2: »Menschen, die heuchlerische Lügen vortragen, wiewohl sie in ihrem eigenen Gewissen gebrandmarkt sind.«

437 Vgl. dazu Kol 2,14: »Die Handschrift, die wider uns war.«

438 Mit der Wendung »geschrieben in die Tafel des Herzens« haben wir den Gegenpol zu 31,33 vor uns. Ist hier die Sünde ins Herz geschrieben, ist sie somit also im Menschen dokumentiert, so ist es dort das neue, freiwillig befolgte Gebot, das in Herz und Gewissen geschrieben ist. – Davon zu unterscheiden ist Rö 2,15, wo von dem Geschriebensein der Forderung des Gesetzes in das menschliche Gewissen geredet wird. – Zu den Hörnern des Altars in V. 1: An die Hörner des Brandopferaltars wurde das Blut der Opfertiere gestrichen (3Mo 4,7ff), damit Gott dessen gedächte, der diese in der Stunde der Not anfaßte, um dadurch Schutz zu erwirken.

5–11 Das, was wie eine allgemeine Wahrheit klingt, hat aber seine Herkunft aus dem Bundes-Bereich. Mit Fluch oder Segen wird entsprechend der Bundesverpflichtung, die Gott mit seinem Volke eingegan-
5Mo 28 gen ist, in Israel Ungehorsam bzw. Gehorsam bedacht[l]. Aus der Erfahrung des Bundesschlusses und des jährlich wiederholten Bundeserneuerungsfestes wird aber in Israel im Laufe der Zeit eine Lebensweisheit! Das heißt: So wird es überhaupt immer gehen, wenn man sich auf Menschen, oder wenn man sich auf Gott verläßt.

So ist Israel belehrt worden:

- Götzendienst ist Menschendienst;
- Gericht Gottes ist: Leben müssen im Mangel, in der inneren und äußeren Dürre[439];
- Wahrer Gottesdienst ist: Eingepflanztsein in das Leben Gottes;
- Segen dieses Lebens in Gott ist: Das ständige Fruchtbringen (heute würde man sagen: ein Leben mit Sinn).

Die Verse 9 + 10 wollen – in Zusammenhang mit V. 5–8 gelesen – einer falschen Unterteilung der Menschen in verfluchte und gesegnete wehren: Wer kann schon für sein Herz garantieren und sagen, daß er ganz bestimmt auf die Seite des Segens gehört? Die Heilsgewißheit der Menschen in der Bibel ist gehalten von dem Wissen um Gottes alleiniges, berechtigtes Beurteilen allen menschlichen Regens und Denkens. Unser Trost ist, daß Gott uns besser kennt als wir, und zwar einschließlich unserer Verschlagenheit, die auch dem Frömmsten nicht fremd ist. Menschen können nicht Segen und Fluch eigenmächtig verteilen. Dies steht allein Gott zu.

12/13 So etwa könnte die israelitische Gemeinde auf die Verlesung oder Auslegung der Jeremia-Worte geantwortet haben: Die Gemeinde verherrlicht Gottes Gegenwart in seinem Tempel (»**der Ort unseres Heiligtums**«); aber anders als die von Jeremia bekämpften falschen Tempel-Propheten. Während diese aus Gottes Tempel-Gegenwart einen Rechtsanspruch und eine Selbstverständlichkeit machen, wird hier die Gegenwarts-Gewißheit Gottes im Tempel verbunden mit einem persönlichen Verhältnis zu diesem Gott (V. 13).

14–18 Im Bewußtsein der Abgründigkeit des menschlichen Herzens steht Jeremia vor Gott und bittet um persönliche Heilung und Rettung. Versteckt hinter V. 15 liegt auch ein an sich selbstverständliches Fragen seines Volkes: »Warum kommt die Erfüllung deines Wortes nicht? Dann sehen wir, ob du Gottes Prophet bist! Oder hast du etwa selbst gewollt, daß all das Schlimme eintrifft, nur damit du bestätigt bist?« – Jeremia sagt seinem Gott (V. 17): Ich selbst habe Angst vor

439 Vieles erinnert an Ps 1. – Weitere Parallelen: Jer 11,17.19; Hes 17,5ff, bes. V. 7.8, dann auch Ps 92,13–15.

dem Eintreffen meines Gerichtswortes; halte mich fest an jenem Tag, sonst komme ich selber auch um! – Gott hingegen kann auf die Frage: Warum kommt die Erfüllung des Wortes nicht? nur antworten: Ich wache über meinem Wort (1,12). Damit ist der Prophet selbst in das Warten und Glauben hineingestellt. – Aber Jeremia rechtfertigt sich nicht, indem er auf die Richtigkeit seiner Worte beharrt, sondern er stellt alles Gott anheim: **»du weißt es«** (V. 16). Dann aber, seltsam genug für heutige Leser und Hörer, bricht es wieder aus ihm heraus: Doch, der Unglückstag soll über meine Feinde hereinbrechen! Und eben erst hatte er noch gesagt: Ich habe dich, Gott, nie gedrängt wegen des Unheils! Wir merken: das menschliche Herz ist wahrhaftig ein trotzig und verzagt Ding (wie Luther den Vers 9 ursprünglich übersetzte); wer kann es ergründen? Auch Jeremias Herz ist unergründbar . . .!

Frieden durch Sabbat-Heiligung: 17,19–27

19 So spricht Jahwe zu mir: Gehe, und stell dich in das Tor, das am
meisten benutzt wird[440], durch das auch die Könige Judas ein-
und ausgehen, aber (dann auch) **in all die anderen Tore Jerusa-**
20 lems, * und sprich zu ihnen: Hört das Wort Jahwes, ihr Könige
von Juda und ganz Juda (überhaupt) **und alle Bewohner Jerusa-**
21 lems, die durch diese Tore kommen! * So spricht Jahwe: Hütet
euch um eures Lebens willen und tragt überhaupt keine Last am
22 Sabbattag[a] durch die Tore Jerusalems herein! * Auch tragt keine [a] 2Mo 20,8–11
Last hinaus aus euren Häusern am Sabbattage. Ferner: Verrichtet Neh 13,15–19
Jo 5,10
keine Arbeit und heiligt den Sabbattag, wie ich euren Vätern ge- [b] 5,3
23 boten habe! * Aber sie[441] hörten nicht und neigten nicht ihre Oh- 7,26
19,15
ren (zum Aufmerken). **Stattdessen verhärteten sie ihren Nacken,** [c] 22,4
24 hörten nicht und nahmen keine Weisung[442] an[b]. * Wenn ihr aber Sach 9,9
wirklich auf mich hört – Ausspruch Jahwes – und bringt keine
Last durch die Tore dieser Stadt am Sabbattag herein und heiligt
25 den Sabbattag und verrichtet keine Arbeit an ihm, * dann werden
durch die Tore dieser Stadt Könige und Fürsten kommen[c]. (Diese
Könige) **sitzen auf dem Thron Davids und kommen mit Roß und**
Wagen[443], sie und ihre Fürsten, (aber auch) **die Männer Judas und**

[440] w. in das Tor der Söhne des Volkes.
[441] d. h.: die Väter.
[442] o. Zucht.
[443] Im Hebr. umgekehrt.

**die Bewohner Jerusalems. Dann wird diese Stadt für alle Zeit be-
wohnt bleiben.**
**26 * Dann wird man kommen aus den Städten Judas und aus der
Umgebung Jerusalems, aus dem Lande Benjamin, aus der Ebene,
vom Gebirge, vom Südland und wird Brandopfer, Schlachtopfer,
Speisopfer und Weihrauch bringen, zusammen mit Dankopfern**
**27 für das Haus Jahwes[d]. * Wenn ihr aber nicht auf mich hört und
den Sabbattag nicht heiligt und doch Lasten durch die Tore Jeru-
salems tragt am Sabbattag, dann lege ich Feuer an seine Tore, das
die Paläste Jerusalems verzehren wird und nicht verlöscht.**

[d] 32,44 Sach 7,7

Überblick

Die Form dieses Abschnittes entspricht der von Kap. 7,1ff und Kap. 11,1ff. War es in Kap. 7 das Tempeltor, sind es hier die Stadttore, in die sich Jeremia nacheinander stellen soll. Und zwar gibt es nach V. 19 Tore, die für jedermann geöffnet sind, und Tore, die für den König, seine Familie und seine Diener und Fürsten bestimmt sind. – Das Wort ist wahrlich ungewöhnlich, das Jeremia sagen soll: Das Königshaus (tragen denn Könige Lasten auf ihren Schultern durch die Stadttore?) und alle anderen in Jerusalem sollen keine Lasten am Sabbattag tragen. Man wundert sich, wieso Jeremia auf dieses seiner Verkündigung doch fernliegende Thema der Sabbatheiligung gekommen ist. War das nicht das Thema einer späteren Zeit? Wie man aber sagen muß, daß Jeremia seine Anklage gegen den falschen Tempelglauben nur wagen konnte, weil er selbst einer war, der die Wohltat des wahren Tempelgottesdienstes kannte, so ist er auch hier nicht ein kleinlicher Gesetzesmensch, sondern einer, der den eigentlichen Sinn des Sabbatgebotes[444] verkündigt und für seine Person das Gebot Gottes beachtet. Sicher las man in Israel in der nachexilischen Zeit diesen Abschnitt mit besonderem Interesse; aber das berechtigt uns nicht, die Abfassung dieses Abschnittes dieser Zeit zuzuschreiben. Man könnte diesen Abschnitt in die Zeit des ersten Wirkens Jeremias stellen, wo er eine Umkehr des Volkes noch für möglich hielt.

19–27 Wollen wir deuten, was Jeremia hat sagen wollen, so können wir annehmen, daß er hier die Unruhe[445] des Volkes brandmarken wollte, das sich mit an sich wichtigen Beschäftigungen und Verrichtungen

[444] Zum Sinn der Sabbatheiligung bei Jeremia vgl. 6,16: »So werdet ihr Ruhe finden für eure Seelen.«

[445] Vgl. das Bild von der unruhigen Kamelstute 2,23: Götzendienst bringt Jagen und Hetzen mit sich.

abgab, die aber das ganze Herz in Beschlag nahmen. In der Übertretung des Ruhegebotes liegt die Ursünde des Menschen, die alle anderen Sünden nach sich zieht[446].

Überraschend vernehmen wir in V. 25 die Auswirkungen der eingehaltenen Sabbatruhe (unter der Voraussetzung, daß das Volk Jeremias Wort annehmen würde): Die Thronfolge auf dem Davidsthron wird von Gott für diesen Fall garantiert; König, Fürsten, Stadt- und Landbewohner werden eine einmütige Gottesgemeinde sein, die einen neuen Opfer- und Dankgottesdienst feiert. Neues Gemeindeleben also nur aufgrund einer neuen Feiertagsheiligung[447]. Und ferner: Eingehaltene Sabbatruhe zieht eine neue Staatsordnung nach sich! Für uns ist das ein eigenartiger Zusammenhang. Aber wer aus dem Frieden Gottes lebt, hat auch geordnete Verhältnisse im öffentlichen und politischen Bereich. – Offenbar ist eine Folge der von diesem Abschnitt vorausgesetzten Sabbatlosigkeit auch die Zerstreuung des Gottesvolkes in seinem gottesdienstlichen und sonstigen Leben. Die Wallfahrt[e] der Völker zum Tempel und seinem Gottesdienst wäre ein weiteres Ergebnis eines geheiligten Sabbatlebens des Gottesvolkes.

[e] Jes 2,1–4

446 Weil uns Heutigen das Sabbatgebot entglitten ist und die Ausleger geneigt sind, solche Äußerungen dem Jeremia abzusprechen, weil sie darin einen Sprung in seiner Verkündigung sehen, soll an dieser Stelle K. Barth (Kirchliche Dogmatik III,1, S. 257) zu Wort kommen, der über jene Ursünde des Menschen sagt: ». . . Sabbatschändung (ist menschliche) Feindschaft gegen Gottes Gnade.« Und vorher (S. 243): »Die andere Auszeichnung Gottes, die in dieser Ruhe des siebenten Tages sichtbar wird, besteht darin, daß sie seine Liebe offenbart. Ein Weltprinzip ohne solche Grenze seiner Schöpfertätigkeit wäre im Unterschied zu Gott ein liebloses Wesen: nirgends Halt machend, bei keinem Geschöpf verweilend, an keinem sich genügen lassend, in unendlicher Folge immer wieder andere Wesen außer sich setzend. Es würde, scheinbar ein Ozean von Liebe, in Wirklichkeit gar nicht lieben, sondern in allen möglichen Gegenständen seiner Liebe vorbei, grundsätzlich seinem eigenen Schatten nachzujagen verdammt sein. Liebe hat einen bestimmten, begrenzten Gegenstand. Liebe ist ein durch einen solchen Gegenstand selber begrenztes und bestimmtes Verhalten. So liebt Gott. Und darum der siebente Tag, an dem er absieht und absteht von weiteren Werken: Er hat den Gegenstand seiner Liebe gefunden und bedarf keiner weiteren Werke. Seine in dieser Ruhe offenbarte Liebe ist das andere Merkmal der wahren Gottheit des Schöpfers.« – Wir merken, daß die Betonung der Liebe Gottes, die hier durch K. Barth angezeigt wird, durchaus zu dem paßt, was wir (vgl. Kap. 2) von der Ehe Gottes mit seinem Volke gesagt haben. Wer den Tag des Herrn heiligt, hat die Liebe Gottes ernst genommen!

447 Daß solche Feiertagsheiligung die Quelle ist für eine neue »soziale Gerechtigkeit« in der Gemeinde (und dann der Welt), wodurch sogar Draußenstehende für Gott gewonnen werden, beweist Jes 56,1–8. R. Bohren (Prophet in dürftiger Zeit, 1969, 16) zitiert in einer Predigt über Jes 56,1–8 E. Rosenstock-Huessy: »Immer, wenn sich das Christentum von den Toten erhebt, beginnt es mit einer neuen Form des Sonntags.«

Der Bundesgott ist der souveräne Schöpfergott: 18,1–12

a 19,1.3
b Rö 9,20.21
c Jes 29,16
45,9
d 1,10
42,10
e Hes 18,21–24
Jes 55,7
Jer 26,3
f 1Mo 6,6
4Mo 14,22.23
g 2,25
7,24

**1/2 Das Wort, das an Jeremia durch Jahwe erging: * Auf, gehe hinab
in das Haus des Töpfers, und dort will ich dich meine Worte hören
3 lassen[a]! * Da stieg ich hinab in das Haus des Töpfers; und siehe,
er war gerade mit seiner Arbeit an der steinernen Töpferscheibe
4 beschäftigt[448]. * Und wenn ihm das Gefäß mißriet[449], das er aus
Ton machte mit seiner Hand, dann formte er noch einmal ein an-
deres Gefäß, wie es den Augen des Töpfers gerade gefiel[b] – und er
5/6 tat es so[450]. * Da erging das Wort Jahwes an mich: * Kann ich nicht
ebenso wie dieser Töpfer mit euch verfahren, Haus Israel – Aus-
spruch Jahwes? Siehe, wie der Ton in des Töpfers Hand, so seid
7 ihr in meiner Hand, Haus Israel[c]. – * Plötzlich rede ich gegen ein
Volk und gegen ein Königreich, daß ich es ausrotten und nieder-
8 reißen und zugrunderichten will[d]. * Wenn aber dieses Heidenvolk
umkehrt von seiner Bosheit, gegen die ich geredet habe, dann ge-
9 reut mich des Unheils, das ich ihm anzutun gedachte[e]. * Und
plötzlich rede ich über ein Heidenvolk und über ein Königreich,
10 daß ich es aufbauen und einpflanzen will. * Aber wenn es das in
meinen Augen Böse tut und nicht auf meine Stimme hört, dann
gereut mich das Gute, das ich ihm anzutun versprochen hatte[f]. –
11 * Und nun sage zu den Männern Judas und den Bewohnern Jerusa-
lems: So spricht Jahwe: Siehe, ich bringe[450] Unheil über euch und
schmiede einen Plan gegen euch. Es kehre doch ein jeder von sei-
nem bösen Wege um. Bessert euren Wandel[451] und eure Taten!
12 * Aber sie werden sagen: Vergeblich! denn nach unseren eigenen
Plänen werden wir gehen[g] – und ein jeder nach dem Starrsinn
seines bösen Herzens handeln[452].**

Überblick

Das Wort Gottes an Jeremia, das er verkündigen soll, verbindet sich hier mit einer bestimmten Handlung (vgl. 13,1–11), so daß Wort und Handlung eine Einheit bilden; denn die Handlung als solche ist

[448] d. h. wie Töpfer es zu tun pflegen.
[449] w.: verdarb.
[450] w.: ich schaffe Unheil. Hier steht das gleiche hebr. Wort wie in V. 4, wo vom Töpfer geredet wird!
[451] w.: Wege.
[452] In den Versen 7–10 haben wir im gegensätzlichen Parallelismus eine Ausweitung dieses Grundsatzes des freien göttlichen Handelns ins Allgemeine. Etwas abwertend bezeichnet G. v. Rad (Theol. d. AT II, 206) diese Redeweise als »fiktive (= gedachte) Modellfälle«, die er

stumm, so daß G. v. Rad mit Recht fragt (Theol. d. AT II, S. 105): »Scheinen die Zeichenhandlungen nicht gelegentlich mehr zu verhüllen als zu offenbaren?« Sinn dieser Zeichenhandlung ist:

– Das Kommende schon im voraus darzustellen, indem statt des ganzen Volkes ein Gegenstand etwas erleidet, um deutlich zu machen: So wird es ganz bestimmt euch auch ergehen!
– Um den Propheten selbst nicht nur in seinem Wort, sondern in seinem Handeln ganz in den Dienst Gottes zu nehmen. Von hier aus geht dann eine Linie zu den anderen Widerfahrnissen im Leben des Gottesboten, wobei die Existenz des Boten selbst zum Zeichen wird, etwa die Ehe des Propheten Hosea (Hos 1–3) oder auch die Kinder des Propheten Jesaja (Jes 8,1–4).

Sinn der Zeichenhandlung ist also nicht so sehr ein pädagogisches Anliegen, daß die Hörer durch die sinnenfällige Handlung etwas Bestimmtes lernen. Die Zeichenhandlungen gehören in die Phase der Verkündigung Jeremias hinein, in welcher keine Umkehr des Volkes mehr möglich ist. – Erst der Gottesknecht in Jes 53 ist innerhalb dieser Linie ein Schlußpunkt (wodurch er direkt bis in das Neue Testament hineinreicht), indem er das kommende Gericht durch sein Leiden auf sich nimmt und es nicht nur in die Gegenwart hineinzieht, wie es die Zeichenhandlungen seiner Vorgänger taten. (Weiteres zu den Zeichenhandlungen vgl. Kap. 19).

Obwohl ein Mensch, der mit Gott lebt und in einer ständigen Gebets- **1–12**
haltung ist, viele Dinge des Lebens zeichenhaft (d.h. einen Zusammenhang zwischen dem Wort Gottes und dem Gegenstand, der gerade ins Auge fällt) sieht, bedeutet dies nicht, daß das Gotteswort an

wegen ihrer Allgemeingültigkeit Jeremia abzusprechen vorschlägt. Die auffällige Gese mäßigkeit (wenn du dich bekehrst, vergibt dir Gott, und umgekehrt) empfindet er als ei »Gesetzlichkeit«, die im Widerstreit mit der »Freiheit im Walten Jahwes« stehen soll. . doch entdecken wir in der Bibel immer wieder, daß zwischen Gottes Freiheit einerseits u dem Verhalten des Menschen andererseits, wobei ein bestimmtes Verhalten auch l stimmte göttliche Reaktionsweisen nach sich zieht, kein Gegensatz besteht. – Weiter fül hier W. Zimmerli (Die Eigenart der proph. Rede des Ezechiel, ThB 19, 171), der an Hesek nachweist, daß ein Prophet sich auch sakralrechtlicher Redeweisen (. . . wenn . . . dann . . ., bedienen kann. Was er über Hesekiel sagt, kann man an dieser Stelle auch über Jeremia sagen: »Von dieser Beheimatung Ezechiels im sakralen Recht her erklärt sich die immer wieder feststellbare Neigung dieses Propheten zu kasuistischer (= die einzelnen, verschiedenen Fälle beachtende) Entfaltung seiner Verkündigung.« Es werden also die verschiedenen Möglichkeiten erwogen, die der Mensch vor Gott haben kann (vgl. hierzu sehr anschaulich: Hes 3,17-21; 33,12–19, wobei im Unterschied zu Jeremia die Verantwortung des Hesekiel zur Sprache kommt). – Erstaunlich in unserem Zusammenhang ist ferner, daß Jeremia diese sakralrechtliche Redeweise nicht auf sein Volk begrenzt, sondern auf die Völkerwelt ausweitet (was ja auch seinem ursprünglichen Auftrag entspricht, 1,10). Die Völker werden also nach dem gleichen Maßstab – im Negativen wie im Positiven – gemessen wie Israel!

Jeremia so zustandekam, daß Jeremia es gleichsam herausspann aus einem nachdenklichen Zusehen in einer Töpferwerkstatt. Am Anfang steht ein Befehl Gottes: **»Auf! gehe hinab in das Haus des Töpfers, und dort will ich dich meine Worte hören lassen!«** Jeremia ist nicht Produzent, sondern immer Empfänger des Gotteswortes. – Zu diesem Abschnitt sagt C. Westermann (N): »Vergleichen wir die Gleichnishandlung 18,1–12 mit den anderen Gleichnishandlungen Jeremias, so liegt ihre Eigentümlichkeit darin, daß nicht Jeremia der Ausführende ist! – Das Mißraten eines Gefäßes (V. 4) ist nicht so zu verstehen, daß der Meister einen völlig unbrauchbaren Gegenstand auf einmal unter seinen Händen sieht – wie könnte das einem solchen Fachmann geschehen! – sondern daß das Gefäß zwar durchaus brauchbar ist, aber eben nicht seinen Vorstellungen entspricht! Darum liegt auch der Nachdruck dieser Szene gar nicht auf dem Gefäß, sondern einzig auf dem Meister und der Tatsache, daß er allein entscheidet (für Jeremia nicht durchschaubar), wann er ein Gefäß von der Töpferscheibe nimmt und zum Trocknen bzw. Brennen beiseite stellt.«

Der Gott, der mit Israel einen Bund geschlossen hat, zeigt sich hier als der souveräne Schöpfergott. Man kann nicht einfach sagen, dieser Abschnitt wolle darlegen, daß Gott eben für alle Menschen der Schöpfer ist und mit allen Menschen nach seinem Willen verfährt, vielmehr: Der Bundesgott ist der Schöpfergott, der mit seinen Bundesgenossen souverän umgeht und sie auch verwerfen kann. – Dieser Gott ist der Gott »von ferne her«, während der Gott der falschen Propheten der Gott »aus der Nähe« ist, d.h., der Gott, dessen Devise lautet: »son métier est de pardonner«[453][h]. – Der Vers 12 zusammengenommen mit Vers 4 ergibt, daß Gottes Gericht kein willkürliches Handeln, sondern vom Menschen verschuldet ist.

[h] 23,23

Schlimmer als alle anderen Völker: 18,13–17

[a] 2,10–12; 5,30

13 Darum spricht Jahwe: Erkundigt euch doch bei den Heidenvöl-
kern, ob jemals einer so etwas wie dieses gehört hat[a]! Etwas sehr
14 Gräßliches hat die Jungfrau Israel getan. * Geht etwa[454] von dem

[453] »Sein Handwerk ist es, zu vergeben« (Voltaire, franz. Rationalist). – Darum ist es wichtig, daß Paulus im Römer-Brief die Fülle der Gnade Gottes, die er bis zum Kapitel 8 darlegte, schützt vor Mißbrauch, indem er in Kapitel 9–11 die Souveränität des Schöpfergottes darlegt und seine Vollmacht zum Gerichtshandeln.

[454] w.: verläßt.

hochragenden[455] Fels des Libanon[456] der Schnee jemals weg?
Oder versiegen jemals die weit herkommenden[457] Wasser, die
15 **kühl dahinfließen? * Aber mich hat mein Volk verlassen, den**
nichtigen Götzen[458] bringen sie Rauchopfer dar[b]. Diese haben
sie[459] auf ihren Wegen straucheln lassen, auf den Pfaden, (die ih-
nen) **von alters her** (geboten waren). **Sie gingen einen Pfad, einen**
16 **Weg, der nicht eben[460] ist. * Darum wurde ihr Land zu einem**
Schreckbild, zu einem Spott[461]; jeder, der vorüberzieht, entsetzt
17 **sich und schüttelt sein Haupt[c]. * Wie der Ostwind werde ich sie**
zerstreuen vor dem Angesicht ihrer Feinde; den Rücken, nicht das
Angesicht, werde ich sie sehen lassen am Tage ihres endgültigen
Unglücks[d].

b 2,13.32; 6,16; Jes 57,14
c 19,8; Klgl 2,15.16
d Spr 1,24–31; Jer 2,27; 13,24

13–17 Nach C. Westermann (N) gehört dieser Abschnitt zu den Klagen Gottes, von denen er sagt: »Die Klagen Gottes gehören nahe zu den Gerichtsworten (bes. 18,13–17). In V. 13–15 stellt Gott Fragen, weil es für ihn unfaßlich ist, daß sein Volk ihn verlassen hat. Dieser Ton ist uns von 2,1–13 her bekannt. Danach wäre dieser Abschnitt dem frühen Jeremia zuzuordnen.

Rachewünsche eines Gequälten: 18,18–23

18 **Sie sagen: Auf! laßt uns einen Anschlag gegen Jeremia aushek-**
ken! – Denn nicht hat die Weisung aus dem (Munde) **des Priesters**
aufgehört[462], noch der Rat aus dem (Munde) **des Weisen, noch das**
Wort aus dem (Munde) **des Propheten. Auf! laßt uns ihn mit sei-**
ner eigenen Zunge schlagen, und laßt uns aufpassen auf alle seine
19 **Worte[a]! – * Passe auf mich auf, Jahwe, und höre auf die Worte de-**
20 **rer, die gegen mich streiten! * Vergilt man etwa Gutes mit Bösem?**

a Ps 35,15.16; Jer 9,3.8; 11,19; 15,10; Mal 2,7

455 d. i. Gipfel; »hochragend« ist ein Übers.-Vorschlag; der hebr. Text ist unsicher.
456 w.: Berg Hermon.
457 w.: fremden.
458 w. umsonst.
459 d. h. mein Volk.
460 w.: der nicht aufgeschüttet ist.
461 w.: zu einem Pfeifen, das die Dämonen abwehrt; o.: zu einem Hohngelächter, durch das man die Dämonen zu vertreiben suchte. Wenn man nämlich an verwüsteten Stätten oder Siedlungen vorbeikam, glaubte man dort Dämonen der Verwüstung anwesend, vor denen man sich fürchtete. Das hebr. Wort ›scharak‹ bzw. ›schereka‹ kommt im Jeremia-Buch an folgenden Stellen vor: 18,16; 19,8; 25,9.18; 29,18; 49,17; 50,13; 51,37. Es ist dort ein Parallel-Begriff zu »Verwüstung«, »Einöde« usw. geworden.
462 w.: nicht ist untergegangen.

– denn sie haben mir eine Grube gegraben! Gedenke, wie ich vor
deinem Angesicht gestanden habe, um für sie Gutes zu erwirken,
21 um deinen Zorn von ihnen abzuwenden[b]! * Darum gib ihre Söhne
dem Hunger preis und überliefere sie der Gewalt[463] des Schwer-
tes. Ihre Frauen sollen kinderlos und zu Witwen werden[c]. Ihre
Männer sollen von der Pest getötet werden; ihre Jünglinge sollen
22 vom Schwert im Kampf erschlagen werden. * Geschrei möge man
hören aus ihren Häusern, wenn über sie eine Kriegsschar plötz-
lich kommt. Denn sie haben eine Grube gegraben, um mich zu
23 fangen, ein Klappnetz haben sie versteckt für meine Füße[d]. * Aber
du, Jahwe, kennst alle ihre Anschläge, mich zu töten. Bedecke ih-
nen ihren Frevel nicht, und ihre Sünde werde von deinem Ange-
sicht nicht weggewischt[e]! Ihr Straucheln sei vor deinem Ange-
sicht, zur Zeit deines Zornes gehe gegen sie vor!

[b] 7,16 11,14 14,11
[c] Ps 109,9.10
[d] Ps 7,16 9,16 35,8 57,7 Jer 38,1–13
[e] Ps 109,14.15

18–23 Jeremia hat einen konkreten Anlaß für seine Klage. Anders als im Falle der offenen Feindschaft seiner Verwandten aus Anathoth (11,18–23) soll er diesmal durch das Belauern seiner Äußerungen überführt werden (vgl. das Vorhaben der Juden gegen Jesus in ähnlicher Weise, Mt 22,15). C. Westermann (N): »Man bemüht sich um das Vertrauen Jeremias, sucht ihn zu gefährlichen Äußerungen zu provozieren und setzt Spitzel an.« – Volltönend erklingt in diesem Zusammenhang der Satz: **»Denn nicht hat die Weisung aus dem Munde des Priesters aufgehört noch der Rat aus dem Munde des Weisen noch das Wort aus dem Munde des Propheten.«** Das bedeutet wohl: Alle unsere von Gott für das geistliche Leben eingesetzten Institutionen funktionieren doch! Was bedürfen wir dieses Irren?! – Wie nebenbei wird in V. 18 von einem dreifach gegliederten geistlichen Stand in Israel geredet:
– der Priester mit seiner Weisung;
– der Weise mit seinem Rat;
– der Prophet mit seinem Wort.

18 Der Weise wird gewöhnlich vom Bibelleser übersehen. W. Zimmerli[464] sagt, daß die Weisen vielfach mit den politischen Ratgebern identisch waren (wie 2 Sam 17,14) und das Amt des Schreibers mit ihrem Ratgeben verbanden. Daneben sind auch Könige sehr oft als Weise bezeichnet worden, z. B. Salomo. Ihr Rat ist Gottesgabe, genau wie das, was die beiden anderen Stände tun. Wichtig ist, »daß der ›Weise‹ im AT nicht der ›Philosoph‹ oder spekulative Theoretiker über Welt und Mensch ist«. Die Sprüche des Weisen bleiben »praxis-

[463] w.: Hand.
[464] Grundriß der alttestamentlichen Theologie, 1972, 92.

bezogen und der praktischen Meisterung des Lebens zugeordnet«. –
Solch ein Vorhaben wird normalerweise den Betroffenen ebenfalls 19
zu einem Lauernden machen. Ständig muß er auf sich aufpassen, was
auf die Dauer sehr ermüdet. Da bricht es aus Jeremia heraus: ich kann
nicht aufpassen auf mich; gib du, Gott, acht auf mich, **»passe du auf
mich auf«** (V. 19). Dann fährt Jeremia fort, wie es ihn die gottes-
dienstlichen Psalmen gelehrt haben (vgl. Ps 31,5.6 und die Ausfüh-
rungen zu den Rachewünschen Jeremias, 11,20).

Zerbruch auf der ganzen Linie: 19,1–20,6

1 **So spricht Jahwe: Geh! Kaufe dir einen aus Ton gefertigten Krug**
und (nimm mit dir einige) von den Ältesten des Volkes und von
2 **den Ältesten der Priester * und gehe hinaus zum Tal Ben-Hin-**
nom, das am Eingang des Scherben-Tores liegt, und verkündige
3 **dort die Worte, die ich zu dir reden werde[a]. * Und du sollst sagen:** [a] 7,29–8,3 18,2
Hört das Wort Jahwes, ihr Könige Judas und ihr Bewohner Jeru- [b] 7,20
salems! So spricht Jahwe Zebaoth, der Gott Israels: Siehe, ich [c] 5Mo 32,17
führe Unheil herbei gegen diesen Ort[b], so daß davon jedem, der es Jer 1,16 2,13.34
4 **hört, seine Ohren gellen werden. * Weil sie mich verlassen und** [d] 7,31–33
(mir) diesen Ort entfremdet und anderen Göttern geräuchert ha- 32,35
ben[c], die sie doch nicht kennen – weder sie noch ihre Väter noch
die Könige Judas – und sie diesen Ort mit dem Blut Unschuldiger
5 **angefüllt haben; * – denn sie bauten Baals-Höhen, um ihre Söhne**
dem Baal als Brandopfer mit Feuer zu verbrennen[d], was ich ihnen
nicht geboten habe, was ich nicht geredet noch in meinem Herzen
gedacht habe[465].
6 *** Darum siehe, es kommen Tage – Ausspruch Jahwes –, da wird**
man diese Stätte nicht mehr Topheth[466] und Tal Ben-Hinnom
7 **nennen, sondern Mord-Tal[e]. * Ich will die Klugheit Judas und Je-** [e] 7,32
rusalems ausleeren[467] an diesem Ort und sie durch das Schwert

[465] w.: was aufgestiegen ist zu meinem Herzen.
[466] d. h. Feuerstätte.
[467] Wie der Krug leer ist, bevor er zum Zeichen für das Gericht Gottes an seinem Volke zerschmettert wird, so ist auch jegliche geistliche Substanz aus den Herzen der Verantwortlichen in Jerusalem »ausgegossen«; die Ähnlichkeit der hebr. Worte für ausleeren ›baqaq‹ und für Krug ›baqbaq‹ legen diese Gedankenverbindung nahe. – Die kritische Bibelerklärung sieht in unserem Abschnitt zwei ursprünglich selbständige Erzählungen, einen Strang, der die Verse 19,1.2b.c.10.11a.14.15; 20,1–6 umfaßt, und einen zweiten Erzählstrang, der die Verse 19,2a.3–9.11b–13 umfaßt. Die erste Erzählung umfasse das Zerbrechen des Kruges am Scherbentor unter Zeugen, die zweite dagegen nur eine Rede, die am Topheth gehal-

fallen lassen vor ihren Feinden und durch die Hand derer, die ih-
nen nach dem Leben trachten. Ihre Leichname will ich den Vögeln
8 des Himmels und den Tieren des Feldes zum Fraße geben. * Ich
will diese Stadt zum Entsetzen machen und zum Spott[468] für jeden,
[f] 18,16; 49,17; Klgl 2,15; Zeph 2,15
der vorüberzieht; er wird zischen[468] über allen ihren Plagen[f].
9 * Und ich werde sie fressen lassen das Fleisch ihrer Söhne und ihrer
Töchter. Einer wird das Fleisch seines Nächsten essen[g] während
[g] 5Mo 28,53–57; Klgl 2,20
der Belagerung und der Drangsal, wozu sie ihre Feinde drängen,
die ihnen nach dem Leben trachten.
10 * Und du sollst den Krug vor den Augen der Männer, die mit dir
11 gegangen sind, zerbrechen. * Du sollst ihnen sagen: So spricht
Jahwe Zebaoth: Ebenso will ich dieses Volk und diese Stadt zer-
brechen, wie man ein Töpfergeschirr zerbricht, das man nicht
mehr ganz machen kann. – Im Topheth wird man begraben, weil
[h] 7,32
12 sonst kein Begräbnisplatz vorhanden ist[h]. * So werde ich mit die-
ser Stätte verfahren – Ausspruch Jahwes –, und mit ihren Bewoh-
13 nern und will diese Stadt dem Topheth gleichmachen. * Und die
Häuser Jerusalems und die Häuser der Könige Judas werden ver-
unreinigt werden wie die Stätte des Topheth, und zwar (gilt das)
für alle Häuser, auf deren Dächern dem ganzen Himmelsheer ge-
räuchert wurde und anderen Göttern Trankopfer vergossen wur-
den.
14 * Jeremia kam von Topheth, wohin ihn Jahwe gesandt hatte, um
dort zu weissagen, und stellte sich in den Vorhof des Hauses Jah-
[i] 26,2
[k] 7,26; 17,23
15 wes[i] und sprach zum ganzen Volk: * So spricht Jahwe Zebaoth,
der Gott Israels: Siehe, ich werde jetzt über diese Stadt und alle
ihre Städte[469] all das Unheil kommen lassen, welches ich über sie
ausgesprochen habe. Denn sie haben ihren Nacken steif gemacht
und hören nicht auf meine Worte[k]. –
20,1 * Da hörte der Priester Paschhur, der Sohn des Immer, der
Oberaufseher im Hause Jahwes, wie Jeremia diese Worte weis-
[l] 26,8; 29,26; 37,12; Apg 16,23.24; Hebr 11,36
2 sagte. * Und Paschhur ließ den Propheten Jeremia schlagen und
tat ihn in den Block[l] im Tore Benjamin – dem oberen (Tor) –, am
3 Hause Jahwes. – * Am anderen Morgen entließ Paschhur Jeremia
aus dem Block. Da sagte Jeremia zu ihm: Nicht Paschhur nennt

ten worden sei, gerichtet an den König und die Jerusalemer Bürgerschaft (Zum ›Topheth‹ vgl. 7,31–33). Weil man die erste Erzählung nicht mit V. 11a abschließen will, muß man in V. 14 »vom Topheth« in »vom Tor« ändern. Wenn Paschhur, der Tempelaufseher, Jeremia sofort verhaftet, dann doch nur, weil jene Zeichenhandlung so drastisch war. Er wird von ihr wahrscheinlich sogleich gehört haben, und erst diese Nachricht verbunden mit der Gerichtsaussage in V. 15 werden ihn bewogen haben, Jeremia zu verhaften.

[468] Vgl. Anm. zu 18,16.

[469] d. h. die Vororte Jerusalems.

4 **dich Jahwe, sondern »Grauen-ringsum«[m]. * Denn so spricht Jah-**
we: Siehe, ich mache dich zum Grauen für dich und alle deine
Freunde[470]. Sie werden fallen durch das Schwert ihrer Feinde,
und deine Augen werden es mit ansehen. Und ganz Juda gebe ich
in die Hand des Königs von Babel; der wird sie nach Babel in die
Gefangenschaft führen und wird sie mit dem Schwert erschlagen.
5 *** Ich will alle Vorräte dieser Stadt, all ihren Besitz[471], alle ihre**
Kostbarkeiten und alle Schätze der Könige Judas in die Hand ih-
rer Feinde geben; die werden sie ausrauben und nehmen und
6 **nach Babel führen[n]. * Und du, Paschhur, und alle Bewohner dei-**
nes Hauses, ihr werdet nach Babel in die Gefangenschaft wan-
dern müssen, ja, nach Babel mußt du gehen; dort wirst du sterben
und begraben werden, du und alle deine Freunde, denen du
Drang geweissagt hast[472o].

[m] 6,25
46,5
[n] 2Kö 24,12–16
[o] 14,13.14
28,15

Überblick

In diesem Abschnitt erinnert manches an 18,1–12. Befaßte sich dort das Gotteswort mit dem weichen Ton, den der Töpfer zu Gefäßen seiner Wahl formte, so ist es hier das fertige Tongefäß, mit dem nach Gottes Wort etwas geschehen soll. Dort ist Gott der, dem – im übertragenen Sinn – die Gefäße gehören, und Jeremia ist nur Zuschauer, hier dagegen ist Jeremia Käufer eines Tongefäßes. »Das Gesagte verwirklicht sich: Mit dem Aussprechen der Ankündigung beginnt diese, wirklich zu werden ... In dem Augenblick des Zerschellens des Kruges setzt die Zerstörung von Jerusalem ein, auch wenn äußerlich gar nichts geschieht« – C. Westermann (N). – Oft ist es so, daß zwischen Ankündigung des göttlichen Handelns und seinem Eintreffen eine lange Zeit vergeht; das ist eine Zeit des Harrens, des Glaubens, aber auch eine Zeit der Anfechtung und des Zweifels für den Propheten. Die Zeichenhandlung »verkürzt« die Distanz zwischen Ankündigung und Erfüllung, um dem, der zweifelt oder lacht, die Realität des kommenden Gerichtes zu demonstrieren; ja noch mehr, um das kommende Gericht jetzt schon Gegenwart werden zu lassen.

Mit dem zerbrochenen Krug fängt das Gericht an Juda bereits an. Die Vertreter des Volkes und des geistlichen Standes müssen sehen: **19,1–13**

[470] w.: alle, die dich lieben.
[471] w.: all ihre Mühe.
[472] Aus diesem Grund nennt in V. 1 die alte griech. Übersetzung, die Septuaginta, ihn nicht Priester, sondern »Pseudo-Prophet«.

– Israel kann kein brauchbares Gefäß mehr für Gott sein;
– Es gibt keine Möglichkeit des Ganzwerdens mehr (wie man durch Einsammeln von Scherben und deren Zusammenkleben kein brauchbares Gefäß mehr gewinnt).

Die Verse 11b–13 knüpfen an die Verse 3–9 an: Der Platz, an welchem Götzendienst geübt wurde, wird entweiht, indem er zur Begräbnisstätte wird. Aber nicht allein das; Jerusalem selbst wird zur Begräbnisstätte werden, d. h., nach alttestamentlichem Glauben verunreinigt, und zwar nicht nur Menschen, sondern auch Häuser, weil diese auf ihren flachen Dächern die Möglichkeit zum Räucherdienst für das Himmelsheer geboten hatten[473]. Jeremia erweist sich hier wieder als Priestersohn, der die Verunreinigung durch Leichenberührung kannte.

20,1–6 Ähnlich wie in Kap. 26 mit dem dazugehörenden Kap. 7 wird hier eine Auseinandersetzung mit der Tempelbehörde geschildert, deren Verantwortlicher dafür zu sorgen hatte,
– daß es kein Durcheinander der Tempelbesucher wegen eines Prophetenwortes gab; denn Propheten gab es damals in Jerusalem sehr viele (vgl. 1,2);
– daß bei allem gottesdienstlichen Geschehen Ruhe und Ordnung bewahrt bliebe.

Es ist nicht anzunehmen, daß dieser Beamte aufgrund eines tieferen Erschreckens vor den Jeremia-Worten gegen diesen vorging, sondern wegen seiner Furcht vor Tumult aufgrund der Zeichenhandlung, deren Eindrücklichkeit sich wohl gleich herumgesprochen hatte. Vielleicht ging die Verhaftung auch von den Leuten aus, die die eigentlichen Gegner Jeremias waren[474], die aber für die Nadelstiche gegen ihn ihre Leute arbeiten ließen[475]. – Im Gegensatz zu 20,1–6 hören wir Apg 16,16ff von der Bekehrung des Kerkeraufsehers. Weil das Evangelium schrankenlos ist und Kraft hat, auch die Diener der Bosheit zu gewinnen, bekommen im Neuen Testament die Werkzeuge des Unrechtes eine neue Chance. Paschhur hingegen hat keine Chance mehr umzukehren –, ebensowenig wie Juda.

3 Nach der Einsperrung in den Block (man erfährt hier und auch am anderen Morgen nicht, was Jeremia für Gefühle gehabt hat, bis diese dann in dem heftigen Klagelied 20,7ff losbrechen) setzt Jeremia das risikoreiche und konsequente Verhalten vom Vortage fort. Der Name des Paschhur soll geändert werden in »Grauen-ringsum«. Das ist ein

[473] Vgl. dazu schon 16,4–6.
[474] Vgl. dazu 11,18–23.
[475] Vgl. die Ähnlichkeit mit Apg 16,16ff; zur Kühnheit der Gottesboten nach der Freilassung – wie Jeremia hier! – vgl. Apg 4,19f.

Schreckensruf, den man in Kriegsnot immer wieder hören konnte. Die Namensänderung dieses Kerkermeisters ist ebenfalls eine Art Zeichenhandlung, allerdings nicht so sinnenfällig wie das Zertrümmern des Kruges. Es geht hier nicht um eine besondere Verschuldung Paschhurs gegen Gott und gegen Jeremia. Er ist nur ein herausgegriffenes Beispiel für das, was alle treffen wird. Die Unheilsweissagung verdichtet sich, indem Babel als Verbannungsort für ihn genannt wird. Zwar wird noch nicht die Tempelzerstörung angekündigt, wohl aber – und das war für die Priester schlimm genug – die Plünderung des Tempelschatzes.

Lust und Last des Prophetenamtes: 20,7–18

7 **Du hast mich beschwatzt[476], Jahwe, und ich habe mich beschwat-**
zen lassen[a]; du hast mich überwältigt[477] und bist Sieger geblie-
ben. (Darüber) bin ich zum Gelächter geworden den ganzen Tag;
8 **alle verspotten mich. * Denn so oft ich rede, muß ich (zugleich)**
aufschreien: »Unrecht und Gewalttat« muß ich rufen. Das Wort
Jahwes ist mir zur Schande und zum Spott geworden den ganzen
9 **Tag[b]. – * Da sagte ich (mir): Ich will nicht mehr daran denken und**
will nicht mehr in seinem Namen reden. Doch da wurde es in mei-
nem Herzen wie brennendes Feuer, eingeschlossen in meinem
Gebein[c]. Ich bin müde, es auszuhalten. Ich kann nicht mehr!
10 *** Denn ich hörte das Tuscheln von vielen – Grauen ringsum[d]! –:**
»Zeigt ihn an! Wir wollen ihn anzeigen!« Alle meine Freunde[478]
warten auf mein Straucheln. »Vielleicht kann er beschwatzt wer-
den; dann können wir ihn überwältigen und nehmen Rache an
11 **ihm![e]« – * Aber Jahwe ist mit mir wie ein gewaltiger Held; darum**
werden meine Verfolger straucheln und nichts ausrichten[479]; sie
werden sich sehr schämen müssen, denn sie werden (mich) nicht
zu Fall bringen[f]: Eine ewigwährende Schande, die man nicht ver-
12 **gißt. * Du aber Jahwe-Zebaoth, der den Gerechten prüft, der Nie-**
ren und Herz sieht: Ich will deine Rache an ihnen sehen, denn dir
13 **habe ich meine Sache anheimgestellt[480g]. – * Lobsinget Jahwe,**
preiset Jahwe, denn er reißt das Leben des Armen aus der Hand
der Übeltäter.

[a] 1,6.7.17; 20,9
[b] 6,7.10
[c] 23,29; Hi 32,19.20; Ps 39,4; Apg 4,20
[d] 6,25; Ps 31,14
[e] Ps 41,6
[f] Ps 109,29; Jer 1,8; 15,20; 17,18; 23,40
[g] 11,20

[476] o. betört.
[477] o. gepackt.
[478] w.: jeder Mann meines Friedens.
[479] o. nichts können. Hier steht im Hebr. das gleiche Wort wie in V. 9, wo Jeremia sagt: Ich kann nicht mehr.
[480] w.: dir habe ich meinen Rechtsstreit enthüllt.

[h] Hi 3,1–10
10,18
Jer 15,10
[i] 1Mo 19,24.25
Jes 13,19
Jer 18,22

14 * Verflucht sei der Tag, an dem ich geboren wurde; der Tag, an
15 dem mich meine Mutter gebar, sei nicht gesegnet![h] * Verflucht sei
der Mann, der die gute Nachricht meinem Vater verkündete[481]:
Dir ist ein Sohn geboren, und der ihm dadurch große Freude be-
16 reitete! * Es ergehe diesem Mann wie den Städten, die Jahwe in
Trümmer legte[482] und an ihnen kein Erbarmen erwies. Er soll am
Morgen Schreie hören, Lärmzeichen (von Feindeinfall) **am Mit-**
17 tag[i]. * Weil (Jahwe) **mich nicht sterben ließ im[483] Mutterleib, so**
daß meine Mutter mir zu meinem Grab geworden wäre, und der
18 Mutterleib für immer schwanger geblieben wäre! * Warum nur
bin ich aus dem Mutterleib hervorgekommen? Nur um Mühsal
und Kummer zu sehen und um in Schande meine Tage zu enden?

Überblick

Während uns Jeremia in dem Gespräch mit Paschhur innerlich unbeteiligt vorkommt und nur als Beauftragter seines Gottes redet, bricht hier auf einmal die ganze innere Anspannung durch, die die Episode mit Paschhur mit sich brachte. Nun wird die andere Seite des prophetischen Lebens sichtbar; nicht allein die innere Beteiligung an der Ausführung seines prophetischen Auftrages wird jetzt deutlich, sondern gerade das Unvermögen, diesen Gottesauftrag körperlich und seelisch durchzuhalten. Angesichts des Ausbleibens des angekündigten Gerichtes stellt sich Jeremia die Frage: Wie bin ich eigentlich zu diesem unmöglichen Dienst gekommen? Er gibt in V. 7 die Antwort. Ein Zweifaches ist zu erkennen, scheinbar widersprüchlich, aber doch zusammengehörend, entsprechend der Erkenntnis, daß Gott sowohl Freund als auch Herr ist:

7 – du hast mich beschwatzt (= betört, wie wenn ein junger Mann ein Mädchen verführen will und es darum mit Worten betört);
– du hast mich überwältigt (= gepackt; du hast mit mir gekämpft).

In dieser doppelten Weise ist Jeremia an Gott gebunden. Er kann nicht weglaufen, nicht nur weil Gott stärker ist als er, sondern weil Gott Jeremias Herz immer wieder in seinen Bann zieht! – Aber auf seine Zeitgenossen hat dies keinen Eindruck gemacht. Es ist sein Schmerz, daß die anderen mit oberflächlichem Gelächter über seine

481 Hier steht im Hebr. ein Wort, das auch gebraucht wird, um eine gute Nachricht über Gottes Heilshandeln weiterzugeben (entspricht etwa in unserer Sprache dem Wort »evangelisieren«, vgl. Jes 52,7 = Rö 10,15).
482 w.: umwendete.
483 So nach alten Übers. Im Hebr. heißt es: »Von Mutterleib an«, d.h. gleich nach der Geburt.

Botschaft hinweggehen, während Jeremia selbst ihr nicht auswei-
chen kann. Auch die Gerichtsankündigung (V. 8) ist das Gotteswort, 8
von dem Jeremia lebt. Wenn es auch ein schreckliches Wort ist, so ist es doch ein Wort des lebendigen Gottes. Und von dem Reden Gottes – und sei es ein Reden zum Gericht – lebt der Prophet.

V. 9 blickt zurück auf einen immer wieder (**»so oft«**) gescheiterten 9
Versuch Jeremias. **»Da sagte ich mir: Ich will nicht mehr daran denken.«** Doch das rumorende Feuer in seinem Inneren ist die Wirkung des Redens Gottes. Jedes willentliche Unterdrücken und Beiseiteschieben des Gotteswortes – und sei es nur ein zaghafter Versuch – bringt als Gegenschlag ein um so heftigeres Aufbegehren dieses Gotteswortes im Inneren des Propheten mit sich. – Eine interessante Parallele zu 20,9 haben wir in Ps 32,3.4: »Da ich's verschwieg (gemeint ist die Sünde), zerfiel mein Gebein ob meines unablässigen Stöhnens . . .« Bei beiden Betern bewirkt das Verschweigen eine Verschlimmerung ihres Zustandes. Während es beim Psalmisten aber die Schuld ist, ist es bei Jeremia das Gotteswort, das ihn innerlich zuschanden macht, wenn er versucht, es zu verschweigen. Wir können aber beide Aussagen in folgender Weise verknüpfen: Wenn der Prophet weiter das Wort Gottes verschweigt, wird ihm das Verschweigen zur Sünde – und er steht da, wo der Psalmist steht! Wir beachten, daß Jeremia von seinem »Inneren« reden kann wie die falschen Propheten von ihren »Herzen« reden. Und trotzdem sind beider Innenwelten oder Herzen völlig verschieden[484]. – Es hat Zeiten gegeben, wo Jeremia dieses Feuer nicht in sich verspürte, weil Gott nicht immer mit ihm redete[485]. Dieser Kampf in seinem Inneren brachte Jeremia in körperliche und seelische Erschöpfung. Der Verkündiger des Wortes Gottes lebt selbst vom Worte Gottes, wenn er auch unter diesem Wort stöhnt und zusammenbrechen kann.

V. 10 nimmt eine weitere Not auf, die Jeremia von seinen Volksge- 10
nossen erfahren mußte. War es in V. 7 das Gelächter, das ihm zu schaffen machte, so ist es hier die Bespitzelung, eine Kampfform, die erhöhte Wachsamkeit und zermürbende Vorsicht des Propheten erfordert. Hier steht das gleiche hebr. Wort wie in V. 7: bekennt Jeremia dort, daß ihn Gott **»beschwatzt«** habe, so lauern hier seine Widersacher darauf, daß sie ihn beschwatzen, d. h. ihn zu einem Fehltritt verleiten können. Aber der von Gott Beschwatzte ist gefeit gegen das Beschwatzen der Menschen! – Die Rachewünsche, die Jeremia ausspricht, liegen in der Richtung dessen, was ihm seine Gegner so gerne

[484] Vgl. die Ausl. zu 23,9–32.

[485] Vgl. sein Schweigen zur Zeit der Josia-Reform und sein Schweigen angesichts der Worte des Propheten Hananja, 28,11c.

nachweisen möchten: Jeremia wäre nämlich zu fassen gewesen, hätte man ihm nachweisen können, daß seine scharfen Gerichtsworte nur der Befriedigung seiner persönlichen Rachegelüste dienten und darum nicht Gotteswort sein konnten.

11 Der Ton ändert sich mit einem Male in V. 11. Ein großes **»Aber«** ist zu hören. Der Klagende kommt mit einem Mal – das gehört zum unverrechenbaren Eingreifen Gottes zugunsten seiner Knechte – zu einem neuen Vertrauen: **»Aber Jahwe ist mit mir wie ein gewaltiger Held.«** Aus dem Bekenntnis zu Gottes Stärke erwächst Gewißheit über die Zukunft seiner Widersacher, V. 11b: **»sie werden sich sehr schämen müssen«**, und nicht Jeremia.

12 Gleich aber (V. 12) wird diese kühne Aussage wieder in ihre Grenze verwiesen: sie wird nicht Ausdruck der Überheblichkeit Jeremias. Darum nimmt er sein Vorpreschen wieder zurück und birgt die Aussage über seine Widersacher in Gottes Allmacht. Gott möge sein (und seiner Feinde) Herz richten. Die Rachegedanken gegenüber den Widersachern werden befreit von allen persönlichen Gelüsten, indem
13 Jeremia spricht: **»dir habe ich meine Sache anheimgestellt«.** Darum endet dieses Anvertrauen seiner Sache an den Herrn mit einem Lobpreis.

14–18 Dann aber erfolgt ein jäher Umschwung in der Gedankenführung! Man sollte nicht einfach sagen, daß V. 14–18 ein selbständiges Überlieferungsstück ist, sondern davon ausgehen, daß das Beten und Klagen vor Gott nicht eine stetig sich entwickelnde, logisch aufgebaute, kunstvolle Rede ist, sondern durchaus das Ineinander von Zuversicht und Verzweiflung kennt[486]. Jeremia hat hiermit schon die Form der Klage verlassen. Weil er hier seine Existenz verneint, ruft er auch Gott nicht mehr an, und kein Du ist mehr in Sicht. Er will nicht mehr da sein. Weil man das in der hebr. Sprache so nicht ausdrücken kann, sagt er konkret und anschaulich: **»verflucht sei der Tag, an dem ich geboren wurde«.** Der Fluch soll einen so unschuldigen Menschen treffen, wie es jener Mann war, der seinem Vater die frohe Kunde von der Geburt eines Knaben überbrachte (V. 15.16). –

17/18 Die Verse 17.18 drücken noch einmal in wilder Verzweiflung das gleiche aus, allerdings mit einem bemerkenswerten Nebenton: Jeremia möchte jetzt sein »Leben« nicht außerhalb des warmen, bergenden Mutterschoßes fristen. Eine Ur-Sehnsucht ist hier zum Ausdruck gekommen, nämlich ständig mit der Mutter wesensmäßig verbunden zu bleiben[487]. Gott wird von Jeremia nicht mehr angeredet! In V. 17

[486] Vgl. Luthers Ausdruck: »Getroste Verzweiflung«.

[487] Das ist das ewig wiederkehrende Thema aller religiösen Kulte, dem in der Welt erfrieren-

wird von Jahwe unpersönlich in der dritten Person als einem »Er« gesprochen.

Ausblick

Wir sind auf dem Höhepunkt der Bekenntnisse Jeremias angelangt. Wir fragen mit G. v. Rad (Th. B. 48, 224ff): »Was ist hier Gotteswort? Kann man in diesen unheimlichen Auswürfen eines menschlichen Herzens noch sagen: Gott spricht zu uns?« v. Rad stellt darum die Forderung auf, »den Begriff des prophetischen Wortes neu zu fassen«. Er will diese Bekenntnisse nicht aus Jeremias Gottes-Zeugnis ausklammern und stellt den Satz auf: »In seinen Bekenntnissen redet Jeremia ja gar nicht außerdienstlich, sondern mitten aus seinem Prophetenamt heraus ... Darin aber ist er anders als alle seine Vorgänger, daß das Prophetenamt, das bei Amos noch aus einem Guß war, bei ihm an entscheidender Stelle bricht und durch diesen Riß dringt eine lichtlose Finsternis ein ... So wird nun – das ist bei Jeremia ein Neues – der Prophet nicht nur seines Charismas (= Gnadengabe) wegen, sondern in seiner Menschlichkeit ein Zeuge Gottes. Jedoch ist diese Menschlichkeit, so echt sie uns erscheint, letztlich nicht in der Lage, das Gotteszeugnis rein auszudrücken.«

Wir haben in diesem Abschnitt vielleicht das deutlichste Beispiel der Bibel vor Augen, wie Gotteswort nur in dem erbärmlichen Gefäß des Menschenwortes zur Sprache kommt – und doch ganz und gar Gotteswort bleibt. Oder mit v. Rad gesagt: »Jeremia hat als Mittler die Menschen sich nicht nur gegenüber, um von ihnen Leiden zu erdulden, nein, ihre ganze Not trägt er in sich; ... und mit diesen Menschen, die er in sich trägt, muß Jeremia im Angesicht Gottes sterben ...« Doch ist dieser Tod eigentlich eine Überforderung für den Menschen Jeremia. An dieser Konfession ist offenbar geworden, daß er seinen Tod nicht in letzter Hingabe an Gott sterben kann. Hier wird ein seelischer Tod im Fluchen zu Gott gestorben.

Bei keinem anderen Propheten bekommt man eine Lebensbeschreibung wie bei Jeremia. So wird er nach dem Fall Jerusalems von

den Menschen einen Bergungsort am Herzen der (Mutter-)Gottheit zu gewähren! C. Westermann (ThB 24, 291) nennt die Warum-Frage von V. 18 eine »Ur-Klage« und führt aus: »In dieser Ur-Klage liegt genau das vor, was wir in unserem abendländischen Denken die Frage nach dem Sinn des Daseins nennen. Nur daß es hier keine theoretische, danebenstehend-betrachtende Frage ist, sondern die Frage der vom Schlag getroffenen Existenz; und das eben ist die Ur-Klage. Sie ist die bloße, aus dem Schmerz des Getroffenen kommende Warum-Frage.« Westermann weist in diesem Zusammenhang hin auf 1Mo 25,22; 1Mo 27,46; 1Mo 42,28, nach seiner Meinung frühe Parallelen zu der Warum-Frage.

einem kleinen Häuflein Verzweifelter nach Ägypten verschleppt. Dann verliert sich seine Spur. Die Verbannung außerhalb seines Landes hat er mit seinen Volksgenossen getragen, sicher immer wieder das Fürbitten-Gebet versuchend. Aber die Bibel schweigt über einen Erfolg dieses Mittleramtes. Es war für Jeremia sehr schmerzvoll, wohl in der vermittelnden Fürbitte für sein Volk stehen zu dürfen, ja sogar (mit den Worten von v. Rads) des Volkes »ganze Not in sich zu tragen«, aber über den Sinn seines Leidens keinen Gottesspruch zu hören. Erst beim Gottesknecht Jes 53 wird dem Leiden ein Sinn beigelegt[488]. Darum führt die Spur Jeremias über Jes 53 hin zu Jesus. Also: Das Scheitern Jeremias führt zu Jesus hin. Denn dieser war auch nicht nur Verkündiger des Gotteswortes, sondern stand mit seiner Person völlig im Dienst des Auftrages, darin dem Propheten Jeremia gleich. Wie dieser leidet Jesus an seinem Volk und ringt mit Gott. Aber in der tiefsten Nacht am Kreuz – von welchem es heißt: »Verflucht ist der, der am Kreuz hängt« (5Mo 21,23; Gal 3,13) – flucht der sterbende Jesus nicht zurück, sondern stirbt, indem er Gott anruft: »Mein Gott, mein Gott . . .« Weil Jesus bis zuletzt die Verbindung zu Gott durchhielt, hat er uns erlöst, d.h., durch seinen vollkommenen Gehorsam. Aber warum konnte Jesus, was Jeremia versagt war? Die Antwort kann nur lauten: weil Jesus Gott selber, Gottes Sohn war; Jeremia aber war ein Mensch wie wir alle. Darum kann man nicht nur Jesu Gehorsamstat für unser Heil als entscheidend ansehen, sondern auch deren Voraussetzung, nämlich sein Sein als Gottes-Sohn!

[488] Jes 53,5: »Aber er ist um unserer Missetat willen verwundet und um unserer Sünde willen zerschlagen.«

ÜBERBLICK über 21,1–22,30

Der große Abschnitt 21,1–22,30 enthält mehrere Worte an die Könige Judas, und zwar beginnend mit Worten an Zedekia, den letzten judäischen König, dann über den nur kurze Zeit regierenden Joahas (22,10–12), über Jojakim (22,13–19) und schließlich Jojachin (22,20–30), der auch Konja genannt wird. Da über die Könige Judas nichts Positives zu vermelden ist, wird dem Judäer, der gefragt haben mag: »Was ist mit der Davids-Verheißung?« eine prophetische Verheißung über den kommenden König aus dem Davidshause, der nach Gottes Willen regiert, gegeben: 23,1–8. Wenn man den Abschnitt 23,9–40 (Worte an die falschen Propheten) mit hinzunimmt, dann könnte man den Abschnitt 21,1–23,40 überschreiben mit »Worte an den weltlichen und geistlichen Stand«. Interessanterweise fehlt aber in dieser summarischen Aufzählung der Jerusalemer Adel und die Tempel-Priesterschaft. Bisher kamen die Priester nur andeutungsweise vor (8,8; 6,13b; der Adel: 5,5).

Das Angebot des kleinen Heils an Zedekia: 21,1–10

1 **Das Wort, das an Jeremia durch Jahwe erging, als zu ihm der Kö-**
nig Zedekia[a] den Paschhur – Sohn des Malkias – und den Priester [a] 34,1–7
2 **Zephanja – Sohn des Maaseja – mit der Bitte sandte: * Suche zu** [b] 37,6–10
unseren Gunsten bei Jahwe (um Erbarmen) **nach; denn Nebu-** [c] 2Mo 6,6; 5Mo 4,34; Jes 63,10; Klgl 2,4
kadnezar, der König von Babel, führt gegen uns Krieg[b]; vielleicht
verfährt Jahwe mit uns entsprechend aller seiner (früheren) [d] 16,4
3 **Wundertaten und schafft ihn uns vom Halse! * Da sagte Jeremia**
4 **zu ihnen: Dieses teilt dem Zedekia mit: * So spricht Jahwe, der**
Gott Israels: Siehe, ich kehre die Kriegsgeräte um, die in eurer
Hand sind, mit denen ihr den König von Babel und die Chaldäer,
die euch außerhalb der Mauern bedrängen, bekämpft. Ich bringe
5 **jene alle zusammen mitten in diese Stadt hinein. * Und ich selbst**
werde gegen euch kämpfen mit ausgereckter Hand und mit star-
6 **kem Arm, mit Zorn, Grimm und großer Wut[c]. * Ich werde die Be-**
wohner dieser Stadt – sowohl Mensch als auch Tier – mit schwerer
7 **Pest schlagen, und sie werden sterben[d]. * Danach werde ich –**
Ausspruch Jahwes –, den Zedekia, den König von Juda, seine
Diener, das Volk und die, die noch übrig geblieben sind in dieser
Stadt von der Pest, dem Schwert und dem Hunger, in die Hand
Nebukadnezars, des Königs von Babel, geben: in die Hand ihrer
Feinde, in die Hand derer, die ihnen nach dem Leben trachten,

und er wird sie mit dem scharfen Schwert erschlagen ohne Mit-
leid, ohne Schonung und ohne Erbarmen.
8 *** Diesem Volke sollst du sagen: so spricht Jahwe: Siehe, ich lege**
9 **euch jetzt den Weg zum Leben und den Weg zum Tode vor[e]! * Wer**
in dieser Stadt bleibt, wird sterben durch Schwert, Hunger und
Pest. Wer aber hinausgeht und den Chaldäern zufällt, die euch
bedrängen, wird leben und sein Leben als Beute davontragen[f].
10 *** Ich habe mein Antlitz gegen diese Stadt zum Unheil gerichtet und**
nicht zum Heil – Ausspruch Jahwes. In die Hand des Königs von
Babel wird sie gegeben und mit Feuer verbrannt.

[e] 5Mo 30,15.19 Ps 1
[f] 38,2

1 Schon V. 1 macht deutlich, daß die Lage in Juda und Jerusalem äußerst brenzlig geworden ist[489], denn sonst hätte sich keine Delegation, von König Zedekia ausgesandt, aufgemacht, um den verhaßten Jeremia um Fürbitte vor Gott zu bitten. Darum wird die Situation wohl diese sein: die Chaldäer sind im Begriff, sich Jerusalem zu nähern. Noch ist die Hauptstadt nicht unmittelbar bedroht. Eine Belagerung hat noch nicht angefangen. Das Gebiet um Jerusalem herum ist jedoch schon von der chaldäischen Vorhut in arge Bedrängnis ge-
4 kommen: **»Die Chaldäer, die euch außerhalb der Mauern bedrängen«**, V. 4. Der Feind aus dem Norden von 4,5ff, Jeremias ständige Warnung von Anfang an, ist Wirklichkeit geworden. Das Gerichtswort hat angefangen, sich zu erfüllen.

2 Auffällig ist, daß die Feinde Jeremias diesem durchaus zutrauen, daß er ein besonderes Verhältnis zu Gott hat. Das Fürbitte-Amt dieses Propheten wird also allgemein, wenn auch widerwillig, respektiert. **»Suche zu unseren Gunsten bei Jahwe um Erbarmen nach«** drückt aber in dieser Situation bestimmt keinen Glauben an Gott mehr aus. Es gibt Situationen, in denen man nichts mehr erwartet von einem göttlichen Eingreifen, trotzdem aber einem religiösen Bedürfnis Genüge tut, nur um nichts versäumt zu haben. Der in V. 2 indirekt zum Ausdruck kommende Wunderglaube des Königs besagt nichts, hat doch gerade der Ungläubige in bedrängter Lage durchaus einen Sinn für außergewöhnliche Dinge[490]. Ungehorsam gegen Gottes prophetische Weisung und zugleich Appell an Gottes große Taten der Vergangenheit passen nicht zusammen. Möglicherweise erinnert sich der König in dieser Stunde des Jahres 701, als die Truppen der Assyrer auf geheimnisvolle Weise durch ein Eingreifen Gottes abziehen mußten.

[489] Dieses Wort könnte um das Jahr 589 v. Chr. zu datieren sein, also zwei Jahre vor der Eroberung Jerusalems.
[490] Vgl. Herodes Mk 6,14: »Johannes der Täufer ist von den Toten auferstanden.«

Jeremia hält sich an Gottes Verbot der Fürbitte und erteilt einen abschlägigen Bescheid, ja verstärkt die Gerichtsansage. Er gibt zunächst eine militär-strategische Auskunft: Der Kampf vor den Toren der Stadt wird in die Stadt selbst zurückgenommen. Der Krieg der Chaldäer wird also zu einer Belagerung der heiligen Stadt führen, damit deutlich wird, daß Gott Jerusalem, seinen erwählten Ort, vernichten kann. Der Krieg Nebukadnezars gegen Jerusalem ist Gottes eigener Krieg. Erschreckend ist, daß dieser Kampf Gottes gegen seine Stadt mit den gleichen Worten (**»mit ausgereckter Hand und starkem Arm«**)[491] beschrieben wird, mit der Gott einst seinen Kampf für Israel bezeichnete! Im Gegensatz zu Jesaja (z.B. Jes 6,13), der für den Rest des gerichteten Volkes noch eine Chance sah, wird hier auch den Übriggebliebenen aus diesem Inferno nichts als die Hinrichtung durch die Chaldäer bleiben. 3

(Margin: 5, beside "eigener Krieg. Erschreckend ist, daß dieser Kampf Gottes gegen seine")

Es entspricht der Hochschätzung des Bundes, daß Jeremia Formulierungen aufgreift, wie sie im 5. Mose-Buch vorkommen[492]. Während aber dort das Wählen zwischen dem Weg des Lebens und dem Weg des Todes meint: entweder umfassendes Heil von Gott oder Tod in geistlicher und materieller Hinsicht, ist hier alles abgewandelt. Es geht jetzt nicht mehr um jenes »große Heil«, also um die völlige Errettung des Volkes, sondern – der Ausdruck sei einmal erlaubt – um das »kleine Heil«, d.h., wenn auch grundsätzlich an dem Untergang nichts mehr zu ändern ist, so besteht doch noch die Möglichkeit, daß man jetzt noch die Stadt verläßt, zu den Chaldäern überläuft, um damit sein Leben als Beute davonzutragen (V. 9). 8/9

Jeremia war sich bewußt, daß ihm angesichts der Durchhalteparolen dieses Wort als Vaterlandsverrat ausgelegt werden würde. Doch es zeigt sich hier, daß die Gesandten Gottes in Lagen der Hoffnungslosigkeit, wo alles den Kopf verliert[493], einen klaren Kopf behalten. Sie können an der Katastrophe nichts mehr ändern, aber sie können sie erträglich machen. Das ist das »kleine Heil«, das die Knechte Gottes auch zu verkündigen haben. Dazu gehört auch der in Kap. 29 zitierte Brief Jeremias an den ersten Schub der Verbannten in Babel[494].

[491] Eine augenfällige Illustration zu dem »ausgereckten Arm« bietet 2Mo 17,11f, die Amalekiter-Schlacht, in der Mose die Hand fürbittend für sein Volk ausreckte. Wie der Mittler die Hand zu Gott ausreckte, so dieser seine Hand schützend über sein Volk.

[492] Vgl. 5Mo 11,26ff, dann 27,11–14 die Fluch- und Segen-Zermonie auf den Bergen Ebal und Garizim; ferner 30,15ff. – Der Psalm 1 bietet den gleichen Inhalt, allerdings in späterer reflektierter Form (V. 1ff: Der Gesegnete; V. 4ff: der Verfluchte).

[493] Die letzte Auswirkung der Sünde ist die Kopflosigkeit und damit die Verblendung und die Unfähigkeit, das im Augenblick Nötige zu tun.

[494] Vgl. auch die Haltung des Paulus angesichts der Schiffs-Katastrophe auf der Fahrt nach Rom, Apg 27,22: »Doch auch jetzt ermahne ich euch, guten Mutes zu sein, denn von euch wird kein Menschenleben verloren gehen, nur das Schiff.«

Jeremia möchte hier sagen: Wenn schon die Stadt in Trümmer geht, so könnt ihr doch wenigstens mit dem Leben davonkommen. Aber auf Jeremia wird nicht gehört.

Gottlosigkeit bringt soziale Ungerechtigkeit hervor: 21,11–22,9

[a] 22,3
[b] 22,23
[c] 50,32
Hes 21,3

11/ An das Königshaus von Juda: Hört das Wort Jahwes! * Haus Da-
12 vid, so spricht Jahwe: Richtet am Morgen recht! Entreißt den Be-
raubten der Hand des Unterdrückers[a], damit nicht mein Zorn wie
das Feuer herausfährt und brennt und nicht erlöscht wegen der
13 Bosheit eurer Taten! * Siehe, ich komme über dich, (Jerusalem),
du Bewohnerin des Felsens in der Talebene[b] – Ausspruch Jah-
wes –, die du sagst: Wer kann über uns herfallen und wer kann in
14 unsere Behausungen eindringen? * Aber ich suche euch heim
entsprechend dem, was eure Taten verdienen[495] – Ausspruch Jah-
wes –, und ich lege Feuer an ihren Wald, und es wird alles rings-
herum verzehren[c].
22,1 * So spricht Jahwe: Steige hinab zum Hause des Königs von
2 Juda und sprich dort dieses Wort * und sage: Höre das Wort Jah-
wes, König von Juda, der du sitzt auf dem Thron Davids, du und
deine Untergebenen und dein Volk, das durch diese Tore eingeht!
3 * So spricht Jahwe: Übt Recht und Gerechtigkeit! Entreißt den
Beraubten der Hand des Unterdrückers! Fremdling, Waisenkind
und Witwe bedrückt nicht und tut (ihnen) **keine Gewalt an! Un-**
4 schuldiges Blut vergießt nicht an diesem Ort[d]! * Wenn ihr dieses
Wort wirklich befolgt, werden durch die Tore dieses Hauses Kö-
nige einziehen, die auf dem Throne Davids sitzen, zu Wagen und
5 zu Roß – er, seine Untergebenen, und sein Volk[e]. * Doch wenn ihr
nicht auf diese Worte hört, dann, so habe ich bei mir selbst ge-
schworen – Ausspruch Jahwes –, dann wird dieses Haus zum
6 Trümmerhaufen werden[f]. * Denn so spricht Jahwe über das Haus
des Königs von Juda: ein Gilead warst du mir gewesen, ein Gipfel
des Libanon[496]; aber ich mache dich jetzt vollständig zur Wüste,
7 zu unbewohnten Städten[g]. * Und ich will gegen dich Verderber
bestimmen[497], einen jeden zusammen mit seinem Handwerks-

[d] 7,6
21,12
Hes 45,9
2Mo 22,21–24
[e] 17,24.25
[f] 3Mo 26,31
Hebr 6,13
[g] 22,23
Hes 17,3
4Mo 32,1
Jes 37,24

[495] w.: entsprechend der Frucht eurer Taten.

[496] »Gilead« und »Gipfel des Libanon« bedeuten: die wertvollen Waldbestände, deren Holz für den Ausbau des Königspalastes gebraucht wurde; das Königshaus wird nicht geschont, wie man jene Wälder schonte.

[497] w.: heiligen, im Sinne von: aussondern. Wir erinnern uns, daß dieses gleiche Wort auch zu Jeremia gesagt wurde in der Stunde seiner Berufung (1,5). Es gibt demnach auch Berufungen zum »Verderber-Amt«.

zeug. Sie werden deine prächtigen Zedern umhauen und ins Feuer
8 werfen. * Und wenn dann viele Heidenvölker an dieser Stadt vor-
überziehen, werden sie zueinander sagen: Warum ist Jahwe so
9 mit dieser großen Stadt verfahren*[h]*? * Dann wird man sagen: Weil
ihr den Bund Jahwes, eures Gottes, verlassen habt und niederge-
fallen seid vor anderen Göttern und ihnen gedient habt*[i]*.

[h] 5Mo 29,24–26 Jer 5,19 19,4
[i] 1Kö 9,7–9

Kommt man von 21,1–10 her, so fällt auf, daß hier nicht die bedrängende geschichtliche Lage im Hintergrund steht, wie sie in jenem Abschnitt beschrieben ist. 21,11–22,9 könnte durchaus auch früher gesagt worden sein und in den ersten Kapiteln des Jeremia-Buches stehen. Wenn man allerdings diese Worte in den Zusammenhang der drohenden Belagerung Jerusalems stellt, dann würde der Prophet sagen wollen: Während ihr euch vorbereitet auf die Verteidigung Jerusalems, übt ihr nach wie vor soziale Ungerechtigkeit[498]. Wenn ihr doch wenigstens jetzt euer Liebäugeln mit den Reichen[499] und deren Geschäften sein ließet! Aber wie die Not nicht beten lehrt, sondern fluchen, so lehrt die Not auch nicht Nächstenliebe, sondern treibt die Ungerechtigkeit noch auf die Spitze. Auch dieses ist ein Zeichen, wie weit die Verblendung schon gediehen ist[500].

Die Könige Judas – Verschwender und Unterdrücker: 22,10–30

10 Weint nicht um den Toten und beklagt ihn nicht! Weint vielmehr
um den, der jetzt weggeht! Denn er wird nicht zurückkehren und
11 nicht mehr das Land seiner Geburt sehen*[a]*. * Denn so spricht
Jahwe über Schallum, den Sohn Josias, den König von Juda, der
König geworden ist anstelle seines Vaters Josia, und der diesen
Ort verlassen mußte: Er wird nicht mehr dorthin zurückkehren!
12 * Denn an dem Ort, wohin er als Gefangener deportiert wurde,
wird er sterben, und dieses Land wird er nicht mehr wiedersehen.
13 * Wehe dem, der sein Haus mit Ungerechtigkeit baut, sein
Obergemach mit Unrecht, der seinen Volksgenossen ohne Lohn
14 arbeiten läßt und ihm seine Mühe nicht vergilt*[b]*! * Der sagt: Ich
will mir ein geräumiges[501] Haus bauen und winddurchwehte

[a] 2Kö 23,29.30.34
[b] Jes 5,8 Am 6,8

498 Zum Rechtsprechen im Tor (der Stadt oder des Königspalastes) vgl. Am 4,4. Zum Rechtsschutz für Witwen und Waisen vgl. 2Mo 23,21–23.
499 Das sind die Bedrücker der Armen, V. 3.
500 Vgl. dazu die zeitweilige Freilassung von Leibeigenen durch Zedekia, 34,8ff.
501 w.: mit Maß.

Obergemächer, der sich Fenster bricht und (sein Haus) mit Ze-
15 dernholz täfelt und es mit roter Farbe streicht[c]. * Bist du König
dadurch, daß du mit Zedernholz wetteiferst[502]? Hat nicht dein Va-
ter gegessen und getrunken und übte trotzdem Recht und Gerech-
16 tigkeit? Ging es ihm damals nicht gut? * Er hat dem Bedrückten
und dem Armen zum Recht verholfen, darum ging es ihm damals
gut[d]. Heißt das nicht: Mich erkennen? – Ausspruch Jahwes.
17 * Aber deine Augen und dein Herz sind nur auf Gewinn[503] aus,
aufs Blutvergießen Unschuldiger und auf Unterdrückung und
18 Erpressung. * Darum spricht Jahwe über Jojakim, den Sohn Jo-
sias, den König von Juda: Man wird über ihm nicht die Toten-
klage erheben: »Ach mein Bruder! Ach meine Schwester!« Nicht
wird man über ihm die Totenklage erheben: »Ach mein Herr!
19 Ach mein Gebieter[e]!« * Nein, ein Eselsbegräbnis wird er erhal-
ten; umhergezerrt und weit hinausgeworfen aus den Toren Jeru-
salems!
20 * Besteige den Libanon und schreie, und in Basan erhebe deine
Stimme; schreie vom (Gebirge) Abarim[504] herunter, denn zer-
21 schmettert sind alle deine Liebhaber[f]. * Ich habe zu dir geredet (in
den Tagen) deiner Sorglosigkeit, aber du sagtest: Ich will nicht
hören! Das ist ja deine Art[505] von deiner Jugendzeit an, denn du
22 hörtest noch nie auf meine Stimme[g]. * Alle deine Hirten weidet
der Wind, und deine Liebhaber[506] müssen in die Gefangenschaft
wandern. Dann mußt du zuschanden werden, und mußt dich
23 schämen wegen all deiner Bosheit. * Du wohnst auf dem Liba-
non[h], eingenistet in den Zedern[507]. Wie wirst du stöhnen, wenn
über dich Wehen kommen, Schmerzen wie bei einer Gebärenden!
24 – * So wahr ich lebe – Ausspruch Jahwes –, auch wenn Konja, der
Sohn Jojakims, der König von Juda, ein Siegelring[i] an meiner
25 Rechten wäre, werde ich ihn doch von dort wegreißen! * Und ich
gebe ihn in die Hand derer, die dir nach dem Leben trachten, und
in die Hand derer, vor denen dir graut, nämlich in die Hand Ne-
bukadnezars, des Königs von Babel, und in die Hände der Chal-
26 däer[k]. * Und ich werde dich weit wegwerfen, ebenso deine Mutter,

[c] 5Mo 24,15 Hab 2,9.12
[d] 9,23–24 Spr 31,8.9
[e] 16,4–6 34,5 36,30 48,17 1Kö 13,30 2Chro 36,5.6 Jes 14,18.19
[f] 30,14.15 37,1.2 48,3
[g] 2,25.31 3,25 7,23.24 11,7.8
[h] 21,13 22,6
[i] Hag 2,23
[k] 21,7 34,20

[502] Gemeint ist: daß du ein mit Zedern getäfeltes Haus nach dem anderen baust.
[503] w.: aufs Abschneiden.
[504] w.: ›Übergänge‹; Gebirge am Nordostufer des Toten Meeres. In diesem Gebirge liegt der Berg Nebo, den Mose bestieg, um das gelobte Land von ferne zu sehen (4Mo 27,12; 5Mo 32,49).
[505] w.: Weg.
[506] Hier wird das Volk angeredet, schon ab V. 20; die Liebhaber sind dann seine Könige, denen es törichterweise nachfolgte, vielleicht auch seine Fürsten.
[507] Gemeint sind die Prachtbauten aus Zedernholz.

die dich geboren hat, in ein anderes Land, in dem ihr nicht gebo-
27 **ren seid, und dort werdet ihr sterben[l]. * Aber zu dem Land, wohin** [l] 2Kö 24,8.15
sie gerne zurückkehren möchten[508], werden sie nicht zurückkeh- [m] 44,14 [n] 48,38
28 **ren[m]. – * Ist denn der Mann Konja ein geringschätziges und zer-** Ps 31,13
schlagenes Gebilde, etwa ein Gefäß, an dem niemand Gefallen
hat[n]? Warum wurden er und sein Geschlecht fortgeschleudert
und weggeworfen in ein Land, das sie nicht kennen? –
29 *** Land, Land, Land, höre das Wort Jahwes[o]! –** [o] 6,19 5Mo 32,1
30 *** So spricht Jahwe: Schreibt diesen Mann als kinderlos ein, als** [p] 1Chro 3,16.17
einen Mann, dem nichts gelingt in seinem Leben! Denn keiner von Mt 1,12
seinen Nachkommen wird es schaffen, sich auf den Thron Davids Jer 36,30
zu setzen und über Juda zu regieren[p].

Aufgenommen in die Sammlung der prophetischen Worte über die Könige Judas wurde auch ein kurzer Spruch Jeremias aus dessen Frühzeit: König Josia, der aus nicht ganz erfindlichen Gründen das zum Krieg gegen Assur durch Palästina hindurchziehende ägyptische Heer unter dem Pharao Necho im Jahre 609 v. Chr. in der Schlacht von Megiddo angriff, ist dort gefallen, und Jerusalem ist von großem Entsetzen über den Tod dieses beliebten Königs ergriffen. Die Totenklage über den gefallenen König muß angestimmt werden. Zur Totenklage gehört die *Aufforderung* zur Klage, während wir Heutigen meinen, wir müßten alles tun, um den Trauernden zu beruhigen und ihm über die Not hinwegzuhelfen oder ihn gar abzulenken. C. Westermann (N) sagt: »Da die Totenklage um einen König lange dauert, trauert man über Josia auch dann noch, als Joahas schon weggeführt worden ist.« Denn der siegreiche Pharao Necho hat sogleich Joahas (= Schallum) abgesetzt und mit nach Ägypten genommen. Es war eine Ungeheuerlichkeit, eine Totenklage zu verwehren, und ebenso ungeheuerlich, einen noch nicht Gestorbenen mit der Totenklage zu betrauern! Der weggeführte Joahas wird nämlich von Jeremia schon als ein Gestorbener angesehen: **»Weint vielmehr um den, der jetzt weggeht«** (in die Gefangenschaft nach Ägypten)[509]. **10** **11**

Indem Jeremia das Exil des Joahas als endgültig verkündigt, ist damit auch eine vorzeichenhafte Ankündigung des Exils für ganz Juda in Babylon geschehen. Vielleicht dürfen wir sagen: Einer erleidet im Vorhinein zur Warnung ein Geschick, das später alle erleiden müssen.

Jojakim, der eigentlich Eljakim heißt und von Pharao Necho anstelle von Joahas zum König von Juda eingesetzt wurde, hätte durch **13**

[508] w.: wohin sie ihre Seelen tragen.
[509] Vgl. dazu 2Kö 23,29–33.

das Schicksal seines Vorgängers und Bruders gewarnt sein müssen, die Lage seines Kleinstaates Juda als sehr gefährdet anzusehen zwischen den Machtblöcken Babylon und Ägypten. Er hätte allen Grund gehabt, sich durch Gehorsam gegen Gottes Gebote Jahwes Beistand
14 zu erbitten. Doch er lebt in Leichtsinn und vielleicht auch versteckter Hoffnungslosigkeit für sich und seinen persönlichen Ruhm[510]. Persönlicher Ruhm aber geht immer auf Kosten anderer; in dem Maße, wie man selbst hochsteigt, werden andere unterdrückt. Statt daß sein Königtum im Gehorsamseifer besteht, ist es geprägt von Repräsenta-
15 tionseifer. – In der Frage Jeremias: **»Hat nicht dein Vater gegessen und getrunken und übte trotzdem Recht und Gerechtigkeit?«** liegt eine beachtenswerte Stellungnahme des Propheten zum Lebensstil eines Königs vor. Keineswegs soll Jojakim einem Armutsideal nacheifern, um dadurch die soziale Ungerechtigkeit ausgleichen zu helfen, sondern er hat durchaus Anspruch auf ein gewisses Maß an standesgemäßem Essen und Trinken. Dabei soll er jedoch Recht und Gerechtigkeit im Lande walten lassen. Das ist nicht biedere Bürgermoral. Bei aller Radikalität der prophetischen Botschaft findet auch das Maßvolle und Mögliche Beachtung. – Ferner wird in diesem Zusam-
16 menhang noch eine überraschende Aussage gemacht: **»Heißt das nicht: Mich erkennen?«** Die Gotteserkenntnis ist somit kein rein geistiger Vorgang, sondern ein den ganzen Menschen betreffendes, das gerechte Handeln mit umgreifendes Verhalten[511].

Während Jeremia die Totenklage über den noch lebenden Joahas als einen Teil der Unheilsverkündigung für das ganze Volk anstimmen läßt, ist ihm und dem Volk die Totenklage über den König Joja-
18 kim jedoch von Gott verwehrt. Dabei muß man bedenken, wie C. Westermann (N) aufweist, daß sich gerade bei solchen tief im Volksempfinden verwurzelten Bräuchen wie der Totenklage, die Jeremia hier verletzt, Widerstand gegen Jeremia erheben mußte. Und die Frage kam auf: Kann dieser der Gesandte Gottes sein, wenn er alles uns
19 Heilige mit Füßen tritt? – Wie ein verendetes Tier[512] soll Jojakim unbegraben und unbeweint vor den Toren Jerusalems verwesen. – Nach

[510] H. Lamparter, aaO, 197: »Typisch für seine Eitelkeit . . . ist auch, daß er sich ein Fenster ausbrechen läßt (nach ägyptischem Muster, vgl. 2Kö 9,30), in dem er sich bei offiziellen Anlässen dem Volke präsentiert.«

[511] Hier werden wir wieder an den jungen Jeremia erinnert, der in seiner Sprache und Gedankenwelt vom Propheten Hosea beeinflußt ist. Für Hosea ist die Gotteserkenntnis der Mittelpunkt eines wahren Gottesdienstes in Israel. Zum Zusammenhang zwischen Gotteserkenntnis und sozialem Handeln vgl. Hos 4,1.2.

[512] Das »Bundesbuch« (2Mo 21–23) kannte bestimmte Fälle, wo Tiere gesteinigt wurden, was dann das Verwesen unter freiem Himmel einschloß (2Mo 21,28.29).

2 Kön 24,6 ist Jojakim jedoch entsprechend dem Königsritual ordentlich begraben worden; Lamparter z. St. vermutet, daß Nebukadnezar später sein Grab öffnen ließ und die Gebeine zur Schändung vor die Tore der Stadt warf.

Dann aber wechselt der Redestil Jeremias wieder: Ähnlich wie bei **20–23**
dem König Joahas (V. 10ff), so soll auch der Untergang des vorletzten judäischen Königs Jojachin (oder Konja) mit einer Totenklage beklagt werden. Jerusalem soll die Klage erheben und dazu auf die Höhen des Libanon steigen, denn nicht nur der König Jojachin, sondern auch die Elite Jerusalems, die tragende Bevölkerungsschicht (**»alle deine Liebhaber«**) ist ins Exil geführt worden – gemeint ist hier die erste Wegführung im Jahre 598 v. Chr., bei der neben Jojachin auch seine Mutter[513] nach Babylon deportiert worden ist, ohne daß dieses für Juda eine Mahnung zur Buße gewesen wäre. Der Libanon, neben dem Gebirge Abarim und der fruchtbaren Basan-Ebene ein Symbol für Stolz und äußeren Reichtum – soll nun bestiegen werden, und von der Stätte des Hochmutes soll das Klagegeschrei ausgehen. Welch eine Demütigung durch Gott!

Das Königshaus, das sich gern mit den hochragenden Libanon-Ze- **24–26**
dern verglich, hat seine Würde[514] als seine eigene Qualität angesehen und nicht mehr als Gnade. Wie sehr man sich im Volke daran gewöhnt hatte, und wie sehr man sich darum entrüsten konnte, wenn dieses erwählte Kleinod weggeworfen wurde (Jojachin war erst 18 Jahre alt und regierte nur 3 Monate. Ist es da verwunderlich, daß man ihm wegen seiner Jugend besondere Sympathien entgegenbrachte?),
steht hinter den Fragen des Volkes, die Jeremia in V. 28 aufnimmt. Er **28**
ruft es dem ganzen Land zu (V. 29): Gott kann das, was sich selbst **29**
köstlich machte, verwerfen, und kann dafür sorgen, daß es ausgetilgt wird aus der Geschichte.

Der »gute Hirte« ist in Sicht: 23,1–8

1 **Wehe den Hirten, die die Schafe meiner Weide umkommen lassen** [a] 10,21
2 **und zerstreuen[a]! – Ausspruch Jahwes. * Darum spricht Jahwe, der** 13,13
Gott Israels, über die Hirten, die mein Volk weiden: Ihr habt meine 22,22
Schafe zerstreut, weggestoßen und euch nicht mehr um sie geküm- [b] Hes 34,4–6 Sach 11,16.17
mert[515][b]. Siehe, ich werde an euch jetzt heimsuchen eure bösen Ta- Jo 10,1.12

513 Die Königinmutter scheint in den späteren Phasen des judäischen Staates jeweils eine bedeutende Rolle gespielt zu haben.
514 »Siegelring Gottes«, vgl. Hag 2,23.
515 w.: heimgesucht (erg.: um sie zu sammeln).

[c] Hes 34,11–16 Jo 10,16
[d] 3,15
[e] 33,15.16 Jes 4,2 9,5.6 11,1–5 Sach 3,8 6,12 Ps 72,1

**3 ten! – Ausspruch Jahwes. – * Ich selbst werde den Rest meiner
Schafe sammeln aus allen Ländern, wohin ich sie verstoßen habe,
und will sie heimkehren lassen auf ihre Weide, und sie sollen
4 fruchtbar sein und sich mehren[c]. * Ich selbst werde über sie Hirten
einsetzen, die sie weiden[d], so daß sie sich nicht mehr fürchten müs-
sen, nicht mehr erschrecken und nicht mehr zur Vernichtung heim-
5 gesucht werden – Ausspruch Jahwes. – * Siehe, es kommen Tage –
Ausspruch Jahwes –, da will ich dem David einen gerechten[516]
Nachkommen[517] erstehen lassen. Er wird als König herrschen und
6 Recht und Gerechtigkeit im Lande üben[e]. * In seinen Tagen wird
Juda gerettet werden[518], und Israel wird in Sicherheit wohnen; und
dies wird sein Name sein: »Jahwe ist unsere Gerechtigkeit« wird er
7 heißen. – * Darum siehe, Tage kommen – Ausspruch Jahwes –, da
wird man nicht mehr sagen: So wahr Jahwe lebt, der die Söhne Is-
8 rael aus dem Lande Ägypten herausgeführt hat, * sondern: So
wahr Jahwe lebt, der die Nachkommen des Hauses Israel aus dem
Nordland herausführt und heimgebracht hat aus allen Ländern,
wohin er sie auseinandergejagt hatte; dann werden sie wieder auf
ihrem eigenen Heimatboden wohnen.**

Überblick

Wir haben hier zum erstenmal ausführliche Heilsworte im Jeremia-Buch, wenn man von 16,14.15 absieht, die 23,7.8 entsprechen. Von einem Wehe-Ruf über die Führer des Volkes Juda und einer Gerichtsankündigung über sie geht das Wort weiter zu einer Ankündigung einer Initiative Gottes zur eigenen Übernahme des Hirtenamtes (V. 3). Erste Andeutungen zu diesem Thema im Jeremia-Buch haben wir in 3,15. Von der Ankündigung der Übernahme des Hirtenamtes durch Gott selbst geht es weiter zur Ankündigung des Hirtenamtes menschlicher Hirten. Von den vielen auserwählten Hirten geht das Heilswort zu dem einen Hirten (V. 5.6) und schließlich von dort zu einer Ankündigung eines kommenden Heilszustandes des Gottesvolkes (V. 7.8).

1–3 Was bedeutet der Vorwurf, daß die bisherigen Herrscher zur Zeit Jeremias, abgesehen von Josia, das Volk Gottes zerstreuten?[519] Doch wohl dies, daß sie den Kult fremder Götter duldeten, denn Götzen-

[516] o. richtigen, im Sinne von: wie er vor Gott sich richtig verhält.
[517] w.: Sproß.
[518] o. Heil erfahren.
[519] Beachte: In V. 2 zerstreuen die Hirten das Volk, während in V. 3 Gott das Volk zerstreut: Gottes Gerichtshandeln vollendet äußerlich, was die Könige Judas geistlich schon längst angerichtet haben. Aus dem geistlich zerfahrenen wird das chaotische Leben.

dienst ist immer Zerstreuung im geistlichen Leben des Gottesvolkes, niemals Sammlung. – Weil Menschen versagt haben, greift Gott sel- 4–8
ber ein. Folgendermaßen könnte man das Verhältnis von altem und neuem Bund bestimmen: Als die Zeit der menschlichen Irreführungen ihr Vollmaß erreicht hatte (Altes Testament), sandte Gott seinen Sohn, um durch ihn die Führungsrolle in Gemeinde und Welt zu übernehmen (Neues Testament). Erlösung ist Sammlung[520]. Unter den neutestamentlichen Zeugen hat vor allem der Evangelist Johannes den Kreuzestod Jesu unter dem Aspekt der Sammlung des Gottesvolkes beschrieben[521].

Erlösung heißt ferner im Alten wie im Neuen Testament: Befreiung aus der Gewalt von Verführern, Sammlung der Befreiten zu einer Gemeinde unter einem Hirten. Erst, wenn das Volk Gottes gesammelt wird von dem guten Hirten, gibt es auch eine »Vermehrung« (V. 3), d.h., ein Wachsen des Volkes. – Der Fortgang der Heilsgeschichte wird hier so beschrieben: Die »Vielen« sind Vorläufer des »Einen«[522]. Darum führen die vielen Hirten von V. 4 zu dem einen Hirten

[520] Vgl. Hes 34. – Die Evangelien berichten von der Erfüllung der Verheißung des guten Hirten. Dabei wird Jesus jedoch nicht als Regent vorgestellt, sondern als einer, der Barmherzigkeit übt, vgl. bei Markus die Speisung der Fünftausend. Bis in die Einzelheiten wird das Hesekiel-Wort – das eine Erweiterung unseres Jeremia-Wortes ist – erfüllt. Das Lagern des Volkes: Hes 34,15 = Mk 6,39; das Gras: Hes 34,13.14 = Mk 6,39. Jesu Hirtenamt besteht also hier in der Versorgung der Hungernden. – Im Matthäus-Evangelium (9,35–38) wird dieses Hirten-Motiv verknüpft mit der Aussendung der Jünger zum Predigen, Heilen, Totenauferwecken und Dämonenaustreiben. Hier sind *die* Hirten neben *dem* einen guten Hirten in Sicht!

[521] – Jo 11,51.52: »Denn Jesus sollte für das Volk sterben, und nicht für das Volk allein, sondern damit er auch die (unter den Völkern) zerstreuten Kinder Gottes in eins zusammenbrächte.«
– Jo 10,16: »Und ich habe (noch) andere Schafe, die nicht aus diesem Stalle sind; auch sie muß ich herführen, und sie werden auf meine Stimme hören, und es wird eine Herde und ein Hirte sein.«
– Jo 17,20.21: Jesus, der im Begriff ist, am Kreuz zu sterben, betet: »Nicht für diese allein, aber sondern auch für die, welche durch ihr Wort an mich glauben, bitte ich, daß alle eins seien, wie du Vater, in mir bist, und ich in dir, (ja) daß auch sie in uns eins seien, damit die Welt glaubt, daß du mich gesandt hast.«

[522] Ein Beispiel für die biblische Sicht des Miteinander und Nacheinander der »Vielen« und des »Einen«: die Linie geht von den Völkern (1Mo 10) zu dem Einen (Abraham in 1Mo 12ff), von diesem wieder zu den Vielen (1Mo 45ff). Aus diesen Vielen wird wiederum der Eine erwählt (Mose in 2Mo 2ff). Dieser Eine führt die Vielen, nämlich die Stämme Israels aus Ägypten. Aus den vielen (Stämmen) wird der eine Stamm erwählt, nämlich Juda. Man könnte diese Linie fortsetzen bis hin zu Jesus und den Aposteln: wie Gott den Einen – Jesus – erwählt, und dieser Jesus den Einen, nämlich Petrus, als Felsenmann erwählt, so geht auch die Linie von diesem Einen wieder zu den Vielen (»auf diesem Felsen will ich meine Gemeinde bauen« – Mt 16,18).

von V. 5, dem gerechten Sproß Davids[523]. Dieser Nachkomme Davids wird in V. 5b näher beschrieben: Er wird Recht und Gerechtigkeit im Lande walten lassen.

Man kann vermuten, daß im Namen des angekündigten gerechten Davidsprosses **»Jahwe ist unsere Gerechtigkeit«** eine indirekte Kritik am letzten König Judas, Zedekia, enthalten ist, dessen Name bedeutet: »Meine Gerechtigkeit ist Gott«. – »Gerechter Sproß« bedeutet dann ein Zweifaches:
– Er wird Gerechtigkeit im Lande walten lassen;
– Er wird ein rechtmäßiger König sein, d.h., von Gott selber eingesetzt, während Zedekia von Nebukadnezar zum König eingesetzt wurde, der auch dessen ursprünglichen Namen Matthanja in Zedekia umwandelte.

Das Heil, das dieser Davidssproß wirkt (V. 6), bewirkt Ruhe und Frieden. Das kann er aber nur, weil seine Verbundenheit mit Gott einzigartig ist. Darum heißt er **»Jahwe ist unsere Gerechtigkeit«.** Solch eine Verheißung übersteigt alle menschlichen Möglichkeiten. Kein israelitischer König konnte so sehr von seinem eigenen Wesen absehen, daß sein Name Gottes Name wurde[524].

Das Wesen der wahren und der falschen Prophetie: 23,9–40

9 **Den Propheten** (soll folgendes gesagt werden): **Zerbrochen ist mein Herz in meinem Inneren; es zittern alle meine Gebeine. Ich**

[523] Zu diesem Ausdruck ist zu vergleichen Jes 11,1. Im Unterschied zu Jesaja nennt Jeremia den kommenden Sproß einen Nachkommen Davids, nicht Isais, des Vaters Davids. Damit wird noch eindeutiger der kommende Hirte ein Geschenk der Verheißung (zur Verheißung für das Davidshaus vgl. 2Sam 7,16) und nicht einfach ein Nachkomme aus einem alten Geschlecht. – Inwiefern die Verheißungsstruktur etwas mit dem Glauben zu tun hat (der nur Glaube ist, wenn er sich auf Verheißungen gründen kann), führt Paulus im Galater-Brief aus: 3,18.22 u.a. – Im Ausdruck Sproß steckt zweierlei:
1. Der Sproß setzt einen abgeschlagenen Stamm voraus: der kommende Hirte kann also erst kommen, wenn das Gericht (= das Umhauen des Baumstammes) stattgefunden hat.
2. Der Sproß kann nur wachsen, wenn der Wurzelstock noch nicht abgestorben ist: Der Wurzelstock Davids lebt aber nicht mehr aus eigener Kraft, sondern nur um der Treue Gottes, also um seiner Zusagen an David willen.
Zu dem Ausdruck »erstehen lassen« vgl. Mi 5,1: »hervorgehen«. – Zum Bild des gerechten Hirten vgl. Ps 72; ferner die Parallele im Jeremia-Buch: 33,15.16.

[524] Erst als Jesus kommt, und er von Gott zum Kreuz geführt wird, ist Gottes Gerechtigkeit erwiesen, wie Paulus sagt (Rö 3,26): »... damit (Gott) selbst gerecht sei und den gerecht spreche, der aus dem Glauben an Jesus ist.« Weil Gott sich um Jesu Tod willen selbst als gerecht erwiesen hat, können wir auch gerechtfertigt werden und können dann mit den Worten Jeremias bekennen: »Gott ist unsere Gerechtigkeit.«

bin geworden wie ein Betrunkener, wie ein Held, den der Wein
10 überwältigt hat, vor Jahwe und seinen heiligen Worten[a]. * Denn
das Land ist voll von Ehebrechern. Unter dem Fluch[525] liegt das
Land in Trauer. Es sind verdorrt die Weiden der Steppe. Sie lau-
fen dem Bösen nach. Ihre Anstrengung (geht in Richtung auf das
11 Böse). * Denn auch Prophet und Priester sind dem rechten Ver-
hältnis zu Gott entfremdet[526]. Auch in meinem Hause habe ich
12 ihre Bosheit gefunden[b] – Ausspruch Jahwes. * Darum wird ihr
Weg ihnen schlüpfrig; in der Dunkelheit stoßen sie sich und fal-
len in ihr, denn ich will über sie Unheil bringen im Jahr ihrer
Heimsuchung[c] – Ausspruch Jahwes.
13 * Auch bei den Propheten in Samaria habe ich Anstößiges ge-
sehen: sie weissagten im (Namen des) Baal und führten mein Volk
14 Israel in die Irre[d]. * Aber bei den Propheten Jerusalems habe ich
Entsetzliches gesehen: Ehebruch, lügenhaften Wandel, und sie
stärken dabei noch die Hände der Übeltäter, so daß kein Mensch
umkehrt von seiner Bosheit[e]. Sie sind mir alle geworden wie So-
15 dom und ihre Bewohner wie Gomorrha. * Darum spricht Jahwe
Zebaoth über die Propheten dieses: Siehe, ich speise sie mit Wer-
mut und tränke sie mit Giftwasser[f], denn von den Propheten Jeru-
salems ist die Gottentfremdung[527] auf das ganze Land ausgegan-
gen.
16 * So spricht Jahwe Zebaoth: Hört nicht auf die Worte der Pro-
pheten, die euch weissagen. Sie lügen euch nur Nichtigkeiten vor;
selbsterdachte Gesichte[528] erzählen sie, (aber) nichts, was aus
17 dem Munde Jahwes (kommt). * Sie sagen denen, die das Wort
Jahwes verschmähen: »Friede wird euch geschenkt!«[529] Und je-
dem, der sich entsprechend seiner Herzenshärtigkeit verhält, sa-
18 gen sie: »Über euch wird kein Unheil kommen!«[g] – * Wer hat im
Rate Jahwes gestanden, hat (ihn) gesehen und hat sein Wort ge-
19 hört? Wer hat aufgemerkt auf mein Wort und hat gehört[h]? – * Sie-
he, ein Sturmwind Jahwes – (das ist sein) Zorn – bricht los; eine
wirbelnde Windsbraut stürmt auf das Haupt der Gottlosen her-
20 ab[i]. * Nicht eher hört der Zorn Jahwes auf[530], bis er getan und
durchgeführt hat, was er sich vorgenommen[531]. Am Ende der
21 Tage werdet ihr darüber (volle) Einsicht haben. – * Ich habe die

[a] 5,30.31 Hes 6,9 13,1 Neh 6,14
[b] 6,13 7,30 5Mo 13,3.4
[c] 11,23 Ps 35,6
[d] 2,8 5,31
[e] 29,21–23 1Mo 19
[f] 8,14 9,14.15 Klgl 3,15
[g] 5,12 Hes 13,10
[h] 1Kö 22,15–23 Jes 40,13 Hi 15,8 1Kor 2,16
[i] 30,23.24

525 a. Überl.: ihretwegen.
526 o. entweiht.
527 w.: Entweihung.
528 w.: das Gesicht ihrer Herzen.
529 o. »Es wird euch gutgehen.«
530 w.: kehrt um.
531 w.: entsprechend den Gedanken seines Herzens.

Propheten nicht gesandt, trotzdem laufen sie. Ich habe zu ihnen
22 nicht geredet, aber sie weissagen[k]. * Wenn sie in meiner (himmli-
schen) Ratsversammlung (im Geiste) gestanden hätten, so würden
sie meinem Volk meine Worte verkündigen können und würden
es von seinen bösen Wegen abbringen und von seinen bösen Ta-
ten.
23 * Bin ich (nur) ein Gott aus der Nähe – Ausspruch Jahwes –, und
24 nicht (auch) ein Gott von ferneher[l]? * Kann sich ein Mensch in sei-
nen Verstecken verbergen, wo ich ihn nicht sehen könnte[m]? – Aus-
spruch Jahwes. Fülle ich nicht Himmel und Erde aus? – Aus-
spruch Jahwes.
25 * Ich habe gehört, was die Propheten sagen, die in meinem Na-
men Trug weissagen und sagen: »Mir hat geträumt! Mir hat ge-
26 träumt!« * Wie lange noch haben sie dieses im Sinn[532], die Pro-
pheten, die in Lüge weissagen und den Trug ihres Herzens ver-
27 kündigen? * Sie haben sich vorgenommen, bei meinem Volk mei-
nen Namen in Vergessenheit zu bringen, indem sie ihre Träume
einander erzählen – wie ihre Väter meinen Namen über dem Baal
28 vergessen haben! – * Der Prophet, der einen Traum hatte, soll den
Traum nur erzählen[n]! Wer aber mein Wort hat, der soll mein Wort
beharrlich sagen! Was haben Stroh und Korn miteinander zu tun?
29 – Ausspruch Jahwes. * Ist nicht so mein Wort – Ausspruch Jahwes
–, wie Feuer, wie ein Schmiedehammer, der Felsen zertrümmert[o]?
30 * Darum siehe, ich will gegen die Propheten vorgehen – Aus-
31 spruch Jahwes –, die einander meine Worte stehlen: * Siehe, ich
will jetzt gegen die Propheten vorgehen – Ausspruch Jahwes –,
die ihre Zunge dazu gebrauchen, Orakelworte zu verkündigen.
32 * Siehe, ich will gegen die Propheten vorgehen mit ihren Lügen-
träumen – Ausspruch Jahwes –, die sie überall erzählen und mein
Volk mit ihren trügerischen Worten und ihrem Geflunker in die
Irre führen[p], während ich sie doch nicht gesandt und ihnen keinen
Auftrag gegeben habe. Sie nützen diesem Volke wirklich nicht –
Ausspruch Jahwes.
33 * Und wenn dich dieses Volk oder ein Prophet oder ein Priester
fragt: »Was ist die Last Jahwes[q]?« dann sage ihnen: »Ihr[533] seid
die Last (Jahwes), und ich will euch abwerfen«[534] – Ausspruch
34 Jahwes. * Und wenn Prophet oder Priester oder Volk sagen: »Last
Jahwes«, so will ich jenen, der das sagt, und dessen Haus es bü-

[k] 27,15; 29,9
[l] Ps 94,7.9
[m] Ps 139,7–12; Jer 16,17; 1Kö 8,27; Hi 22,14
[n] 4Mo 12,6
[o] 5,14; 20,9; Hos 6,5; Hebr 4,12
[p] 28,15–17; Hes 13,1–16
[q] 17,15; Jes 13,1; 14,28; 19,1; Sach 9,1; 12,1; Mal 1,1

532 w.: ist es in ihren Herzen.
533 So nach alten Übers.
534 w.: aufgeben.

35 **ßen[535] lassen. * So sollt ihr vielmehr untereinander sprechen:**
»Was hat Jahwe geantwortet?« und: »Was hat Jahwe gesagt?«
36 *** Aber des (Wortes) »Last Jahwes« dürft ihr nicht mehr gedenken;**
denn zur »Last« wird jenem Menschen sonst sein Wort werden;
ihr verdreht ja die Worte des lebendigen Gottes, Jahwe Zebaoths,
37 **unseres Gottes! – * So sollst du zum Propheten sagen: »Was hat**
38 **dir Jahwe geantwortet?« und: »Was hat Jahwe geredet?« * Wenn**
ihr aber »Last Jahwes« sagt, dann spricht Jahwe dieses: Weil ihr
dieses Wort »Last Jahwes« gebraucht, obwohl ich euch habe aus-
39 **richten lassen, ihr solltet nicht sagen »Last Jahwes«, * will ich**
euch aufheben wie eine Last und euch von meinem Angesichte
wegwerfen, ebenfalls die Stadt, die ich euch und euren Vätern ge-
40 **geben habe. * Und ich will über euch ewige Schande verhängen**
und ewige Schmach, welche nicht vergessen werden soll.

Überblick

In diesem Abschnitt haben wir eine Spruchsammlung von Reden Jeremias gegen die falschen Propheten, wobei auch wichtige Gesichtspunkte über das Wesen der wahren Prophetie herauskommen. Bisher kam im Jeremia-Buch der Kampf gegen jene Propheten nur andeutungsweise vor: 2,8b; 4,9f; 6,13f; 14,13ff; 18,18. Wir teilen diese Spruchsammlung in folgende Abschnitte ein:

V. 9–15: (dazu gehören V. 30 + 32, die man sich gut als Fortsetzung von V. 15 vorstellen kann): Beginnend mit einer Klage Jeremias schildert dieser Abschnitt das Versagen der Propheten und Priester in ihrem Amt, wobei die Propheten die Hauptverantwortung tragen.

V. 16–29: Eine »Psychologie des Prophetseins«, d.h. eine Beschreibung der Vorgänge im Propheten selbst, wenn es zu einer Prophetie kommt, sowohl bei den Jahwe-Treuen als auch bei den Baal-Abhängigen. Die V. 23.24.28b.29 sind Reflexionen (= Überlegungen), in denen das Wesen des Gottes der wahren und falschen Propheten und der diesem Gottesbild entsprechenden Worte zusammengefaßt werden.

V. 33–40: Ein Streitgespräch Jeremias mit den Propheten, Priestern und Vertretern des Volkes zum Thema »Last Jahwes«.

Niemals kann sich Jeremia eines Auftrages entledigen, ohne persön- **9**

[535] w.: heimsuchen.

lich beteiligt zu sein. So auch hier. Er beginnt die Anklage mit einer
persönlichen Klage. Er klagt nicht, weil er empfindlich ist, sondern
weil er vor dem Angesicht Jahwes und **»vor seinen heiligen Worten«**
10 erbebt (V. 9). Es folgt die bekannte Anklage des geistlichen Ehe-
bruchs[536] und die Ankündigung des Urteils, daß diese Ehebrecher
ausgleiten und fallen werden. Gottes Gericht führt in die Dunkelheit.
Man findet den Weg nicht mehr. Zur Verdeutlichung der Schuld Jeru-
salems wird die Schuld des ehemaligen Nordreiches Samaria (= Isra-
14 el) herangezogen[537]. Es wird eine Steigerung der Sünde deutlich: Im
Namen (= in der Kraft) Baals oder eines baalisierten Jahwe zu pro-
phezeien, ist »anstößig«; aber was Juda begeht, ist nicht nur anstö-
ßig, sondern »entsetzlich« (V. 14).
16–29 Anschließend ergeht eine Warnung vor den falschen Propheten als
den Urhebern allen Unheils[538], indem Jeremia jene Propheten wört-
lich zitiert. Also nicht die Könige allein tragen die Verantwortung,
wie es in 23,1ff den Anschein hatte. – Dann folgt eine ausführliche
Aufhellung der Hintergründe dieser Art von Prophetie.
23 Am besten geht man von V. 23 aus, weil dort mit einem Satz das
Wesen der falschen und der echten Prophetie zusammenfassend be-
schrieben wird: **»Bin ich** (nur) **ein Gott aus der Nähe und nicht** (auch)
ein Gott von ferneher?« In der Wendung »aus der Nähe« (hebr. ›mi-
qarōb‹) steckt das Verb ›qarab‹: sich nähern, nahe sein. Ableitungen
von diesem Verb bezeichnen im Alten Testament u. a. das Darbringen
von Opfergaben; ferner wird es gebraucht, wenn z. B. von Gott gesagt
wird, daß er »mitten im Land« (Ägypten) ist, z. B. 2 Mo 8,18. Man
kann auch sagen »in unserer (= des Volkes) Mitte«, z. B. 2 Mo 17,7.
Dieses Wort begegnete uns auch schon in 14,9 in einem Bußgebet, das
allerdings von Gott abgelehnt wird, wo das Volk betet: »Du bist ja
doch unter uns, Herr.« – So ist auch Mt 28,20 zu verstehen: »Siehe, ich
bin bei euch alle Tage«, oder Lk 17,21: »Das Reich Gottes ist mitten
unter euch.« – Dann wird das Wort (hier die Form ›qäräb‹) auch ge-
braucht zur Bezeichnung des Inneren im Menschen, z. B. in Ps 103,1
und kommt in die Nähe (wie in 23,9) des Begriffes »Herz«. Dann wäre
23,23 zu übersetzen: »Bin ich nur ein Gott, der aus dem Herzen redet,
in die Herzen hineinredet, von Herz zu Herz redet.« Danach würde
der V. 23 an Juda die Warnung richten: Beachtet, daß sich Gott so
ohne weiteres nicht mit dem Herzen des Menschen eins macht. – Eine
wichtige Weiterführung im Neuen Testament bietet 1Kor 2,9.10. Hier

[536] s. dazu 2,20; 3,1f.

[537] C. Westermann (N): »Das war ein harter Spruch, denn den Fall Samarias betrachtete man in Juda als ein Gottesgericht und indirekt als eine Bestätigung der eigenen Haltung.«

[538] Vgl. schon V. 11.

wird unterschieden zwischen dem, was »ins Herz emporgestiegen ist« (V. 9), und dem, was der Heilige Geist offenbart, (der natürlich auch im Inneren des Menschen wirkt).

Falsche Prophetie haben wir dann vor uns, wenn nicht mehr unterschieden wird zwischen Herz und Geist Gottes. (Vgl. dazu 31,33 als Gottes Antwort auf das Problem des unreinen menschlichen Herzens. Das menschliche Herz, das »Innere« also, muß »neu beschrieben« werden.) Ferner wird das Wort ›qäräb‹ gebraucht, um eine verwandtschaftliche Beziehung auszudrücken, z.B. in Ps 15,3. In diesem Falle müßte man in Bezug auf V. 23 sagen: Gott stellt hier die Frage, ob er wirklich »einer von uns« ist. Wäre Gott einer von uns, dann könnten wir mit ihm verfahren, wie mit einem Menschen unseresgleichen. Dann ist er unserer Kritik und unserer Beeinflussung ausgesetzt und ist dann nur noch eine Art Überhöhung unseres natürlichen Menschseins, aber nicht mehr der Herr. Darum ist die Botschaft von der Nähe Gottes, die auch das Alte Testament kennt (im Neuen Testament »Das Reich Gottes ist nahe herbeigekommen«, Mk 1,15), zu schützen vor der Vereinnahmung durch den Menschen. Oder anders gesagt: Der nahe Gott kann nur erfahren werden, wenn er der ferne, das ist der heilige und ganz andere, bleibt[539].

Der V. 24 ist eine Erläuterung zu V. 23: Gottesferne meint nämlich 24
nicht sein Entrücktsein, sein Nichtdabeisein, sondern vielmehr seine Allgegenwart! Die wiederum ist aber nicht selbstverständlich, sondern: Gerade weil Gott überall ist, kann er uns aus unseren Verstekken hervorholen, d.h., weil Gott ein Gott auch »von ferne her« ist, kann seine Gegenwart gerade dann, wenn sie nicht vermutet wird, bedrängend werden; vgl. dazu Ps 139,7–12.

Wir wollen das Ganze noch einmal in praktischer Zuspitzung formulieren: Der nahe Gott kann nur erfahren werden, wenn er der ferne bleibt, d.h.

- wenn ständig mit seinem Vermögen gerechnet wird, als Richter ordnend und scheidend in unser Leben einzugreifen;
- wenn das Gebet zu ihm mitsamt unseren konkreten Anliegen getragen wird von der Bitte: »Dein Wille geschehe«;
- wenn unser Leben mit Gott nicht durchzogen ist von einem »Benut-

539 Von hier aus wäre die Botschaft von der Himmelfahrt Christi (»Ich gehe weg von euch«) noch einmal neu zu durchdenken. (Vgl. die Frage 49 des Heidelberger Katechismus.) Überhaupt ist die Lehre von der Erhöhung Christi im Zusammenhang mit der Lehre von Gottes Heiligkeit (Gottes »Ferne«) zu sehen: Jesus ist gen Himmel gefahren, um den menschlichen Zugriffen unzugänglich zu sein. Erst wenn man dies erkannt hat, wird auch die Botschaft von der Nähe Gottes mit neuem Inhalt gefüllt. Der erhöhte, das ist der ferne, Christus ist uns gerade als solcher unendlich nahe gekommen durch seinen heiligen Geist, den er ausgegossen hat.

zen« Gottes für unsere eigenen, engen Bedürfnisse (etwa so: »Ich glaube an Gott, damit es mir in Zeit und Ewigkeit gut ergeht«), sondern von den wunderbaren und uns immer wieder fremdartig anmutenden Wegen Gottes;

– wenn alle Gottesgaben nicht als geistliche Genußmittel, sondern als Hilfen zum Gehorsam angenommen werden.

29 Wenn der nahe Gott in diesem Sinne verstanden wird, wird auch sein Wort so erlebt, wie es in V. 29 beschrieben wird; dann ist sein Wort wirklich wie Feuer und wie ein Schmiedehammer, der Felsen zertrümmert. Der Gott der falschen Propheten aber ist nur der nahe Gott, der nichts zertrümmern kann[540].

22 Können wir etwas über die Art und Weise des Wortempfangs bei den wahren Propheten aussagen? – Wenn Gott nicht aus unserem Herzen herauskommt, sondern von außerhalb[541], dann geschieht auch der Wortempfang beim wahren Propheten in einer ganz anderen Weise als beim falschen. Wir lesen in V. 22 die Wendung **»im Rate Gottes stehen«** im Sinne von: In der himmlischen Ratsversammlung stehen. Das heißt: Der Prophet Gottes muß sich nichts »ausdenken«, sondern er wohnt einem Geschehen bei, das ohne ihn angefangen und auch ohne ihn zu Ende geführt werden könnte. Etwa, wie wenn Gott in seiner himmlischen Ratsversammlung fragt: »Wer will unser Bote sein[542]? Gott hat eine Botschaft, die ausgerichtet werden muß. Der Prophet wird in die Vorbereitung zu dieser Botschaftsverkündigung mit hineingenommen[543].

[540] H.-J. Kraus (»Prophetie in der Krisis«, Bibl. Studien Nr. 43, 1964, S. 47) beschreibt das Wesen der wahren und der falschen Prophetie im Anschluß an eine Erörterung über V. 23 folgendermaßen: »Der ›Gott aus der Ferne‹ . . . ist der Gott, der sich ›von ferne her‹ kundtut, der in Jes 55,8.9 von sich selbst aussagt: ›Meine Gedanken sind nicht eure Gedanken, und eure Wege sind nicht meine Wege, spricht Jahwe, sondern so hoch der Himmel über der Erde ist, soviel sind meine Wege höher als eure Wege und meine Gedanken höher als eure Gedanken. Die Propheten des nahen Gottes erklären: ›Nie wird dem nabi (= Prophet) das Wort ausgehen‹ (Jer 18,18). Der Prophet des fernen Gottes weiß sich davon abhängig, daß sich das Wort bei ihm einstellt – das fremde, überraschende, das Herz erschütternde Wort (Jer 15,16). Der ›Gott aus der Nähe‹ ist der religiös-nationale Schutzpatron eines heilssicheren Volkes, das mit beschwörenden Akklamationen (= Beteuerungen) ausruft: ›Der Tempel Jahwes, der Tempel Jahwes, der Tempel Jahwes ist hier‹ (Jer 7,4).«

[541] Neutestamentlich gesprochen: Durch die Ausgießung des Heiligen Geistes des erhöhten Christus.

[542] Vgl. die Berufung Jesaja, Jes 6,1ff; ferner die ausführliche Beschreibung einer solchen Ratsversammlung vor dem Thron Gottes in 1Kö 22,19ff.

[543] Etwas ähnlich Objektives sind im Neuen Testament die Erscheinungen des auferstandenen Jesus, die u. a. auch als Berufungsgeschichten der Apostel anzusehen sind. Obwohl nichts von dem Vorgang der Auferweckung berichtet wird, sind die Erscheinungen des Auferstandenen (die keine Visionen sind) ein Kommen Jesu aus der himmlischen Welt heraus. Insofern kann man auch hier sagen: Der neutestamentliche Apostel und Jünger hat im »himmlischen Rat« gestanden. Weil der heilige Geist nicht eine unpersönliche Kraft ist, die die Jün-

Der wahre Prophet erfährt also durch solch ein objektives Widerfahrnis eine Sendung durch Gott. Diese Sendung ist nicht zu erklären als das Übermanntwerden von einem Gefühl, für etwas berufen zu sein. Zur Sendung gehört immer ein Stück Nötigung und Zwang[544]. Oder anders gesagt: Zu der Sendung des wahren Boten Gottes gehört auch, daß sich der Bote (einen Augenblick lang) sträuben kann. Wer sich nie gesträubt hat, ist auch nie gesandt worden. Wer sich gesträubt hat vor dem Botendienst, kann auch von Gott überwunden, ja schließlich auch »beschwatzt« werden[r]. [r] 20,7

Demgegenüber verkündigen die falschen Propheten **»Gesichte ihrer Herzen«** (V. 16), d.h., sie reden nicht vom Angesicht Gottes, von der himmlischen Ratsversammlung her. Darum haben sie einen Gott in ihrer Verkündigung, der, entsprechend der Sehnsucht der Zeit nach Frieden, dem Volk eben diesen zuspricht, also Trost für verhärtete Herzen spendet, die ihrerseits nicht gewillt sind, Frieden zu empfangen und zu bewahren. Jeremia ist durchaus für den Frieden, aber Frieden für solche Menschen, die ein hörendes Herz haben. – Die, die »aus dem Herzen« heraus reden, **»laufen«** (V. 21a). Eine gewisse Hektik ist das Kennzeichen ihres Tuns, wohinter sich die Ungewißheit über die Berechtigung ihrer Sendung verbirgt, während Gottes Propheten auch Zeiten des Schweigens und des ausschließlichen Hörens kennen. **16** **21**

Im Zusammenhang mit den »Gesichten des Herzens« wird ein abwertendes Urteil über das Traumgesicht gefällt (V. 25–28). Überblickt man die biblischen Beispiele, in denen ein Traum das Mittel für eine Gottesoffenbarung war, stellt man fest, daß er ein außergewöhnliches Mittel ist, dessen Gott sich zur Kundgabe seines Willens durchaus bedienen kann, genauer: an den Nahtstellen im Fortgang des Reiches Gottes bedient hat. Dadurch führte er seine Boten einen Schritt weiter, den sie von sich aus nie gegangen wären[545]. **25–28**

In seiner Souveränität kann Gott sich des Traumes bedienen, aber er ist keineswegs ein Mittel, mit dem man selbstverständlich rechnen kann. In den Zeiten des Konfliktes, des Kampfes Gottes und seiner

ger von irgendwo her plötzlich überfällt, sondern ausdrücklich vom erhöhten Jesus und von seinem Vater gesandt wird (»meinen Geist gebe ich euch« . . . »den Geist der Wahrheit, den der Vater in meinem Namen sendet«), erkennt man: Die Berufung und Beauftragung der Christen geschieht durch den Geist, der – alttestamentlich gesprochen – im Rate Gottes gestanden hat und als solcher von Gott dem Vater in Jesu Namen gesandt wird.

[544] Vgl. 20,7; bei Paulus: »Daß ich das Evangelium verkündige, darf ich mich nicht rühmen; ich muß es tun«, 1Kor 9,16.

[545] Hierbei ist noch zu unterscheiden zwischen Tag- und Nachtgesicht. Gott überwindet die Vorbehalte des Petrus gegen die Heidenmission durch ein Taggesicht (Apg 10). Ebenfalls (hier wird ein entscheidender Schritt im Fortgang des Reiches Gottes jedem Leser sofort auffallen) wird Paulus durch ein Nachtgesicht nach Europa als Missionar geholt.

Kinder gegen die Welt mit ihren Götzen, steht nicht Traum gegen Traum, sondern Traum gegen Gotteswort.

27 In V. 27 ist eine weitere Bemerkung Jeremias über die Praxis der falschen Prophetie zu beachten. Während der Prophet Gottes mit seinem Reden aus der Einsamkeit kommt, hat der falsche Prophet das Bedürfnis, seine Erkenntnis als Sensation zu verkaufen, sie sogleich seinen Kollegen mitzuteilen und anschließend damit Anhänger im Volke zu gewinnen[546]. In dem Hin und Her der Diskussion über die Traumgesichte, bei dem sich der falsche Prophet mehr an seiner eigenen Erkenntnis berauscht, als daß er im Hören bleibt, wird nichts Heiliges mehr übrigbleiben, falls je etwas davon vorhanden gewesen ist. Darum gehört jener aufgeregte Gedankenaustausch unter den falschen Propheten in die Linie des hektischen Laufens (V. 21b) und des aufgeregten Rufens: **»Mir hat geträumt! Mir hat geträumt!«**[547]

28 V. 28 überrascht! Man hätte ein schärferes Entweder–Oder erwartet. Aber hinter diesem Vers verbirgt sich eine tiefere Kluft zwischen wahrer und falscher Prophetie, als es durch eine bloße Verdammung geschehen könnte. Denn wer sich abgrenzt, hat den Hang, das, was er richtig erkannt hat, zu überspitzen. Er ist fast immer der Versuchung des Hochmutes ausgesetzt. Hier aber geschieht eine Geister-Unterscheidung, die fruchtbarer ist, als jene bekannte, welche unermüdlich verkündigt: »Wir verurteilen . . ., wir verurteilen . . .« Jeremia will sagen: Laßt sie nur reden, was ihnen träumt; ich jedenfalls rede das Wort Gottes[548].

33–40 Ein neues Thema wird angesprochen[549]: Die Anweisung Gottes für ein Gespräch des Propheten mit dem Volk angesichts einer bestimmten Frage, die im Volke umgeht. Zu erinnern ist an Situationen wie etwa die der großen Dürre (Kap. 14), wo die Frage des Volkes der Anlaß für eine Fürbitte Jeremias wird. Es geht hier um den Begriff **»Last«**[550], über den im Volke eine große Diskussion entbrannt ist. Nach Nah 1,1; Hab 1,1u. a. bedeutet dieses Wort auch »Wort«. Dann hätte das Volk, wie bei der Bitte um Jeremias Fürsprache bei Gott,

[546] Vgl. V. 31.32.

[547] Beachte das zweimalige Rufen entsprechend dem dreimaligen Rufen der Tempelpropheten in 7,1ff: »Der Tempel Jahwes ist hier . . .«

[548] Man macht nämlich nichts gut durch das fortgesetzte Warnen vor dem Gift, sondern dadurch, daß man nicht müde wird, Gottes Wahrheit in großer Treue immer weiter auszulegen und zu verkündigen. Das, was wir durch unser Verurteilen erreichen wollen – und letztlich doch nicht erreichen können – erreicht das Gotteswort selber (V. 29). – Weiteres zum Thema »Wahre und falsche Prophetie« siehe 28,1ff.

[549] Ein späterer Ordner der Worte Jeremias sah wohl in diesen Versen einen thematischen Zusammenhang zur Auseinandersetzung mit der falschen Prophetie; darum schloß er sie an 23,9–32 an.

[550] Hebr. ›massa‹.

wieder einmal eine fromme Regung gezeigt, indem es fragt: »Was für ein Wort hat Jahwe jetzt für uns?« (vgl. die gleiche scheinfromme Frage des Königs Zedekia 37,17). Ähnlich wie vordem das Gebet des Jeremia durch Gott verworfen wurde, so wird hier in der Art einer Belehrung über den Wortsinn eines so einfach dahingesagten Wortes das gleiche gesagt, wenn es heißt: **»Ihr seid die Last Jahwes, und ich will euch abwerfen«** (V. 33b). Gott antwortet also nicht auf die Frage des Volkes. Diejenigen, die nur sagen können: Friede! Friede! und an dem Gericht Gottes vorbeireden, dürfen auch nicht das Wort »Last Jahwes« gebrauchen, denn wie sie das Friedenswort verfälschen, so tun sie es ebenfalls mit diesem Wort. Es geht im letzten hier nicht um eine kleinliche Handhabung eines bestimmten Wortes, wie es aus dem späteren Judentum[551] bekannt ist, sondern um ein Verwehren der Verkündigung des Wortes Gottes durch die falschen Propheten. Das Wort ist durch Gott ermächtigt, an ihnen selbst Gericht zu üben, V. 39: **»Ich will euch aufheben wie eine Last und euch wegwerfen von meinem Angesicht.«** Das Wort »Aufheben« ist im Hebr. verwandt mit dem Wort »Last«.

Die Gnade triumphiert – das Gericht kommt: 24,1–10

1 **Jahwe ließ mich** (folgendes) **schauen: Siehe, zwei Körbe mit Fei-**
gen standen vor dem Tempel Jahwes, nachdem Nebukadnezar,
der König von Babel, den Konja, den Sohn Jojakims, den König
von Juda, sowie die Vornehmen Judas, die Schmiede und die
Fachleute für Bollwerk- und Schanzarbeiten[552] **von Jerusalem**
2 **nach Babel in die Gefangenschaft geführt hatte**[a]. *** Der eine Korb** [a] 29,1–20
enthielt sehr gute Feigen, wie Frühfeigen (sahen sie aus); **der an-**
dere Korb aber enthielt sehr schlechte Feigen, die man wegen ih-
3 **rer Fäulnis**[553] **nicht mehr essen konnte. * Da sprach Jahwe zu mir:**
Was siehst du, Jeremia? Ich sagte: Feigen! Die guten sind sehr
gut, die schlechten sind sehr schlecht, so daß sie nicht mehr eges-
4 **sen werden können wegen ihrer Fäulnis**[553]. *** Da erging das Wort**
5 **Jahwes an mich folgendermaßen: * So spricht Jahwe, der Gott Is-**
raels: Wie diese guten Feigen werde ich die Schar der gefangenen
Judäer, die ich von diesem Ort ins Land der Chaldäer verstoßen

[551] Die kritische Bibelauslegung sieht in diesem Abschnitt ein typisches Beispiel für eine spätere kleinliche und ziemlich gewollte Auslegungsweise und spricht ihn darum Jeremia ab.
[552] So nach dem Lexikon Koehler/Baumgartner, S. 541.
[553] o. wegen ihres Schlechtseins.

[b] Hes 11,14–21
[c] 1,10
[d] 31,31.33.34
Jo 17,3
[e] 15,4
26,6
29,18
42,18
44,12

6 **habe, gnädig anblicken[b]. * Ja, ich werde meine Augen gnädig[554]**
auf sie richten und werde sie heimführen in dieses Land; ich will
sie aufbauen und nicht (länger) niederreißen[c]; ich will sie ein-
7 **pflanzen und sie nicht (länger) ausreißen. * Dann will ich ihnen**
ein Herz geben, das mich erkennt[555], daß ich Jahwe bin; und sie
sollen mein Volk sein, und ich will ihr Gott sein, und sie werden
8 **sich zu mir kehren von ganzem Herzen[d]. – * Aber wie schlechte**
Feigen, die nicht gegessen werden können wegen (ihrer) Fäul-
nis[553] – so spricht Jahwe –, will ich den Zedekia, den König von Je-
rusalem, machen, dazu seine Vornehmen und den Rest Jerusa-
lems, der in diesem Lande zurückgeblieben ist und auch die, die
9 **sich im Land Ägypten niedergelassen haben. * Ich will sie zu ei-**
nem Schrecken, einem Übel, machen für alle Königreiche der
Erde; zu Schimpf und Spott, zu Hohn und Fluch an all den Orten,
10 **wohin ich sie verstoße[e]. * Und ich will gegen sie das Schwert, den**
Hunger und die Pest losschicken, bis sie vertilgt sind von dem
Erdboden, den ich ihnen und ihren Vätern gegeben habe.

1–4 Manches in diesem Abschnitt erinnert an die erste Vision Jeremias (1,11ff). Jeremia ist auch hier ganz der Empfangende und produziert nicht selbst geistliche Erkenntnis. Darum heißt es: **»Jahwe ließ mich schauen«** (V. 1). Daß Gott ganz der Gebende ist, kann man auch an der Aufforderung merken: **»Was siehst du?«** (V. 3)[556]. Jeremia saugt sich die Deutung der Vision nicht aus den Fingern, sondern sie kommt als Gotteswort zu ihm: **»Da erging das Wort Jahwes zu mir folgendermaßen«** (V. 4).

5–10 Zwei Feigenkörbe stehen vor dem Tempel Jahwes. Wir befinden uns in der Zeit nach der ersten Wegführung, also nach 598 v. Chr. Die beiden Feigenkörbe mit dem unterschiedlichen Inhalt: die Gruppe der Gefangenen in Babel und die im Lande Zurückgebliebenen stehen vor den Augen Gottes. Er bildet sich ein Urteil über sein Volk. Doch dieses Urteil Gottes über sein Volk erscheint uns willkürlich! Die Verbannten in Babel werden von Gott gnädig angesehen, der Rest Judas samt dem letzten König Zedekia wird aber dem Gericht anheimgegeben. Hatte Jeremia noch in 13,1–11 angekündigt, daß das ganze Volk Juda in Babylon zugrunde gehen würde, so nimmt er hier im Auftrage Gottes eine Korrektur an seiner Botschaft vor. Jeremias Heilsbotschaft für die Verbannten der ersten Wegführung gehört inhaltlich mit dem Brief an sie von Kap. 29 zusammen. Nicht weil die Verbann-

554 w.: zum Guten.
555 o. so daß sie mich erkennen.
556 Vgl. dazu die Ausl. zu 1,11ff.

ten bußfertiger sind als die Daheimgebliebenen, sondern weil sie das Gericht Gottes in einer viel größeren Tiefe erlebt haben, denn das Widerfahrnis der Gottesferne außerhalb des gelobten Landes ist viel schlimmer als die Zerstörungen innerhalb des Landes. Gott nimmt sich der Gerichteten an, indem er sich ihrer erbarmt. Die Feigen in dem ersten Korb sind nicht gut, weil sie von guter Qualität sind, sondern weil sie von Gott als gut angesehen werden. Als gut angesehen wird aber hier, wessen sich Gott erbarmt[557]. Warum die Zurückgebliebenen, die schlechten Feigen, keine Gnade finden, bleibt Gottes unausforschliches Geheimnis. Mit irgendwelchen Sympathien Jeremias für die vornehmere Bevölkerungsschicht der Verbannten der ersten Wegführung kann man das nicht erklären, auch nicht mit seiner Vorliebe für Jojachin, während dessen Nachfolger Zedekia Jeremia persönlich großen Schmerz zufügte. Man muß vor dem Geheimnis Gottes stehen bleiben: »Wessen ich mich erbarme, dessen erbarme ich mich!«

In V. 6 wird eine Heilsansage in den bei Jeremia häufig vorkommenden Formeln »Bauen und Pflanzen« angekündigt. Dieses Bauen und Pflanzen des neuen Juda ist allein Gottes Werk. Man kann nicht sagen, daß Juda durch Buße und Reue sich selbst dafür würdig gemacht hat. V. 7 erläutert, was dieses Bauen und Pflanzen eigentlich ist: das neue Herz[558] wird geschenkt. Gotteserkenntnis haben die, denen Erbarmung widerfahren ist[559].

Jeremia zieht eine Zwischenbilanz: 25,1–14

1 Das Wort, das an Jeremia erging über das ganze Volk Juda im
vierten Jahr Jojakims, des Sohnes Josias, des Königs von Juda.
Dieses war das erste Jahr des Königs Nebukadnezar von Babel.
2 * Das (alles) sagte der Prophet Jeremia zu dem ganzen Volk Juda
3 und zu allen Bewohnern Jerusalems: * Seit dem dreizehnten Jahr
des Königs von Juda, Josia, des Sohnes Amons, bis zum heutigen

[557] Wir haben hier ein Beispiel für die Botschaft von der ausschließlichen Gnade des lebendigen Gottes innerhalb des Alten Testamentes. Wenn wir im Neuen Testament die gute Nachricht von unserer Gerechtsprechung (wir *sind* nicht gerecht, sondern werden als gerecht *angesehen*) hören, dann ist die Formulierung von V. 6: »Ich werde meine Augen auf sie zum Guten richten« eine Vorform davon.

[558] Ausführlich in 31,31–34.

[559] Jes 40ff verkündigt auch den Verbannten der zweiten Wegführung die Rückkehr ins Land der Väter. Damit hat Gott die Ankündigung von 24,1–10 »überholt«. Seine Barmherzigkeit kennt keine Grenzen!

Tag, seit dreiundzwanzig Jahren also, erging das Wort Jahwes an
mich, und ich redete zu euch unermüdlich, aber ihr hörtet nicht. –
4 *** Jahwe hatte nämlich** (auch schon früher) **zu euch alle seine**
Knechte, die Propheten, unermüdlich gesandt, aber ihr habt nicht
5 **gehorcht und habt eure Ohren nicht geneigt zum Hören[a]. – * Ich**
sagte: Kehrt doch um, ein jeder von seinem bösen Weg und von
der Bosheit eurer Taten; dann sollt ihr wohnen bleiben auf dem
Boden, den Jahwe euch und euren Vätern gegeben hat für immer
6 **und ewig[b]. * Folgt nicht anderen Göttern nach, um ihnen zu die-**
nen und vor ihnen niederzufallen! Reizt mich nicht zum Zorn
durch das Tun eurer Hände[c], dann füge ich euch auch nicht Böses
7 **zu! * Aber ihr habt nicht auf mich gehört – Ausspruch Jahwes –,**
und habt mich zum Zorn gereizt durch die Taten eurer Hände[d] –
auch zum Unheil.
8 **Darum spricht Jahwe Zebaoth: Weil ihr nicht auf meine Worte**
9 **gehört habt, * siehe, so lasse ich alle Geschlechter des Nordens ho-**
len – Ausspruch Jahwes – und meinen Knecht Nebukadnezar, den
König von Babel, und ich lasse sie über dieses Land und seine Be-
wohner kommen und über alle diese Völker ringsum. Ich will sie
dem Bann übergeben und sie zum Entsetzen machen, zum Spott[560]
10 **und zur immerwährenden Schande. * Aufhören lassen will ich bei**
ihnen Freudenjauchzer und fröhlichen Klang, den Jubel des
Bräutigams und der Braut, das Geräusch der Handmühle und das
11 **Licht der Lampe[e]. * Dann wird dieses Land zur Wüstenei und zur**
Einöde – und diese Völker sollen dem König von Babel siebzig
12 **Jahre dienstbar sein! * Aber am Ende der siebzig Jahre will ich**
den König von Babel und jenes Volk (zum Gericht heimsuchen –
Ausspruch Jahwes) **wegen ihrer Schuld – und das Land der Chal-**
däer – und werde es für alle Zeit zu Wüstenlandschaften machen.
13 *** Dann will ich über jenes Land alle meine Worte, die ich über es**
geredet habe, hereinbrechen lassen – alles was in diesem Buch ge-
schrieben ist, was Jeremia über alle Völker geweissagt hat[561].
14 *** Denn auch sie werden ihnen dienstbar sein: vielen Völkern und**
großen Königen, und ich werde ihnen vergelten entsprechend ih-
ren Taten und dem Tun ihrer Hände.

[a] 7,25
[b] 3,12.14; 4,1
[c] 7,6; 5Mo 6,14.15
[d] 7,17–19
[e] 7,34; 16,9; 33,11

Im Jahre 604 v. Chr. (also entsprechend V. 3–23 Jahre nach seiner Berufung) sieht Jeremia die Stunde für gekommen an, wo seine An-

[560] eig.: »ein Pfeifen, das die Dämonen abwehrt«.
[561] Den Satz »was . . . hat« ziehen manche Ausleger auch als Überschrift zu dem Abschnitt 25,15ff. – V. 14 gehört wahrscheinlich noch zu dem Abschnitt 25,1–13, am besten paßt er nach V. 12.

kündigungen des »Feindes aus dem Norden« (vgl. 1,15; 4,6; 6,1ff; 8,16; 10,22; 13,20) sich zu erfüllen beginnen. Josia ist gefallen. Der aufgehende Stern Ägyptens wird bald niedergehen durch die neue Macht der Chaldäer im Nordosten. Juda hat bereits die starke Hand Nebukadnezars zu spüren bekommen, da dieser als Dokumantation seiner Oberherrschaft den Josia-Sohn Eljakim als Jojakim auf den Davids-Thron setzte. Doch damit hat das Gericht Gottes erst angefan- **9–11**
gen, es wird bis zur Katastrophe weitergehen, V. 9–11. Obwohl das Gericht in seiner Vollendung von Jeremia bereits gesehen wird, gibt es noch die Möglichkeit zur Umkehr, wie die Schriftrolle[562], die Jeremia im gleichen Zeitraum dem Jojakim vorlegt, erweist: »Vielleicht hört das Haus Juda auf all das Unheil, das ich ihnen anzutun gedenke ...« (36,3).

Doch hier stellt Jeremia fest: **»ihr hörtet nicht«** (V. 3), wie sie auch **3/4**
nicht auf alle seine Vorgänger gehört hatten, V. 4 (vgl. 7,25). Durch wiederholtes Ablehnen des Wortes Gottes wird das Gericht nur größer. –

V. 12 bringt eine Überraschung[563]. Das Gericht Gottes über Juda ist **12**
begrenzt auf 70 Jahre. Zwei Generationen müssen in der Fremde sterben, bevor das Heil wieder neu geschenkt werden kann. »Wie jene in der Wüste starben, ohne das verheißene Land betreten zu haben, so werden die Exulanten in der Fremde ihr Grab finden, ohne das Ziel ihrer Sehnsucht wiederzusehen«[564]. Schon wird das Thema der Völkersprüche (Kap. 46–51) angedeutet: Wo das Volk Gottes gerichtet wird, kann das Gericht über die Völker nicht ausbleiben. Auch die Zweiteilung[565] des Völkergerichtes schält sich schon heraus: einmal geht es – mit Nebukadnezar als Werkzeug (sogar als **»Knecht«** Gottes bezeichnet, V. 9!) – gegen die Nachbarn Judas (V. 9c: **»und über alle diese Völker ringsum«**, vgl. Kap. 46–49), dann gegen Babel selbst (V. 12: **»will ich den König von Babel heimsuchen«**, vgl. Kap. 50 und 51).

562 Eine begründete Annahme, die den Texten so wie sie uns vorliegen am besten gerecht wird, ist die, daß V. 13 Bezug nimmt auf Kap. 36,1ff. Dann ist das »Buch« mit dem gleichzusetzen, das vor Jojakim verlesen, von diesem vernichtet, doch schließlich wieder hergestellt wurde. Demnach hätte jene Buchrolle die heutigen Kap. 1–24 zum Grundbestand gehabt.

563 Es ist zuzugeben, daß V. 12 gegenüber den Versen vorher ziemlich unvermittelt auftritt: Es ist doch vom Gericht an Juda die Rede, wie kann da sogleich schon vom Ende des Gerichtes und vom Gericht an den Werkzeugen des Gerichtes die Rede sein? Um solcher (vermeintlicher) Schwierigkeiten willen scheiden viele Ausleger den V. 12 aus und betrachten ihn als späteren Zusatz. Doch dazu gibt der Text keinen Anlaß, einmal weil es viele Belege gibt, daß neben Unheilsworten auch kurze Heilsankündigungen stehen; dann, weil siebzig Jahre durchaus den ganzen Ernst des Gerichtes Gottes für die Betroffenen spüren lassen (vgl. die 40 Jahre in der Wüste vor der Einwanderung in Kanaan). Schließlich ist zu fragen, warum ein Prophet nicht auch eine präzise Zeitangabe machen kann!

564 H. Lamparter, aaO, 224 Anm. 24.

565 Vgl. die Einl. zu den Völkersprüchen.

Die Taumelbecher-Vision: 25,15–38

15 So spricht Jahwe, der Gott Israels, zu mir: Nimm diesen Becher
mit Zornwein aus meiner Hand und gib ihn allen Völkern zu trin-
[a] 13,13 16 ken, zu denen ich dich sende[a]. * Sie sollen trinken und schwanken
48,26 49,12 17 und rasen vor dem Schwert, das ich unter sie schicke. – * Da nahm
51,7 ich den Becher aus der Hand Jahwes und gab ihn allen Völkern zu
18 trinken, zu denen mich Jahwe sandte * – (und zwar) Jerusalem
und den Städten Judas mit ihren Königen und ihren Oberen, um
sie zur Wüstenei, zur Einöde, zum Spott und zum Fluch zu ma-
19 chen, wie es heute der Fall ist –, * (ferner) dem Pharao, dem König
von Ägypten, seinen Untergebenen, seinen Oberen und seinem
20 ganzen Volk; * (weiter) dem Völkergemisch und allen Königen
des Landes Uz, allen Königen des Philisterlandes, Askalon, Gaza,
21 Ekron und dem Rest von Asdod; * dann Edom, Moab und den
22 Ammonitern; * allen Königen von Tyrus, allen Königen von Si-
don sowie den Königen des Küstenstreifens jenseits des Meeres;
23/24 * Dedan, Tema, Bus und allen, deren Schleifen gestutzt sind; * al-
25 len Königen Arabiens, die in der Wüste wohnen; * allen Königen
26 von Simri, allen Königen von Elam; allen Königen von Medien;
* also allen Königen des Nordlandes, den nahen und den fernen,
einem nach dem anderen (sollst du den Becher zu trinken geben),
allen Königen auf dem Erdboden, – aber der König von Sche-
schach[566] wird nach ihnen trinken.
27 Sage ihnen: So spricht Jahwe Zebaoth, der Gott Israels: Trinkt,
daß ihr betrunken werdet. Dann erbrecht euch, fallt hin und steht
nicht wieder auf wegen des Schwertes, das ich unter euch schicke.
28 * Wenn sie sich aber weigern, den Becher aus deiner Hand zu
nehmen, um zu trinken, dannsage ihnen: So spricht Jahwe Ze-
29 baoth: Trinken müßt ihr bestimmt! * Siehe, bei der Stadt, die nach
meinem Namen genannt wird, habe ich angefangen mit dem Un-
heil. Solltet ihr da ungeschoren davonkommen? Nein, ihr werdet
nicht ungeschoren davonkommen, denn das Schwert rufe ich ge-
gen alle Bewohner der Erde herbei – Ausspruch Jahwe Zebaoths.
30 Du aber weissage über sie alle diese Worte und sage ihnen:
Jahwe brüllt aus der Höhe. Von seiner heiligen Wohnung läßt er
[b] Joel 4,16 seine Stimme erschallen[b]. Er brüllt gewaltig über die Aue hin,
Am 1,2 Offb 10,3 stimmt ein Jauchzen an wie die Keltertreter. Über alle Bewohner
Jes 63,3–6 31 der Erde * kommt ein Lärmen bis zum Ende der Erde; denn einen
Rechtsstreit führt Jahwe mit den Völkern, er rechtet mit allem

566 Vermutlich eine verschlüsselte Bezeichnung für Babel.

Fleisch[c]. Die Gottlosen gibt er dem Schwerte preis – Ausspruch
32 **Jahwes. * So spricht Jahwe Zebaoth: Siehe, Unheil geht aus von**
einem Volk zum anderen Volk, ein großer Sturm bricht los[d] von
33 **den Enden der Erde. * Es wird von Jahwe Erschlagene geben an**
jenem Tag von einem Ende der Erde bis zum anderen. Man wird
ihnen nicht die Totenklage halten, sie werden nicht eingesammelt
und nicht begraben; zum Dünger für den Erdboden werden sie[e].
34 **Heulet, ihr Hirten** (der Völker) **und schreit, wälzt euch** (im Stau-
be), **ihr Führer der Herde[f]; denn eure Tage sind gekommen, daß**
ihr geschlachtet werdet. Zerschmettert werdet ihr, so daß ihr zu
35 **Boden fallt wie kostbares Geschirr[567]. * Kein Entfliehen gibt es**
36 **für die Hirten und kein Entrinnen für die Führer der Herde[g]. * Die**
Stimme des Schreiens der Hirten (ist zu hören), **das Geheul der**
37 **Führer der Herde, denn Jahwe verwüstet ihre Weide. * Zerstört**
38 **werden die friedlichen Auen wegen der Zornesglut Jahwes. * Ver-**
lassen hat der Löwe sein Versteck; ihr Land ist zur Wüste gewor-
den wegen des wütenden[568] Schwertes, wegen seiner Zornesglut.

c Hos 4,1; Mi 6,2
d Ps 83,16
e 8,2; 16,4.6; 22,18.19; Hes 29,5
f 4,8; 6,26; 32,4; 39,4; Am 2,14

Überblick

Was in 25,1–14 nur angedeutet wurde, wird hier näher ausgeführt: das umfassende Gericht Gottes über die Völker, V. 15–26. Die meisten Völkernamen finden sich in Kap. 46ff wieder, so daß man 25,15ff als Einleitung für Jer 46ff ansehen kann. – Die Bechervision von V. 15–17 wird in V. 27 und 28 weitergeführt, woran sich V. 29 als Zusammenfassung ohne das Bild vom Becher anschließt. Hier steht die Deutung für das Ineinander des Gerichtes des Volkes und der Völker (vgl. dazu 1Petr 4,17). – Es schließt sich eine Gerichtsankündigung universalen Ausmaßes an, V. 30–32; angefügt sind Worte gegen die »Hirten« (= Könige) der Völker, V. 34–38.

Die realistisch geschilderte »visionäre Zeichenhandlung« nimmt den **15–26**
Propheten ganz in den Vollzug des Göttlichen Gerichtes hinein: sein, des Menschen Jeremia Wort, verglichen mit dem Ausschenken eines Bechers voller Extrakte aus stark betäubenden Pflanzengiften, soll die Völker vernichten. Dabei wird das Wort Jeremias und Gottes Gerichtshandeln, das oft erst nach langer Zeit eintrifft, als Einheit geschaut: die Ankündigung des Propheten enthält schon das bittere Ende! **»Und gib ihn allen Völkern zu trinken, zu denen ich dich sen-**

567 Die Übers. ist unsicher.
568 w. gewalttätig.

de« (V. 15) will nicht einen wirklich geschehenen Botengang zu den Völkern beschreiben, sondern stellt die Tatsächlichkeit des Gerichtes vor Augen, das in Kürze eintreten soll.

27–29 Das Bild vom Zornes- oder Taumelbecher enthält folgende Elemente:

1. Das Gericht Gottes muß von den Menschen »ausgetrunken« werden. Es zerstört also den Menschen von innen heraus, indem es ihm die Sinne raubt; der Mensch geht an seinem eigenen Wahnsinn zugrunde (Taumelkelch)[569].
2. In dem Leeren des Bechers bis zur Neige wird die Endgültigkeit und Härte des Gerichtes Gottes symbolisiert (vgl. auch Offb 14,10; 16,19).

Es ist nicht von ungefähr, daß Jesus jenes Bild vom Becher gebraucht, um den Jüngern seinen Tod als furchtbares Gottesgericht zu deuten: Mt 20,22 und Mt 26,39 (Gethsemane). Als Gegenbild zum Zornesbecher erscheint der Heilsbecher (z.B. schon Ps 116,13) und der Becher beim Abendmahl: »Dieser Kelch ist das neue Testament in meinem Blut«, Lk 22,20 (auch 1Kor 10,16; 11,26). Wir sollten, wenn wir uns die Bedeutung des Abendmahlskelches im Neuen Testament vergegenwärtigen, immer vor Augen halten, daß dahinter auch der Zornesbecher steht – den Jesus bis zur Neige austrinken mußte, um uns den Heilsbecher reichen zu können! – Das Bild vom Zornesbecher ist in Offb 16 ausgeweitet zum Bild der sieben Zornschalen Gottes, die zum Gericht auf die Erde ausgegossen werden.

30–33 Gottes Gericht, das kein Volk der Erde ausnimmt, ist eine Gerichtsverhandlung (V. 31), zu der er die Völker mit gewaltiger Stimme herbeiruft: **»Jahwe brüllt aus der Höhe«**, V. 30. Das Todesurteil über die Angeklagten: sie werden nicht nur getötet, sondern auch entehrt, weil ihnen Totenklage und Begräbnis verwehrt werden, V. 33. – Wo die
34–38 Völker gerichtet werden, werden ihre Führer (von der Rastlosigkeit) in die Verzweiflung getrieben, V. 34–38.

Verblendete Predigthörer: 26,1–24

1 **Am Anfang der Regierungszeit Jojakims, des Sohnes Josias, des**
2 **Königs von Juda, erging dieses Wort von Jahwe** (an Jeremia): *** So**

[569] H. Lamparter, aaO, 227: ». . . daß (Gott) sie der Verblendung anheimgibt, daß er sie ›trunken‹ macht, sei es, daß sie der Rausch der Macht ergreift und zur Tollheit verführt, sei es, daß angesichts drohender Gefahr panischer Schrecken ihre Entschlußkraft lähmt, daß Entsetzen und Angst ihre Gedanken und Sinne umnebeln.«

spricht Jahwe: Stelle dich auf den Hof des Hauses Jahwes und
sprich über alle (Bewohner) der Städte Judas, die kommen, um im
Hause Jahwes anzubeten[a], alle Worte, die ich dir zu ihnen zu re- a 7,2
3 den aufgetragen habe. Laß kein Wort weg! * Vielleicht hören sie 19,14 b 18,8
und kehren um, ein jeder von seinem bösen Wege, so daß ich mich 26,13.19
des Unheils gereuen lasse[b], welches ich ihnen zu tun gedachte we- 36,3.7
4 gen ihrer bösen Taten. * Und sage ihnen: So spricht Jahwe: Wenn c 7,25 11,7
ihr nicht auf mich hört und nach meiner Weisung[570] euch verhal- 25,4
5 tet, die ich euch vorgelegt habe, * indem ihr auf die Worte meiner 28,8 29,19
Knechte, der Propheten, die ich zu euch gesandt habe, hört – die 44,4
6 ich ständig zu euch sende[c], obwohl ihr nicht auf sie hört –, * dann Sach 1,4–6 d 7,12.14
werde ich mit diesem Hause wie mit Silo verfahren und mache 24,9
diese Stadt zu einem Fluchwort für alle Völker der Erde[d].
7 * Die Priester, die Propheten und das ganze Volk hörten Jere-
8 mia alle diese Worte reden im Hause Jahwes. * Als Jeremia auf-
gehört hatte, all das auszurichten, was ihm Jahwe zu reden aufge-
tragen hatte an das ganze Volk, da ergriffen ihn die Priester und
die Propheten[e] und das ganze Volk und sprachen: »Du mußt ster- e 20,1f
9 ben.« * Warum weissagst du im Namen Jahwes und sagst: Wie
Silo soll dieses Haus werden, und diese Stadt muß verwüstet wer-
den, so daß niemand mehr in ihr wohnt? Und das ganze Volk ver-
sammelte sich um Jeremia im Hause Jahwes.
10 * Es hörten die Vornehmen Judas diese Worte. Da stiegen sie
aus dem Königspalast in das Haus Jahwes hinauf und nahmen
11 Platz am Eingang des neuen Tores[f] zum Hause Jahwes. * Die Prie- f 36,10
ster und Propheten aber sagten zu den Vornehmen und zum gan- g 38,4 h 7,3
zen Volk: Das Todesurteil (ist) für diesen Mann (fällig), denn er i 7,6
hat über diese Stadt – was ihr mit euren Ohren selbst gehört habt – 22,3
12 (Unheil) geweissagt[g]. * Jeremia hingegen sprach zu den versam-
melten Vornehmen und zum ganzen Volk: Jahwe hat mich ge-
sandt, um über dieses Haus und über diese Stadt alle Worte, die
13 ihr gehört habt, zu weissagen. * Nun, bessert doch eure Wege und
eure Taten und hört auf die Stimme Jahwes, eures Gottes, dann
wird Jahwe Abstand[571] nehmen von dem Unheil, das er über euch
14 ausgesprochen hat[h]. * (Was mich angeht), siehe, in eurer Hand
15 bin ich! Tut mit mir, was in euren Augen gut und richtig ist! * Nur
sollt ihr wissen: Wenn ihr mich jetzt tötet, dann bringt ihr das Blut
eines Unschuldigen über euch[i], über diese Stadt und über ihre
Bewohner, denn es stimmt wirklich[572], daß Jahwe mich zu euch

[570] Im Hebr. steht ›tora‹, was gewöhnlich mit ›Gesetz‹ wiedergegeben wird.
[571] o.: es sich gereuen lassen.
[572] w.: in Wahrheit.

gesandt hat, um vor euren Ohren alle diese Worte zu reden.
16 *** Hieraufantworteten die Vornehmen und das ganze Volk den**
Priestern und den Propheten: Dieser Mann (hat) **nicht das Tode-**
surteil (verdient), **denn im Namen Jahwes, unseres Gottes, hat er**
zu uns gesprochen.

[k] 19,1
[l] Mi 1,1
[m] Mi 3,12
[n] 2Chro 32,26

17 *** Sodann erhoben sich Männer von den Ältesten[k] des Landes**
18 **und sprachen zur ganzen Volksversammlung: * Micha von More-**
scheth[l] war Prophet gewesen in den Tagen Hiskias, des Königs
von Juda. Der sagte damals zum ganzen Volk von Juda: So spricht
Jahwe Zebaoth: Der Zion soll zum umgepflügten Feld und Jerusa-
lem zum Trümmerhaufen werden und der Hügel, (auf dem das)
19 **Haus** (Jahwes steht) **zu einer bewaldeten Höhe[m]. – * Haben viel-**
leicht Hiskia, der König von Juda, und alle anderen Judäer ihn ge-
tötet? Hat er nicht vielmehr Jahwe gefürchtet und das (zornige)
Angesicht Jahwes versöhnt[573][n]? Damals nämlich reute Jahwe all
des Bösen, das er gegen sie schon ausgesprochen hatte. Doch wir
sind im Begriff, ein großes Unheil gegen unser Leben anzurich-
ten. –
20 *** Auch war damals ein Mann da, der im Namen Jahwes weis-**
sagte, nämlich Uria, der Sohn Semajas aus Kirjath-Jearim. Der
weissagte (Unheil) **über diese Stadt und über dieses Land, ganz**
21 **wie** (es) **die Worte Jeremias** (taten). *** Als der König Jojakim und**
alle seine Offiziere sowie alle Vornehmen seine Worte hörten,

[o] 36,26

suchte der König ihn zu töten[o]. Das hörte Uria und fürchtete sich
22 **und flüchtete und kam nach Ägypten. * Der König Jojakim indes**
sandte Männer nach Ägypten, nämlich Elnathan, den Sohn Ach-
23 **bors, und** (andere) **Männer mit ihm nach Ägypten. * Die holten**
Uria aus Ägypten heraus und brachten ihn zum König Jojakim,
der ihn mit dem Schwerte hinrichten ließ. Er ließ seinen Leichnam
zu den Gräbern der Söhne des (einfachen) **Volkes werfen.**
24 *** Die Hand Ahikams, des Sohnes Saphans, war jedoch mit Je-**
remia, so daß er nicht in die Hand des Volkes fiel, das ihn getötet
hätte.

Überblick

Inhaltlich gehört dieses Kapitel zum großen Teil mit 7,1–15 zusammen. Etwa um das Jahr 608 v. Chr. ergeht das Wort Gottes in der Form einer längeren Predigt durch Jeremia an den König Jojakim (7,1–15). In Kap. 26 wird von der Wirkung dieser Predigt berichtet. – Allge-

[573] o.: besänftigt.

mein ist man der Meinung, daß ab Kap. 26 Baruch, der Schüler und Sekretär Jeremias, die Feder geführt habe, indem er eine Passionsgeschichte Jeremias folgen läßt, die sich mit Ausnahme der Kap. 30–35 bis Kap. 45 erstreckt. (Dort wird der Baruch-Bericht mit einem Heilswort an ihn abgeschlossen.) – Wie im Neuen Testament auf die Worte Jesu die Passionsgeschichte folgt, so haben wir im Jeremia-Buch – etwas vereinfachend dargestellt – in Kap. 1–25 im wesentlichen Worte Jeremias, in den Kap. 26–45 die Geschichte des Leidens Jeremias. Weil Wort und Geschichte bei Jeremia zusammengehören, ist er auch deshalb wie kein anderer Prophet vor und nach ihm ein Vorläufer Jesu Christi im Alten Testament.

Zunächst folgt in V. 1–6 eine Zusammenfassung der Tempelrede Je- **1–6**
remias aus 7,1–15. Während dort der Ton der Rede Jeremias auf dem falschen Verhalten Judas dem Tempel gegenüber liegt (darum paßt die Ortsangabe »stell dich ins Tor des Hauses des Herrn« dort hin), wird hier nicht nur vom falschen Tempeldienst geredet, sondern das ganze Leben Judas Ungehorsam gegen Gott genannt. In Jer 7,1–15 scheint die Möglichkeit der Umkehr ausgeschlossen zu sein, hier dagegen heißt es deutlich: **»Vielleicht hören sie . . .«** (V. 3). Hier will Baruch, der von Gott legitimierte Interpret Jeremias, noch einmal unterstreichen, damit deutlich bleibt, daß Jermia keiner ist, der den Untergang seines Volkes will, daß hinter der Verkündigung seines Meisters letztlich das Angebot zur Neuwerdung steht. Um Gottes Geduld zu unterstreichen, reiht Baruch in seine Predigt-Kurzfassung auch Worte von Gottes unermüdlicher Geduld ein (z.B. aus 7,25: das wiederholte Auftreten von Propheten; vgl. dazu auch das Gleichnis von den bösen Winzern Mt 21,33ff), um zu beweisen, daß Jeremia nur Glied in einer Prophetenkette war. In diesen Zusammenhang paßt auch die kurze Erwähnung des unbekannten Propheten Uria (V. 20–24), die Baruch folgen läßt. Während in Kap. 7 die Zerstörung des Tempels entsprechend der Zerstörung des Nordreiches und dessen Heiligtum in Silo angesagt wird, ist hier eine Unheilsansage noch größeren Ausmaßes beigefügt: **»Ich mache diese Stadt zum Fluchwort für alle Völker der Erde.«** Das ist eine Umkehrung des »Segens für alle Völker der Erde« und ist noch furchtbarer als die Unheilsansage in 7,15: »Ich werde euch von meinem Angesicht verstoßen.« Juda wird nicht nur selbst vernichtet, sondern nimmt in seinem Fall die Völker mit!

Ähnlich wie bei der Paschhur-Episode in 19,14ff ergreifen die **7–10**
Tempel-Diener den Propheten. Jetzt ist der Anlaß für sie noch bestürzender. Sprach Jeremia in der Paschhur-Szene »nur« von einer Plünderung der Stadt, so wird hier die totale Zerstörung von Stadt und

Tempel angekündigt, dazu die Umwandlung der Gottesstadt zum Unheil für die Völker[574]. Vermutlich wegen des außergewöhnlichen Tumultes greift die Staatsgewalt ein (V. 10) und überläßt die Angelegenheit nicht weiter der Tempelaufsicht. Wahrscheinlich handelt es sich hierbei um eine Gruppe einflußreicher Vornehmer, die insgeheim Jeremias Gönner waren. Das wird durch den weiteren Verlauf der Ereignisse ziemlich wahrscheinlich gemacht (vgl. V. 24; 36,19; 40,5f). Lamparter[575] sieht in der Tatsache, daß Jeremia nicht der Volkswut preisgegeben wird, sondern einem Gericht gegenübergestellt wird, eine Bewahrung des Propheten durch Gott[576].

11–15 Was in V. 11–15, der Verteidigungsrede Jeremias, folgt, kann man als eine Erfüllung der Verheißung an Jeremia von 1,18 ansehen. Am Tage seiner Berufung sagte Gott zum Propheten, daß er ihn heute zu einer befestigten Stadt gemacht habe und zu einer eisernen Mauer, und zwar gegenüber dem ganzen Land, gegenüber den Königen Judas und seinen Fürsten, gegenüber den Priestern und überhaupt dem ganzen Volk im Lande. Hier sehen wir, wie sich eine Zusage Gottes erfüllen kann:

- Sie verleiht nicht Hartnäckigkeit, sondern schenkt den Mut, ganz einfach und wie selbstverständlich zu sagen: »Gott hat mich gesandt«, und darauf zu verzichten, sich mit aller Kraft zu verteidigen (V. 12).
- Sie schenkt die Kraft, fortzufahren in der aufgetragenen Verkündigung, auch angesichts der Anklage (V. 13).
- Sie schenkt die Gewißheit, daß der Gottesbote in Gottes Hand ist, auch wenn er damit rechnen muß, daß sein Leben ausgelöscht wird (V. 14.15).

16 Der Fortgang des Prozesses überrascht (V. 16). Wie kommen die Vornehmen Judas zu dem Schluß, Jeremia habe im Namen des Gottes Israels gesprochen? Vor allem: wenn sie das sagen, wo bleiben dann die eigenen Konsequenzen? Man sieht nämlich nicht, daß sich die Fürsten Gott zugewandt hätten, im Gegensatz zum Königshaus. Zu vermuten ist, daß jene Männer dem Jeremia menschlich wohlgesonnen waren und möglicherweise in den anderen Fürstenhäusern Einfluß hatten und darum den Freispruch erwirkten. Gott erwählt in Zeiten der äußersten Bedrängnis seiner Knechte Menschen, die trotz ei-

[574] Nach V. 11 kommt die Schuld, die Jeremia auf sich geladen haben soll, einer Gotteslästerung gleich, auf die der Tod steht (3Mo 24,16). – Auch Jesus ist der Gotteslästerung angeklagt worden, weil er Worte gegen den Tempel gesagt hat (Mt 26,61; Jo 2,19ff), ebenfalls Stephanus (Apg 6,11.13). Jesus und seine Zeugen stehen damit in der Linie des Jeremia.

[575] aaO, 338.

[576] Das »Tor« ist die Stätte, wo man in Israel Gericht hält (z. B. Am 5,15).

gener Schwierigkeiten, die ihnen daraus erwachsen könnten, auf Seiten der Gottesmänner stehen (vgl. auch das Eingreifen des Abimelech in 38,7ff). Solch eine Parteinahme für einen Mann Gottes bedeutet allerdings nicht, daß auch die geistliche Meinung und Aussage dessen, den sie schützen, voll und ganz akzeptiert wird.

Was dann in V. 17ff berichtet wird, ist noch überraschender. Kaum 17–19
ist eine Bresche für Jeremia durch die Vornehmen des Volkes geschaffen, drängen sich Männer des Landvolks vor und rufen der Versammlung einen Mann namens Micha von Morescheth (der mit dem Propheten Micha in unserer Bibel identisch ist) ins Gedächtnis, der schon lange vorher etwas Ähnliches über Jerusalem und Juda geweissagt hatte. Hier ist verschiedenes beachtenswert:

- Man war in Juda in der Lage, Prophetenworte aus dem Gedächtnis zu zitieren (eine entsprechende Schriftrolle kann wohl nicht so schnell irgendwoher geholt worden sein), ohne den Wortlaut zu verändern.
- Das setzt voraus, daß es eine mündliche Überlieferung von Geschlecht zu Geschlecht gab.
- Man hat mit dem Gerichtswort (V. 18b) zusammen auch seine Auswirkung überliefert, nämlich den Gehorsam des damaligen judäischen Königs Hiskia[577].

Aber man glaubt nicht so recht, daß sich jenes Drohwort in der Gegenwart erfüllen kann. Die Judäer kannten also die Schrift, aber sie hielten ihre Wirksamkeit in der Gegenwart nicht für möglich. Obwohl sie die Schrift bewahren und die Prophetenworte treu überliefern, weichen sie zugleich dem konkreten Wort Gottes, das heute befolgt werden soll, aus. Es wird nicht berichtet, wie diese überraschende Wendung in der Verhandlung ausgeht, aber Jeremia kommt frei.

Im Blick aber auf den letzten Abscnitt (V. 20–24), wo von dem Ge- 20–24
schick des sonst unbekannten Propheten Uria und seiner Verfolgung und schließlichen Tötung durch Jojakim berichtet wird, wird deutlich, daß Jeremia noch eine Lebens-, Verkündigungs- und Leidensfrist hat, ehe er selbst das Schicksal der Propheten erleiden muß. C. Westermann (N) bemerkt: »Das Wenige, was wir von Uria hören, weist deutlich in Richtung auf den Gottesknecht bei Deutero-Jesaja (= Zweiter Jesaja, also auf Jes 53). Auch dieser wird getötet und stirbt in Schande.« Doch im Unterschied zu diesem ist Uria in einer Stunde der Schwachheit geflohen und hat sich nicht den Verfolgern gestellt[578].

577 Nach 2Kö 18,3ff hat Hiskia den fremden Kult im Land beseitigt; dahinter kann man entsprechend 26,18b das Droh-Wort des Micha von Morescheth vermuten.

578 Zu beachten ist, daß auch Jeremia in gleicher Weise wie Uria die Feindschaft des Königs Jo-

ÜBERBLICK über 27–29

Vieles spricht dafür, daß die Kap. 27–29 des Jeremia-Buches ursprünglich eine selbständige Sammlung von Geschehnissen und Worten Jeremias waren, die Baruch in seine Passionsgeschichte Jeremias eingefügt hat. Für diese Annahme spricht: Angesichts der stattgefundenen ersten Wegführung der Oberschicht von Jerusalem, wichtiger Handwerker-Familien sowie der kostbaren Tempelgeräte geht es Jeremia nun darum, daß

– einerseits die zu Hause gebliebenen Judäer einschließlich der Nachbarstaaten eine Überlebens-Chance haben durch erneute Unterwerfung unter die Gewalt des babylonischen Königs und nicht in die Torheit der Rebellion fallen (Kap. 27),
– andererseits die schon im Exil befindlichen Judäer ein positives Verhalten für Babylon an den Tag legen, damit auch sie überleben können (Kap. 29).

Mit einer solchen Botschaft steht Jeremia natürlich in Frontstellung zur Tagesmeinung in Jerusalem. Er steht als Vaterlandsverräter da. Dieser Vorwurf hat ihn bis zum Fall Jerusalems nicht mehr verlassen; ja, es scheint für seine Widersacher erwiesen zu sein, daß er selbst ein falscher, von Gott nicht bevollmächtigter Prophet ist (Kap. 28).

Wird sich Juda dem Gericht Gottes beugen? 27,1–22

[a] 2Kö 24,17.18
[b] 28,10–13
Hes 7,23
Mt 11,29
[c] 25,15–26
[d] 32,17
Lk 4,5.6
Offb 13,2.4

Im Anfang der Herrschaft Zedekias[579][a], des Sohnes Josias, des
Königs von Juda, erging dieses Wort an Jeremia durch Jahwe:
2 *** So spricht Jahwe zu mir: Mache dir Seile und Jochstäbe und lege**
3 **sie auf deinen Nacken[b]. * Sende** (eine Botschaft)[580] **an den König**
von Edom, den König von Moab, den König von Sidon[c], vermittels
der Botschafter, die zu Zedekia, den König von Juda, gekommen
sind. * Trage ihnen dieses für ihre Gebieter auf: So spricht Jahwe
Zebaoth, der Gott Israels: So sollt ihr euren Gebietern sagen: * Ich
habe Erde und Mensch und Vieh auf dem Erdboden gemacht
durch meine große Kraft und durch meinen ausgereckten Arm[d].

jakim erfahren hat. Jeremia ist dem König niemals ausgewichen. Dennoch hat Gott, nachdem Jeremia zum Martyrium bereit war, diesen dem Zugriff Jojakims entzogen (vgl. 36,26).

579 Manche hebr. Handschriften lesen irrtümlich Jojakim.

580 Die hebr. Handschriften lesen hier: »Sende sie (= die Seile mit den Jochstäben); wir folgen hier der griech. Übers.

6 Ich gebe sie, wem ich will[581]. * Nun aber habe ich diesen ganzen
Erdboden in die Hand meines Knechtes Nebukadnezar, des Kö-
nigs von Babel, gegeben. Auch das Getier des Feldes habe ich ihm
7 zum Dienst bestellt[e]. * Es werden alle Völker ihm, seinem Sohn — e Jes 45,1–8
und seinem Enkel dienen, bis auch für sein Land die Zeit gekom- — Jer 28,14 43,10
men ist, wo viele Völker und große Könige es sich dienstbar ma- — Jo 19,11
8 chen. * Aber (jetzt soll es noch so sein): Welches Volk und König- — Rö 13,1 f 5,31
reich ihm, dem Nebukadnezar, dem König von Babel, nicht dient — 14,13.14
und seinen Nacken nicht unter das Joch des Königs von Babel — 28,8.9
beugt – durch Schwert, Hungersnot und Pest will ich solch ein
Volk heimsuchen – Ausspruch Jahwes –, bis ich sie in seine Hand
9 gegeben habe[582]. * Ihr aber sollt nicht auf eure Propheten hören,
auf eure Wahrsager, auf eure Träume[583], eure Magier und eure
Zauberer, die euch sagen: Dient nicht dem König von Babel[f]!
10 * Doch sie weissagen euch Trug, so daß sie es sind, die euch von eu-
rem Heimatboden verbannen, denn ich werde euch dann versto-
11 ßen und umkommen lassen. * Aber dem Volk, das seinen Nacken
in das Joch des Königs von Babel hineinlegt und ihm dient, will
ich Ruhe verschaffen auf seinem Heimatboden – Ausspruch Jah-
wes –, den es bebaut und bewohnt.

12 * Zu Zedekia, dem König von Juda, sagte ich folgende Worte:
Legt euren Nacken in das Joch des Königs von Babel hinein und
seid ihm und seinem Volk untertan, so werdet ihr leben[g]. — 28,1
13 * Warum wollt ihr sterben, du und dein Volk, durch Schwert, Hun- — 38,17 23,21
ger und Pest, so wie es Jahwe dem Volk vorausgesagt hat, das dem
14 König von Babel nicht dient! * Hört nicht auf die Worte der Pro-
pheten, die zu euch sagen: Unterwerft euch nicht dem König von
15 Babel. Trug weissagen sie euch! * Ich habe sie euch nicht gesandt
– Ausspruch Jahwes –, darum weissagen sie Trug in meinem Na-
men[h]. Deshalb verstoße ich euch und lasse euch zugrundegehen,
euch und eure Propheten, die euch weissagen.

16 * Und zu den Priestern und zu diesem ganzen Volke sagte ich:
So spricht Jahwe: Hört nicht auf die Worte eurer Propheten, die
euch dies weissagen: »Siehe, die Geräte des Hauses Jahwe wer-
den aus Babel zurückgebracht, und zwar bald[i]!« – Trug weissagen — i 2Chro 36,7. 10.18
17 sie euch! * Hört nicht auf sie! Dient dem König von Babel, so wer- — Jer 28,3
18 det ihr leben! Warum soll diese Stadt zur Wüste werden? * Wenn
sie wirklich Propheten wären und das Wort Jahwes mit ihnen
wäre, dann würden sie (fürbittend) in Jahwe Zebaoth dringen,

[581] w.: dem, der recht ist in meinen Augen.
[582] Übers. nach einer alten syrischen Übers. und einem jüd. Targum (= umschreibende Übers.).
[583] o.: Träumer.

daß nicht die übrigen Geräte im Hause Jahwes und im Hause des
19 Königs und in Jerusalem auch noch nach Babel kämen. * Doch
dieses hat Jahwe Zebaoth über die Säulen, das Wasserbecken[584],
über die (Opfer-)Kesselwagen und über den Rest der übrigge-
20 bliebenen Geräte[k] in dieser Stadt gesprochen, * die Nebukadne-
zar, der König von Babel, noch nicht mitnahm, als er Konja, den
Sohn Jojakims, den König von Juda, aus Jerusalem nach Babel in
die Verbannung schickte – dazu auch alle Vornehmen Judas und
21 Jerusalems –, * so spricht Jahwe Zebaoth, der Gott Israels, über
die übriggebliebenen Geräte des Hauses Jahwes und des Hauses
22 des Königs von Juda und Jerusalems: * Nach Babel werdet ihr
gebracht und dort bleiben bis zum Tag meiner (gnädigen) Heim-
suchung[l] – Ausspruch Jahwes –, denn dann will ich sie heraus-
führen und sie an diesen Ort wieder zurückbringen.

[k] 2Kö 25,13–17
[l] 2Chro 36,18 Esr 1,7–11 5,14.15

Überblick

Der aktuelle Anlaß für die Zeichenhandlung Jeremias mit den Stricken und Jochstangen[585]: Ägypten leitete wahrscheinlich eine Koalition der palästinischen Kleinstaaten gegen Babylon, der sich auch Juda anschloß. Die Abgesandten der Nachbarstaaten, die sich in Jerusalem befinden, werden wohl diesbezüglich mit dem König verhandelt haben. Darum wird ein religiös gefärbtes nationales Hochgefühl Volk, Priester und Propheten ergriffen haben, weil jetzt eine Befreiung vom babylonischen Joch zu erwarten war. Warum sollte Gott denn gegen eine Befreiung sein? Jeremia tritt zunächst an die Abgesandten dieser Staaten heran (V. 2–11), um dann erst (V. 12–15) zu Zedekia und schließlich zu den Priestern und dem Volk (V. 16–22) zu sprechen.

2–11 Wir sehen in der ersten Szene, wie das Gericht Gottes zwar das Volk Gottes treffen will, aber nicht auf dieses beschränkt bleibt[586]. Gott vollzieht das Gericht an seinem Volk im Rahmen eines umfassenden Geschichtshandelns. Die Heils- und Unheilsgeschichte Israels ist keine Sondergeschichte, sondern ist hineingewoben in die Weltge-

[584] w.: Meer.
[585] Es handelt sich hier um zwei gleich lange – vor der Stirn der Zugtiere zu befestigende – Holzstäbe, die aneinandergebunden eine größere Stabilität ergaben. Von ihnen führten Seile zum Pflug.
[586] Hier liegt ein Schlüssel für die Deutung der sog. »Völkersprüche«, die im Jeremia-Buch einen großen Raum einnehmen, Kap. 25; 46–51.

schichte. Das Gotteswort an die Botschafter beginnt mit dem Aufzeigen der Schöpferherrlichkeit Gottes. Wir werden erinnert an den Anfang der Predigt des Paulus in Athen, Apg 17, bes. V. 24, aber auch an die Predigt in Lystra, Apg 14,15; dann an Rö 1,20, zu welcher Stelle E. Käsemann[587] sagt: »Die metaphysischen (= übernatürlichen) Fragen sind dem Apostel so fremd, daß er die Möglichkeit der Erkenntnis Gottes überhaupt nicht als Problem empfunden, sondern als selbstverständlich und für jedermann verständlich vorausgesetzt hat.« So auch hier: Jeremia setzt als selbstverständlich voraus, daß diese Heiden ein Wort verstehen, das der Schöpfer der Welt, der aber zugleich
der Gott Israels ist, zu sagen hat. In V. 5 u. 6 erfahren wir den Grund 5/6
für Gottes Ablehnung des Aufstandes der vereinigten Königreiche Palästinas gegen Babylon: **»Ich gebe sie** (die Erde), **wem ich will.«** Gott will sagen: Jetzt gebe ich die ganze Erde in die Hand des Nebukadnezar[588]. – Es ist nicht so, daß die Sünde der Völker und Judas im Vordergrund steht, um derentwillen Nebukadnezar von Gott als Vollstrecker des göttlichen Gerichtes auserwählt wird, sondern nach Gottes unerforschlichem Willen ist eben jetzt die Zeit des babylonischen Großreiches gekommen. Nebukadnezar steht ganz in Gottes Hand; darum nennt Jeremia ihn Knecht Gottes, auch wenn er zu dem Gott Israels keine persönliche Beziehung hat[589]. Knecht Gottes hatte schon Jesaja (Kap. 10,5) den assyrischen König genannt, und zwar in der Umschreibung: »Stock meines Zornes, Rute meines Grimms«, und in Kap. 45,1 bezeichnet er den Perserkönig Kyros als »Gesalbten«.

Entsprechend dem göttlichen Erwählen wird auch für Nebukadne- 7
zar die Zeit des Niedergangs kommen. Menschliche Reiche (hier: nach drei Generationen) müssen immer wieder ihr Ende finden, während Gottes Wille und Macht bestehen bleiben[590]. Weil zur Zeit des Jeremia Babylon von Gott Raum zugestanden wird, ist es für ein kleines Volk unmöglich, sich diesem Joch auf die Dauer zu entziehen. Jeremia, der sein Ohr an Gottes Mund hatte, erweist sich darum als »Realpolitiker«, wenn er die Beugung unter Babylon fordert[591]. Er

587 An die Römer, 1973, S. 36.

588 Vgl. dazu 18,1–12.

589 Jes 45,4 (über Kyros): ». . . rief ich dich mit Ehrennamen, obwohl du mich nicht kanntest.«

590 Die Apokalyptik, die die Prophetie in Israel ablöst, hat den Gedanken der sich ablösenden Weltreiche besonders hervorgekehrt (vgl. Dan 2,36ff; 7,1ff; 9,2).

591 Eine stark in das politische Geschehen eingreifende Befreiung ist in der Tat von Jesaja machtvoll verkündigt worden, aber nicht von Jeremia. Darum kann auch die kirchliche Verkündigung nicht prinzipiell konservativ sein, nicht sagen: Ordnet euch unter um jeden Preis! sondern muß von der Überlegung ausgehen: Es gibt Zeiten des Sich-Unterordnens und Zeiten des Aufbruchs. Dazu bedarf es aber eines intensiven prophetischen Hörens, um zu prüfen, was der Wille Gottes in der betreffenden Stunde ist.

für seine Person will der erste sein unter seinem Volk, der das Joch Babylons auf sich nimmt. Darum trägt er es durch die Straßen. Wird er Nachfolger finden?

Auf Grund dieses göttlichen Erwählens – und des Gehorsams Jeremias diesem Handeln Gottes gegenüber – muß Jeremia die Rolle eines Vaterlandsverräters spielen.

16–22 Während wir in V. 1–11 nebenbei erfuhren, daß auch in den heidnischen Nachbarstaaten Judas eine falsche Heilsprophetie am Werke ist, daß also die falsche Prophetie eine gesamtorientalische Erscheinung war, wird ab V. 16 die Jerusalemer Priesterschaft, die ganz im Licht der heidnischen falschen Prophetie gesehen wird, angesprochen. Um die unerhörte Rede Jeremias in bezug auf den endgültigen Verlust der heiligen Tempelgeräte richtig einordnen zu können, muß man an Begebenheiten aus den alttestamentlichen Geschichtsbüchern erinnern, die ganz sicher der Priesterschaft bekannt waren: Achan (Jos 7), Saul (1Sam 15) und Usia (2Sam 6) vergriffen sich an Dingen, die Jahwe geheiligt waren, und erlitten ihre Strafe. Sollte etwa Nebukadnezar eine Ausnahme sein? – Jeremia jedoch stellt die Überlieferungen der Gottesworte, die den Gehorsam Israels betreffen, in den Vordergrund und nicht die, die von dem Heiligsein des Tempels und seiner Einrichtungen handeln. Hiermit haben wir ein weiteres Beispiel für die Vollmacht zur Konzentration der Gottesworte auf das Wesentliche vor uns, die ein Prophet hat. Dieses aber brachte ihm (wie später Jesus) Leiden und Verfolgung ein.

Durch seine ihm von Gott geschenkte umfassende Geschichtsschau muß Jeremia sagen, daß die Geräte nicht zurückkommen können, daß sogar die restlichen noch nach Babylon transportiert werden, weil die Stunde für Nebukadnezar noch nicht abgelaufen ist. Zu solch einer Geschichtsschau sind die Tempel-Propheten nicht fähig (und auch
18 nicht legitimiert)[592]. – In der Kritik Jeremias an den falschen Priestern und Propheten fällt auf, daß er ihnen eine wichtige Frage stellt: Warum übt ihr eigentlich keine Fürbitte (V. 18)? Das sagt einer, der von Gott selbst diese Fürbitte untersagt bekam! Die Unterlassung dieses prophetischen und priesterlichen Dienstes ist der Urschade, der sich in allem Priester- und Prophetendienst einschleichen kann. Statt falsche Hoffnungen unter das Volk zu streuen, ist es wichtiger – zu beten.

[592] Nebenbei wird hier gesagt, daß Trug (o. Lüge) nicht einfach ein »Falschreden« ist, sondern daß von Trug gesprochen werden muß, wenn der Prophet nicht in der Nähe Gottes steht, wenn er sich also nicht von ihm den Überblick schenken läßt, wenn er versucht, Heil unter Umgehung des Gerichtes zu verkündigen.

Prophet gegen Prophet: 28,1–17

1 **Es war in jenem Jahr, im Anfang der Herrschaft Zedekias, des
Königs von Juda, im fünften Monat des vierten Jahres, daß zu mir
Hananja, der Sohn Asurs, der Prophet[a] aus Gibeon, im Tempel** [a] 14,13–16
Jahwes vor den Augen der Priester und des ganzen Volkes sagte: 23,9–40 [b] 27,16
2 *** So spricht Jahwe Zebaoth, der Gott Israels: Ich zerbreche das**
3 **Joch des Königs von Babel. * Noch vor Ablauf von zwei Jahren
will ich an diesen Ort alle Geräte des Hauses Jahwes zurückfüh-
ren[b], die Nebukadnezar, der König von Babel, von hier wegnahm**
4 **und nach Babel brachte. * Ebenfalls den Konja, den Sohn Joja-
kims, des Königs von Juda, und die ganze Exulantengruppe, die
nach Babel geführt worden war, will ich an diesen Ort zurückfüh-
ren – Ausspruch Jahwes –; denn ich zerbreche das Joch des Kö-
nigs von Babel.**
5 *** Da sagte der Prophet Jeremia zu dem Propheten Hananja vor
den Augen der Priester und des ganzen Volkes, das im Hause**
6 **Jahwes stand: * Nun gut[593], Jahwe möge so verfahren! Jahwe
möge deine Worte, die du geweissagt hast, in Erfüllung gehen las-
sen[594] und die Geräte des Hauses Jahwes zurückbringen, dazu die**
7 **ganze Exulantengruppe aus Babel an diesen Ort! * Doch höre
auch dieses Wort, das ich dir und dem ganzen Volke jetzt sage[595]:**
8 *** Die Propheten, die vor mir und vor dir von alters her aufgetreten
sind, weissagten über viele Länder und über große Königreiche**
9 **Krieg, Unheil und Pest. * Derjenige Prophet, der Frieden weissag-
te, wurde am Eintreffen des Prophetenwortes als Prophet er-
kannt, den Jahwe wirklich gesandt hatte[c].** [c] 5Mo 18,21–22
10 *** Da nahm der Prophet Hananja die Jochstangen vom Nacken**
11 **Jeremias und zerbrach sie, * und Hananja sprach vor den Augen
des ganzen Volkes: So spricht Jahwe: Ebenso zerbreche ich das
Joch Nebukadnezars, des Königs von Babel, noch vor Ablauf von
zwei Jahren[d]; vom Nacken aller Völker** (nehme ich es) **weg. Da** [d] 29,10
ging der Prophet Jeremia seines Wegs.
12 *** Doch es erging das Wort Jahwes an Jeremia, nachdem der
Prophet Hananja die Jochstangen, die auf dem Nacken des Pro-**
13 **pheten Jeremia gelegen hatten, zerbrochen hatte: * Geh und
sprich zu Hananja: So spricht Jahwe: Hölzerne Jochstäbe hast du**
14 **zerbrochen, ich mache an ihrer Stelle eiserne Jochstäbe! * Denn so
spricht Jahwe Zebaoth, der Gott Israels: Ein eisernes Joch[e] lege** [e] 5Mo 28,48

593 w.: Amen.
594 w.: aufrichten.
595 w.: in die Ohren spreche.

[f] Jer 27,6
[g] 29,32
5Mo 13,6

**ich hiermit auf den Nacken aller dieser Völker, um Nebukadne-
zar, dem König von Babel, zu dienen. Sie werden ihm dienen müs-
15 sen; auch das Getier des Feldes will ich ihm geben[f]. * Der Prophet
Jeremia sagte zu dem Propheten Hananja: Höre doch Hananja!
Jahwe hat dich nicht gesandt, und doch hast du diesem Volk in
16 fälschlicher Weise Sicherheit zugesprochen[596]. * Darum sagt
Jahwe: Siehe, ich werfe dich vom Erdboden weg; noch in diesem
Jahr sollst du sterben, denn Aufruhr gegen Jahwe hast du ver-
17 kündigt[g]. * Und der Prophet Hananja starb in jenem Jahr im sieb-
ten Monat.**

Überblick

Mit diesem Kapitel sind wir am Höhepunkt der Auseinandersetzung Jeremias mit der falschen Prophetie angelangt. Der Unterschied zu den bisherigen mehr oder weniger allgemeinen Andeutungen über diesen Konflikt liegt hierin: Zum ersten Mal tritt eine mit Namen genannte Einzelpersönlichkeit auf, Hananja. Bei der bisherigen Erwähnung der falschen Propheten hatte man den Eindruck, daß jene in Scharen auftraten mit dem entsprechenden, durch große Zahlen herbeigeführten Effekt[597].

1–11 Die Szene V. 1–11 hat den Charakter des Offiziellen, des Wohlüberlegten. Keine schreierischen Tumulte vor dem Volk, keine Unruhe, keine unbeherrschte Äußerung von Traumgesichten (die die Entgegnung Jeremias erleichtert hätten). Die Gelassenheit und Beherrschtheit Hananjas besticht. Der Auftritt geschieht nicht aus dem Effekt heraus, sondern erinnert an ein ordentliches Verfahren, an eine geistliche Gerichtsbehörde (V. 1: **»sagte Hananja ... im Tempel Jahwes vor den Augen der Priester«**). – Die Art des Sprechens Hananjas ist der des Jeremia gleich! Keine Verzückung im Stil der Baals-Propheten, sondern: **»So spricht Jahwe«** (V. 2). Wie Jeremia hat er die »Vollmacht« zu einer Zeichenhandlung (V. 10): Er zerbricht die beiden hölzernen Jochstangen[598]. Die Abhängigkeit von Nebukadnezar soll aufhören, die geraubten heiligen Geräte sollen ihren Platz wieder im Tempel haben.

596 o. du hast dieses Volk verleitet, daß es auf Trug vertraut.
597 Vgl. die 400 Propheten in den Tagen Ahabs, 1Kö 22,8f.
598 w.: ich habe zerbrochen; hier haben wir das sog. »perfektum propheticum« vor uns, d.h., das Kommende wird als schon geschehen betrachtet; im Deutschen am besten wiederzugeben mit: Hiermit zerbreche ich das Joch.

Entsprechend anders ist aber auch die Reaktionsweise Jeremias, was uns wesentliche Einblicke in die Art und Weise der wahren Prophetie verschafft. Hatte man vorher den Eindruck, daß Jeremia niemals zauderte, wenn es galt, im Namen Gottes Widerstand zu leisten, 6
so sehen wir ihn hier von einer ganz neuen Seite. Er lehnt das Heilswort Hananjas nicht von vornherein ab (V. 6). Er ist ja nicht Schwarz- 7
seher um jeden Preis, der seinem Volke kein Gutes gönnt[599]. Wenn Jeremia dann fortfährt (V. 7): **»Doch höre auch dieses Wort«**, meint man, seine ganze Hilflosigkeit zu sehen angesichts eines Menschen, der wie er im Namen Gottes prophezeit. Es sieht so aus (V. 8), als 8
würde sich Jeremia in dieser Stunde der Ratlosigkeit nur in eine objektive Belehrung über das Wesen der wahren Prophetie hineinflüchten. Es klingt so, als wollte Jeremia sagen: Ich bin ja nur einer von vielen anderen! Warum klagst du dann mich an? Als dann Hananja die 11
Zeichenhandlung wagt (V. 11), kommt ein Satz, der vielleicht eine der dichtesten Aussagen über das Wesen des wahren Prophetseins und über diesen Menschen Jeremia ist: **»Da ging der Prophet Jeremia seines Wegs.«** Wir beachten, wie betont hier steht: **»der Prophet Jeremia«** gegenüber **»der Prophet Hananja«.** Gottes Wort steht gegen Gottes Wort[600]. Gottes Wort zu haben bedeutet nicht, zu jeder Zeit gegenüber jeder Herausforderung immer etwas zu sagen zu haben. Wahre Prophetie kennt die Ratlosigkeit, die Zeit des Schweigens und – des neuen Hörens! **»Da ging der Prophet Jeremia seines Wegs«** ist darum keine Resignation, wenn auch die Klage Jeremias hier ihren Ort haben kann, sondern ein Sichaufmachen zu neuem Wortempfang. –

Eine ähnliche Situation haben wir im Gang Abrahams mit seinem Sohn Isaak auf den Berg Morija, 1Mo 22,6.8: »und es gingen die beiden miteinander«. Zwar gehorcht Abraham, aber er ist völlig ratlos und kann nur warten, was Gott ihm in Zukunft offenbaren wird. »Und es gingen die beiden miteinander« oder »da ging der Prophet Jeremia seines Wegs« bedeutet für den Gottesknecht eine Zeit der Versuchung: Wird Gott noch einmal reden oder ist es Gottes letztes Wort gewesen, was ich in früherer Zeit vernommen habe? Man muß auch das Wort Mt 10,19 in diesen Zusammenhang hineinstellen, wo vom Beistehen des Heiligen Geistes in der Stunde der Verantwortung die Rede ist, damit man nicht meint, Gottes Beistand sei ein Umgehen der Ratlosigkeit und des zeitweiligen Nichtwissens. – Jetzt verstehen wir

[599] Wir werden erinnert an 23,28, wo es in nahezu versöhnlicher Weise heißt: Der Prophet, der einen Traum hat, der möge seinen Traum erzählen.

[600] Auch in solchen Situationen wie diesen sind Wurzeln für die Klagelieder Jeremias zu suchen.

auch Jeremias Ausruf: »Stellte ein Wort sich ein, so verschlang ich es« (15,16). Als weitere Parallele im Jeremia-Buch ist auf 42,7 zu verweisen, wo Jeremia auch erst nach einer Zeit des Wartens (nach zehn Tagen) ein Gotteswort bekommt.

12–17 Dann stellt sich ein Wort Gottes ein. Erst in dem Augenblick, da Gott es will. Es ist nicht ein Rachewort. Das hätte Jeremia vermutlich sogleich sagen können. Weil betont werden soll, daß Gott selbst die Initiative ergreift, wird das Gotteswort an Jeremia durch die wuchtige Wendung eingeleitet: **»Und es erging** (Luther: es geschah) **das Wort Jahwes an Jeremia.«** – Bei dem nun folgenden Wort von dem eisernen Joch, von dem nicht ausdrücklich gesagt wird, daß Jeremia es wie das hölzerne auf seinem Nacken durch die Stadt tragen soll, fällt auf, daß Gott dadurch die Zeichenhandlung des Hananja akzeptiert. Er läßt sie wirklich geschehen sein, aber er überbietet dieses Zerbrechen des hölzernen Joches, indem er ein eisernes ankündigt. Damit wird die Herrschaft Nebukadnezars nicht nur schwer, sondern auch für Menschen nicht durchbrechbar, es sei denn, daß Gott selbst diese eisernen Ketten aufsprengt[601], wenn die Zeit des Erbarmens gekommen ist. Je härter etwas ist, je unmöglicher es für uns Menschen ist, es zu ändern, um so dringender ist Gottes Handeln und Eingreifen zu erwarten und zu erbitten[602].

EXKURS: Zur Unterscheidung von wahrer und falscher Prophetie

Man müßte noch einmal an 23,29 anknüpfen und die dortigen Aussagen mit denen von 28,8 verbinden. H. J. Krauss (a. a. O., S. 52) kommt zu dem Urteil: von einem »sicheren Kriterium (= Unterscheidungsmerkmal), das jenseits von wahr und falsch stünde, ist in 23,28 keine Rede. Wohl aber von dem Selbsterweis des Jahwe-Wortes. Um diesen Selbsterweis des Wortes Jahwe geht es in der Auseinandersetzung zwischen wahrer und falscher Prophetie beständig«.

Hier ist wieder an 1,12 zu erinnern: Gott *wacht* über seinem Wort, es zu erfüllen! Kein Wort davon, daß dieses Wort den Menschen (auch

601 Vgl. Evangelisches Kirchengesangbuch Nr. 53: »... sprenget des Feindes befestigte Schlösser ...«

602 Was dann auch geschah, z. B. in der Verkündigung Jesajas, die das eiserne Joch der Babylonier voraussetzt. Wie Gott ein Werkzeug hatte, ein eisernes Joch um sein Volk zu legen, so schafft er sich auch ein Werkzeug, dieses Joch wieder zu zerbrechen. Zu Kyros, dem König der Meder und Perser, sagt der Prophet im Namen Gottes: »Ich, der Herr, habe dich gerufen ..., daß du ... die Gefangenen aus dem Gefängnis führen (sollst) und, die da sitzen in der Finsternis, aus dem Kerker« (Jes 42,6f; vgl. Mt 4,12–16).

den Gläubigen) zuhanden wäre. Ferner ist zu erinnern an das bekannte Wort von Jes 55,10.11, wo gesagt wird, daß Gottes Wort nicht leer zu ihm zurückkehren wird. Scheidung zwischen wahrer und falscher Prophetie geschieht nicht unter dem Ansetzen eines objektiven Maßstabes, den man aus der Bibel zu vernehmen meint (auch der Teufel liest die Bibel, wie die Versuchungsgeschichte Jesu beweist!), sondern dadurch, daß man *fortfährt* mit der Auslegung und Verkündigung des Wortes Gottes. Wie auch Jesus vor dem bibelkundigen Versucher und Widersacher einfach *fortfährt* zu sagen: »*Wiederum* steht geschrieben . . .« (Mt 4,7).

Nach 5Mo 13,1–6 und 5Mo 18,20–22 wird zwar ein Kriterium genannt, auf Grund dessen man wahre und falsche Prophetie prüfen kann, aber zugleich wird dieses Kriterium wieder relativiert, indem gesagt wird, daß das Entscheidende bei der Prophetie dies ist, ob sie Menschen und Gott in Verbindung hält oder ob sie sich trennend zwischen Gott und die Menschen stellt. Dies ist aber nicht im Augenblick festzustellen, sondern ergibt sich erst am Ende einer langen Warte- und Prüfzeit. Das Wort von dem »Prüfen der Geister« (1Jo 4,1) ist daher mit dem Gleichnis von dem Unkraut unter dem Weizen (Mt 13,24ff) und dem Wort »an den *Früchten* werdet ihr sie erkennen« (Mt 7,20) zu verbinden. Früchte sind mehr als Ergebnis und Erfolg. Früchte brauchen auf jeden Fall eine Zeit, in der sie wachsen und reifen. In dieser Zeit der Geduld und des Abwartens, die den Gläubigen aufgegeben ist, hat auch Gott selbst Zeit. Gott hat Zeit, sein Wort sich selbst durchsetzen zu lassen.

Und endlich: die Not mit der Unterscheidung zwischen den wahren und den falschen Propheten darf uns nicht soweit in den Bann nehmen, daß wir *den* wahren Künder des Gotteswillens übersehen: Jesus Christus. Schon in 5Mo 18,15.18 wird von einem kommenden Mann Gottes gesprochen: »einen Propheten *wie mich* wird Gott erwecken«, sagt Mose über sich. Weil wir *das* Wort Gottes in Jesus zu hören haben, sind uns auch *die* Worte der Propheten – seien es wahre oder falsche – nicht mehr die, die unser ganzes Sinnen und Trachten an sich ziehen können.

Die Verbannten bekommen Hoffnung: 29,1–32

1 **Dies sind die Worte des Briefes, den der Prophet Jeremia von Jerusalem zum Rest der Ältesten der Exulanten-Gruppe schickte, ferner den Priestern, den Propheten und dem übrigen Volk, das Nebukadnezar gefangen aus Jerusalem nach Babel geführt hatte**[a]

[a] Hes 1,1–3 Jer 24,1–10

2 * – nachdem der König Jechonja und die Königin-Mutter, die
obersten Beamten Judas und Jerusalems, die Handwerker und
die Fachleute für Schanz- und Bollwerksarbeiten Jerusalem ver-
3 lassen hatten –[b], * (der Brief wurde überbracht) durch Elasa, den
Sohn Schaphans, und durch Gemarja, den Sohn Hilkias, die Ze-
dekia, der König von Juda, zu Nebukadnezar, dem König von Ba-
4 bel, nach Babel sandte[c]. * So spricht Jahwe Zebaoth, der Gott Is-
raels zur ganzen Exulanten-Gruppe, die ich aus Jerusalem nach
5 Babel habe führen lassen: * Baut Häuser und wohnt (in ihnen)!
6 Pflanzt und eßt ihre Erträge[d]! * Nehmt euch Frauen und zeugt
Söhne und Töchter! Nehmt auch für eure Söhne Frauen und eure
Töchter verheiratet mit Männern, damit sie Söhne und Töchter
gebären und ihr euch dort mehrt und nicht geringer (an Zahl)
7 werdet! * Sucht Heil für die Stadt[e], wohin ich euch habe gefangen
führen lassen, und betet für sie zu Jahwe; denn in ihrem Heil liegt
8 auch euer Heil! – * Doch dies sagt Jahwe Zebaoth, der Gott Isra-
els: Laßt euch nicht täuschen durch eure Propheten, die unter
euch sind, und von euren Wahrsagern! Hört nicht auf ihre[603]
9 Träume, die sie träumen! * Denn Trügerisches weissagen sie euch
in meinem Namen. Ich habe sie nicht gesandt – Ausspruch Jah-
wes.

10 * Denn so spricht Jahwe: Wenn für Babel siebzig Jahre voll ge-
worden sind, will ich euch (gnädig) heimsuchen und über euch
mein gutes Wort[604] in Erfüllung gehen[605] und will euch an diesen
11 Ort heimkehren lassen[f]. * Denn ich weiß sehr wohl um die Plä-
ne[606][g], die ich für euch hege – Ausspruch Jahwes –, Heilspläne
und nicht Unheilspläne: Ich gebe euch Zukunft und Hoffnung!
12 * Dann werdet ihr mich anrufen und zu mir beten, und ich werde
13 euch erhören[h]. * Dann werdet ihr mich suchen und werdet mich
14 (finden), denn ihr sucht mich dann mit ganzem Herzen[i]. * Und ich
will mich von euch finden lassen[k] – Ausspruch Jahwes –, und will
eure Gefangenschaft beenden und euch sammeln aus allen Völ-
kern und von allen Orten, wohin ich euch zerstreut habe – Aus-
spruch Jahwes –, und ich will euch heimkehren lassen an den Ort,
von dem ich euch habe in die Verbannung wegführen lassen.

15 * Ihr sagt zwar: Jahwe hat uns Propheten in Babel erweckt. –
16 * Doch so spricht Jahwe zu dem König, der auf dem Thron Davids
sitzt, und zum ganzen Volk, das in dieser Stadt wohnt, zu euren

[b] 2Kö 24,12–15
[c] 51,59
[d] Ps 137,4–6
[e] 18,20 Mt 5,43ff 1Tim 2,1ff
[f] 25,11–13 Esr 1,1f.2 Dan 9,2 Sach 1,12 7,5 2Chro 36,21f
[g] Jes 55,8.9
[h] 5Mo 4,29–31 2Chro 15,2–4 Jer 33,3
[i] 3Mo 26,40–45
[k] Hos 5,15 Hebr 11,6

[603] Hebr. Text: eure Träume, die ihr träumt.
[604] d. h. mein Verheißungswort.
[605] w.: aufrichten.
[606] o.: Gedanken.

Brüdern also, die nicht mit euch in die Verbannung ziehen muß-
17 ten: * So spricht Jahwe Zebaoth: Siehe, ich schicke das Schwert,
die Hungersnot und die Pest unter euch und mache sie gleich auf-
geplatzten Feigen, die wegen der Fäulnis nicht verzehrt werden
18 können. * Ich jage hinter ihnen her mit Schwert, Hunger und Pest
und mache sie zu einem Entsetzen für alle Königreiche der Erde;
zum Fluch(-Wort), zum Schrecken, zum Spott und zur Schande für
19 alle Völker, unter die ich sie zerstreut habe[l]. * Dafür, daß sie nicht
auf meine Worte gehört haben – Ausspruch Jahwes –, obwohl ich
ihnen unaufhörlich meine Knechte, die Propheten, gesandt habe.
20 Doch ihr hörtet nicht – Ausspruch Jahwes. * Ihr Exulanten aber,
ihr alle, hört das Wort Jahwes, ihr, die ich von Jerusalem nach
21 Babel geschickt habe! – * So spricht Jahwe Zebaoth, der Gott Isra-
els, zu Ahab, dem Sohn Kalajas, und zu Zedekia, dem Sohn Maa-
sejas, die euch in meinem Namen Trügerisches weissagen: Siehe,
ich gebe sie in die Hand Nebukadnezars, des Königs von Babel,
22 und sie werden vor euren Augen niedergemacht. * Und sie wer-
den bei der ganzen Exulantenschar Judas, die in Babel ist, (An-
laß) zu einem Fluch(-Wort) werden, das lautet: »Jahwe lasse es dir
ergehen wie Zedekia und wie Ahab, die der König von Babel im
23 Feuer geröstet hat.« * Weil sie Törichtes[607] in Israel getan haben
und Hurerei trieben mit den Frauen ihrer Volksgenossen[m] und
dann ein Wort in meinem Namen redeten, das Trug war und das
ich ihnen nicht aufgetragen hatte. Ich habe davon Kenntnis und
bin Zeuge dafür! – Ausspruch Jahwes.
24 * Und zu Schemaja, dem Nehelamiten, sollst du folgendes sa-
25 gen: * So spricht Jahwe Zebaoth, der Gott Israels: Weil du in dei-
nem eigenen Namen einen Brief an das ganze Volk in Jerusalem
und an den Priester Zephanja, den Sohn Maasejas folgenden In-
26 halts geschickt hast: * Jahwe hat dich zum Priester bestellt an-
stelle des Priesters Jojada, und zwar zum Aufseher im Hause
Jahwes für alle Betrunkenen und in Verzückung Prophezeien-
27 den[n], die du in den Block und ins Halseisen legen sollst. * Doch
nun, warum bist du nicht energisch vorgegangen[608] gegen Jere-
mia aus Anathoth, der sich vor euch (zum) Propheten (aufspielt)?
28 * Hat der uns doch nach Babel (einen Brief) geschickt: Diese (Ge-
fangenschaft) wird noch lange dauern! Baut Häuser und wohnt
(in ihnen)! Pflanzt Gärten und eßt ihre Erträge!
29 * Als der Priester Zephanja diesen Brief dem Propheten Jere-
30 mia vorlas, * erging das Wort Jahwes an Jeremia folgenderma-

[l] 15,4 24,9 34,17
[m] 1Mo 34,7 Ri 20,6–10 2Sam 13,12 5Mo 22,21
[n] 1Sam 10,11.12 2Kö 9,11 Hos 9,7

[607] o.: Schandtat.
[608] w.: warum schiltst du nicht gegen.

31 **ßen: * Sende** (einen Brief) **an die ganze Exulantenschar: So**
spricht Jahwe zu Schemaja, dem Nehelamiten: Weil euch Sche-
maja geweissagt hat, obwohl ich ihn nicht gesandt habe, und er
32 **euch in trügerische** (Hoffnung) **versetzte, * spricht Jahwe zu ihm:**
Siehe, ich will Schemaja, den Nehelamiten, und seine Nachkom-
men (zum Gericht) **heimsuchen. Er wird keinen Mann** (unter sei-
nen Nachkommen) **haben, der inmitten dieses Volkes wohnen**
darf, und er wird von dem Guten, das ich meinem Volk schaffe,
nichts sehen – Ausspruch Jahwes –, denn er hat Ungehorsam[609]
gegen Jahwe verkündigt°.

° 28,16
5Mo 13,6

Überblick

Dieses Kapitel knüpft einerseits an 24,1–10 an (Vision von den zwei Feigenkörben), andererseits an Kap. 28 (Auseinandersetzung Jeremias mit dem Propheten Hananja). Auch im Exil gibt es Lügenprophetie! Daraus kann man sehen, daß die erste Wegführung nicht eine Umwandlung des Volkes und ihrer geistlichen Führer bringt. Das alte Leben mit dem Einfluß der Lügenprophetie hat auch in der Verbannung seine Fortsetzung. – Ferner ist zu diesem Kap. Jer 36 zu vergleichen: Gottes Wort wird Schrift! Hier wie dort erleidet die prophetische Schrift, die in Gottes Auftrag verfaßt wurde, das Gleiche, was auch der Prophet selbst erdulden muß, nämlich Verachtung und Hohn, wobei allerdings das Verbrennen des Gotteswortes in Kap. 36 noch eine weitere Stufe der Ablehnung Gottes darstellt.

Der Brief des Schemaja aus Babel an den Befehlshaber der Tempelpolizei, Zephanja, ist als Antwort auf Jeremias Brief zu verstehen (V. 25–28), worauf Jeremia einen zweiten Brief im Auftrage Gottes nach Babel schreibt. – Zum besseren Verständnis dieses Kapitels sollte man V. 8.9 nach V. 15 lesen. – Daß hier Jeremia den Befehl erhält zu schreiben und nicht selbst nach Babel hinzugehen (vgl. die Zeichenhandlung von dem Verstecken des Gürtels am Euphrat, sofern es wirklich der Fluß Euphrat gewesen ist, 13,1–11), wird nicht näher begründet, doch darf man folgendes in Erwägung ziehen: Weil nach V. 10 die Erfüllung der Gnadenzusage an die Verbannten der ersten Wegführung noch siebzig Jahre dauern wird, soll dieser Brief gewissermaßen als göttliches Dokument und Beweisstück von der dortigen Exil-Gemeinde aufbewahrt werden, um sich aus dieser Schrift in den Zeiten der Anfechtung Trost und Weisung zu holen[610].

[609] o.: Auflehnung.
[610] Hiermit haben wir eine Begründung aus der Bibel selbst gewonnen, warum Gottes Wort

Im Gegensatz zur späteren unversöhnlichen Haltung des Königs Zedekia, des Nachfolgers Jojakims, erscheint dieser in V. 3 als Mitabsender jenes Briefes. Sollte Zedekia im Anfang seines Wirkens Jeremia gegenüber ein positiveres Verhältnis gehabt haben, oder sollte Jeremia diesen Brief mit anderen königlichen Botschaften einfach mitgeschmuggelt haben? Eine Entscheidung dürfte schwer sein. Möglicherweise hat hier Elasa, ein Sohn Schaphans (der Jeremias Gönner war, vgl. 26,24), wegen der Verbindung seiner Familie mit dem Propheten Jeremia diesen Dienst getan. – **1–14**

Der Inhalt des Briefes ist in seinem ersten Teil das, was wir früher schon das »kleine Heil« genannt haben, also Ausdruck für den Realitätssinn eines von Gott bestätigten Propheten. Dieser Realitätssinn ist nicht Ergebnis nüchternen Nachdenkens, sondern gründet in der umfassenden Geschichtsschau, die Jeremia von Gott geschenkt bekommen hat (vgl. dazu 27,6ff).

Bezeichnenderweise heißt es in V. 10: **»Wenn für Babel siebzig Jahre voll geworden sind, will ich euch (gnädig) heimsuchen.«** Nicht weil sich die Exulanten durch Buße gründlich gereinigt und darum sich einer Rückführung würdig erwiesen hätten, sondern allein weil *Gottes* Stunde und *Babylons* Stunde gekommen ist, wird die Erlösung in Gang gebracht. H. Lamparter[611] bemerkt zu den siebzig Jahren: »Der Fall Babels (538) erfolgte vierundsiebzig Jahre nach dem Fall Ninives (612), siebenundsechzig Jahre nach dem Regierungsantritt Nebukadnezars (605), rund fünfzig Jahre nach der ersten Wegführung. Die Weissagung hat sich also, was die Dauer des Exils betrifft, nicht wörtlich erfüllt.« Die siebzig Jahre wollen demnach nur einen ungefähren Zeitraum bezeichnen.

Unter dieser Verheißung, die sich erst in kommenden Zeiten erfüllen wird, läßt sich aber heute schon leben! Das will Jeremia in seinem Brief den Verbannten in Babel sagen. Hieraus erkennen wir, wie der Blick auf Gottes umfassendes Geschichtshandeln das Erkennen dafür schenkt, was im Augenblick zu tun ist. Jeremia besticht hier durch seine Nüchternheit. Er ist nicht zum grübelnden Geschichtsphilosophen geworden, sondern er ist ein Mann, der praktisches Handeln in Gang setzt: Baut Häuser, gründet Familien!

Weil die falschen Propheten keinen Blick für Gottes kommendes **15–23**
Handeln haben, müssen ihnen solche Worte als lästerlich erscheinen, wie die Antwort des Schemaja (V. 24ff) zum Ausdruck bringt. Wer Gottes Weite nicht hat, hat auch keinen Blick für das Heute. Statt des-

Schrift wird und nicht nur mündlich überliefertes Wort bleiben kann. Weiteres zu diesem Thema, vgl. Kap. 36.

611 aaO, 354, Fußn. 14.

sen werden nur ungesunde Hoffnungen in die Menschen gelegt. Am Ende von V. 6 steht der geheime Sinn all dieser Ermahnungen für die Exulanten in Babylon: Bleibt bei Kräften, bis Gott endgültig an euch handelt! Wenn ihr schon im Augenblick Gottes umfassendes Heilshandeln nicht erfahren könnt, will Jeremia sagen, dann sorgt wenigstens für euren Bestand, damit ihr für die Zukunft bereit seid.

7 Unter den Anweisungen für das Leben Judas vor dem endgültigen Heils-Handeln Gottes steht in V. 7 die wichtige Mahnung, für Babylon zu beten. Während Jeremia nicht mehr für sein Volk beten darf, soll Israel für seine heidnische Umgebung beten! Dazu ist zu sagen:

– Die Fürbitte für Heiden billigt nicht deren Verhalten dem Gottesvolk gegenüber;
– Die Fürbitte für die »Obrigkeit« bedeutet nicht, daß der Beter alles beim alten lassen will, daß er also nur für den ungestörten Fortgang der Regierungsgeschäfte dieser »Obrigkeit« betet, sondern gerade die Fürbitte macht frei, Gottes Handeln auch an den anderen zu erwarten. Gerade der treue Fürbeter erlebt, wie Gott den, für den er betet, verwandeln kann, möglicherweise auch einem Strafgericht unterzieht;
– Die Fürbitte für andere schenkt Wohlergehen für das Leben des Beters (vgl. dazu Hi 41,10: »Gott wandte das Schicksal *Hiobs,* weil er für seine *Freunde* betete«).

Indem Jeremia die Fürbitte im »unreinen« Ausland im Namen Gottes gebietet, bewegt er sich auf der Linie von 7,1–15 weiter. Wie man Gottes Gegenwart nicht an ein bestimmtes Haus binden darf, so auch nicht an ein bestimmtes Land. Damit hat Jeremia weder Tempel noch Land aus dem Heilsbereich ausgeschlossen, nur hat er damit dem fleischlichen Vertrauen auf beides den Grund entzogen. Generationen von Diaspora-Juden haben unter dem Wort von V. 5–7 leben und Gottes Gnade erfahren können.

11–13 Schließlich sind auch die Verse 11–13 in den Gesamtzusammenhang von Kap. 29 zu stellen. Die Zusagen: **»Ich werde euch erhören«, »Ihr werdet mich finden«** wollen sagen:

– Zwischen Beten, Rufen und Suchen und Gottes Handeln kann eine lange Zeitstrecke sein. Nicht immer wird die Dauer dieser Zeitstrecke angesagt, wie es hier bei den 70 Jahren geschieht;
– Dennoch gibt es vor dem endgültigen Erhören (dem sog. »großen Heil«) Gottes Hören, das immer geschieht.

16–20 (Zu V. 16–20 vgl. 24,8–10.)

24–32 Der Brief Jeremias wird durch Schemaja beantwortet. Er schreibt nicht an Zedekia, den König (dem er ein entschlossenes Vorgehen gegen Jeremia wohl nicht zutraut), sondern an den Priester Zephanja, den Oberaufseher, und beginnt seine Nachricht volltönend: **»Jahwe**

hat dich zum Priester bestellt« (V. 26). Sein Gedanke dabei ist: Nicht allein Jeremia soll sagen, Gott habe ihn gesandt, sondern wir Priester und Propheten insgesamt haben das Recht zu sagen, Gott habe uns eingesetzt. Wie in 28,5 wird Jeremia vor die Tempelbehörde zitiert (V. 29). Diesmal aber ergeht sogleich eine Antwort Gottes. Das Gericht Gottes an Schemaja besteht darin, daß dieser zwar nicht gleich umkommen soll wie Hananja oder die beiden in V. 21 genannten Propheten im babylonischen Exil, sondern darin, daß er nicht »bauen und pflanzen« (1,10) darf; das heißt, kein Nachkomme von ihm soll das »große Heil« Gottes erleben. Jeremia, der offensichtlich über die Rädelsführer der falschen Prophetie in Babel genau im Bilde ist, kündigt den Propheten Ahab und Zedekia Gottes Gericht an. Sie haben nicht nur Trug geweissagt, sondern auch mit den Frauen ihrer Zunftgenossen Ehebruch getrieben, ein Beispiel in der Geschichte Israels für den engen Zusammenhang von Schwarmgeisterei und sittlicher Zuchtlosigkeit[612]. Die Propheten in Babylon und die zu Hause gebliebenen Priester (die unter anderem die Aufgabe hatten, rasende Propheten im Tempel zu zügeln) sitzen in einem Boot und stehen unter dem gleichen Gericht Gottes. Das Gericht Gottes vollzieht sich bei dem einen sogleich, indem er sterben muß (Hananja), bei den anderen aber so, daß Gott sie von dem vollen Heil ausschließt (Schemaja), oder daß er sie zum »Fluchwort« werden läßt (Ahab, Zedekia).

612 Vgl. H. Lamparter, aaO, 355.

ÜBERBLICK über 30–33

Mit Kap. 30 beginnt ein Abschnitt (bis 31,22), den man allgemein das »Trostbuch Israels« nennt. Wenn man die Heilsweissagungen in Kap. 29 liest, die sich an die Verbannten der ersten Wegführung richten, kann man verstehen, daß in Fortführung dieser Verkündigung nun eine ausführliche Verheißung des kommenden Heils erwartet werden durfte. Bei genauem Lesen jedoch merkt man, daß sich hier die Heilsankündigung auf Israel (V. 3.4 u.a.), d.h. auf das Nordreich bezieht, das längst aufgehört hatte zu existieren, das aber im Bewußtsein der Gottestreuen noch immer seinen Ort hatte. Wenn aber das Heil schon dem Israel des Nordens gilt, warum sollte es dann nicht auch Juda, und zwar das Juda der zweiten, endgültigen Wegführung einbeziehen? Insofern könnten manche Ausleger Recht haben, die behaupten, daß dieses »Trostbuch Israels« zunächst nur an das Nordreich gerichtet war und später auch auf das Südreich Juda bezogen wurde. Denn wenn von Gott Heil geschenkt wird, ist dieses umfassend. In ihm liegt die Kraft, das, was auseinanderbrach, wieder zusammenzubringen. Wo Heil ist, ist auch Einheit. – Darum war es auch sachlich richtig, daß die Episode des Ackerkaufs durch Jeremia zur Zeit der letzten Belagerung Jerusalems (Kap. 32) zusammen mit den Verheißungen des neuen Bundes (31,31ff) sowie denen des neuen König- und Priestertums für ganz Israel (Kap. 33) durch einen späteren Bearbeiter zusammengefaßt wurden. Kap. 30–33 kann man so unter einem Blickwinkel sehen: »Das kommende Heil« (Westermann, S).

Man ist allgemein der Ansicht, daß die Heilsankündigungen für das Israel des Nordens einen bestimmten politischen Hintergrund hatten. Als König Josia, der die schrecklichen Mißstände der Manasse-Zeit beseitigte, sich nach Norden wandte, weil dort die assyrische Herrschaft mehr und mehr bröckelte (vgl. 2Kö 23,15.19; 2Chron 35,18), fielen Samaria und Galiläa in seine Hände. Was Wunder, so könnte man meinen, daß in dieser Zeit der neuaufflammenden nationalen Gesamt-Israel-Gefühle auch die Gedanken an das frühere davidische Großreich wieder auftauchten, wo Süd und Nord unter einem einzigen König vereinigt waren! – Jedoch sollte man sehr vorsichtig sein, die Propheten als Erfüllungsgehilfen von politischen Neuorientierungen zu sehen. Geistgewirkte Prophetie entsteht nicht erst dann, wenn nichts mehr am Horizont der Welt zu sehen ist, sondern auch schon, wenn sich gewisse Konturen abzeichnen. Oder anders gesagt: der Prophet Jeremia will – etwa durch 30,5.8 – verhindern, daß die Unternehmung Josias im rein Militärisch-Politischen stecken bleibt. Jedoch haben sich die Heilsankündigungen für Nord-Israel unter Josia nicht erfüllt. Überhaupt haben sich auch später keine Anzeichen bemerkbar gemacht, daß das Israel des Nordens einen neuen Anfang als Teil des Gottesvolkes gemacht hätte. Nach dem Exil konzentrierte sich das geistliche Leben in Judäa. Die Verheißungen an Nord-Israel haben sich nicht erfüllt – bis zu dem Augenblick, da Jesus nicht in Judäa, sondern in Galiläa anfängt zu wirken! Vielleicht können wir hinter dem Befehl Gottes an Jeremia in 30,1–3, die Verheißung aufzuschreiben, die lange Spanne von der Verheißung bis zur Erfüllung erkennen. Was Schrift geworden ist, hat noch eine lange Geschichte vor sich.

Die Wiederherstellung der beiden Häuser des Gottesvolkes: 30,1–24

1 **Das Wort, das an Jeremia durch Jahwe erging, lautet folgender-**
2 **maßen: * So spricht Jahwe, der Gott Israels: Schreibe dir alle**
3 **Worte, die ich zu dir spreche, in ein Buch[a]. * Denn es kommen**
Tage – Ausspruch Jahwes –, da wende[613] ich das Geschick meines
Volkes Israel und Juda, spricht Jahwe, und ich lasse sie heimkeh-
ren in das Land, das ich ihren Vätern gegeben habe, damit sie es
4 **wieder in Besitz nehmen[b]. * Und dies sind die Worte, die Jahwe zu**
5 **Israel sprach und zu Juda. * So spricht Jahwe: Einen Schrei des**
6 **Entsetzens höre ich[614]: Schrecken und kein Heil[c]! * Fragt doch**
und seht, ob ein Mann gebären kann! Warum sehe ich, wie jedes
männliche Wesen seine Hände in die Hüften stemmt wie eine Ge-
bärende[d]? Warum wandeln sich alle Gesichter (und werden) **to-**
7 **tenblaß? * Weh! Groß ist dieser Tag, keiner ist ihm gleich! Eine**
8 **Notzeit ist es für Jakob – aber er wird aus ihr errettet werden[e]! * Es**
soll an jenem Tage geschehen – Ausspruch Jahwe Zebaoths –, daß
ich sein Joch auf seinem[615] Hals zerbreche und seine[615] Jochseile
9 **zerreiße. Nicht mehr sollen Fremde ihn[616] knechten[f]. * Sondern**
sie werden Jahwe, ihrem Gott, dienen und ihrem König David,
den ich ihnen erstehen lassen will[g].
10 *** Du aber fürchte dich nicht, mein Knecht Jakob – Ausspruch**
Jahwes –, und entsetze dich nicht, Israel; denn siehe, ich rette dich
aus fernen (Ländern) **und deine Nachkommenschaft aus dem**
Lande der Gefangenschaft. Jakob wird heimkehren und Ruhe
haben. Sorglos (wird er leben) **und keiner ist da, der** (ihn) **er-**

[a] 36,2 Jes 8,16.17 Hab 2,2.3 Offb 1,11; 22,10
[b] 29,14 30,18 31,8.10.23 32,37.44 Hes 39,25 Am 9,14
[c] 6,22–26 Nah 2,11
[d] 4.31 6,24 50,43 Joe 2,6
[e] Dan 12,1 Joe 2,11 Am 5,18
[f] Jes 14,3–8 Jer 27,12 Hes 34,23
[g] Hes 37,24.25 Lk 1,69.70 Apg 13,22.2

613 o.: kehre ich um.
614 a. Lesart: hören wir.
615 a. Lesart: deinem.
616 a. Lesart: sie.

11 schreckt[h]. * Denn ich bin mit dir – Ausspruch Jahwes –, um dich
zu retten; denn ich mache ein Ende mit allen Völkern, unter die
ich dich zerstreut habe. Nur mit dir will ich es nicht ausmachen;
doch ich züchtige dich, wie es (meinem) Recht entspricht[617]; denn
ganz ungestraft kann ich dich nicht lassen[i]!
12 * So spricht Jahwe: Unheilbar ist deine Wunde, von tödlichem
13 Ausgang[618] ist der Schlag, der dich getroffen hat[k]. * Niemand
nimmt sich deiner Sache an. Für (dein) Geschwür gibt es kein hei-
14 lendes Mittel und keinen Verband[l]. * Alle deine Liebhaber haben
dich vergessen; nach dir fragen sie nicht mehr[m]. Wie (mit dem)
Schlag eines Feindes, so habe ich dich gezüchtigt. (Deine) Züchti-
gung (war) grausam – wegen der Größe deiner Schuld, der Menge
15 deiner Sünden! * Warum schreist du über deine Wunde, daß dein
Schmerz unheilbar sei? Wegen der Größe deiner Schuld und der
Menge deiner Sünden habe ich dies getan[n].
16 * Darum sollen alle, die dich fressen, gefressen werden, und
alle deine Bedränger sollen in die Gefangenschaft wandern. Die
dich ausplünderten, sollen der Plünderung (anheimfallen). Alle,
17 die dich beraubt haben, gebe ich der Beraubung (preis)[o]. * Ich
führe deine Genesung herbei und will deine Schläge heilen –
Ausspruch Jahwes –, denn man hat dich »Verstoßene« genannt –
bist du doch (vordem) »Zion« (genannt worden) –, nach der nie-
mand fragt[p].
18 * So spricht Jahwe: Siehe, ich wende das Geschick der Zelte Ja-
kobs und will mich seiner Wohnungen erbarmen. Die Stadt soll
auf ihrem (alten) Hügel gebaut werden; der Königspalast soll auf
19 seinem ihm gebührenden Platz[619] zu stehen kommen[q]. * Aus ihm
wird Lobgesang und Jubelschall hervorgehen. Ich will sie zahl-
reich machen, und ihre Zahl soll nicht geringer werden. Ich will
20 sie herrlich machen, und sie sollen nicht verächtlich sein[r]. * Sei-
ne[620] Söhne sollen (mir) wieder wie früher sein, und seine Volks-
versammlung[621] soll vor meinen Augen Bestand haben; denn ich
21 komme über alle seine Bedränger (zum Gericht). * Sein Machtha-
ber soll aus (Jakob) selbst stammen, und sein Regent soll aus sei-
ner Mitte hervorgehen. Ich will ihm Zutritt zu mir gewähren[622],
und er darf sich mir nähern[s]. Denn wen gibt es sonst noch, der sein

[h] Jes 41,8.13.14 43,5 Jer 42,11 46,27.28 Mi 4,4
[i] 10,24 46,28 Am 9,8.9 Hebr 12,6 Offb 3,19
[k] Klgl 2,13 Jes 1,5.6 Jer 10,19 14,17 15,18
[l] 8,22 Nah 3,19
[m] 4,30 22,22 Klgl 1,2.19
[n] 15,18
[o] 2,3 10,25 12,14 Jes 33,1
[p] 33,6 Ps 103,3 Jes 62,4 Hos 2,25
[q] Esr 6,3–15 Neh 2,1–8 Jer 31,10 33,7.11
[r] 31,21.22 33,21 Jes 35,10 51,11 54,1 = Gal 4,27
[s] 30,9 1Mo 49,10 2Mo 19,12 33,20 4Mo 16,5 Sach 6,12 Hebr 10,21

617 d. h., unter dem Vorzeichen von meiner, Jahwes, Bundestreue, die das Züchtigungsgericht mit umschließt.
618 w.: befallen von Krankheit.
619 w.: auf seinem Recht wohnen.
620 d. i. Jakobs.
621 o. seine Gemeinde.
622 w.: will ihn nahe machen.

22 **Leben wagt[623], sich mir zu nähern? – Ausspruch Jahwes. * Und**
ihr sollt mein Volk sein, und ich will euer Gott sein!
23 *** Siehe, ein Sturmwind Jahwes – (das ist sein) Zorn – bricht her-**
vor und treibt sein Unheil und wirbelt nieder auf das Haupt der
24 **Gottlosen[t]! * Sein Zorn hört nicht auf[624] – der Zorn Jahwes –, bis** [t] 23,19.20 25,32
er getan und ausgerichtet hat, was er sich in seinem Herzen vorge-
nommen hat. Später[625] werdet ihr das einsehen!

Man meint, den Jeremia der ersten Kapitel wiederzuhören. Es ist die Sprache eines von Gott Ergriffenen, der nicht einfach das Gottesgericht beschreibt wie einer, der etwas von außen betrachtet, sondern wie einer, der mitten in dem Geschehen steckt. Erlösung ist nach diesen Versen ein Dreifaches: **5–9**

– Erlösung gibt es nicht ohne vorherige Not und Verzweiflung (V. 5–7);
– Erlösung ist Befreiung von fremder Bindung (V. 8);
– Erlösung ist Dienst unter einem neuen Herrn (V. 9).

Dann meint man fast, Jesaja reden zu hören. – Gottes Erlösung ist kein Kraftakt, sondern geschieht zusammen mit einem Zuspruch: **»Fürchte dich nicht . . . Ich bin mit dir.«** **10/11**

In diesem Abschnitt wird weiter vom kommenden Heil geredet: **12–17**

– Heil bedeutet nicht: Laßt uns nicht mehr über Vergangenes reden, sondern Heil kann nur erfahren werden, wenn die Größe der Verschuldung weiterhin vor Augen bleibt. Sünde wird vergeben, aber der, dem Vergebung widerfuhr, weiß immer, woher er kommt, vgl. Paulus im 1Tim 1,15: »Christus Jesus kam in die Welt, um Sünder zu retten, von denen ich der Vornehmste *bin*.« (So steht zwischen Rö 6 u. 8 das Kapitel Rö 7.)
– Heil bedeutet hier noch nicht Vergebung durch Wegnehmen der Schuld durch einen anderen. Man muß sich nämlich fragen: Wann weiß Gottes Volk, daß es genug gebüßt hat und genug Züchtigung erfahren hat? Die Ungewißheit bleibt. Hier ist eine Grenze des Alten Testamentes!
– Heil gibt es, wenn zugleich der, der das Unheil brachte, vernichtet wird (beachte: auch der Züchtiger des Gottesvolkes wird wie dieses mit seinem eigenen Vergehen bestraft, V. 16b). So gibt es auch im Neuen Testament keine Rettung ohne gleichzeitige Vernichtung des Bösen, z. B. Kol 2,15: »Christus hat die Mächte und Gewalten entwaffnet, sie öffentlich an den Pranger gestellt und sie im Triumph-

[623] w.: der für sein Herz bürgt.
[624] w.: kehrt nicht um.
[625] o. am Ende der Tage.

zug geführt.« Genauso kommt mitten in den Heilsworten V. 18–24 in V. 23.24 das Gerichtshandeln Gottes an den Widersachern seines Volkes zur Sprache. Von daher haben auch die sog. »Völkersprüche« (Kap. 25; 45–52) ihren Sinn.

18–24 Dieser Abschnitt scheint – im Gegensatz zu 30,1ff – nichts davon zu wissen, daß Israel mit Juda unter einem Davididen in Jerusalem ein vereintes Reich bilden soll. Stattdessen wird hier (V. 21) von einem Fürsten oder Machthaber gesprochen, der aus der Mitte des Volkes stammt. Möglicherweise steht dahinter die betrübliche Erfahrung von fremdländischer Statthalterschaft, die der Norden des ehemaligen Reiches Davids mit den assyrischen Verwaltern machte. Oder sollte ein davidisches Großreich gemeint sein mit einem »Großwesir« oder »Gouverneur« für die Nordprovinzen? Von einem Königtum ist hier nicht die Rede, entsprechend der Abneigung des Nordens gegenüber dem institutionalisierten Königtum. Statt äußerer Königswürde hat dieser Machthaber aber etwas, was viel wichtiger ist (was dann bei den späteren Propheten[626] eine wichtige Rolle spielen wird): Er wird Priester, d.h. Priesterfürst, sein (V. 21). Dieser Gedanke wird in 33,14ff weiter ausgeführt. Von einem ausgebauten Tempelkult, wie er in Jerusalem üblich war, ist hier nicht die Rede. Dieser Machthaber oder Priesterfürst hat eine Funktion, wie sie dem Mose entspricht[627]. – Wo ein Mittler ist, der vor Gott steht, kann auch der Bund Gottes mit seinem Volk wieder aufgerichtet werden (V. 22)[628]. – Wo die Gnade Gottes verkündigt wird, wird das endgültige Gerichtshandeln Gottes an denen, die trotzdem gottlos bleiben wollen, um so unerbittlicher (vgl. dazu den Übergang von Rö 1,16.17 zu Rö 1,18).

Der Jubel und das Glück der Erlösten: 31,1–22

1 Zu jener Zeit – Ausspruch Jahwes –, werde ich wieder Gott sein
2 für alle Geschlechter Israels, und sie sollen mein Volk sein. * So

[626] Vgl. Sach 3,1–10.

[627] Innerhalb des Alten Testaments gibt es verschiedenartige Verheißungen des kommenden Mittlers zwischen Gott und dem Volk. Man sollte die einzelnen Aussagen nicht nivellieren.

[628] Daß der Gesalbte Gottes, der Herr seines Volkes, zugleich Priester vor Gott ist, wird in Jesus erfüllt, vgl. Hebr 7,1–10.18, vor allem Hebr 7,25: ». . . denn er lebt immerdar und bittet für sie.« Von ihm, in dem die Verheißung vom Priesterfürsten erfüllt ist, heißt es Hebr 2,14: »Weil nun die Kinder Fleisch und Blut haben, ist er auch der gleichen Art teilhaftig geworden« und in V. 17: »Daher mußte er in allen Dingen seinen Brüdern gleich werden, auf daß er barmherzig würde und ein treuer Hoherpriester vor Gott.« Hier ist die Verheißung von Jer 30,21 erfüllt (vgl. auch 5Mo 18,15: ». . . einen Propheten . . . aus dir und aus deinen Brüdern . . .«).

spricht Jahwe: Gnade hat das Volk in der Wüste gefunden, das
dem Schwert entronnen ist; auf dem Wege zu seiner Ruhestatt ist
3 Israel[a]. * Aus der Ferne ist ihm[629] Jahwe erschienen. Mit ewiger
Liebe will ich dich lieben, darum habe ich dir geduldig meine
4 Huld gezeigt. * Noch einmal will ich dich aufbauen; ja, aufgebaut
werden sollst du, Jungfrau Israel. Noch einmal sollst du dich
schmücken mit deinen Handtrommeln und ausziehen im Reigen-
5 tanz der Lachenden[b]. * Noch einmal sollst du Weinberge pflanzen
auf den Bergen Samarias, und die, die sie pflanzen, sollen (die Er-
6 träge) selbst verbrauchen[c]. * Denn es kommt ein Tag, daß die
Wächter auf dem Gebirge Ephraim rufen: Auf! Wir wollen zum
Zion hinauf, zu Jahwe, unserem Gott[d].
7 * Denn so spricht Jahwe: Jauchzt über Jakob Freudenjauch-
zer[e]! Jubelt über das Haupt[630] der Völker! Tut es kund, lobt (Gott)
und sprecht: Gerettet hat Jahwe sein Volk[631], den Rest Israels.
8 * Siehe, ich führe sie aus dem Nordland herbei und sammele sie von
den Enden der Erde. Unter ihnen sind Blinde, Lahme, zusammen
mit Schwangeren und Gebärenden[632]: als eine große Volksge-
9 meinde kehren sie heim[f]. * Unter Weinen kommen sie und unter
Flehrufen[633] bringe ich sie heim[g]. Ich führe sie zu Wasserbächen
auf ebenem Weg, so daß sie auf ihm nicht straucheln müssen[h].
Denn ich bin (wieder) für Israel Vater (geworden), und Ephraim,
er ist mein Erstgeborener[i].
10 * Hört das Wort Jahwes, ihr Völker, und verkündet es auf den
fernen Inseln und sagt: Der Israel zerstreut hat, sammelt es und
11 bewacht es wie ein Hirte seine Herde[k]. * Denn Jahwe hat Jakob er-
löst[634] und hat ihn befreit aus der Hand dessen, der stärker war
als er[l].
12 * Und sie kommen und jubeln auf Zions Höhe und strahlen[635]
(vor Freude) über das Gute, (das) Jahwe (gegeben hat): über Korn,
Most, Öl und über die jungen Schafe und Rinder. Ihre Seele wird
wie ein bewässerter Garten sein, sie müssen nicht noch einmal
13 verschmachten[m]. * Dann wird sich die Jungfrau wieder am Reigen
erfreuen, junge Männer ebenso wie Greise. Ich will ihre Trauer in
Freude wandeln, sie trösten und fröhlich machen nach ihrem

a Hos 2,16.17 Jes 54,8 Jer 2,2 Hes 20,35–38 Hos 11,1–9
b 1,10c 31,28 33,7 Ps 51,20
c Jes 65,21–23 Hes 36,8 Am 9,14.15
d Jes 2,3 27,13 Mi 4,2 Jes 12,5.6 35,10 3,12.18 23,3.8 Jes 35,3–6 Mt 11,5 Lk 4,18
g Ps 126,5.6
h Jes 40,3 43,19.20
i 2Kor 6,18
k 5Mo 30,3–5 Jes 40,11 42,12 Hes 34,12 Jo 10,11–16
l Jes 49,24.25 Mt 12,29 Lk 11,21.22
m Jes 58,11 Hos 2,24 Apg 14,17

629 a. Lesart: mir.
630 Gemeint ist: Jubelt über das von Jahwe am meisten geliebte Volk!
631 a. Lesart: Rette, Jahwe, dein Volk.
632 o. Wöchnerinnen.
633 a. Lesart: unter Tröstungen.
634 Im Sinne von: losgekauft.
635 a. Lesart: und eilen zum Gut (= Segen) Jahwes.

[n] Jes 61,2.3 Jo 16,22
[o] Jes 55,2 Mt 5,6 14,20
[p] 1Mo 37,35 Mt 2,18 Jer 3,21
[q] 3Mo 26,40–45 Hos 4,16
[r] 5Mo 30,1–5
[s] Jes 49,15 Hos 11,8.9
[t] 50,4.5 Lk 15,20 Offb 22,17
[u] Jes 42,9 43,19 Jo 3,29

**14 Leid[n]. * Ich will das Herz[636] der Priester am Fett laben. Mein Volk
soll sich sättigen an meinen guten (Gaben)[o] – Ausspruch Jahwes.
15 * So spricht Jahwe: Ein Geschrei ist in Rama zu hören, Klagen
und bitteres Weinen: Rahel weint über ihre Söhne, sie will sich
nicht trösten lassen über ihren Söhnen, denn sie sind nicht mehr
16 (da)[p]. * So spricht Jahwe: Höre auf zu weinen[637], denn es gibt ei-
nen Lohn für deine Mühe – Ausspruch Jahwes. Sie kommen näm-
17 lich heim aus dem Feindesland! * Ja, es gibt noch Hoffnung für
deine Zukunft – Ausspruch Jahwes: Heimkehren sollen sie aus
dem Feindesland!
18 * Ich habe genau gehört, wie Ephraim heftig klagte: Du hast
mich gezüchtigt, und ich habe mich züchtigen lassen wie ein unge-
lehriger Jungstier. Laß mich heimkehren[638], so will ich auch
19 heimkehren[639][q]! * Denn nachdem ich umgekehrt[640] war, bereute
ich es. Aber nach meiner Abkehr habe ich Reue empfunden, und
nachdem ich zur Erkenntnis[641] gekommen war, habe ich mich vor
Abscheu auf die Brust[642] geschlagen[r]. Ich schäme mich und bin
zerknirscht. Denn ich habe nun die Schande meiner Jugend zu
tragen.
20 * Ist mir Ephraim so teuer wie ein Kind, an dem man sich ergöt-
zen kann, so daß ich – so oft mein Wort gegen ihn ergeht[643] – heftig
an ihn denken muß[s]? Darum lärmt mein Inneres[644] für ihn. Ich
muß mich seiner erbarmen! – Ausspruch Jahwes.
21 * Stelle dir Steinmale auf, mache dir Wegzeichen! Nimm dir die
Straße zu Herzen, den Weg, den du gegangen bist[t]! Kehre heim,
22 Jungfrau Israel, kehre heim zu diesen deinen Städten! * Wie lange
willst du noch hin und her schwanken, abtrünnige Tochter? Denn
Jahwe schafft ein Neues im Lande[u]: das Weib umschwärmt den
Mann[645]!**

636 w.: die Seele.
637 w.: halte deine Stimme vom Weinen zurück und deine Augen von den Tränen.
638 o.: umkehren.
639 o.: umkehren im Sinne von »mich bekehren«.
640 Hier im Sinne von »abgekehrt«.
641 o.: nachdem ich mich erkannt hatte.
642 w.: Hüfte.
643 Andere Übers.: so oft ich von ihm rede.
644 w.: mein Eingeweide.
645 Andere Übers.: das Weib umgibt den Mann; o. das Weib sucht seinen Mann. – Vielleicht haben wir hier einen Hinweis auf den neuen Ehebund, den Gott mit seinem Volk eingehen wird, nachdem der alte zerbrochen war (vgl. 3,1ff).

Überblick

Vor dem Fall Judas hat Gott bereits seine und Nordisraels Wiederherstellung im Auge! Der Prophet benutzt für die Ansage des Kommenden Beispiele aus der Vergangenheit des Volkes: der Zug durch die Wüste und die Bewahrung (V. 2.3); den Einzug in das gelobte Land und seine Kultivierung (V. 4.5). Höhepunkt ist der neue Gottesdienst auf dem Zion (V. 6). V. 7–9 und V. 10–14 kann man sich vorstellen als ein Pilgern der Verbannten zur Stätte des Gottesdienstes auf dem Zion in Jerusalem. Erlösung ist Befreiung zum Feiern vor Gott. Die Völker müssen Zeuge sein, wenn Gott an seinem Volke handelt (V. 10a). (Man kann erwägen, in V. 7a ebenfalls zu lesen: »Denn so spricht Jahwe zu den Völkern . . .«). – V. 15–20 ist ein neuer Abschnitt: Wie durch einen Zeitraffer wird die jüngst vergangene Geschichte des Gottesvolkes von Jeremia gesehen. Angefangen vom Klagegeschrei der gestraften Rahel (der Stamm-Mutter Israels) (V. 15) über Gottes unverdiente Zusage (V. 16.17) und die endlich geschehene Buße (V. 18.19) Israels bis hin zu einem Blick in Gottes Herz (V. 20), wo die Quelle des Erbarmens über Israel liegt. Wenn Gott sich erbarmt hat, darf keiner zurückbleiben oder zaudern (V. 22). Damit sich keiner verläuft, müssen Wegweiser zum Zion aufgestellt werden. – Hier ist der Zug zum Zion endgültige Rettung. Die Flucht zum Zion (vgl. 4,6), die doch nur vorübergehend war, ist vorbei.

Zusammenfassend sei dieser Abschnitt unter dem Stichwort »Erlösung« betrachtet:

- Erlösung ist ein Gefundenwerden durch Gott in ausweglosen Situationen und hat den Grund in Gottes unbegreiflicher Liebe: V. 2.3. **2/3**
- Erlösung bringt Jubel über die Geschenke Gottes und eine neue Bereitschaft zum Darbringen von Freudenopfern: V. 4–6; V. 12–14. **4–6** **12–14**
- Erlösung bedeutet auch für das innere Leben eine neue Kraft: die Seele wird wie ein »bewässerter Garten« (V. 12c; vgl. Jo 4,14).
- Erlösung schenkt im äußeren Leben Fülle (V. 12). (Daß dieses nicht unter allen Umständen so sein muß, zeigt erst das Neue Testament.)
- Erlösung gilt auch den Völkern (V. 7.10) dadurch, daß diese an Israel Gottes Handeln studieren und sich an Israel freuen und es unter ihresgleichen weiterverkündigen. Erlösung für die Völker gibt es also durch Anteilnehmen an der Erlösung Israels, was hier nur schattenhaft angedeutet wird, indem sie zum Weiterverkündigen der Taten Gottes an Israel aufgefordert werden. Erst im Neuen Testament (Rö 9) wird vom »Einpfropfen« der Völker in den »Stamm« Israel geredet, weil Jesus durch sein stellvertretendes Sterben auch für die Völker den Zugang zum Heil erwirkt hat. **7/10**

9–19 Die Erlösten wissen auch weiterhin um die Not und den Schmerz, der von dem früheren Ungehorsam herrührt (vgl. auch 30,14.15). Die Vergangenheit ist bereinigt, aber die Erlösten Gottes wissen noch genau, wo sie herkamen. Darum steht V. 9.15.18.19 die Klage über die Vergangenheit neben der Realität der Erlösung (= Heimkehr): V. 8.9.16.17.

20–22 Erlösung beginnt im Herzen Gottes (V. 20), und zwar in seiner unableitbaren und unverrechenbaren Liebe. Diese Liebe, die aus dem Innersten des Herzens Gottes kommt, ist gerade da entsprungen, wo zuvor der Schmerz und die Klage Gottes waren. Dann aber, wenn Gott von seinem inneren Müssen bedrängt wird, darf sein Volk auch nicht mehr zögern. Man hört in V. 22 eine Ungeduld Gottes über das Zögern des Volkes heraus. Wenn Gott brennt, können wir uns nicht Zaghaftigkeit erlauben. (Vgl. die eindringliche Selbsteinladung Jesu bei Zachäus in Lk 19,5: »Zachäus, steig eilend hernieder, denn heute *muß* ich in deinem Hause einkehren«.)

Der neue Bund: 31,23–40

23 **So spricht Jahwe Zebaoth, der Gott Israels: Noch einmal wird**
man dieses Wort sagen im Lande Juda und in seinen Städten,
wenn ich ihr Geschick gewendet habe[a]: »Jahwe segne dich, du
24 **Aue der Gerechtigkeit[646], du heiliger Berg!«[b] * Auf ihr[646] wird**
Juda mit allen seinen Städten wohnen, Bauern und solche, die mit
25 **der Herde wandern[c]. * Denn ich will die erschöpfte Seele sättigen,**
und jede verschmachtende Seele will ich füllen (mit Gutem)[d]. –
26 *** Darum** (wird man in Israel sagen): **Ich wachte auf und schaute –**
mein Schlaf war mir köstlich gewesen[647].
27 *** Siehe, es kommen Tage – Ausspruch Jahwes –, da will ich für**
das Haus Israel und für das Haus Juda eine Saat von Menschen
28 **und eine Saat von Vieh aufgehen[648] lassen[e]. * Und so soll es sein:**
Wie ich über sie gewacht habe, sie auszureißen und einzureißen,
niederzureißen und zu verderben zum Unheil, so will ich über ihnen wachsam sein, bis ich gebaut und gepflanzt habe[f] – Aus-
29 **spruch Jahwes. * In jenen Tagen wird man nicht mehr sagen: »Die**
Väter haben unreife Trauben gegessen, und die Zähne der Kinder
30 **werden davon stumpf«[g], * sondern jeder wird wegen seiner eige-**

[a] 30,3
[b] Ps 122,6.7
[c] 33,12.13
[d] Ps 23,2.3; Ps 36,9; Ps 107,9 = Lk 1,53
[e] Jes 49,19.20; Hes 36,11; Offb 7,9
[f] 1,10; 18,7–9; 44,27.28
[g] 5Mo 24,16; Hes 18,2.31–34

646 d. h. Aue des Heils, das Gott schafft.
647 Jeremia zitiert hier wahrscheinlich aus einem Volkslied seiner Zeit.
648 w.: ich will säen eine Saat . . .

nen Schuld sterben. Jedem Menschen, der unreife Trauben ißt,
werden seine eigenen Zähne stumpf.
31 * Siehe, es kommen Tage – Ausspruch Jahwes –, da schließe ich
mit dem Haus Israel und mit dem Haus Juda einen neuen Bund[h].
32 * Nicht wie den Bund, den ich mit ihren Vätern an dem Tage
schloß, da ich sie bei der Hand ergriff und sie aus dem Lande
Ägypten herausführte[i] – sie haben meinen Bund gebrochen, ob-
wohl ich das Herrenrecht an ihnen besaß, Ausspruch Jahwes –,
33 * sondern dies wird der Bund sein, den ich mit dem Haus Israel
nach diesen Tagen schließen werde – Ausspruch Jahwes: Ich lege
meine Weisung in ihr Inneres, und auf (die Wände) ihres Herzens
will ich sie schreiben. Und ich will ihr Gott sein, und sie sollen
34 mein Volk sein[k]. * Nicht mehr wird einer seinen Nächsten lehren,
noch einer seinen Bruder: Erkenne doch Jahwe! Denn sie alle
werden mich erkennen, vom Kleinsten bis zum Größten – Aus-
spruch Jahwes –; denn ich vergebe ihre Schuld, und an ihre Sünde
denke ich nicht mehr[l]!
35 * So spricht Jahwe, der die Sonne zum Licht für den Tag, den
Mond und die Sterne zum Licht für die Nacht festgesetzt hat, der
das Meer erregt, so daß seine Wellen brausen[m]: Jahwe Zebaoth ist
36 sein Name: * Wenn diese Ordnungen vor mir weichen sollten –
Ausspruch Jahwes –, dann wird auch die Nachkommenschaft für
Israel aufhören, und es wird nicht mehr mein Volk sein, das mir
37 alle Tage vor Augen steht[n]. * So spricht Jahwe: Wenn die Himmel
droben vermessen werden, und erforscht werden können die
Fundamente der Erde drunten, dann will ich auch die Nachkom-
menschaft Israels verwerfen wegen alles dessen, das sie getan ha-
38 ben[o] – Ausspruch Jahwes. – * Siehe, es kommen Tage – Aus-
spruch Jahwes –, da wird die Stadt für Jahwe wieder aufgebaut
39 werden vom Tor Hananel bis zum Ecktor[p]. * Und die Meßschnur
wird weiterlaufen von dort über den Hügel Gareb hin und wird
40 nach Goa[649] abbiegen[q]. * Und das ganze Tal mit den Leichen und
der Asche und alle (Toten-)Felder neben dem Bach Kidron bis zur
Ecke des Roß-Tores im Osten wird für Jahwe heilig sein. Für alle
Zeiten wird (die Stadt) nicht mehr niedergerissen und zerstört
werden[r].

h 32,40 33,19–21 Jes 54,9.10 55,3 62,4.5 Hos 2,18–22 Lk 22,20 1Kor 11,25 2Kor 3,6–11 Hebr 8,8–12 9,15–22
i 2Mo 19 24,1–8 32,1.7
k Hes 36,26.27 39,29 Jes 44,3 Jer 17,1 24,7 32,39.40 2Kor 3,3 Hebr 10,16.17
l 33,8 36,3 Rö 11,27 1Thess 4,9
m 10,16 1Mo 1,14 Ps 136,7.8 Jes 51,15
n 33,20.21 Jes 54,10 1Mo 8,22
o Rö 11,33
p Neh 3,2 12,38 Sach 14,10
q Hes 40,3–8 Sach 2,5–9 Offb 21,15–27
r 7,31.32 19,6–9.11b–13 Offb 22,3

Überblick

In diesem Abschnitt liegen verschiedene Sprüche vor, die aber alle die kommende Heilszeit zum Thema haben. Gerechtfertigt ist unsere

[649] In der Luther-Bibel fälschlich Goath.

Absetzung dieses Abschnittes von den vorangegangenen, weil hier vor allem das Südreich Juda angeredet ist, während vorher viel von »Jakob« und »Ephraim« die Rede war. Möglicherweise verbirgt sich hinter diesen Namen jeweils die Überlieferungsheimat (Jakob, Ephraim: im Norden; Juda, Zion: im Süden), die die Prophetenworte hatten. Allerdings kann man nicht Süden und Norden völlig voneinander trennen. Beide Häuser verstanden sich jeweils als ganz Israel, so daß auch Jakob und Ephraim den Süden mit einschlossen (z. B. Jes 43,1). Inhaltlich geht es um die äußere Wiederherstellung von Land und Stadt (V. 23–28 und V. 38–40) und um die innere Wiederherstellung durch Aufrichten des neuen Bundes (V. 31–34). V. 29–30 sind im Gefälle des Neuen zu sehen: statt der Sippenverantwortung tritt jetzt die Verantwortung des einzelnen in den Vordergrund. V. 35–37 sind als Bundesschwur zu verstehen: Gott verschafft dem neuen Bund ewige Geltung.

23–26 Entsprechend der neuen Fülle an inneren und äußeren Gütern, die der Norden Israels bekommen wird, wird hier das Gleiche dem Südreich Juda verheißen. Was einem Teil des Gottesvolkes geschenkt wird, soll auch der andere bekommen (V. 23–25). Statt voller Sorgen wacht man in dem wiederhergestellten Israel am Morgen gern auf: Gottes reicher Segen wird an jedem neuen Tag beschert (V. 26; vgl. Ps 17,15: »Laß mich ersatten an deinem Bilde, wenn ich erwache«).

27/28 Wie schon in 3,18, so wird auch in V. 27.28 über das vereinigte Israel von Süd und Nord eine Weissagung gegeben: Die Einheit des Gottesvolkes wird bewahrt, indem Gott eine neue Fülle von Menschen und Tieren schenkt. Die Kreatur ist im Segen eingeschlossen. Im Neuen Testament ist die »Saat von Menschen« die Gemeinde Jesu Christi, die ständig wächst. »Die nun sein Wort annahmen, ließen sich taufen; und wurden hinzugetan an dem Tage bei dreitausend Seelen . . . Der Herr aber tat hinzu täglich, die gerettet wurden, zu der Gemeinde« (Apg 2,41.47). Die »Saat von Menschen« (vgl. die Gleichnisse vom Senfkorn und vom Sauerteig, Mt 13,31–33) ist aber bis zum Jüngsten Tage verfolgte und verkannte Gemeinde. – Auch die Kreatur steht noch unter der Verheißung, daß der Segen für sie erst kommen wird: »Denn das ängstliche Harren der Kreatur wartet, daß Gottes Kinder offenbar werden« (Rö 8,19). Somit steht die letzte Erfüllung dieser Jeremia-Worte noch aus.

Aber 1,10 wird anfangsweise jetzt schon erfüllt: Gott wacht, um die Verheißung zu erfüllen. Es ist derselbe Gott, der wacht über der Durchführung seines Gerichtes. »Gott wacht« heißt auch: Es erfüllt sich alles nicht im Nu, aber Gott schenkt der Erfüllung seine gespannte Aufmerksamkeit.

Als eine Vorbereitung der wichtigen Verse 31–34 (eine erste Andeutung dieses neuen Bundes gab es schon in 3,17b, dann auch 24,7), kann man V. 29.30 betrachten. Der neue Bund wird im Unterschied 29/30
zum alten mehr den einzelnen Menschen im Blick haben. So wird auch Gottes richterliches Eingreifen die Schuld des einzelnen vergelten.

Damit wird aber kein »Individualismus« im philosophischen Sinne verkündigt. Auch das Neue Testament kennt Gottes Gericht an den Völkern, sieht also Vater, Sohn, Enkel zusammen, kennt aber auch so etwas wie eine »Familien-Gnade«. »Glaube an den Herrn Jesus, so wirst du und dein Haus selig« (Apg 16,31).

Das Wesen des neuen Bundes ist nicht eine Gottesahnung, ein Got- 32/33
tesgefühl; sondern die Weisung Gottes (die wörtl. Übers. des hebr. Wortes ›tora‹) wird Gott selber in das Herz seines Volkes legen. Dann kann auch das Problem der falschen Propheten gelöst werden, die aus ihrem eigenen Herzen, ohne Gottes Weisung zu haben, ihre Prophezeiungen hervorbrachten (vgl. 23,26).

Ferner hat Gottes Volk die Weisung seines Gottes nicht mehr vor sich als Forderung, sondern in seinem Gewissen als Maßstab, dem es freiwillig folgt (vgl. dazu auch G. Eichholz, Die Theologie des Paulus im Umriß, 1972, 94). Man sollte sich an dieser Stelle jedoch hüten, allzu unbefangen von der »Innerlichkeit« oder »Herzensfrömmigkeit« des neuen Bundes zu sprechen. Innerlichkeit wird sehr oft mit Privatheit verbunden, dagegen geht es hier nach wie vor um das Gottesvolk (V. 33). Mit der Herzensfrömmigkeit (vgl. das zu 23,16ff Ausgeführte) verbindet man sehr leicht die gefühlsmäßige Seligkeit. Dagegen bleibt bestehen, daß der neue Bund eine Weisung Gottes beinhaltet (vgl. Rö 8,4: ». . . damit die Gesetzesforderung in uns erfüllt würde«, wörtl. Übers.). Allerdings ist vom Neuen Testament her hier noch mehr zu sagen. Jesus ist nicht gekommen, um den alten Mose-Bund zu verinnerlichen, sondern um den alten Bund zu radikalisieren (vgl. die sog. Antithesen in der Bergpredigt, Mt 5,21–48) und damit – zu sprengen[650]! Oder anders gesagt: Indem Jesus seine Nachfolger unter den totalen Gotteswillen stellt, zerbricht er die Gesetzesfrömmigkeit der frommen Juden (und des Alten Testamentes!). Aber gerade so schenkt er seinen Jüngern eine bessere Gerechtigkeit, »durch die das Gesetz und die Propheten zu ihrer eigentlichen Bedeutung und damit ihrer Vollendung gebracht werden«[651]. – Das ist jedoch

650 »Jesus hat die Autorität des Gesetzes nicht grundsätzlich in Frage gestellt; faktisch führt jedoch die Radikalisierung des göttlichen Gebotes, wie Jesus sie in seinem in ›Vollmacht‹ gesprochenen ›Ich aber sage euch‹ vollzieht, zur Sprengung der Thora« (Ed. Lohse, Einheit des NT, Ges. Aufs., 1973, 84).

651 aaO, S. 86.

nicht alles: Der Bergprediger geht ans Kreuz, zerbricht unter dem Gesetz, wird aber von den Toten auferweckt und zerbricht es. Jetzt erst wird der Weg frei zur neuen »Messias-Tora«, zum »Gesetz Christi«, wie Paulus sagt (Gal 6,2). Diese Weisung für ein Leben in der Nachfolge ist nicht eine Neuauflage des alten Gesetzes, sondern ist eine »leichte Last« (Mt 11,30), – um des Glaubens an Jesus willen (»Kommt her zu mir alle«). Das ist das »Gesetz des Geistes« (Rö 8,2), in unsere Herzen geschrieben.

34 Der neue Bund, den Gott stiftet, hebt den Unterschied zwischen Wissenden und Unwissenden auf. Der Lehrvorgang geht nicht mehr – wie man heute sagt – in einer »Einbahn-Information« vonstatten. – Die Erfüllung dieser Verheißung tritt erst im Neuen Testament in Kraft. Ferner: Paulus will nicht deswegen nach Rom kommen, um der römischen Gemeinde in belehrender Weise etwas unerhört Neues zu sagen, sondern er bezeichnet seine geplante Lehrunterweisung in Rom so: ». . . damit wir uns durch unseren Glauben, den euren wie den meinen, gegenseitig trösten«, Rö 1,12. Auch seine Argumentationsweise in Rö 6,3.16 gehört hierhin. Er erinnert die Römer an etwas, was sie längst schon haben, indem er seine Ausführungen in die Frageform kleidet: »Wißt ihr nicht . . .?« So kann nur einer sprechen, der etwas davon weiß, daß keiner den anderen belehren muß! Oder 1Jo 2,14: »Ich habe euch geschrieben, liebe Kinder, weil ihr den Vater erkannt habt! Ich habe euch geschrieben, Väter, weil ihr den erkannt habt, der von Anfang ist.« In V. 20 schreibt der Apostel: »Ihr hingegen habt das Salböl von dem Heiligen, und ihr besitzt alle das Wissen. Ich habe euch nicht geschrieben, weil ihr die Wahrheit nicht wißt, sondern weil ihr sie wißt . . .« Allerdings hat das Neue Testament aus dieser Wahrheit nicht den Schluß gezogen, die Gemeinde benötige kein Amt der Lehre mehr, sondern diese Ämter werden durch das Miteinander der Glieder der Gemeinde sowohl *entlastet* von ihrem falschen Verantwortungsbewußtsein (»wenn *ich* nicht predige, geht alles schief; kein anderer kann es«) als auch *befreit* von dem falschen Anspruch auf ausschließliche geistliche Autorität. – Damit ist das Volk des neuen Bundes eine Bruderschaft gemäß dem Paulus-Wort: »Hier ist nicht Jude noch Grieche, hier ist nicht Knecht noch Freier, hier ist nicht Mann noch Weib; denn ihr seid allzumal *einer* in Christus« (Gal 3,28).

Wie kommt man zu dieser Gotteserkenntnis? Wie in 23,9ff wird nicht von geheimen inneren Offenbarungen gesprochen, sondern – wir sind überrascht – von der Vergebung der Sünde. **»Denn ich vergebe ihre Schuld, und an ihre Sünde denke ich nicht mehr.«** Erfahrene Sündenvergebung ist die Grundlage der Gotteserkenntnis und somit Kernstück des neuen Bundes! Biblische Gotteserkenntnis ist nämlich nicht ein Bescheidwissen des Verstandes, sondern ist Erfahrung der Zuwendung Gottes zu uns Menschen. Die Zuwendung Gottes ist nicht ein Beschenktwerden mit allerlei, sondern ist zuerst und vor allem: die Vergebung der Sünde und die Annahme als Gottes Kind. – Der neue Bund wird die Erfüllung der Reden des frühen Jeremia (vgl. 2,1ff) vom Ehebund Gottes mit seinem Volke sein, wie schon sein »geistlicher Vater« Hosea sagte: »Darum wird dieser neue Bund nicht ein geflickter alter Bund; hier wird nicht neuer Wein in alte Schläuche gefüllt; hier wird die Hochzeit angesagt, die eine neue, endgültige Lebensgemeinschaft zwischen Gott und seinem Volke begründet . . .«[652]

Von dem Bundesmittler ist hier noch nicht die Rede. Erst als Jesus in der letzten Nacht im Rahmen des Passa-Mahles zu seinen Jüngern von dem Sinn seines Sterbens spricht (Lk 22,20; 1Kor 11,25), finden diese Jeremia-Worte ihre letzte Erfüllung. »Dieser Kelch ist der neue Bund in meinem Blut, das für euch vergossen wird.« Damit knüpft der neue Bund wieder an den alten an: ». . . und ohne Blutvergießen geschieht keine Vergebung« (Hebr 9,22).

Ebenfalls ist nicht vom Geist Gottes die Rede, der die Gottesweisung in das Gewissen gibt (vgl. aber Hes 36,24–28: hier haben wir gegenüber Jeremia eine Präzisierung der Verheißung in Richtung auf Rö 8,4 hin).

Erst der Geist Gottes, der in die Herzen ausgegossen wird (Rö 5,5) vollendet den neuen Bund, der durch das Sterben Jesu zwischen Gott und uns geschlossen wurde. »Es wird hier (= in Rö 5,5) die Anschauung einer Gemeinde sichtbar, die über den Tod Jesu und über die Gabe des Geistes in Kategorien der Bundeserneuerung dachte. Im Tode Jesu sah sie die angekündigte Vergebung der Sünden begründet, und die Gabe des Geistes bedeutete für sie die neue Ermöglichung des Gesetzesgehorsams«[653]. Wo der Heilige Geist ist, wird der neue Bund im Gehorsam der Glaubenden durchgehalten.

Es schließt sich an eine Bekräftigung der ewigen Dauer dieses **35–40**
neuen Bundes, dargestellt an den unverrückbaren Ordnungen der Himmelsbewegungen, V. 35–37, und eine Zusage auf einen Wiederaufbau der Gottesstadt. Der neue Bund erneuert auch die Gottesstadt. Es werden die Nordbegrenzung (Tor Hananel, vgl. Neh 12,39, und das Ecktor, vgl. 2Kön 14,13) sowie die Südbegrenzung (Hügel Gareb und Goa sind geographisch nicht zu fixieren) angegeben, erstaunlicherweise auch jener Bereich im Süden und Osten der Stadt, der Begräb-

[652] H. W. Wolff, Bibl. Komm. (Hosea) XIV/1, 68.
[653] J. S. Vos, Traditionsgeschichtliche Untersuchungen zur paulinischen Pneumatologie, 1973, 117.

nisplatz und Ort mancher dunkler Totenkulte war (vgl. 19,1ff). Offenbar soll die neue Gottesstadt einen umfassenderen heiligen Bezirk als die alte Stadt haben. – Da man diese genauen Angaben nicht mit den prophetischen Aussagen des Jeremia in Einklang zu bringen vermag und meint, daß dieser Text eine priesterliche Sprache atme (»heilig für Jahwe«), spricht man die Verse allgemein Jeremia ab. Andererseits gibt es Propheten mit priesterlichen Prägungen, wozu Jeremia seiner Herkunft nach zu rechnen ist (vgl. Hes 40,1–47,12, wo auch ein Prophet die Maße der Gottesstadt genauestens beschreibt, ferner Offb 21,15–21, wo es ebenfalls Detail-Beschreibungen gibt).

Ein Unterpfand für das kommende Heil: 32,1–44

1 Das Wort, das an Jeremia erging durch Jahwe im zehnten Jahr des
Königs Zedekia von Juda, das ist das 18. Jahr des Nebukadnezar.
2 * Damals belagerte das Heer des Königs von Babel Jerusalem,
und der Prophet Jeremia wurde im Wachthof festgehalten, der
3 zum Haus des Königs von Juda gehört. * Zedekia, der König von
Juda, hatte ihn nämlich dort eingesperrt, indem er sagte: Warum
weissagst du: »So hat Jahwe gesprochen: Siehe ich gebe diese
Stadt in die Hände des Königs von Babel, der wird sie einnehmen[a]!
4 * Und Zedekia, der König von Juda, wird nicht aus der Hand
der Chaldäer entfliehen können; denn er wird unwiderruflich in
die Hand des Königs von Babel gegeben, und er wird mit ihm von
Mund zu Mund reden und ihn von Angesicht zu Angesicht sehen[b].
5 * Nach Babel wird er den Zedekia bringen, und dort wird er blei-
ben, bis ich ihn (gnädig) heimsuche[c] – Ausspruch Jahwes. Doch
wenn ihr gegen die Chaldäer kämpft, werdet ihr kein Glück ha-
ben[d]!«
6/7 * Jeremia sagte: Es erging folgendes Wort Jahwes an mich: *
Siehe, Hanamel, der Sohn des Schallum, deines Onkels, kommt zu
dir und sagt: »Kaufe dir meinen Acker in Anathoth, denn dir
8 steht das Recht zum Loskauf[654][e] zu.« * Da kam Hanamel, der Sohn

[a] 26,8.9; 34,2; 37,6–10
[b] 34,3; 38,18.23; 39,4–7
[c] 39,7
[d] 42,11
[e] 3Mo 25,25–28; Rth 4,4

[654] Das hebr. Wort, das hier vorkommt, wird abgeleitet von goēl und meint ursprünglich den nächsten Verwandten eines Ermordeten, der die Blutrache zu vollziehen hat. Von diesem sog. »Beziehungsbegriff« her hat der goēl auch die Aufgabe, die Veräußerung des Grundbesitzes an Fremde durch sein »Vorkaufen« zu verhindern, vgl. 3Mo 25,23.25. Dort steht auch die Begründung dafür, daß das Land in der Familie bleiben soll: ». . . denn mir gehört das Land« (sagt Gott); siehe auch Ruth 4,3–8. Wenn dann (z. B. Jes 41,14) Gott selber ›goēl‹ (= Erlöser) genannt wird, ist dabei immer vorausgesetzt, daß Gott durch seinen Bund mit seinem Volk gewissermaßen »einer von uns« ist, m. a. W., dieser Begriff setzt voraus, daß Gott und Mensch in einer engen Beziehung zueinander stehen.

meines Onkels, zu mir, wie Jahwe mir auf dem Wachthof gesagt
hatte, und er sagte: Kaufe dir doch meinen Acker in Anathoth im
Lande Benjamin, denn dir steht das Erb- und das Loskaufrecht
9 zu; kauf ihn dir! Da erkannte ich, daß es Jahwes Wort war. * Und
ich kaufte den Acker des Hanamel, des Sohnes meines Onkels in
Anathoth, und wog ihm siebzehn Silberschekel (als Kaufpreis) ab.
10 * Dann schrieb ich (das alles) auf eine Urkunde[655], siegelte, rief
Zeugen herbei und wog das Silber auf einer Schalenwaage ab.
11 * Ich nahm die Kaufurkunde, die ich entsprechend den Vorschrif-
12 ten versiegelte, wie auch die offene[656]. * Dann gab ich die Kaufur-
kunde dem Baruch, dem Sohn Nerijas, des Sohnes Machsejas, vor
den Augen Hanamels, des Sohnes meines Onkels, und vor den
Augen der Zeugen, die die Kaufurkunde unterschrieben hatten
und vor den Augen aller Judäer, die auf dem Wachthof standen.
13/14 * Hierauf befahl ich dem Baruch vor ihren Augen folgendes: * »So
spricht Jahwe Zebaoth, der Gott Israels: Nimm diese Urkunden,
diesen Kaufvertrag, sowohl den versiegelten wie den offenen, und
lege sie in ein irdenes Gefäß, damit sie lange Zeit erhalten blei-
15 ben. * Denn so spricht Jahwe Zebaoth, der Gott Israels: Noch
einmal wird man Häuser, Äcker, Weinberge in diesem Land kau-
fen!« –
16 * Darauf betete ich zu Jahwe, nachdem ich diese Kaufurkunde
17 dem Baruch, dem Sohn Nerijas, übergeben hatte: * Ach, Herr
Jahwe, siehe, du hast Himmel und Erde gemacht durch deine
große Kraft und mit deinem ausgestreckten Arm[f]. Kein Ding ist
18 dir unmöglich, * der du Gnade an Tausenden übst, der du ver-
giltst die Schuld der Väter (und läßt sie) in den Schoß ihrer Söhne
nach ihnen (fallen)[g], du großer und starker Gott – dessen Name
19 Jahwe Zebaoth ist. * Groß an Rat und reich an Tat, der du deine
Augen offenhältst über alle Wege der Menschenkinder und gibst
einem jeden, wie (es) sein Wandel (verdient)[h] und entsprechend
20 den Früchten seiner Taten, * der du Zeichen und Wunder im
Lande Ägypten bis zum heutigen Tag vollbracht hast, sowohl an
Israel als auch an der Menschheit überhaupt, du hast dir einen
21 Namen gemacht, wie (es) dieser Tag (wieder beweist). * Du hast
dein Volk Israel aus dem Lande Ägypten herausgeführt unter Zei-

[f] 2Mo 34,6.7
[g] 2Mo 20,5.6
[h] Ps 33,14.15

655 d. h. in einen Kaufbrief.

656 Nach allgemeinem Recht wurde im Zusammenhang eines Kaufes der Vertrag in einer Doppelurkunde festgelegt: Es gab einen rechtsgültigen, versiegelten Text und einen unversiegelten, jedermann zur Einsicht dargebotenen, entsprechenden zweiten Text. Ein Teil einer Schriftrolle konnte also immer eingesehen werden. »So konnte (der eigentliche Text) jederzeit noch geprüft und in Zweifelsfällen die Übereinstimmung mit dem . . . Original gerichtlich festgestellt werden« (E. Lohse, Neues Testament Deutsch, 11, zu Offb 5,1).

chen und Wundern, mit starker Hand und mit ausgestrecktem
[i] 5Mo 4,34 9,15
22 Arm und unter großen, furchterregenden Taten[i]. * Du gabst ih-
nen dieses Land, das du ihnen zu geben ihren Vätern geschworen
23 hast, ein Land, das von Milch und Honig überfließt. * Sie kamen
und nahmen es in Besitz, doch sie hörten nicht auf deine Stimme
und wandelten nicht nach deinem Gesetz. Nichts von dem, was du
ihnen zu tun geboten hattest, hielten sie. Da ließest du sie all die-
24 ses Unheil treffen. * Siehe, die Belagerungswälle sind auf die
Stadt vorgerückt, damit sie eingenommen werden kann und die
Stadt in die Hände der Chaldäer fällt, die gegen sie kämpfen. (Sie
fällt) durch Schwert, Hunger und Pest. Was du geredet[657] hast, ist
25 gekommen. Du selbst siehst es ja! * Doch du hast zu mir gesagt,
Herr Jahwe: Kaufe dir den Acker mit Silber und bringe dafür
Zeugen herbei, wo doch die Stadt in die Hand der Chaldäer gege-
ben ist.
26/27 * Und weiter erging das Wort Jahwes an Jeremia: * Siehe, ich
bin Jahwe, der Gott alles Fleisches – sollte mir etwas unmöglich
[k] Sach 8,6 Lk 1,37
[l] 37,8–10
28 sein[k]? * Darum spricht Jahwe so: Ich gebe diese Stadt in die Hand
der Chaldäer und in die Hand Nebukadnezars, des Königs von
29 Babel, der sie einnehmen wird. * Die Chaldäer, die gegen diese
Stadt kämpfen, kommen und legen an diese Stadt Feuer und ver-
brennen sie[l], auch die Häuser, auf deren Flachdächern sie dem
Baal geräuchert haben und Trankopfer vergossen für andere Göt-
30 ter, so daß sie mich erzürnten. * Denn die Söhne Israels und Judas
verübten vor meinen Augen Unrecht seit ihrer Jugendzeit; denn
die Söhne Israels erzürnten mich durch die Taten ihrer Hände –
31 Ausspruch Jahwes. * Zum großen Ärgernis ist mir diese Stadt ge-
wesen von dem Tage ihrer Erbauung an bis heute, so daß ich sie
32 von meinem Angesicht entfernen muß. * Wegen all des Bösen der
Söhne Israels und Judas, das sie verübten, um mich zu erzürnen,
sie, ihre Könige, ihre Fürsten, ihre Priester, ihre Propheten und
33 jedermann in Juda und wer in Jerusalem wohnt. * Sie kehrten mir
den Nacken zu und nicht das Angesicht. Obgleich ich sie uner-
müdlich belehrt habe, hörten sie doch nicht und nahmen keine
34 Zucht an. * Sie stellten ihre Scheusale auf in dem Haus, das nach
35 meinem Namen genannt ist, und verunreinigten es. * Sie erbauten
die Baals-Höhen im Tal Ben-Hinnom, um ihre Söhne und Töchter
dem Moloch zu verbrennen, was ich ihnen nie befohlen habe und
mir niemals in den Sinn gekommen ist[658], daß sie dies Scheußliche
tun sollen. Dadurch haben sie Juda in die Sünde geführt.

657 d. h. angedroht.
658 w.: aufgestiegen ist zu meinem Herzen.

36 *** Nun aber – darum spricht Jahwe, der Gott Israels, zu dieser**
Stadt, von der auch ihr[659] (jetzt schon) **sagt, daß sie in die Hand des**
Königs von Babel gegeben wird, durch Schwert, Hunger und Pest:
37 *** Siehe, ich sammle sie aus allen Ländern, wohin ich sie zerstreut**
habe in meinem Zorn und Grimm und in großer Entrüstung, und
lasse sie heimkehren an diesen Ort und will sie in Sicherheit woh-
38 **nen lassen**[m]**. * Dann sollen sie mein Volk sein, und ich will ihr** [m] 23,3
39 **Gott sein. * Und ich will ihnen einerlei**[660] **Sinn geben und einer-** 29,14
lei[660] **Wandel**[661]**, so daß sie mich allezeit fürchten, ihnen und ih-** Jes 11,12 Hes 11,17
40 **ren Kindern nach ihnen zum Wohl**[n]**. * Und ich will mit ihnen ei-** [n] 31,33
nen ewigen Bund schließen und will nicht mehr aufhören[662]**, ih-** Hes 36,27 [o] 31,35–37
nen wohl zu tun. Die Furcht vor mir will ich in ihr Herz geben, so Hebr 13,20
41 **daß sie nicht mehr von mir abweichen**[o]**. * Ich will Freude an ihnen**
haben, wenn ich ihnen Gutes tue, und ich will sie einpflanzen in
dieses Land in Treue[663] **von ganzem Herzen und von ganzer Seele.**
42 *** Denn so spricht Jahwe: Wie ich über dieses Volk all dieses**
große Unheil gebracht habe, so will ich über sie all das Gute brin-
43 **gen, das ich jetzt über sie rede**[664]**. * Es sollen wieder Äcker in die-**
sem Lande gekauft werden, von dem ihr[665] **sagt: »Eine Einöde ist**
es, in der kein Mensch und Tier ist, in der Hand der Chaldäer ist
44 **es.« – * Felder sollen mit Geld erworben werden. Man wird** (den
Kauf) **in eine Urkunde schreiben und siegeln und Zeugen hinzu-**
ziehen im Lande Benjamin, in der Umgebung von Jerusalem, in
den Städten Judas, in den Städten der Niederung und in allen
Städten des Südlandes. Denn ich will ihr Geschick wenden – Aus-
spruch Jahwes.

Überblick

Obwohl Kap. 32 nach der Notiz von V. 2[666] zeitlich nach der in Kap. 37 berichteten Gefangennahme Jeremias zu lesen wäre, hat es seinen guten Grund, warum es – wahrscheinlich durch den Schreiber Jeremias,

[659] Die alte griech. Übers. lautet hier: von der du sagst.
[660] Die alten Übers. haben hier statt einerlei (= einzig) Sinn: ein anderes Herz und einen anderen Wandel.
[661] w.: Weg.
[662] w.: will nicht umkehren (vom Gehen) hinter ihnen her.
[663] d. h.: auf Dauer.
[664] d. h.: verheiße.
[665] Vgl. Anm. zu V. 36.
[666] Es handelt sich um das Jahr 587 v. Chr. – Die Verse 1–5 stammen ganz sicher aus der Hand des Baruch.

Baruch – an diese Stelle des Jeremia-Buches kam: Nach den großen Verheißungen von Kap. 31, deren Realisierung nach menschlichem Ermessen kaum vorstellbar ist, wird in Kap. 32 von einer »Vor-Erfüllung« berichtet, dargestellt an dem Acker-Kauf Jeremias von seinem Onkel Hanamel. Es gehört zur Eigenart der biblischen Gnadenverheißungen, daß sie immer wieder Vorerfüllungen haben, Abschattungen des Endgültigen, um dadurch die endgültige Erfüllung dem Gottesvolk als Sehnsucht ins Herz zu legen und ihm die Tatsächlichkeit der Gottesverheißungen zu verbürgen. So erwarb sich Abraham, dem der Besitz des ganzen Landes Kanaan verheißen war, nur die Höhle in Machpela als Familiengruft (1Mo 23,1–11): ein erstes Angeld auf die volle Erfüllung der Landverheißung. So ist im Neuen Testament der Heilige Geist das Angeld auf das zu erwartende Reich Gottes (Eph 1,14), eben jenes Stückchen »Acker«, das verbürgen soll, daß Gott ganz bestimmt den neuen Himmel und die neue Erde herbeiführen wird. (Zum Verhältnis »Vor-Erfüllung« – »endgültige Erfüllung« vgl. Hebr 11.)

1–15 Baruch soll beide Vertragsurkunden in ein Tongefäß verschließen, damit nicht nur Jeremias Familie, sondern alle Nachkommen einen Bürgen für die Zusage Gottes haben. Hier stoßen wir wieder auf die Tatsache der Schriftwerdung des Wortes Gottes, die in Kap. 36 noch ausführlich dargelegt wird. Der Prophet Jesaja (Jes 8,16.17) sagt (Übers. Zürcher Bibel): »Verwahren (will ich) die Offenbarung und versiegeln die Weisung in meinen Jüngern, und harren will ich auf den Herrn, der sein Angesicht vor dem Hause Jakob verbirgt, und will auf ihn hoffen.« Auch hier soll eine Verheißung Gottes »aktenkundig« gemacht werden, nicht in einem Buch, sondern in den Herzen der Prophetenschüler. Wenn die Versiegelung der Verheißung stattgefunden hat, wird das Harren und Hoffen (Jes 8,17) einen Anhaltspunkt haben und braucht nicht zu ermatten. So ist der Acker zusammen mit der Schrift eine verbürgte Zusage auf die kommende Erfüllung, daß Israel das ganze Land neu besitzen wird.

Jerualem wird von den Babyloniern belagert, aber sie scheinen Jeremia zu kennen und darum ihn und seine Verwandten nicht beim Betreten und Verlassen der Stadt zu behindern. Wer sich die Lage des alten Jerusalem vergegenwärtigt, weiß, daß nur an der Nordflanke wegen des dort ebenen Geländes eine lückenlose Belagerung möglich war. Darum könnten Jeremia und sein Onkel auch ohne größere Behinderung durch die Babylonier durch die Südtore der Stadt aus- und eingegangen sein. – Daß Jeremia Geld zur Hand hat, daß sein Gehilfe Baruch zur Hand ist und daß Kaufzeugen aufgeboten werden können, beweist, daß seine Haft (noch!) erträglich war.

Diese von Gott angeordnete Zeichenhandlung führt Jeremia ins Gebet[667]. Es fällt auf, daß dieses Gebet nicht eine einzige Bitte oder Fürbitte enthält. Wenn auch dem Propheten von Gott die Fürbitte untersagt wird, bleibt ihm immer noch der Lobpreis, hier in der Form eines beschreibenden Berichtes über die Taten Gottes in der Vergangenheit. Gottes Taten dürfen und müssen verherrlicht werden, auch wenn das Gericht vor der Tür steht. In den Lobpreis flüchtet sich der Prophet hinein, weil ihm als Menschen das Ineinander von Heilsankündigung und in Kürze hereinbrechendem Gericht nicht verständlich und nicht zu ertragen ist. Der Lobpreisende staunt über die großen Zusagen für die kommende Zeit. Dadurch wird die Gegenwart anders, auch wenn in ihr kein Heil zu finden ist (V. 25b). **16–25**

Der Lobpreisende, der keine einzige Bitte äußert, erfährt von Gott eine Antwort. Die Antwort Gottes besteht darin, daß er zurückfragt (vgl. dazu Hi 38f). Er stellt seine Göttlichkeit ins Licht: **»Sollte mir etwas unmöglich sein?«** In diesem Satz ist sowohl Gottes unbegreifliches Gerichts-Handeln als auch seine unerschöpfliche Möglichkeit zur Gnade ausgedrückt. Wir werden an 18,1–12 erinnert[668]. **26/27**

Ab V. 37 hören wir dann auch mit einem Mal Gnadenworte, die an Kap. 31 anknüpfen, und zwar fangen sie an der Stelle an, wo das Volk Gottes vor der Tiefe des Gottesgerichtes mutlos geworden ist. **37–44**

Die Mittler des neuen Bundes: 33,1–26

1 **Es erging das Wort Jahwes an Jeremia zum zweiten Mal, während**
2 **er noch gefangen war im Wachthof, folgendermaßen: * So spricht**
Jahwe, der die Erde geschaffen[669], Jahwe, der sie gebildet und sie [a] Am 4,13 5,9
3 (fest) **gegründet hat, Jahwe, ist sein Name[a]. * Rufe zu mir, und ich** 9,6

[667] Es hat etwas für sich, wenn manche Ausleger bemerken, daß das Gebet Jeremias ursprünglich nur die Verse 17 und 24.25 umfaßt hat: Nur hier wird die konkrete Situation des Ackerkaufes deutlich. Ein späterer Abschreiber hätte dann – um Gottes königliche Macht noch zu unterstreichen – aus der Geschichte Israels Beispiele angefügt (in den V. 18–23). Andererseits spricht für die Ursprünglichkeit: »Der liturgische Stil und der traditionsgebundene Vorstellungs- und Gedankengehalt läßt sich im Munde Jeremias so erklären, daß er im Augenblick einer Glaubensunsicherheit sich an die hymnische Überlieferung hält und dort das Fundament sich vergegenwärtigt, auf dem er stehen kann« (A. Weiser, ATD 20/21 z. St.).

[668] Dem Leser kann auffallen, daß in V. 29b–41 Sätze stehen, die ihm im Jeremia-Buch schon begegnet sind. Die meisten Parallelen findet er in Kap. 7; aber auch 11,17; 17,25 sind zu vergleichen. Möglicherweise hat hier ein späterer Abschreiber, um nur ja seinem Volk die Schwere der Sünde gegen Jahwe einzuschärfen, den ursprünglichen Text (sachlich zu Recht!) aufgefüllt (so die meisten Ausleger).

[669] So nach der alten griech. Übers.; der hebr. Text ist schwierig.

[b] 29,12 Jes 48,6 Ps 91,15
[c] 3,22 8,22 30,17 Jes 57,18 Mt 4,23 Offb 22,2
[d] 31,31 Hes 36,25
[e] Ps 67,3 2Kor 1,14

will dir antworten; ich will dir Großes und Unfaßbares kundtun,
4 was du nicht kennst[b]. * Denn so spricht Jahwe, der Gott Israels,
über die Häuser dieser Stadt und über die Häuser der Könige Ju-
das, die niedergerissen wurden, um (im Kampf) gegen die Belage-
rungswälle und zu Kampfzwecken[670] Verwendung zu finden,
5 * um gegen die Chaldäer zu kämpfen und um sie[671] mit Leichen von
Menschen zu füllen, die ich geschlagen habe in meiner Zornes-
glut. Ich habe mein Angesicht vor dieser Stadt verborgen wegen
6 all ihrer Bosheit[672]. * Siehe, ich bringe dir[673] Heilung und Gene-
sung[c]. Ja, ich eröffne ihnen eine Fülle[674] von Frieden und Treue.
7 * Und ich will das Geschick Judas und Israels wenden und baue sie
8 auf wie ehedem. * Ich will sie reinigen von all ihrer Schuld[d], wo-
mit sie an mir gesündigt haben. Ich will alle ihre Schulden verge-
ben, womit sie an mir gesündigt haben und durch die sie von mir
9 abgefallen sind. * Und es[675] soll mir zum Freudennamen, zum
Preis und Ruhm bei allen Völkern der Erde werden[e], die von all
dem Guten hören, das ich ihnen gebe. Dann werden sie erschrek-
ken und erzittern über all dem Guten und all dem Frieden, das ich
ihnen antue.
10 * So spricht Jahwe: Noch einmal wird man an diesem Ort hö-
ren, von dem ihr sagt: »Verödet ist er, kein Mensch und kein Vieh
ist mehr da«, in den Städten Judas und auf den Gassen Jerusa-
lems, die verödet sind, ohne Mensch, ohne Bewohner und ohne

[f] 4,7 32,43 Ps 147,13
[g] 25,10
[h] Esr 3,10.11
[i] 50,19
[k] 17,26 32,44

11 Vieh[f], * Freudenjauchzer, Wonnerufe, den Ruf des Bräutigams
und der Braut[g], die Stimme derer, die sagen: »Preiset Jahwe Ze-
baoth; denn Jahwe ist gut, bis in Ewigkeit (währt) seine Huld«[h],
wenn sie Lob(-Opfer) in das Haus Jahwes bringen; denn ich
wende das Geschick des Landes (so daß es wieder sein wird) wie
12 ehedem, spricht Jahwe. – * So spricht Jahwe Zebaoth: Noch ein-
mal wird an diesem Ort, der verödet ist – ohne Mensch und ohne
Vieh –, und in allen seinen Städten eine Weide für die Hirten ge-
13 geben, die ihre Herde lagern lassen[i]. * In den Städten des Berg-
landes, in denen der Ebene und des Südlandes, im Lande Benja-
min und in der Umgebung von Jerusalem und in den Städten Ju-
das werden noch einmal die Herden vorüberziehen unter der
Hand eines (Hirten), der (sie) zählt[k], spricht Jahwe.
14 * Siehe, Tage kommen – Ausspruch Jahwes –, da will ich die

[670] w.: zum Schwert.
[671] d. h. die Häuser, die stehengeblieben sind.
[672] Der hebr. Text ist unsicher; die Übers. ist nur ein Versuch.
[673] a. alte Übers.: ihnen.
[674] Übers. unsicher.
[675] d. i. Jerusalem.

Verheißung[676] erfüllen[677], das (was) ich geredet habe über das
15 Haus Israel und über das Haus Juda[l]. * In jenen Tagen und zu je-
ner Zeit werde ich dem (Haus) David einen rechtmäßigen Nach-
kommen schenken[678], der Recht und Gerechtigkeit im Lande wal-
16 ten lassen wird[m]. * In jenen Tagen wird Juda gerettet und Jerusa-
lem in Sicherheit wohnen[n], und dies wird (der Name) sein, mit
17 dem es genannt wird: »Jahwe (ist) unsere Gerechtigkeit«. * Denn
so spricht Jahwe: Nie soll es dem (Hause) Davids an einem Mann
18 fehlen, der auf dem Thron des Hauses Israel sitzt[o]. * Und den levi-
tischen Priestern soll es nicht an einem Mann fehlen, der vor mei-
nem Angesichte (steht), der Brandopfer opfert und Speisopfer in
19 Rauch aufgehen läßt und Schlachtopfer darbringt alle Tage[p]. * Es
20 erging das Wort Jahwes an Jeremia folgendermaßen: * So spricht
Jahwe: Wenn ihr meinen Bund mit dem Tage und meinen Bund
mit der Nacht brechen könnt, so daß es nicht mehr Tag oder Nacht
21 ist, wenn ihre Zeit da ist[q], * dann kann auch mein Bund mit dem
(Haus) meines Knechtes David gebrochen werden, so daß er kei-
nen Sohn hat, der als König auf seinem Thron regiert, und (mein
22 Bund) mit den levitischen Priestern, die mir dienen. * Wie das
Heer des Himmels nicht gezählt und der Sand des Meeres nicht
gemessen werden kann, so will ich die Nachkommenschaft meines
Knechtes vermehren und die der levitischen Priester, die mir die-
23 nen[r]. – * Es erging das Wort Jahwes an Jeremia folgendermaßen:
24 * Hast du nicht gesehen, was dieses Volk geredet hat: »Die zwei
Geschlechter, die Jahwe erwählt hat, hat er verworfen«[s], und wie
sie mein Volk schmähen, so daß es bei ihnen nicht mehr als Volk
25 gilt? * So spricht Jahwe: So wahr mein Bund mit dem Tag und der
Nacht besteht, und ich die Gesetze des Himmels und der Erde
26 festgesetzt habe, * so sicher werde ich auch die Nachkommen Ja-
kobs und meines Knechtes David nicht verwerfen, daß ich etwa
aus seiner Nachkommenschaft keine Herrscher über die Nach-
kommen Abrahams, Isaaks und Jakobs nehmen würde[t]. Denn ich
will ihr Geschick wenden und mich ihrer erbarmen.

[l] 23,5.6 Jes 11,1
[m] Ps 72,1–4.12–14 2Petr 3,13
[n] 32,37
[o] 2Sam 7,1ff Lk 1,32.33
[p] 1Petr 2,5
[q] 31,35.36 Ps 89,34–38
[r] 1Mo 15,5 Gal 3,7.9.14
[s] Rö 11,1–2.29
[t] Lk 1,32.33

Überblick

Kap. 33 gliedert sich in zwei Teile:
- V. 1–13: Ansage der kommenden Heilszeit (es erinnert an Kap. 31);
- V. 14–26: Ansage der kommenden Heilsmittler (vgl. dazu 23,5–6).

[676] w.: das gute Wort.
[677] w.: aufrichten.
[678] w.: will ich dem David einen Sproß der Gerechtigkeit sprossen lassen.

Der zweite Teil läßt sich nochmals untergliedern:
- V. 14–18: das ewige König- und Priestertum der kommenden Heilszeit;
- V. 19–26: das Siegel auf die Heilszusagen, wobei V. 23–26 noch einmal neu einsetzt, mit dem starken Zweifel innerhalb des Gottesvolkes im Hintergrund[679]. Einige Ausleger vermuten, daß die gottesdienstliche Benutzung der nachexilischen Gemeinde ihre Spuren hinterlassen hat: ursprüngliche Jeremia-Worte wurden dann der Situation entsprechend ausgelegt und niedergeschrieben.

Gott redet weiter zu Jeremia im Wachthof. Er offenbart Jeremia immer wieder neu seine Herrlichkeit unter dem Motto: »Sollte mir etwas unmöglich sein?« (32,27). Die Fürbitte bleibt dem Propheten weiter-
1–13 hin untersagt, doch er selbst kann seinen Gott anrufen (V. 3). Und Gott antwortet: **»Großes und Unfaßbares will ich dir kundtun, was du nicht kennst.«** Während die falschen Propheten nur das wiederholen können, was in ihren Herzen aufdämmert, darf Gottes legitimierter Bote Dinge sagen, für die es in seinem eigenen bisherigen Leben keine Parallelen gibt, die er selbst (noch) nicht versteht. Neues kann der aussagen, der auf Gottes Stimme hört und nicht auf die Stimme des Herzens. Das kommende Heil beschreibt Jeremia nicht als ein unirdisches Paradies, sondern als ein fruchtbares, bevölkertes und friedliches Land. Von einer Idylle kann man nicht reden. Wenn Gott Heil schafft, pulsiert das Leben; anders beschreibt das Alte Testament Gottes kommende Welt nicht.

Im Zusammenhang von 31,31–34 war bemerkt worden, daß dort zwar der neue Bund Gottes mit seinem Volk angesagt, daß aber noch nicht der Mittler des neuen Bundes angekündigt wurde. Hier jedoch
14–18 ist vom Mittler, genauer gesagt, von den Mittlern, die Rede (vgl. schon die Erwähnung des Priester-Fürsten in 30,21). Denn Gott schafft im alten wie im neuen Bund kein Heil ohne den Mittler (vgl. Gal 3,13f; 1Tim 2,5; vor allem Hebr 8,6; 9,15; 12,24). Der Mittler ist hier jedoch nicht eine einzige Person, sondern eine Zusammenfassung von König und levitischem[680] Priestertum. Wir haben hier die Vorstellung von

[679] Möglicherweise – wie viele Ausleger annehmen – spiegelt sich in V. 23–26 die Situation der nachexilischen Gemeinde wider, wo weder Israel noch Juda eine volle Wiederherstellung erfahren haben. Somit könnten sich die Verse insbesondere an Resignierte und Hoffnungslose wenden.

[680] Daß das levitische Priestertum für die neutestamentliche Vorstellung vom Hohenpriesterdienst nichts austrägt, zeigt Hebr 7. Hier aber geht der Prophet noch davon aus, daß das levitische Priestertum einen Ewigkeitswert hat. Erst von Jesus, dem Priester »nach der Ordnung Melchisedeks« heißt es: »Dieser aber hat darum, daß er ewig bleibt, ein *unvergängliches* Priestertum. Daher kann er auch *auf ewig* selig machen, die durch ihn zu Gott kommen; denn er *lebt immerdar* und bittet für sie« (Hebr 7,24f).

der Zweiteilung des Mittleramtes, die bei dem nachexilischen Propheten vorherrschend (vgl. Sach 3,1–4.14) wird.

Zunächst wird angekündigt, daß dem Hause David ein **»Sproß der Gerechtigkeit«** ersteht. 15
Wohl auf Grund der Kritik an all den Versagern der davidischen Königslinie soll endlich ein Davidide kommen, der in seinem Wesen Gottes Willen entspricht und darum auch Gottes Willen im Lande vertritt. Seine Gerechtigkeit ist aber nicht seine eigene, sondern eine, die ganz in der Treue Gottes begründet liegt.
Darum wird auch die Gottesstadt nicht nach dem Davidssproß genannt werden, sondern sie wird heißen: **»Jahwe (ist) unsere Gerechtigkeit«** (vgl. schon 23,5.6, wo der Name »Gottesgerechtigkeit« noch nicht auf das Volk übertragen wird). Was der kommende Heilsbringer von Gott geschenkt bekommt, behält er nicht für sich, sondern gibt es an sein Volk weiter. 16

Entsprechend der Davidsverheißung von 1Sam 7 wird der Bund 19–26
mit dem Davidshaus in der nicht abreißenden Folge von Königen bestehen. »Ewigkeit« ist hier noch auf die Zeit beschränkt – wie auch sonst im Alten Testament. Ewigkeit ist hier noch nicht zeitüberschreitend verstanden. Daß die hier verheißene Ewigkeit zeitlichen Charakter hat, merkt man auch an dem Schwur Gottes in V. 20f und 25f. Wie die »Ewigkeit« der Tageszeiten gemäß dem Noah-Bund nicht mehr aufhören soll, so soll auch der ewige Bestand des Königs- und Priesteramtes gewährleistet sein. Ewigkeit im Sinne des Neuen Testamentes aber ist mehr als unbegrenzte Zeit. Ewigkeit ist eine neue Seins-Qualität, die die irdische Zeit einschließt, aber nicht auf sie beschränkt bleibt.

Mit der »Ewigkeit« des davidischen Königshauses verbunden ist die »Ewigkeit« des Priesters, der Tag und Nacht vor Gott steht. Die Parteilichkeit der Priestergeschlechter ist schon zu Davids Zeiten schmachvoll deutlich geworden, erst recht in der Zeit Jeremias, wo Priester und Propheten eine korrupte Verschwörung eingegangen waren gegen den Willen Gottes. Darum will Gott neben dem »gerechten« König einen »gerechten« Priester erwählen, dessen Mittlerdienst nie getrübt wird durch Eigennutz.

Ankündigung eines Ehren-Begräbnisses für Zedekia: 34,1–7

1 **Das Wort, das an Jeremia durch Jahwe erging – Nebukadnezar, der König von Babel, und seine ganze Streitmacht und alle Königreiche der Erde, die seine Hand regierte, und alle Völker kämpften gegen**

**Jerusalem und gegen alle seine Städte –, lautet so: * So spricht
Jahwe, der Gott Israels: Gehe hin und sprich zu Zedekia, dem Kö-
nig von Juda, und sage ihm: »So hat Jahwe gesprochen: Siehe, ich
gebe diese Stadt in die Hand des Königs von Babel, der sie mit
3 Feuer verbrennen wird. * Auch du wirst seiner Hand nicht entrin-
nen, sondern bestimmt ergriffen und seiner Hand übergeben wer-
den, und deine Augen werden die Augen des Königs von Babel se-
hen, und sein Mund wird mit deinem Munde reden, dann wirst du
4 nach Babel gebracht werden. * Nur höre noch das Wort Jahwes,
Zedekia, König von Juda, so spricht Jahwe über dich: Du sollst
5 nicht durchs Schwert sterben! * Im Frieden sollst du sterben, und
entsprechend den** (Ehren-Bränden) **für deine Väter, die früheren
Könige, die vor dir gewesen sind, werden für dich** (Ehren-Brände)
abgebrannt, und (mit dem Ruf): **›Ach Herr!‹ wird dir die Toten-
klage gehalten werden; denn dieses Wort habe ich gesprochen –
6 Ausspruch Jahwes.« * Und der Propet Jeremia redete zu Zedekia,
7 dem König von Juda, alle diese Worte in Jerusalem, * während die
Streitmacht des Königs von Babel gegen Jerusalem kämpfte und
gegen alle übriggebliebenen Städte Judas, gegen Lachisch und ge-
gen Aseka, denn diese waren an befestigten Städten unter den
Städten Judas übriggeblieben.**

Überblick

34,1–7.8–22 gehört mit Kap. 37 und 38 zu den letzten Begebenheiten während der Belagerung durch die Babylonier. 34,1–7 eröffnet den Dialog Jeremias mit dem letzten judäischen König Zedekia, der nicht der Spannung und der seelsorgerlichen Tiefe entbehrt. – Zur politischen Situation: Nachdem Zedekia (spekulierend auf ägyptische Unterstützung, dessen Pharao Hophra in Palästina Ansprüche geltend machte und damit Babylon in den Weg trat) von Nebukadnezar abgefallen war, erschien dieser in Palästina. Zunächst bereinigte er die Schwierigkeiten in Syrien und beauftragte den Befehlshaber seiner Leibwache, Nebusaradan, mit der Eroberung der befestigten Städte im Süden Judas, um damit jede mögliche Verbindung zu Ägypten zu unterbinden. Bis auf Lachisch und Aseka sind sie bereits in seiner Hand. Noch hat die unmittelbare Belagerung Jerusalems nicht begonnen, aber das Ende ist in Sicht[681].

[681] Der V. 1 scheint zu übertreiben: »... alle Königreiche der Erde« – vielleicht wollte ein späterer Bearbeiter damit die furchtbare Bedrohung Jerusalems ausdrücken.

Jerusalem scheint noch eine winzig kleine Chance zu haben. Wenn Zedekia in diesem Stadium den Widerstand gegen Babylon aufgäbe, würde zwar Jerusalem als Festung wie alle anderen befestigten Orte geschleift, aber eine gewisse Nachsichtigkeit gegenüber den Verantwortlichen in Jerusalem wäre denkbar. Erst am Ende der Gespräche Jeremias mit Zedekia wird diese Möglichkeit sichtbar, 38,17ff. Ob das hier auch schon gesagt werden kann? Im Text steht nichts direkt davon, die meisten Ausleger vermuten aber trotzdem, daß jene Möglichkeit hinter dem Jeremia-Wort steht. – Gott verheißt dem König keine Rettung, wohl aber ein ehrenhaftes Begräbnis und damit für die Gefangenschaft eine »kleine Hoffnung«. Vielleicht gehört diese Verheißung auf ein ehrenhaftes Ende mit dem Vorsatz Gottes zusammen, die Davids-Verheißung durchzuhalten. – 1–7

Von einer Reaktion Zedekias wird nichts berichtet. Es ist anzunehmen, daß diese und ähnliche Worte Jeremias als Vaterlandsverrat gedeutet wurden. Vielleicht klangen die Worte dem Zedekia wie Hohn. Während er noch mitten im Leben steht, kommt einer daher und redet ihm von einem ehrenhaften Begräbnis! (Vgl. dagegen die Worte an den König Jojakim über dessen »Eselsbegräbnis«, 22,18.19.)

Ungerechtigkeit angesichts der Katastrophe: 34,8–22

8 **Das Wort, das an Jeremia durch Jahwe erging, nachdem der Kö-**
nig Zedekia einen Bund mit dem ganzen in Jerusalem anwesen-
den Volk geschlossen hatte, ihnen eine Freilassung[a] **zu prokla-**
9 **mieren** (mit dem Inhalt), *** daß jedermann seinen Sklaven und**
seine Sklavin – und zwar Hebräer und Hebräerin – freilassen sol-
le, damit niemand mehr in Juda seinen Bruder als Sklaven hielt.
10 *** Es hörten alle Fürsten und das ganze Volk, die dem Bunde**[682] **bei-**
getreten waren, daß jedermann seinen Sklaven und seine Sklavin
entlassen und sie nicht mehr zum Sklavendienst anhalten sollte –
11 **es hörten also** (alle auf den König) **und entließen sie. * Dann aber**
wandelten[683] **sie** (ihre Gesinnung) **und holten die Sklaven und die**
Sklavinnen, die sie freigelassen hatten, wieder zurück[684] **und un-**
terwarfen sie sich (wieder) **als Sklaven und Sklavinnen.**
12/13 *** Da erging das Wort Jahwes an Jeremia folgendermaßen: * So**
spricht Jahwe, der Gott Israels: Ich habe einen Bund mit euren

[a] 3Mo 25,10. 39–46
5Mo 15,12–15
Neh 5,2–13
Jes 58,6
Lk 4,18
1Kor 7,22

682 d. h. der Abmachung hinsichtlich der Sklavenfreilassung.
683 w.: kehrten um.
684 w.: ließen sie umkehren.

Vätern geschlossen an dem Tage, als ich sie aus dem Lande Ägyp-
ten, aus dem Sklavenhaus, herausgeführt habe und sagte:
14 * »Nach Ablauf von sieben Jahren soll jeder seinen hebräischen
Bruder, der sich dir verkauft hat und dir sechs Jahre gedient hat,
frei von dir entlassen.« Aber eure Väter hörten nicht auf mich und
15 neigten ihre Ohren nicht (zu mir)! * Umgekehrt seid ihr zwar
heute und tatet, was in meinen Augen recht ist, indem ein jeder
für seinen Volksgenossen die Freilassung verkündigte, und
schlosset einen Bund vor meinen Augen in dem Haus, das nach
16 meinem Namen genannt ist. * Dann seid ihr wieder umgekehrt[685]
und habt meinen Namen entweiht[b], und es holte ein jeder wieder
seinen Sklaven und seine Sklavin zurück, die ihr doch schon frei-
gelassen hattet[686] und habt sie euch (wieder) unterworfen zu Skla-
ven und Sklavinnen.
17 * Darum spricht Jahwe: Ihr habt nicht auf mich gehört, daß ihr
eine Freilassung verkündigt hättet, ein jeder für seinen Bruder
und Volksgenossen. Siehe, ich verkündige nun eine Freilassung
für euch – Ausspruch Jahwes –, und zwar für das Schwert, für die
Pest und für den Hunger, und mache euch zum Entsetzen für alle
18 Königreiche der Erde[c]. * Ich will die Männer, die meinen Bund
übertreten haben, und die, die Abmachungen[687] nicht erfüllt[688]
haben, den sie vor meinem Angesicht schlossen, behandeln wie
den jungen Stier, den sie in zwei Hälften geschnitten haben und
zwischen dessen beiden Hälften ihr hindurchgeschritten[689] seid[d].
19 * (Und zwar) die Fürsten Judas und Jerusalems, die Hofbeamten,
die Priester und das ganze Volk des Landes, die zwischen den
20 Hälften des Jungstiers hindurchgegangen sind. * Ich will sie in
die Hand ihrer Feinde und in die Hand derer geben, die ihnen
nach dem Leben trachten, und ihre Leichname sollen zum Fraß
werden für die Vögel des Himmels und das Getier der Erde[e].
21 * Den Zedekia, den König von Juda, und seine Fürsten will ich in
die Hand ihrer Feinde und in die Hand derer geben, die ihnen
nach dem Leben trachten und in die Hand der Streitmacht des
Königs von Babel, die (im Augenblick) von euch abgezogen[f] sind.
22 * Siehe, ich gebe Befehl – Ausspruch Jahwes – und will sie zurück-
führen zu dieser Stadt, und sie werden gegen sie kämpfen, sie ein-
nehmen und sie mit Feuer verbrennen[g]. Die Städte Judas will ich
zur Einöde machen, so daß (in ihnen) niemand mehr wohnt.

[b] 3Mo 19,12 Hes 17,18.19
[c] 29,18
[d] 1Mo 15,10–17
[e] 5Mo 28,25.26
[f] 37,5.11
[g] 37,8–11 52,7–13

[685] Hier im Sinne von: von eurem guten Vorhaben abgekehrt.
[686] Im hebr. Text steht noch der Zusatz: für ihr Leben.
[687] w.: Worte des Bundes.
[688] w.: aufgerichtet haben.
[689] Im Hebr. das gleiche Zeitwort wie am Anfang von V. 18, dort mit »übertreten« übersetzt!

Überblick

Die Gliederung dieses Abschnittes ist leicht zu erkennen:
- Vertrag und Vertragsbruch, die Sklavenbefreiung betreffend: V. 8–11;
- Die Anklage Gottes durch den Mund Jeremias: V. 12–16;
- Die Ankündigung des Gerichtes: V. 17–22, wobei das Gericht über den König Zedekia und seine Paladine besonders hervorgehoben ist.

Zur Situation: Am Anfang des Jahres 587 v. Chr. ließ unvermutet der Druck des babylonischen Heeres auf Jerusalem nach (V. 21), weil der Pharao Hophra heranzog, mit dem Nebukadnezar jedoch schnell fertig wurde, so daß ein halbes Jahr später Jerusalem endgültig fiel.

Vermutlich hat die hier berichtete Sklaven-Entlassung (vgl. dazu auch den Vorwurf der sozialen Ungerechtigkeit in 22,1ff) noch zur Zeit der schärfsten Belagerung stattgefunden. Warum, wird hier nicht gesagt. Zu vermuten ist, daß die Priesterschaft des Tempels Zedekia zu diesem Schritt bewegte, um angesichts einer Bedrohung einem alten Gottesgesetz Genüge zu tun. Ferner wird Zedekia dieser Sklaven-Entlassung zugestimmt haben, weil er jede Hand in dieser bedrängten Lage für Verteidigungs- und Schanzarbeiten benötigte. – Nach 2Mo 21,2ff und 5Mo 15,1ff waren nach sechs Jahren alle Israeliten, die sich wegen Zahlungsunfähigkeit als Sklaven an ihre Gläubiger verkaufen mußten, zu entlassen. Dieses alte Gottesrecht wird in Juda längst nicht mehr beachtet worden sein, wie V. 14b vermuten läßt. Hier sollte die Unterlassung auf einen Schlag gutgemacht werden. **8–11**

Es zeigt sich, daß ein im Ganzen unbußfertiges Volk durchaus in der Lage ist, in einer Art religiöser Aufwallung unter äußerem Druck ein göttliches Gesetz zu erfüllen, was aber nichts an der prinzipiellen Verstocktheit des Herzens ändert. Auch die feierliche Abmachung (V. 8) kann darüber nicht hinwegtäuschen. Dennoch ist zu beachten (V. 15), daß Gott auch diese halbe Sache des »kleinen Heils« zu Gunsten von Jerusalem sich hätte auswirken lassen.

Dann aber geschieht im Volk und im Königshaus eine Sinneswandlung entsprechend den früheren Gewohnheiten. Die gerade erst entlassenen Sklaven und Sklavinnen werden wieder eingefangen. Ob dies mit der vorübergehenden Lockerung des Belagerungsringes der Babylonier zusammenhing? Es ist ja nicht mehr so schlimm; es ist noch einmal gutgegangen, wird man in Jerusalem gesagt haben. Wir sehen, wie dieser kleine Lichtblick die Gottlosigkeit des Volkes aufs neue offenbart hat. Vielleicht wollte Zedekia bei dem Abkommen bleiben. Doch er wurde immer mehr der Spielball seiner Untergebe- **11** nen. Er konnte sich immer weniger durchsetzen. – Ein Zeichen des unbußfertigen Menschen: sobald der Druck auch nur ein wenig nachläßt, bricht das alte Wesen wieder durch! Die Früchte der Buße bleiben aus. Der unbußfertige Mensch ist grundsätzlich kurzsichtig, er läßt sich vom Augenblick betören und kann nicht mehr vernünftig die Zukunft abschätzen. Und schließlich das Unbegreiflichste: der unbußfertige Mensch, der in seiner Verblendung die auf ihn zukommende Katastrophe nicht sehen will, unterdrückt seinerseits seine Mitmenschen. Was er an Schlägen erfährt, gibt er an seine schwächeren Brüder weiter.

12–16 Darum muß sich das Gericht an Jerusalem vollenden. Hat denn die rückgängig gemachte Sklavenbefreiung das Gericht über Stadt, Land und König herbeigeführt? So jedenfalls klingt die Gottesrede in der Gerichtsandrohung. Aber war nicht schon längst das Gericht bei Gott eine beschlossene Sache? Hier stoßen wir auf eine beachtenswerte biblische Wahrheit: Gottes Gericht beruht zwar durchaus auf einer »Summe« aller Übertretungen, die ein einzelner oder ein Volk im Laufe seines Lebens ansammelt, aber es ist nicht so, daß es dann automatisch abrollt, sondern Gott wartet, ob nicht noch im letzten Augenblick eine Umkehr geschieht. Diese letzte Umkehr könnte noch vieles retten[690].

17–22 Das Gericht über Zedekia fällt insofern »milder« aus, als er nicht sterben soll nach der Eroberung Jerusalems[691]. – Interessant ist, wie Gott auch den ernst nimmt, der in seiner Gottlosigkeit einen alten Ritus vollzieht. Das zum ersten Mal in 1 Mo 15 beschriebene Hindurchschreiten der Bundespartner durch die zwei Hälften eines in der Mitte zerschnittenen Tieres bedeutet: Wie das Tier zerschnitten wird, so soll auch der Wortbrüchige zerschnitten, d.h., getötet werden[692].

690 Auch in der Offenbarung rollt das Gericht Gottes nicht einfach ab; auch in der letzten schrecklichen Gerichtszeit ist Buße noch möglich (vgl. Offb 9,20.21).

691 Vgl. die Ausl. zu 34,1–7.

692 Die Strafe (das Zerschnittenwerden zum Fraß für die Tiere) nimmt also den Ritus wieder auf. Ebenso nimmt Gott die Freilassung der Sklaven wieder auf, wenn er (V. 17) eine »Freilassung« für Schwert, Pest und Hunger verkündigt. Und schließlich: Wie die Wortbrüchigen die Sklaven wieder einfangen und »heimführten«, so wird auch Gott die kurzzeitig abgezogenen Babylonier »heimführen« – zur Vollendung der Belagerung. In allen diesen Fällen haben wir, wie oft in der Bibel, eine Entsprechung von Schuld und Strafe. Aber durch Jesus wird dieser Zusammenhang durchbrochen: »Die Strafe liegt auf *ihm,* auf daß *wir* Frieden hätten.« Auf Golgatha geschieht das Unerhörte, daß Gott selber sich »zerschneiden« läßt, um den Bund mit uns für alle Ewigkeit zu garantieren.

Es gibt noch Gesetzestreue im Lande: 35,1–19

1 **Das Wort, das an Jeremia durch Jahwe erging in den Tagen Joja-**
2 **kims, des Sohnes Josias, des Königs von Juda, lautet so: * Gehe**
zur Gemeinschaft[693] **der Rechabiter**[a]**, sprich mit ihnen und bringe**
sie ins Haus Jahwes in eine der Zellen[694] **und gib ihnen Wein zu**
3 **trinken! * Da nahm ich den Jaasanja, den Sohn Jeremias, des**
Sohnes Habazzinjas, seine Brüder und alle seine Söhne, sowie die
4 **ganze Gemeinschaft der Rechabiter, * und ich brachte sie in das**
Haus Jahwes zur Zelle[695] **der Söhne Hanans, des Sohnes Jigdaljas,**
des Gottesmannes, die neben der Zelle der Fürsten und oberhalb
der Zelle Maasejas, des Sohnes Schallums, des Schwellenhüters
5 **liegt. * Dann setzte ich vor die Söhne der Rechabiter-Gemein-**
schaft mit Wein gefüllte Becher und Krüge und sagte zu ihnen:
6 **Trinkt Wein! * Sie aber sagten: Wir trinken keinen Wein, denn**
Jonadab, der Sohn Rechabs, unseres Vaters, hat uns geboten:
»Ihr sollt keinen Wein trinken und eure Söhne auch nicht für alle
7 **Zeit! * Häuser sollt ihr auch nicht bauen, Saatgut sollt ihr nicht**
säen, Weinberge sollt ihr nicht pflanzen oder zu deren Eigentü-
mern werden; denn in Zelten sollt ihr alle eure Tage verbringen,
damit ihr viele Tage auf dem Boden lebt[b]**, auf dem ihr als Fremd-**
8 **linge** (wohnen sollt)[c]**.« * Und wir hörten auf die Stimme Jonadabs,**
des Sohnes unseres Vaters Rechab[d]**, auf alles, was er uns geboten**
hatte, und wir tranken keinen Wein alle unsere Tage[e]**, wir, unsere**
9 **Frauen, Söhne und Töchter. * Auch bauten wir keine Häuser, um**
sie zu bewohnen, Weinberge, Felder und Saatgut gehörten uns
10 **nicht. * Wir wohnen vielmehr in Zelten, befolgen und tun alles,**
11 **was uns unser Vater Jonadab befohlen hat. * Erst als Nebukadne-**
zar, der König von Babel, in das Land einbrach, sagten wir: Laßt
uns jetzt nach Jerusalem gehen vor der Streitmacht der Chaldäer
und der Aramäer[696]**. So wohnen wir nun in Jerusalem.**
12/13* **Darauf erging das Wort Jahwes an Jeremia so: * So spricht**
Jahwe Zebaoth, der Gott Israels: Gehe und sage zu den Männern
Judas und den Bewohnern Jerusalems: Wollt ihr keine Zucht an-
14 **nehmen und auf mein Wort hören**[f]**? – Ausspruch Jahwes. * Beach-**

[a] 1Chro 2,55 2Kö 10,15.16.23
[b] Eph 6,2.3
[c] Hebr 11,9–13
[d] Spr 6,20
[e] 1Petr 2,11
[f] Spr 19,20 Jer 5,3 6,8–10 32,33

[693] w.: Haus.
[694] o.: Hallen.
[695] Es handelt sich hier wahrscheinlich um Nischen, die eine Öffnung zum allgemeinen Vorhof des Tempels hatten, in denen bestimmte Persönlichkeiten Judas nicht näher beschreibbare Zusammenkünfte (Opfermahlzeiten?) abhielten. Jedenfalls sind diese Nischen von außen einsehbar gewesen, so daß das Volk der Szene mit den Rechabitern zusehen konnte.
[696] Hierbei handelt es sich um Hilfstruppen aus dem syrischen Raum.

**tet[697] werden die Worte Jonadabs, des Sohnes Rechabs, der seinen
Söhnen befahl, keinen Wein zu trinken! Und sie trinken auch kei-
nen bis zum heutigen Tag, weil sie auf den Befehl ihres Vaters hö-
ren. Ich aber habe unermüdlich zu euch geredet, aber ihr hörtet
15 nicht auf mich. * Ich sandte zu euch allen unermüdlich meine
Knechte, die Propheten mit der Botschaft: Es kehre doch ein jeder
von seinem bösen Wege um! Bessert eure Taten, lauft nicht den
fremden Göttern nach, ihnen zu dienen; dann werdet ihr wohnen
bleiben dürfen auf dem Boden, den ich euch und euren Vätern
gegeben habe. Aber ihr neigtet euer Ohr nicht** (zu mir) **und hörtet
16 nicht auf mich[g]. * Aber die Söhne Jonadabs, des Sohnes Rechabs,
haben die Befehle ihres Vaters gehalten[698], die er ihnen geboten
17 hatte – aber dieses Volk hört nicht auf mich! * Darum spricht
Jahwe, der Gott Zebaoth, der Gott Israels, so: Siehe, ich bringe
jetzt über Juda und über alle Bewohner Jerusalems all das Un-
heil, das ich über sie geredet habe, weil ich zu ihnen rief, sie aber
nicht antworteten[h].
18 * Aber zur Gemeinschaft der Rechabiter sagte Jeremia: So
spricht Jahwe Zebaoth, der Gott Israels: Weil ihr dem Befehl Jo-
nadabs, eures Vaters, gehorcht habt, und ihr alle seine Satzungen
befolgt und getan habt entsprechend allem, was er euch befohlen
19 hatte, * darum also – so spricht Jahwe Zebaoth, der Gott Israels:
Es wird dem Jonadab, dem Sohne Rechabs, nicht an einem Mann
fehlen[699], der vor meinem Angesicht alle Tage steht[i].**

[g] 7,13 18,11 25,4–7 Sach 1,3–6
[h] 7,13 11,8–14
[i] 15,19 33,17.18

Überblick

Die Kap. 35 und 36 unterbrechen den Fluß der Berichte über die letzten Tage Zedekias und Jerusalems. Sie gehören zeitlich in die zweite Epoche des Wirkens Jeremias hinein, als König Jojakim für kurze Zeit das Land von dem babylonischen Einfluß frei machte. Das Glück dauerte aber nicht lange, denn bald danach erschien Nebukadnezar zusammen mit syrischen Hilfsvölkern, so daß die Bevölkerung des offenen Landes sich in die befestigten Städte flüchten mußte[700]. Warum der Redaktor (Baruch?) des Jeremia-Buches das Kap. 35 hier einfügt, kann nur vermutet werden: Der Treulosigkeit der Zedekia-Zeit soll

[697] w.: aufgerichtet.
[698] w.: aufgerichtet.
[699] w.: nicht wird abgeschnitten werden.
[700] Welche Not die Flucht vor dem drohenden Feind in die befestigten Städte mit sich brachte, wird in 4,5ff anschaulich geschildert. Die Rechabiter haben sich unter den Flüchtenden befunden. Demnach zogen sie im Norden als Nomaden durchs Land.

die Treue einer etwas absonderlichen Gemeinschaft beispielhaft vor Augen geführt werden. – Der Stil dieses Kapitels (bes. V. 12–17) hat den Charakter des ausführlichen Predigtstils, der häufig im Jeremia-Buch auftaucht. – Zur Einteilung:
– Die Treue der Rechabiter wird erprobt: V. 1–11;
– Die Tempelbesucher sollen daraus in Verbindung mit Drohwort (V. 12–16) und Gerichtsankündigung (V. 17) den Ernst des Gerichtes Gottes erkennen;
– Eine Heilsankündigung für die Rechabiter: V. 18.19.

Das Wort Gottes an Jeremia, die Gesetzestreue[701] der Rechabiter zu erproben, gehört im weiteren Sinne zu den Zeichenhandlungen Jeremias. Ebenso wie der Ackerkauf (Kap. 32) die Verbürgung war für das kommende Heil, so ist die Ankündigung ihres ewig fortdauernden Gottesdienstes eine Verbürgung für die Verheißung, daß es durch das Gericht hindurch wieder ein treues Volk Gottes geben wird[702]. Die Darstellung des Lebens der Rechabiter (V. 6–10) knüpft an eigene Darstellungen Jeremias über das Gottesvolk der Frühzeit an, die wiederum mit denen Hoseas verwandt sind (vgl. 2,2 mit Hos 2,16.17). Die Zeit der Wüste war die Zeit der Zelte, der ständigen Pilgerschaft, darum fern von allem städtischen Wesen mit seinen Verlockungen, darum natürlich auch fern vom bodenständigen Weinbau. Nicht der Verzicht auf Wein ist das Wesentliche in der Frömmigkeit der Rechabiter, sondern ihr Leben im ständigen Aufbruch, ihr Leben als Fremdlinge. **1–17**

Wenn nun dieser Gruppe eine Verheißung für die kommende Heilszeit gegeben wird, dann will damit gesagt sein – ohne daß die Enthaltungsvorschriften der Rechabiter für verbindlich erklärt werden –: Entsprechend 31,31ff wird das kommende Heil eine neue Gesetzestreue mit sich bringen. Die Treue der Rechabiter ist ein »Vor-Zeichen« für einen neuen geistlichen Gehorsam. Zudem wird der neue Bund auch einen »neuen Lebensstil« bringen: Bereit zum Aufbruch, um Gott zu gehorchen, Mut zum »einfachen Leben«[703], das im **18/19**

701 Über Herkunft der Rechabiter vgl. die angegebenen Verweisstellen.

702 »Es wird dem Jonadab, dem Sohne Rechabs, nicht an einem Mann fehlen, der vor meinem Angesicht alle Tage steht«: Wenn man diese Formulierung von V. 19 mit 33,18 vergleicht, so kann man vermuten: Die kleine Gruppe der Rechabiter hat beim kommenden erneuerten Bundesvolk priesterliche Aufgaben zu erfüllen im Zusammenhang mit der Mittlerfunktion des Königshauses. – Vielleicht aber soll nur allgemein gesagt werden: Wer treu bleibt, darf mein Diener bleiben.

703 Auch im neuen Bund ist jener »Lebensstil« ein Problem, wie die Praxis der Kirche aller Jahrhunderte zeigt. Hier übernehmen seit etlicher Zeit auch auf protestantischer Seite die Kommunitäten und Bruderschaften stellvertretend und zeichenhaft »Rechabiter-Aufgaben«.

Neuen Testament so beschrieben wird: »Lasset uns ablegen alles, *was uns beschwert* ... und lasset uns laufen mit Geduld ...« (Hebr 12,1) und: »Wir haben hier keine bleibende Stadt, sondern die zukünftige suchen wir« (Hebr 13,14; ferner das ganze Kap. 11 des Hebr).

Eine Passionsgeschichte des schriftgewordenen Wortes Gottes: 36,1–32

[a] 25,1ff
[b] 32,10
[c] 26,3 Jes 55,6.7
[d] 20,1.2 26,1.2.11.24

1 Im vierten Jahr des Jojakim[a], des Sohnes Josias, des Königs von
2 Juda, erging dieses Wort an Jeremia durch Jahwe: * Nimm dir
eine Buchrolle und schreibe[b] auf sie alle die Worte, die ich zu dir
geredet habe über Israel, über Juda und über alle Völker, und
zwar von da an, wo ich zu dir in den Tagen Josias geredet habe, bis
3 heute. * Vielleicht hört das Haus Juda all das Unheil, das ich ih-
nen zu tun beschlossen habe, damit ein jeder umkehrt von seinem
bösen Wege, und ich ihnen ihre Schuld und Sünde vergeben
4 kann[c]. * Da rief Jeremia den Baruch, den Sohn Nerijas. Baruch
schrieb aus dem Munde Jeremias alle Worte Jahwes, die er zu ihm
5 geredet hatte, auf eine Buchrolle. – * Darauf befahl Jeremia dem
Baruch: Ich bin verhindert und kann das Haus Jahwes nicht be-
6 treten[d]. * Du aber gehe hinein und lies[704] aus der Schriftrolle – in
die du aus meinem Munde die Worte Jahwes geschrieben hast –
dem Volke im Hause Jahwes am Fasttage; auch[705] ganz Juda,
wenn sie von ihren Städten kommen, sollst du (die Botschaft) **vor-**
7 lesen. * Vielleicht wird ihr Flehen vor Jahwe gelangen[706], und ein
jeder kehrt um von seinem bösen Wege, denn groß ist die Zornes-
8 glut, die Jahwe über diesem Volke angedroht[707] hat. * Baruch, der
Sohn Nerijas, tat so, wie es ihm der Prophet Jeremia befohlen hat-
te, und verkündigte aus dem Buch die Worte Jahwes im Hause
Jahwes.
9 * Im fünften Jahr Jojakims, des Sohnes Josias, des Königs von
Juda, im neunten Monat geschah es, daß man ein Fasten vor
Jahwe für das ganze Volk in Jerusalem ausrief; und alles Volk
10 kam von den Städten Judas nach Jerusalem. * Da las Baruch aus
dem Buch die Worte Jeremias im Hause Jahwes in der Zelle[708]
Gemarjas, des Sohnes Schaphans, des Schreibers, im oberen Hof

[704] erg.: Gottes Botschaft.
[705] Der hebr. Text hat hier noch: in die Ohren von.
[706] w.: niederfallen.
[707] w.: geredet.
[708] Vgl. Anm. zu 35,4.

am Eingang des neuen Tores[709] zum Hause Jahwes, und alles
11 Volk hörte es. – * Es hörte Micha, der Sohn Gemarjas, des Sohnes
12 Schaphans, alle Worte Jahwes aus dem Buch * und ging hinab
zum Haus des Königs in die Zelle[710] des Schreibers und siehe, dort
saßen alle Oberen: Elischama, der Schreiber, Delaja, der Sohn
Schemajas, Elnathan, der Sohn des Achbors, Gemarja, der Sohn
Schaphans, Zedekia, der Sohn Hananjas, und alle (anderen) Obe-
13 ren. * Micha meldete ihnen alle Worte, die er gehört hatte, als Ba-
14 ruch aus dem Buch vor aller Ohren gelesen hatte. * Darauf schick-
ten alle Fürsten zu Baruch den Jehudi, den Sohn Kuschis, mit dem
Auftrag: Die Rolle, aus der du gelesen hast vor den Ohren des
Volkes, nimm und komm mit! Da nahm Baruch, der Sohn Nerijas,
15 die Rolle in seine Hand und ging zu ihnen. * Sie sagten zu ihm:
Setz dich doch und lies vor unseren Ohren. Da las Baruch vor ih-
16 ren Ohren. * Als sie aber alle die Worte hörten, erschraken sie alle
miteinander[711] und sagten zu Baruch: Wir wollen schleunigst alle
17 diese Worte dem König kundtun! * Den Baruch aber fragten sie:
Erkläre uns doch, wie du alle diese Worte[712] geschrieben hast.
18 * Baruch antwortete ihnen: Diktiert[713] hat (Jeremia) mir alle diese
19 Worte, und ich schrieb sie mit Tinte in das Buch. * Darauf entgeg-
neten die Fürsten dem Baruch: Geh, versteck dich, du und Jere-
20 mia, denn niemand soll wissen, wo ihr seid! * Alsdann begaben
sie sich in den Königspalast – die Rolle hatten sie in der Zelle des
Schreibers Elischama wohl verwahrt – und berichteten dem Kö-
nig diese ganze Sache[714].

21 * Da schickte der König den Jehudi, die Rolle zu holen. Der
holte sie aus der Zelle des Schreibers Elischama, und Jehudi las
sie[715] dem König und den Oberen, die um den König standen, vor.
22 * Der König saß gerade im Winterhaus[716] [e] – es war der neunte [e] Am 3,15
23 Monat – und (das Feuer im) Kohlenbecken brannte vor ihm. * Und
es geschah, wenn Jehudi drei oder vier Spalten gelesen hatte, daß
(der König) sie mit einem Schreibermesser abschnitt und sie in
das Feuer im Kohlenbecken warf, bis die ganze Rolle im Feuer des
24 Kohlenbeckens verbrannt war. * Aber weder der König noch
seine Untergebenen erschraken noch zerrissen sie ihre Kleider,

709 Zum neuen Tor vgl. 26,10.
710 Hier handelt es sich um das Büro des Schreibers und nicht um eine Tempelzelle wie in V. 10.
711 w.: ein jeder auf seinen Genossen zu.
712 Der hebr. Text hat hier noch: aus seinem Mund.
713 w.: verkündigt.
714 w.: in die Ohren des Königs.
715 w.: alle diese Worte.
716 w.: Haus der Zeit des Obstpflückens.

als sie alle diese Worte hörten. * Auch als Elnathan, Delaja und
Gemarja in den König drangen, er möge die Rolle nicht verbren-
26 nen, hörte er nicht auf sie. * Darauf befahl der König dem Prinzen
Jerachmeel und Seraja, dem Sohn Asriels, und dem Schelemja,
dem Sohne Abdeels, den Schreiber Baruch und den Propheten Je-
remia zu fangen – aber Jahwe hielt sie verborgen.
27 * Da erging das Wort Jahwes an Jeremia, nachdem der König
die Rolle mit den Worten, die Baruch aus dem Munde Jeremias
28 schrieb, verbrannt hatte: * Nimm dir noch einmal[717] eine andere
Rolle und schreibe auf sie alle früheren Worte, die in der vorigen
Rolle standen, die Jojakim, der König von Juda, verbrannt hat.
29 * Über Jojakim, den König von Juda, sage: So spricht Jahwe: Du
hast diese Rolle verbrannt, indem du sagtest: Warum hast du auf
sie geschrieben, daß ganz gewiß der König von Babel kommen
und dieses Land verwüsten wird, so daß Mensch und Tier von ihm
30 ausgerottet werden? * Darum spricht Jahwe über Jojakim, den
König von Juda: Er wird keinen (Nachkommen) **haben, der auf**
dem Thron David sitzt, und sein Leichnam soll (auf den Erdbo-
den) **geworfen werden,** (preisgegeben) **der Hitze des Tages und**
[f] 22,19
31 der Kälte der Nacht[f]. * Und ich will an ihm, seinen Nachkommen
und seinen Untergebenen ihre Schuld heimsuchen; ich will über
sie bringen – und über die Bewohner Jerusalems und über alle
Leute in Juda – all das Unheil, das ich über sie beschlossen[718]
32 habe; denn sie haben nicht gehört. – * Da nahm Jeremia eine an-
dere Rolle und gab sie dem Schreiber Baruch, dem Sohn Nerijas,
und der schrieb auf sie aus dem Munde Jeremias alle Worte des
Buches, die Jojakim, der König von Juda, im Feuer verbrannt hat-
te, und fügte ihnen noch viele Worte, die jenen ähnlich waren,
hinzu.

Überblick

Mit Kap. 35 gehört Kap. 36 zusammen. Möglicherweise gehört Kap. 35 in die späteren Jahre Jojakims; dann wäre Kap. 36 in den Anfang seiner Regierungszeit zu stellen. – Die in V. 5 berichtete »Verhinderung« Jeremias, in den Tempel zu gehen, wäre dann für die späteren Jahre unter Jojakim wieder rückgängig gemacht worden: der Prophet wagt sich trotz des Zusammenstoßes mit Jojakim wieder in den Tempel! – Wenn ein späterer Redaktor die erzählenden Berichte von Je-

[717] w.: kehre um und nimm.
[718] w.: geredet.

remia zusammenstellte, so könnte ihn dabei der Gedanke geleitet haben, vor der Passions-Geschichte Jeremias, die in Kap. 37 beginnt, eine Passions-Geschichte des Gotteswortes zu stellen: nicht nur Propheten, die Gottes Wort verkündigen, leiden, sondern Gottes Wort selbst leidet auch! – Zur geschichtlichen Situation: Noch hat Jojakim der babylonischen Macht sich unterworfen; Babylon hat zwar Assur endgültig besiegt, aber noch ist am Horizont keine Gefahr für Juda zu sehen. (Das ändert sich in Kap. 35, siehe dort.) Kein Wunder, daß Jojakim meint, es sich leisten zu können, Gottes Gerichtswort in den Wind zu schlagen.

Gottes Wort soll Schrift werden! – Wir müssen immer davon ausgehen, daß das prophetische Wort eigentlich in unmittelbarer Zukunft erfüllt werden will. Weil aber zugleich mit dem Aussprechen einer Ankündigung die Aufforderung zum Hören verbunden ist und die Propheten die bittere Erfahrung machen mußten, daß die Angeredeten eben nicht hören wollten oder konnten, kommt der Augenblick, wo das mündliche Wort des Propheten zur Schrift werden muß, das Wort in seiner Doppelgestalt als Ankündigung des Gerichtes und des Erbarmens Gottes. So geht also die Schrift in das Hoffen Gottes ein:
»Vielleicht hört das Haus Juda (eines Tages) . . .« »Jahwe gibt seine 3
Pläne nicht auf; nur greifen sie jetzt in viel größere geschichtliche Räume hinaus, und deshalb muß die Botschaft aufgeschrieben werden«[719]. Sicherlich wird zu dieser Schriftrolle auch die Niederschrift der Berufung Jeremias gehört haben, weil der König sogleich gefragt haben würde: Jeremia, wie kommst du eigentlich dazu, so zu reden? Wie bist du legitimiert? ». . . die Niederschrift (der Berufung) . . . geschah im Hinblick auf eine gewisse Öffentlichkeit, der gegenüber der Prophet sich zu rechtfertigen hatte«[720]. Ob diese Rolle auch Jeremias Konfessionen enthalten hat? Vielleicht einige Vor-Formen; denn die Prophetie Jeremias ist nicht zu verstehen ohne sein persönliches Beteiligtsein und seine persönliche Not mit eben dieser Botschaft. – Das schriftgewordene Wort Gottes soll also als geballte Zusammenfassung des lebendigen Wortes Gottes die göttliche Forderung noch gewisser machen. Aus V. 27ff wird aber noch mehr über den Sinn des aufgeschriebenen Wortes Gottes deutlich.

Nachdem Jojakim die erste Buchrolle vernichtet hatte, wird ihm 27–32
nicht einfach das Gericht mündlich angekündigt, sondern eine neue Rolle mit den gleichen und noch weiteren ähnlichen[721] Worten soll

[719] G. v. Rad, Theol. d. AT II, 1965⁴, 51.
[720] aaO, 63.
[721] Zwischen den Zeilen erkennt man durch diese Notiz, daß das Prophetenwort nicht in einem

durch Jeremia verfaßt werden. Und dann heißt es in V. 30: **»Darum spricht Jahwe über Jojakim, den König von Juda: Er wird keinen Nachkommen haben, der auf dem Thron Davids sitzt«**[722]. Die Schriftrolle hat demnach die Aufgabe, so können wir schließen, nach Eintritt des angekündigten Gerichtes dem rückfragenden Jojakim zu bestätigen: Daß du keinen Nachkommen hast, entspricht wirklich dem Willen Gottes, unter den du dich jetzt beugen sollst! Das geschriebene Wort Gottes erweist also seine Kraft nicht nur in der Gegenwart, sondern erst recht in der Zukunft, und zwar dann, wenn der Adressat dieser Schrift – hoffentlich in einer Stunde der inneren Besinnung und Umkehr – sich vergewissern will[723].

2–4 Wir versuchen, soweit uns das möglich ist, die Schriftwerdung des Wortes Gottes anhand dessen, was in V. 2–4 gesagt wird, in ihren einzelnen Etappen herauszustellen:

1. Gott hat zu Jeremia gesprochen. Jeremia hat sich nicht selbst Gottes Worte ausgedacht. Im Augenblick des Aufschreibens diktiert Gott nicht, sondern gibt nur den Befehl, die Worte, die er früher zu Jeremia gesprochen hat, jetzt aufzuschreiben. Es ist nicht anzunehmen, daß Gott selbst in diesem Augenblick seinem Propheten noch einmal alles wiederholt.
2. Die früheren Worte Gottes werden also aufgeschrieben einschließlich der Geschichte, die sie in Jeremia selbst erlebt haben, von der Zeit der ersten Offenbarung an bis zum jetzigen Augenblick. So also diktiert nicht Gott, sondern Jeremia.
3. Baruch schreibt. Er schreibt **»vom** (oder: **aus dem**) **Munde Jeremias«,** V. 4. Sollte man annehmen, daß Jeremia Wort für Wort diktiert und wartet, bis Baruch jedes Wort gewissenhaft aufgeschrieben hat?[724] Könnte es nicht sein, daß, wie Gott seinem Propheten vertraut, daß er die Wahrheit verkündigt – und ihn darum als Part-

Guß entstanden ist, sondern immer wieder Ergänzungen erfahren hat, die teils nahtlos, teils aber auch nur lose mit dem ursprünglichen Wort verbunden worden sind.

[722] Die Gerichtsansage über Jojakim, der ja auch Davidide war, steht in Spannung zur Verheißung von 33,17ff, wo die Fortdauer des David-Geschlechtes angekündigt wird. Gottes Treue zur Davids-Verheißung meint demnach nicht eine in der Familien-Geschichte einwandfrei nachweisbare Vater-Sohn-Enkel-Generationenkette. Gott kann seine Treue zu David auf Wegen erfüllen, die uns verborgen sind (vgl. dazu die beiden »Stammbäume« Jesu, Mt 1,2ff, Lk 3,23ff und die Abweichung von Mt und Lk; ferner, daß Jesus, der Sohn der Maria und nicht des Joseph, dennoch »Sohn Davids« war).

[723] Ein weiterer Gesichtspunkt ergibt sich in Anlehnung an 17,1f. Jede vor Gott unbereinigte Schuld hat einen »Aktenwert«, ist »Urkunde« geworden. So könnte man in Fortführung von 17,2 bei diesem Kapitel auch von einer schriftlichen Beurkundung der unvergebenen Schuld Judas und seines Königshauses sprechen.

[724] Manche Ausleger nehmen an, daß Jeremia schriftliche Notizen benutzt habe, was aber sehr unwahrscheinlich ist. Warum sollte er etwas notieren ohne Auftrag? Wenn Gott redet, muß

ner ernst nimmt – so auch Jeremia seinerseits seinem Helfer Baruch Vertrauen schenkt, indem er die wichtigsten Passagen diktiert, aber im übrigen seinem Gehilfen nur den Gang und den Inhalt des Gotteswortes noch einmal klar macht und ihm bei der Ausfeilung der Einzelheiten Freiheit läßt? Vor allem in den erzählenden Partien ist uns der breite, gleiche Wendungen wiederholende Stil schon mehrfach aufgefallen. Hier mag Jeremia nur an die Ereignisse erinnert haben, die Ausführung überließ er Baruch. – Auf jeden Fall ist die Fixierung des Gotteswortes zur Schrift nicht ein einfacher mechanischer Vorgang. Gottes Wort ist eingespannt in eine äußerst bewegte Geschichte zwischen dem ersten Sprechen Gottes, dem Hören seines ersten Knechtes, also hier des Propheten Jeremia, und dem treuen Aufzeichnen der vielen – meist unbekannten – Schüler der Propheten, die diese Worte überliefert haben. – Zum äußeren Aufbau dieses Kapitels, das einer sich steigernden Dramatik nicht entbehrt:
– Auftrag Gottes und Niederschrift (Vorspiel): V. 1–4;
– Die erste Verlesung der Buchrolle – vor dem Volk: V. 5–10 (durch Baruch);
– Die zweite Verlesung der Buchrolle – vor dem Ministerrat: V. 11–20 (durch Baruch);
– Die dritte Verlesung der Buchrolle – vor dem König Jojakim: V. 21–26 (durch Jehudi);
– Die neue Buchrolle: V. 27–32 (Nachspiel).

Wir stellen fest, daß auch das von Gott abgefallene Jerusalem 5–10
durchaus zu echten religiösen Aufschwüngen – hier ist es ein Fasttag[725] – fähig ist (vgl. 34,8–22). Es kann vermutet werden, daß Jeremia als einer, der Gottes Gesetz ernst nahm, an diesem Fasten mit ganzem Herzen beteiligt war. Sollte man ein Gebot der Tempelpriesterschaft vermuten, die ihn wegen seiner scharfen Worte vom Tempelbezirk ausgeschlossen hatte?[726] Jeremia, der sich ganz mit dem Fasten seines Volkes eins macht, will nicht, daß dieses Ereignis an der Oberfläche bleibt und der Abzug der Babylonier bei den Leuten zum Leichtsinn führt. Darum soll Baruch die Schriftrolle verlesen. Von einer Reaktion der Volksmenge wird nichts berichtet. – Statt dessen meldet ein Mitglied der Familie Schaphans im Sekretariat des

es im nächsten Augenblick weitergesagt werden. So etwas wie Predigt-Notizen gab es damals noch nicht. Eine derartige Gedächtnisleistung ist uns Heutigen nicht mehr nachvollziehbar.

725 Fasttage wurden außer am großen Versöhnungstag (3Mo 16ff) nur zu besonderen Anlässen ausgerufen. Erst das spätere Judentum machte daraus eine festgelegte Fast-Sitte.

726 Man hat auch vermutet, daß Jeremia wegen einer besonderen kultischen Reinigungsübung den Tempel zu der Zeit nicht betreten durfte (vgl. dazu Neh 6,10; 1Sam 21,6).

11–20 Hofes diesen Vorfall. Baruch wird gebeten, die Rolle noch einmal zu verlesen. Die Beamten erschrecken. Bezogen sie die Worte der Schriftrolle auf sich selbst – denn auch ihnen war die Umkehr geboten – oder dachten sie (wie verantwortliche Beamte) nur an das Schicksal ihres Königs und ihres Staates? Da sie das unbesonnene Temperament ihres Königs kennen, bringen sie Baruch in Sicherheit. *Fortan erleidet die Rolle selbst ihre Passion!*

21–26 Ohne daß ein beauftragter Gotteszeuge dabei wäre, wird sie den Händen von innerlich Unbeteiligten übergeben, die sie dem König selbst vorlesen müssen. Im Gegensatz zu den untergeordneten Sekretären sind nun die Minister und der König selbst vom Inhalt der Rolle völlig unbetroffen. – Bei dem, was man in V. 23 liest, fühlt man sich an die Passionsgeschichte Jesu erinnert. Wie dieser nicht einfach kalt beiseite geschoben wird, sondern die einzelnen Martern, Schläge, Bespeiung, Dornenkrönung usw. durchmachen muß, bis er endlich schreien kann: »Vater, in deine Hände befehle ich meinen Geist«, so wird auch hier die Schriftrolle nicht einfach übergangen, sondern genüßlich Seite um Seite mit dem Federmesser zerschnitten und ins Feuer geworfen. Dies ist nicht nur Verachtung, sondern Triumph und augenfällige Demonstration von menschlicher Macht über Gottes Wort. Wie Jesus starb, ohne daß Gott eingreift, so »stirbt« auch die Schriftrolle mit den Worten Gottes Seite um Seite, und nichts geschieht!

27–32 Nichts? Wir lesen in V. 26 über Jeremia und Baruch, nachdem Jojakim sie verhaften lassen will: »Aber Gott hielt sie verborgen.« Die Schrift ist tot, aber ihre Zeugen werden bewahrt auf wunderbare Weise. Darum wird, wenn die Stunde gekommen ist, auch die Schrift wieder erstehen aus Menschenhand.

Verhaftung und Gefangennahme Jeremias: 37,1–21

1 **Zedekia, der Sohn Josias, wurde König anstelle des Konja, des**
Sohnes Jojakims[a]. Nebukadnezar, der König von Babel, hatte ihn
2 **im Lande Juda zum König gemacht. * Aber weder er noch seine**
Untergebenen noch das Landvolk hörten auf die Worte Jahwes,
3 **die er durch[727] den Propheten Jeremia sprach[b]. – *** (Einst) **schickte**
der König Zedekia den Juchal, den Sohn Schelemjas, und den
Priester Zephanja[c], den Sohn Maasejas, zum Propheten Jeremia,
mit dem Anliegen: Bete doch für uns zu Jahwe, unserem Gott[d]. –

[a] 2Chro 36,12–16 13,18.19 22,20–30
[b] 2Kö 24,17–20
[c] 21,1ff; 29,25ff 52,24
[d] 42,2

[727] w.: durch die Hand.

4 * Jeremia konnte damals noch (frei) ein- und ausgehen inmitten des
Volkes, denn er war noch nicht ins Gefängnis geworfen worden.
5 * Damals war die Streitmacht des Pharao aus Ägypten gekommen,
wovon die Chaldäer hörten, die Jerusalem bedrängten, und dar-
aufhin zogen sie von Jerusalem ab.
6/7 * Da erging das Wort Jahwes an den Propheten Jeremia: * So
spricht Jahwe, der Gott Israels: So sollt ihr zum König von Juda
sagen, der euch zu mir gesandt hat, um mich zu bitten: Siehe, die
Streitmacht des Pharao, der euch zur Hilfe ausgezogen ist[e], wird
8 wieder in ihr Land Ägypten zurückkehren. * Dann werden auch
die Chaldäer wiederkommen und werden gegen diese Stadt
9 kämpfen, sie einnehmen und sie mit Feuer verbrennen[f]. * So
spricht Jahwe: Täuscht euch nicht und sagt: »Die Chaldäer sind
von uns abgezogen.« Sind sie doch nicht (endgültig) gegangen!
10 * Auch wenn ihr die ganze Streitmacht der Chaldäer schlagen wür-
det, die mit euch kämpfen, und von ihnen nur Verwundete[728] üb-
rigblieben, so würde ein jeder in seinem Zelt aufstehen und diese
Stadt mit Feuer verbrennen.
11 * Als damals das Heer der Chaldäer von Jerusalem abließ we-
12 gen der Streitmacht des Pharao, * wollte Jeremia Jerusalem ver-
lassen und ins Land Benjamin gehen, um dort eine Erbangele-
13 genheit im Kreise seiner Verwandten[729] zu regeln[g]. * Als er am
Benjamin-Tor ankam, war dort der Hauptmann der Wache mit
Namen Jeria, der Sohn Schelemjas, des Sohnes Hananjas, der
hielt den Propheten Jeremia fest und sagte: Du willst zu den
14 Chaldäern überlaufen[730]! * Aber Jeremia sagte: Keinesfalls[731]!
Ich will nicht zu den Chaldäern überlaufen[730]. Aber er hörte nicht
auf ihn. Jeria nahm Jeremia fest und brachte ihn vor die Oberen.
15 * Die Oberen wurden zornig auf Jeremia, schlugen ihn und setz-
ten ihn gefangen[h] im Haus des Schreibers Jonathan, das sie zum
Gefängnis hergerichtet hatten.
16 * Dann kam Jeremia in das Brunnenhaus, und zwar in die un-
terirdischen Gewölbe, und Jeremia blieb dort viele Tage.
17 * (Nach geraumer Zeit) ließ Zedekia ihn holen. Der König be-
fragte ihn heimlich[732] in seinem Palast: Ist ein Wort von Jahwe
da? Jeremia antwortete: Ja! und fuhr fort: In die Hand des Königs
18 von Babel wirst du gegeben. * Jeremia sagte zum König Zedekia:

e 21,2
f 34,22
g 32,1ff
h 38,6–14 Hebr 11,36

728 w.: Durchbohrte.
729 w.: inmitten des Volkes.
730 w.: ihnen zufallen.
731 w.: Lüge.
732 w.: in einem Versteck seines Hauses.

Was eigentlich habe ich dir getan[733], deinen Untergebenen und
19 **diesem Volke, daß ihr mich in das Gefängnis werft? * Wo sind**
denn eure Propheten, die euch weissagen: Der König von Babel
20 **kommt nicht über euch und dieses Land[i]? * Nun höre doch, mein**
Herr König, nimm an mein Flehen[734]. Laß mich nicht zurückkeh-
ren in das Haus des Schreibers Jonathan, daß ich dort nicht ster-
21 **be! * Da erließ der König Zedekia einen Befehl, und man brachte**
Jeremia in den Wachthof (und hielt ihn dort) in Gewahrsam[k] und
gab ihm täglich einen Laib Brot aus der Bäckergasse, bis das
ganze Brot in der Stadt aufgebraucht war. So blieb Jeremia im
Wachthof.

[i] 14,13–16; 28,1–17
[k] 32,2; 38,10.28

Überblick

Dieses Kapitel knüpft an Kap. 34 an: Die Chaldäer hatten (für kurze Zeit, wie sich bald herausstellen sollte) die Belagerung Jerusalems aufgegeben (V. 5), um das ägyptische Entsatzheer zurückzudrängen. Während die Stimmung in der Bevölkerung wieder in die alte Leichtsinnigkeit umschlägt, verbunden mit dem Festhalten an der sozialen Ungerechtigkeit (die rückgängiggemachte Sklavenbefreiung, 34,8ff), scheint König Zedekia noch einmal nach Gott zu fragen (V. 3–10)[735]. – Ferner ist die Episode mit Jeremias Ackerkauf aus Kap. 32 zeitlich mit diesem Kapitel zu verbinden: Nachdem es Jeremia verwehrt war, einen Besuch bei seiner Verwandtschaft wegen einer Erbangelegenheit zu machen, und er deswegen festgenommen wird (V. 11–16), hat Gott die spätere Haft auf dem Wachthof (V. 17–21) dazu benutzt, um in einer Zeichenhandlung sein Heilswort für die Zukunft »aktenkundig« zu machen, Kap. 32[736]. Daraus erkennt man, daß Jeremia in den letzten Tagen vor dem Fall Jerusalems für die Zeit nach der Katastrophe eine neue Möglichkeit des Lebens unter der Verheißung Gottes sah.

3–10 Wie in 34,1–7 erscheint hier König Zedekia gar nicht verstockt und verblendet, sondern durchaus »religiös«. Zweimal (V. 3ff u. V. 17ff) werden geistliche Regungen in Zedekia wach[737]. König Zedekia ist durch die Umstände ernst genug geworden, um den zeitweiligen Ab-

[733] w.: gesündigt.
[734] w.: es falle nieder mein Flehen vor dir.
[735] Vers 1 und Vers 2 mit seinem abschließenden Urteil über Zedekia ist wahrscheinlich bei einer späteren Redaktion des Jeremia-Buches hinzugefügt worden.
[736] Man sollte einmal die Ackerkauf-Geschichte auf dem dunklen Hintergrund von 37,11–21 lesen.
[737] Dazu gehört auch das letzte Gespräch zwischen König und Prophet, 38,14–23.

zug der Babylonier vor Jerusalem nicht leichtfertig zu mißdeuten. Darum versucht er, Jeremia zur Fürbitte zu bewegen, denn die überraschende Befreiung von der Umklammerung durch die Chaldäer kann doch eine Frist Gottes sein. Diese Atempause soll die Zeit der Fürbitte sein! Nebenbei zeigt sich hier, daß Zedekia den anderen Propheten diese Fürbitte nicht zutraut. Auch der, der sich von Gott durch Ungehorsam entfernt hat, hat in der Stunde der Bedrängnis die unerklärbare Ahnung, daß Menschen, die vor Gott stehen, allein durch ihr Beten in der Lage wären, für sie einzutreten. Doch diesmal kommt Gott jeglicher Bitte Jeremias zuvor, indem er antwortet: Es bleibt bei der Zerstörung Jerusalems. Vielleicht war Zedekia auch bereit zur Buße. Doch jetzt gilt für ihn: »er fand keinen Raum zur Buße, wiewohl er sie mit Tränen suchte« (Hebr 12,17b).

Von einem zweiten Anlauf berichtet V. 17ff. Zedekia war nicht in 17–21
der Lage, Jeremia die Schmach des Gefängnisses zu ersparen. Die Eigengesetzlichkeit der Militär-Maschinerie in Zeiten der äußersten Not mußte auch er erfahren[738]. Wie das Mißtrauen unter den Belagerten gewachsen ist, zeigt die Bemerkung, daß Jeremia nicht mehr durch einen Mittelsmann[739], sondern vom König selbst heimlich befragt wird: Ist ein Wort von Jahwe da? Erstaunlich ist das genaue Bescheidwissen eines Gottesfernen über die Art der wahren Prophetie! Die anderen Propheten hätte er vermutlich gefragt: Was meint ihr dazu? Oder: Versucht uns eine Lösung zu zeigen! Jetzt aber weiß der König, wie wenig in dieser Stunde menschliche Weisheit zuwege bringen kann. Zedekia weiß, daß das Wort Gottes dem Jeremia nicht zuhanden ist, weiß, daß es nicht aus der Tiefe des Herzens heraufsteigt, sondern daß es geschieht, sich einstellt, wann und wie Gott es will. Doch trotz dieses erneuten religiösen Aufschwunges bleibt Gott bei seinem Urteil: Zedekia wird nicht entkommen. Keine Reaktion Zedekias ist zu bemerken, dafür aber eine Bitte Jeremias. Der Gottesmann, der das Leiden gelernt hat, ist nicht so weit vom Menschlichen entfernt, daß er das Leiden sucht. Er bittet auch gar nicht um Befreiung, sondern nur um das Ende der Quälereien in jenem barbarischen Militär-Gefängnis. Zedekia gewährt es ihm. Ihn ganz frei zu lassen, schien ihm dann doch nicht angebracht, um seine Militärs nicht herauszufordern. Immerhin setzt Zedekia sich so weit durch, daß Jeremia eine Art Ehrenhaft erhält. Ob dieses der Becher kalten

[738] Zwar hatte Jeremia (vgl. 21,8f; 38,2.17ff) auch vom Überlaufen zu den Chaldäern gesprochen. Für ihn selbst aber wäre das niemals in Frage gekommen. Er sah seinen Ort als ein »treuer Hoherpriester« inmitten seines Volkes. Er selbst konnte sich diesem Amt nicht entziehen. Hier beginnt die Passionsgeschichte Jeremias im engeren Sinn – im weiteren Sinn hat sie schon am Tage seiner Berufung begonnen –, die erst in Ägypten zu Ende ist.

[739] In V. 3 waren noch zwei Vertraute Zedekias beauftragt worden.

Wassers ist, der am Jüngsten Tag dem König Zedekia angerechnet wird?

11–16 Zwischen die beiden Kontakte Zedekias mit Jeremia ist der Bericht von Jeremias Gefangennahme durch den Befehlshaber der Wachttruppen am Benjamin-Tor, Jeria, eingeschoben. Ob ein Befehl Zedekias vorlag, wird hier nicht gesagt, ist auch nicht unbedingt anzunehmen, denn es ist charakteristisch für die Zeit der Bedrängung, daß die Militärs sich mehr Freiheiten herausnehmen als in normalen Zeiten. Sie bauen eine eigene Gerichtsbarkeit auf (V. 15). Der König selber kann nichts gegen sie unternehmen, weil er auf sie angewiesen ist. Der geplante Gang nach Anathoth war für Jeria endlich der willkommene Anlaß, diesen »Wehrkraftzersetzer« unschädlich zu machen. Damit wollte Jeria wohl auch ein Exempel statuieren, um ähnliche Gedanken anderer im Keime zu ersticken.

Die Bewahrung Jeremias: 38,1–28

1 **Es hörten Schephatja, der Sohn Mattans, und Gedalja, der Sohn**
Paschhurs, und Juchal, der Sohn Schelemjas, und Paschhur, der
Sohn Malkias, die Worte, die Jeremia zum ganzen Volke rede-
2 **te[740]: * So spricht Jahwe: Wer in dieser Stadt bleibt, der stirbt**
durch Schwert, Hunger und Pest. Wer aber hinausgeht zu den
Chaldäern, bleibt am Leben und trägt sein Leben als Beute davon
3 **– er bleibt also am Leben[a]. * So spricht Jahwe: Ganz gewiß wird**
diese Stadt in die Hand der Streitmacht des Königs von Babel ge-
4 **geben, und er wird sie einnehmen[b]. * Da sagten die Oberen zum**
König: Dieser Mann muß sterben, weil er die Hände der Soldaten,
die in dieser Stadt übriggeblieben sind, mutlos macht, dazu die
Hände des ganzen Volkes, indem er ihnen solche Worte wie diese
sagt[c]! Dieser Mann sucht nicht, was diesem Volk zum Heil, son-
5 **dern was ihm zum Unheil dient. * Der König Zedekia entgegnete:**
Siehe, er ist in eurer Hand; der König hat ja euch gegenüber keine
6 **Macht mehr[d]. * Da nahmen sie den Jeremia und warfen ihn in den**
Brunnen des Prinzen Malkia, der sich im Wachthof befand, in-
dem sie Jeremia hinunterließen. In dem Brunnen war kein Was-
ser, sondern Schlamm, so daß Jeremia in den Schlamm einsank[e].
7 *** Davon hörte der Kuschit Ebedmelech[741], ein Hofbeamter im**

[a] 21,9 39,18 45,5
[b] 21,10 32,3
[c] 26,11 Am 7,10
[d] 38,24–28
[e] Ps 40,3 Jer 37,14.15

740 Wie schon in Kap. 32 deutlich wurde, ermöglichte die lockere Haft auf dem Wachthof den Kontakt mit der Bevölkerung.

741 w.: Knecht des Königs.

Königspalast, daß man Jeremia in den Brunnen geworfen hatte.
8 Der König hielt sich gerade am Benjamin-Tor auf. * Da ging
9 Ebedmelech aus dem Königspalast und sagte zum König: * Mein
Herr König, Böses haben diese Männer dem Propheten Jeremia
angetan, indem sie ihn in den Brunnen warfen. Er wird auf der
Stelle sterben vor Hunger; denn es gibt kein Brot mehr in der
10 Stadt[742]. * Da befahl der König dem Kuschiten Ebedmelech:
Nimm dir von hier drei Männer und ziehe den Propheten Jeremia
11 aus dem Brunnen heraus, bevor er stirbt. * Ebedmelech nahm die
Männer mit und ging in die Kleiderkammer im Vorratshaus[743]
und nahm von dort Lappen von abgetragenen und zerrissenen
Kleidern und ließ sie an Seilen zu Jeremia in den Brunnen hinab.
12 * Der Kuschit Ebedmelech sagte zu Jeremia: Lege die Lappen der
abgetragenen Kleider unter die Achseln deiner Arme und lege
13 dann die Seile darunter. Jeremia tat es. * So zogen sie Jeremia mit
Hilfe der Seile und hoben ihn aus dem Brunnen heraus. Fortan
blieb Jeremia im Wachthof.
14 * Der König Zedekia ließ den Propheten Jeremia zu sich holen
an den dritten Eingang vom Hause Jahwes. Der König sagte dann
zu Jeremia: Ich frage dich jetzt nach einem Wort (Jahwes)[f]. Ver-
15 heimliche mir kein Wort! * Darauf sagte Jeremia zu Zedekia:
Wenn ich es dir kundtue, wirst du mich dann nicht mit Gewißheit
töten? Und wenn ich dir einen Rat gebe, so hörst du doch nicht auf
16 mich[g]. * Da schwur der König Zedekia insgeheim[744] dem Jeremia:
So wahr Jahwe lebt, der uns dieses Leben gegeben hat, ich werde
dich nicht töten und werde dich nicht mehr in die Hand dieser
17 Männer geben, die dir nach dem Leben trachten. * Jeremia ant-
wortete dem Zedekia: So spricht Jahwe, der Gott Zebaoth, der
Gott Israels: Wenn du wirklich zu den Befehlshabern des Königs
von Babel hinausgehst, wirst du leben bleiben. Und diese Stadt
wird nicht mit Feuer verbrannt werden, und du samt deinem Haus
18 wirst am Leben bleiben[h]. * Wenn du aber nicht zu den Befehlsha-
bern[745] des Königs von Babel hinausgehst, dann wird diese Stadt
in die Hand der Chaldäer gegeben, die sie in Flammen aufgehen
19 lassen. Dann wirst du ihrer Hand nicht entkommen[i]. * Aber der
König Zedekia sagte zu Jeremia: Ich habe Sorgen wegen der Ju-

[f] 37,17
[g] Lk 22,67.68
[h] 2Kö 24,12; Jer 21,9; 27,12.13
[i] 32,4; 38,23

[742] Manche Ausleger nehmen an, daß »vor Hunger; denn es gibt kein Brot mehr in der Stadt« nicht ursprünglich ist, sondern aus 37,21 hier hinzugesetzt wurde. Sie sehen die eigentliche Todesgefahr im Schlamm, der ihn zu ersticken drohte.

[743] Der hebr. Text ist hier schwer verständlich. Die Übers. ist ein Versuch.

[744] Normalerweise mußte in Israel unter Zeugen geschworen werden.

[745] Daraus geht hervor, daß Nebukadnezar die Belagerung von Jerusalem nicht in eigener Regie durchführte, sondern seinen Kommandeuren überließ, vgl. 39,3.

däer, die schon zu den Chaldäern übergelaufen[746] sind, daß man
mich in ihre Hand gibt und sie mit mir ihren Mutwillen treiben.
20 * Jeremia jedoch entgegnete: Das wird man nicht tun. Höre doch
auf die Stimme Jahwes und auf das, was ich dir sage, so wird es dir
k 40,9 **21 gut gehen[k], und du wirst dein Leben erhalten! * Wenn du aber**
nicht hinausgehen willst, dann höre dieses Wort, das Jahwe mich
22 schauen ließ: * Siehe, alle Frauen, die im Hause des Königs von
Juda übriggeblieben sind, werden hinausgeführt zu den Oberen
des Königs von Babel, und sie sagen dann: Verlockt und überwäl-
tigt haben dich deine Freunde[747], es versinken im Schlamm deine
23 Füße – weg sind sie! * Alle deine Frauen und deine Söhne werden
hinausgeführt zu den Chaldäern, und du wirst ihrer Hand nicht
entkommen, sondern du wirst ergriffen von der Hand des Königs
von Babel, und diese Stadt wird in Flammen aufgehen.
24 * Zedekia sagte darauf zu Jeremia: Kein Mensch darf von die-
25 ser Unterredung wissen, sonst mußt du sterben. * Denn wenn die
Oberen hören, daß ich mit dir geredet habe, und wenn sie zu dir
kommen und sagen: Tue uns doch kund, was du zum König gere-
det hast; verheimliche nichts vor uns, damit wir dich nicht töten.
26 Was also hat der König zu dir gesagt? * Dann sollst du ihnen sa-
gen: Ich habe den König inständig angefleht, daß er mich nicht in
das Haus Jonathans zurückbringe, weil ich dort sonst sterben
l 37,15–20 **27 müßte[l]. * Dann kamen auch wirklich alle Oberen zu Jeremia und**
m 39,14 **fragten ihn (aus). Er aber tat ihnen das kund, was der König ihn**
geheißen hatte. Da ließen sie ihn in Ruhe, und die Sache wurde
28 nicht weiter bekannt[748]. * Und Jeremia bleib im Wachthof bis zu
dem Tage, an dem Jerusalem eingenommen wurde[m].

Überblick

Kap. 38 bietet gegenüber Kap. 37 einige Wiederholungen: Hier wie dort wird Jeremia zuerst durch eine grausame Behandlung dem Tode nahegebracht (Zisternengewölbe, Brunnen), dann wieder der leichteren Haft auf dem Wachthof übergeben. Hier wie dort gibt es eine religiöse Regung im Herzen Zedekias, die aber nichts für das weitere Schicksal der Stadt austrägt.

1–6 Was uns schon vorher auffiel, bestätigt sich auch hier: Zedekia ist den Eigengesetzen des Krieges und den Verblendungen der harten Offi-

[746] w.: zugefallen.
[747] w.: die Männer deines Heils.
[748] o. niemand hatte ein Wort gehört.

ziers- und Beamtengruppen[749] ausgeliefert und selbst handlungsunfähig, V. 5. Auch darin wirkt sich das Gericht Gottes aus, wenn man an Menschen und ihre Verblendungen preisgegeben ist, woraus dann eigene Handlungsunfähigkeit erwächst. So will eine solche Gruppe Jeremia, der in seiner Haft auf dem Wachthof nicht zum Schweigen gebracht wurde, nunmehr endgültig mundtot machen, indem sie ihn in eine nicht mehr benutzte Zisterne hinunterwirft. Diese schreckliche Situation können uns die Worte der Psalmen 43 und 40 veranschaulichen. In Ps 43 heißt es: »(Gott) schaffe mir Recht, führe meine Sache wider ein unheiliges Volk . . . Du, o Gott, bist meine Stärke . . ., sende aus dein Licht und deine Treue, daß sie mich führen, zu deinem heiligen Berg mich leiten.« Und in Ps 40: »Ich habe gehofft, ja gehofft auf Jahwe, und er neigte sich mir zu und hörte mein Rufen. Er zog mich heraus aus der Todesgrube, aus Schlamm und Morast, er stellte meine Füße auf Felsengrund, sicher machte er meine Schritte. Er legte mir ein neues Lied in den Mund . . .« Ob diese Psalmenworte nun vor oder nach Jeremia entstanden sind – auf jeden Fall gibt es immer wieder Situationen, in denen sich das Gotteswort *buchstäblich* erfüllt! Sicher gibt es auch eine übertragene Bedeutung, z.B. die Deutung des Schlamms als eigene oder anderer menschliche Verfehlungen. Aber es gehört zum Realismus der Bibel, daß solche geistliche Wahrheiten immer wieder rückbezogen werden auf Situationen, in denen sich das Wort nahezu buchstäblich erfüllt.

König Zedekia läßt dies alles geschehen. Er kann sich nicht wehren. **7–13**
Seine Einsamkeit unter seinen Hofleuten muß groß gewesen sein. Erst als unvermutet ein bisher nicht genannter Hofbeamter, Ebedmelech[750], die Initiative ergreift, wagt Zedekia zu handeln. Jetzt erst ist er sich wieder wenigstens mit einem Hofbeamten einig; und aus dieser Einmütigkeit heraus erwächst sogleich die Handlungsfähigkeit. Er gibt einen entsprechenden Befehl zur Rettung Jeremias. Man beachte (V. 11.12) die Sorgfalt bei dem Heraufziehen Jeremias aus der Schlammgrube. Es geht Ebedmelech nicht nur um die Rettung, sondern um eine Schonung des völlig erschöpften Körpers. In solchen Augenblicken werden unauslöschliche Eindrücke in dem Geretteten geschaffen; denn der Geschundene ist doppelt empfänglich für jede kleine Liebestat. Es gehört zu Gottes Freundlichkeit, daß er in der äußersten Not für seine Knechte Helfer erweckt, die diesen meist vorher

[749] Vgl. die Namen in V.1.
[750] w.: Knecht des Königs; er hatte wohl keinen anderen Namen, so sehr war er dem König untergeben.

nicht bekannt waren[751]. Diese von Gott erweckten Helfer empfangen durch ihre Tat Gottes Segen[752].

14–28 Es folgt, ähnlich wie in 37,17ff, eine erneute geheime Unterredung des Königs mit dem einigermaßen wiederhergestellten Jeremia. Jeremia stellt sich hier offenbar eine Einnahme der Stadt vor, die der von 598 gleicht, wo ja auch die Stadt selbst keinen Schaden erlitt – wenn Zedekia den Widerstand gegen die Chaldäer aufgeben würde. Hier sehen wir erneut, daß der Vollzug des Gerichtes Gottes nicht automatisch abläuft, sondern durch den Gehorsam gegen ein Wort Gottes in letzter Stunde gemildert werden kann[753]. Wie wenig das Wort Gottes nach einem festen Schema angesichts einer bestimmten politischen Lage gesagt wird, zeigt ein Vergleich mit den Ereignissen, die hinter Jes 7,1ff stehen. Während dort der Prophet Jesaja den König Ahas trotz des anrückenden Koalitionsheeres Aram-Samaria sagt: Glaube, d.h. verhalte dich ruhig und wende nicht deine Hände hilfesuchend nach dem starken Assur (was Ahas dann doch tat), sagt hier Jeremia genau das Gegenteil. Der Glaube an Gott bringt hier zugleich eine Unterwerfung unter den König von Babel mit sich!

19 Doch dieses Wort wird von Zedekia abgelehnt mit der Begründung, daß er im Falle des Desertierens von den bereits vor ihm zu den Chaldäern übergelaufenen Judäern das schlimmste zu befürchten hätte. Die ohnmächtige Wut der judäischen Landbewohner, deren Ländereien durch das feindliche Heer völlig ausgeplündert waren, würde sich dann gegen den richten, der es so weit hat kommen lassen. Landbewohner ziehen bei einer feindlichen Invasion immer den kürzeren, während die Städter durch ihre belagerungsfähigen Städte unter Umständen davonkommen. Die Angst des Zedekia ist menschlich durchaus verständlich. Jedoch könnte er, der Gott ungehorsame und abtrünnige König, wenigstens an einer Stelle die Verheißung eines Gotteswortes ergreifen. Auch der, der dem Gottesgericht preisgegeben ist, wird bis zum letzten Augenblick noch von Gottes Wohlwollen verfolgt! Zedekia schlägt dies alles aus.

24–28 Anstatt nach vorne zu schauen, auf Gottes Handeln an ihm und seiner Familie, sieht er zur Seite auf seine arglistigen Beamten. Sie könnten sein Treffen mit Jeremia beobachtet haben, V. 24–28. Darum beugt Zedekia vor: der, der eben noch nach einem Wort Gottes fragte, zieht den Propheten in eine Unwahrhaftigkeit hinein, V. 26. Auf diese Weise soll den Hofleuten und Offizieren einleuchtend gemacht

[751] Vgl. Paulus in 2Kor 6,9: »... als die Unbekannten *und doch bekannt.*« – Nicht-Israeliten sind barmherziger als Gottes eigenes Volk, vgl. den barmherzigen Samariter, Lk 10,29ff.
[752] Zu Ebemelech vgl. 45,1–5, im Neuen Testament das Gleichnis vom Weltgericht, Mt 25,31ff.
[753] Vgl. Ausl. zu 34,12–16.

werden, daß die Initiative zu dem Kontakt nicht von ihm ausgegangen ist. Welche Heuchelei! – Zu unserem Erstaunen hält sich Jeremia bei dem anschließend tatsächlich stattfindenden Verhör an die dringende Bitte Zedekias. Der Bibelleser möchte an dieser Stelle gerne Jeremia entschuldigen, was auch in der Auslegung immer wieder versucht worden ist. Der Text aber untersagt es uns, über die Gedanken Jeremias zu spekulieren, und bringt auch keine Andeutung einer Versündigung Jeremias. Es bleibt bei den dürren Worten: **»Er aber tat ihnen das kund, was der König ihn geheißen hatte.«**

Keinesfalls darf von einer Stelle wie dieser die Unwahrhaftigkeit als legitime Möglichkeit unseres Verhaltens abgeleitet werden. Man sollte allerdings erkennen, daß Jeremia hier den König schützen will. »Durch seine halbwahre Auskunft schädigt Jeremia keinen Nächsten, er schont aber den König, dem er eben zuvor die schonungsloseste Wahrheit gesagt hatte. Er tut dieses, da er nicht an einen abstrakten Wahrheitsbegriff, wohl aber an den Nächsten gebunden ist, ganz unbefangen«, meint W. Zimmerli, Grundriß d. altt. Theol., 1972, 121.

Das Ende Jerusalems und Jeremias Befreiung: 38,28b–40,6

1/2 **Als Jerusalem erobert wurde,** (ging das so vor sich)[a]: *** Im neunten** [a] 52,4–16
Regierungsjahr Zedekias, des Königs von Juda, im zehnten Monat, kam Nebukadnezar, der König von Babel, und seine ganze Streitmacht vor Jerusalem und belagerten es. Im elften Regierungsjahr Zedekias, im vierten Monat, am neunten des Monats,
3 **wurde eine Bresche in die Stadt[754] gebrochen. * Da zogen alle Befehlshaber des Königs von Babel ein und blieben** (zunächst) **beim mittleren Tor: Nergalsarezer, der Obermagier[755], Nebuschasban, der Obereunuch, und alle übrigen Fürsten des Königs von Ba-**
4 **bel[756]. * Als aber Zedekia, der König von Juda, und alle Soldaten sie sahen, flohen sie und verließen die Stadt bei Nacht in Richtung des Königsgartens[757] durch das Tor zwischen den beiden Mauern**
5 **und zogen weiter in Richtung auf die Araba-Ebene[758]. * Aber die chaldäischen Streitkräfte verfolgten sie und trafen auf Zedekia in**

754 d. h.: in die Stadtmauer.
755 o.: der Fürst von Sin-Magir.
756 Namen und Titel sind sehr schwer auseinanderzuhalten. Die Aufzählung der Fürsten wurde aus V. 13 übernommen.
757 Diese müssen in südlicher Richtung gelegen haben, da die Babylonier von Norden her in die Stadt einbrachen.
758 d. i.: die Jordansenke südl. des Toten Meeres.

[b] 32,4.5 38,18
[c] 34,17–21
[d] 40,6
[e] 15,11 40,4

der Steppe von Jericho, nahmen ihn gefangen, brachten ihn hin-
auf zu Nebukadnezar, dem König von Babel, nach Ribla, im Land
6 Hamath. Der saß über ihm zu Gericht[759] [b]. * Hierauf ließ der Kö-
nig von Babel die Söhne Zedekias vor dessen Augen in Ribla ab-
schlachten; und alle Vornehmen Judas ließ der König von Babel
7 ebenfalls abschlachten[c]. * Und die Augen Zedekias blendete er,
8 fesselte ihn mit Ketten, um ihn nach Babel zu führen. * Den Palast
des Königs, das Haus Jahwes und die Häuser der Bevölkerung[760]
ließen die Chaldäer in Flammen aufgehen und die Mauern Jeru-
9 salems rissen sie nieder. * Den Rest des Volkes, das in der Stadt
übriggeblieben war, und die Überläufer[761], die zu ihnen überge-
laufen[762] waren – den ganzen übrigen Rest des Volkes –, führte
Nebusaradan, der Befehlshaber der Leibwache[763], nach Babel.
10 * Von den geringen Leuten aber, die keinen Besitz hatten, ließ Ne-
busaradan, der Befehlshaber der Leibwache, einen Rest im Lande
Juda, und gab ihnen an jenem Tage Weinberge und Äcker[764] [d].
11 * Über Jeremia aber erteilte Nebukadnezar, der König von Ba-
bel, durch Nebusaradan, den Befehlshaber der Leibwache, fol-
12 genden Befehl: * Laß ihn holen, kümmere dich um ihn[765], tu ihm
nichts Böses an; was er mit dir bespricht, entsprechend verfahre
13 mit ihm[e]! * Da sandten Nebusaradan, der Befehlshaber der Leib-
wache, und Nebuschasban, der Oberste der Vornehmen, und
Nergal-Sarezer, der Obermagier, und alle (übrigen) Großen des
14 Königs von Babel * und ließen Jeremia aus dem Wachthof holen
und übergaben ihn Gedalja, dem Sohn Ahikams, des Sohnes
Schaphans[766], daß er ihn nach Hause gehen ließe, und er wohnte
inmitten des Volkes.
15 * An Jeremia erging das Wort Jahwes, als er noch im Wachthof
16 gefangen gehalten war, folgendermaßen: * Geh und rede zu dem
Kuschiten Ebedmelech: So spricht Jahwe Zebaoth, der Gott Isra-
els: Siehe, ich lasse mein Wort über dieser Stadt in Erfüllung ge-

759 w.: der die Rechtssatzungen über ihm aussprach.

760 »... und das Haus Jahwes ...«: fehlt im hebr. Text. Bei der völligen Zerstörung Jerusalems ist aber nicht anzunehmen, daß der Tempel stehen blieb. Vielleicht wollte ein späterer Abschreiber seine Verehrung für den Tempel so ausdrücken, daß er »Haus Jahwes« bei der Beschreibung der Zerstörung einfach wegließ.

761 w.: die Fallenden.

762 w.: zugefallen.

763 w.: der Ober-Koch.

764 w.: Fronleistungen.

765 w.: richte deine Augen auf ihn.

766 »und übergaben ihn Gedalja, dem Sohn Ahikams, des Sohnes Schaphans«. Andere Ausleger vermuten, daß die Wendung hier nicht hingehört, sondern aus 40,6 hierher eingedrungen ist.

hen, ihr zum Unheil und nicht zum Heil[767] [f], und es wird dir (deut- [f] 45,1–5
lich) vor Augen stehen an jenem Tage, (daß ich die Wahrheit ge-
17 sagt habe). * Doch dich werde ich an jenem Tage herausreißen
(aus dem Verderben) – Ausspruch Jahwes –, und du wirst nicht in
18 die Hand der Männer gegeben, vor denen du dich fürchtest! * Ich
werde dich bestimmt entkommen lassen, und durchs Schwert
sollst du nicht fallen. Du wirst dein Leben als Beute davontragen;
denn du hast mir vertraut! – Ausspruch Jahwes.
40,1 * Das Wort, das an Jeremia durch Jahwe erging, nachdem ihn
Nebusaradan, der Befehlshaber der Leibwache, aus Rama entlas-
sen hatte, als er ihn (unter den Gefangenen) entdeckt hatte – er
war mit Ketten gefesselt inmitten aller Gefangenen aus Jerusalem
2 und Juda, die nach Babel geführt werden sollten[768]. * Der Be-
fehlshaber der Leibwache ließ Jeremia holen und sagte zu ihm:
Jahwe, dein Gott, hatte dieses Unheil über diesen Ort angekün-
3 digt. * Und Jahwe ließ es so kommen und tat so, wie er geredet hat-
te; denn ihr habt vor Jahwe gesündigt und nicht auf seine Stimme
4 gehört, darum hat euch dieses Schicksal getroffen[769]. * Nun siehe,
ich befreie dich heute von den Ketten, die um deine Hand(-gelen-
ke) sind. Wenn es dir richtig erscheint, mit mir nach Babel zu ge-
hen, dann komm, und ich werde mich um dich kümmern[770]. Wenn
es dir aber nicht richtig erscheint, mit mir nach Babel zu gehen,
dann nimm Abstand davon. Siehe, das ganze Land liegt vor dir of-
5 fen, du kannst gehen, wohin du willst[771]. * Aber er kehrte noch
nicht zurück[772]. Doch, (so empfahl ihm Nebusaradan) kehre zu-
rück zu Gedalja, dem Sohne Ahikams, des Sohnes Schaphans, den
der König von Babel über die Städte Judas zum Statthalter bestellt
hat, und bleibe bei ihm inmitten des Volkes, oder auch wohin es
dir zu gehen gut erscheint, (dorthin) gehe. Und der Befehlshaber
der Leibwächter gab ihm Zehrung und ein Geschenk[773] und ent-
6 ließ ihn. * Und Jeremia kam zu Gedalja, dem Sohn Ahikams, nach
Mizpa und blieb bei ihm inmitten des Volkes, das im Lande üb-
riggeblieben war.

767 o.: zum Guten.
768 Daß V. 1 durch einen späteren Redaktor ziemlich ungeschickt eingefügt wurde, erkennt man daran, daß hier gar kein Gotteswort folgt, obwohl es angekündigt wird.
769 w.: So geschah auch dieses Wort.
770 w.: werde meine Augen auf dich richten.
771 w.: was zum Guten und Richtigen in deinen Augen dient, um hinzugehen, dorthin geh!
772 Der hebr. Text beginnt (nicht ganz verständlich) so: »Und er kehrte noch nicht zurück.«
773 w.: Spende (= Hochebene); ein Ausdruck aus der Opfersprache.

Überblick

38,28 verbindet Kap. 38 und 39, wobei das Heilswort an Ebedmelech, 39,15–18, sachlich noch zu Kap. 38 gehört. Wenn es erst in Kap. 39 von dem Redaktor aufgeführt wird, dann mag das damit zusammenhängen, daß erst während des Chaos der Eroberung sichtbar wird, wie Gott auch zu einem Heilswort steht (indem Ebedmelech wunderbarerweise nicht mit den anderen königlichen Gefolgsleuten hingerichtet wird). – Zwischen 39,14 und 40,1 empfindet der Leser einen Bruch: der Prophet, durch die Babylonier befreit, wieder in Ketten! Offenbar hat zwischen beiden Ereignissen eine neue Gefangennahme durch einen Unter-Führer der Babylonier stattgefunden, der über die Person des Jeremia nicht im Bilde war. – V. 10 ist bestimmt in eine spätere Zeit zu datieren, als Nebukadnezar daran ging, das Land Juda neu zu ordnen.

39,1–10 Die Belagerung durch die Belagerungsmaschinen konzentrierte sich offenbar auf eine bestimmte Stelle der Nord-Mauer, die so lange berannt wurde, bis eine Bresche geschlagen war, durch die die Belagerer in die Stadt eindringen konnten. Was dann kommt, ist nicht das wilde Marodieren der Soldateska, sondern eher ein wohlgeordneter und feierlicher Triumphzug bis zu einer Stelle in der Stadt, die nicht näher zu bestimmen ist. Offenbar war dadurch der Ring um die Stadt nicht ganz geschlossen, so daß der König Zedekia mit seiner Familie zunächst unbemerkt die Stadt verlassen konnte. Doch ihn ereilt das Verhängnis, wie Jeremia es ihm gesagt hatte. Unmittelbar nach dem vollzogenen Urteil an Zedekia wird von der eigentlichen Zerstörung der Stadt geredet. Sicher hatte Nebukadnezar das von Anfang an vor, aber der Leser erinnert sich an die Weissagung Jeremias, daß Jerusalem hätte vor dem ärgsten bewahrt bleiben können, wenn Zedekia sich rechtzeitig ergeben hätte. Gott hätte auch das Herz eines erfahrenen Städteeroberers lenken können! So aber zieht sein Starrsinn die völlige Zerstörung nach sich. Die Deportation der Überläufer und des Restes nach Babylon ist zu erklären; sie sollte der Rüstungsindustrie dienen. Ferner: um mögliche Herde für kommende Aufstände schon im Keime zu ersticken, reißt Nebukadnezar die Bevölkerung auseinander.

Dem gleichen Zweck wird wohl die Neuverteilung der Ländereien an die armen Leute (V. 10) gedient haben[774]. – Von der Verheißung in

[774] Heutzutage sind solche Neuverteilungen in den Mittelpunkt aller kirchlichen Bestrebungen gerückt. Man wird von dieser Stelle her dazu sagen müssen, daß Neuverteilung (»Gerechtigkeit für alle«) – leider! – nur im Zuge einer nationalen Katastrophe und einer Entmachtung

Kap. 32 her erkennt man, daß sich in V. 10 die Erfüllung einer neuen Landnahme anbahnt! Wenn auch Nebukadnezar sich auf diese Weise zur Sicherung seiner Befriedungspolitik ein dankbares und darum ihm ergebenes neues Bauerntum schafft, so kann Gott diese durchsichtigen Motive eines Machthabers durchaus benutzen, um seine eigenen Verheißungen zu erfüllen.

Keine Katastrophe im Gottesvolk ohne zugleich den neuen Ansatz für ein, wenn auch bescheidenes, Heil! Zu den spärlichen Lichtzeiten in der Finsternis der Zerstörung Jerusalems gehört auch das Heilswort an Ebedmelech, der Jeremia aus der verschlammten Zisterne gezogen hatte (38,7ff). Hier leuchtet vorzeichenhaft auf, was dann im Neuen Testament (Apostelgeschichte) voll entfaltet wird: In dem Maße, wie Israel seine Ohren verstopft, um die Propheten Gottes nicht hören zu müssen, wird den Heiden der Zugang zum Gott Israels geebnet. Fast versteckt – wie anders als heimlich hätte Ebedmelech sich zu Jahwe als seinem Gott bekennen können – wird von ihm gesagt, daß er Gott vertraut, darum Jeremias Befreiung betrieben habe, V. 18[775]. Wer auf Gott vertraut, wird die Katastrophe nicht umgehen können, aber er wird sein Leben als Beute davontragen. **15–18**

Ganz in diese Linie hinein paßt die Äußerung, die der Kommandant der Leibwache Nebusaradan wohl in Anwesenheit von anderen judäischen Gefangenen macht. Man hat den Eindruck, daß dieser Heide die Wege Gottes besser versteht als Gottes eigenes Volk. Was er sagt, muß in den Ohren der Judäer schmerzlich geklungen haben: **40,1–2**

- Ein Heide nimmt den Gottesnamen Jahwes in den Mund und erkennt den Gott Israels als den an, der auch hinter den Unternehmungen der Babylonier steht;
- Was die Judäer später in Babylon immer wieder reumütig bekennen müssen: Gott selber hat uns in die Gefangenschaft geführt –, ein Heide ist es, der es ihnen vorspricht;
- Erst durch einen Nichtisraeliten erlebt der Prophet Jeremia seine Rehabilitation (39,14).

Die beneidenswerte Freizügigkeit (40,4ff), die Jeremia von den Babyloniern erhält, ist aber im Vorblick auf seine weitergehende Leidensgeschichte gar nicht so positiv zu beurteilen. – Von einem Gotteswort wird in dieser Situation nichts berichtet. Jeremia muß sich selbst entscheiden. **39,11–14** **40,3–6**

der Staatsgewalt möglich ist und nicht auf dem Wege einer allmählichen Entwicklung. Das ist die bittere Wahrheit der Geschichte! Die durch eine königliche Verfügung eingeleitete Sklavenbefreiung (34,8ff) war ja gleich wieder steckengeblieben.

775 Vgl. dazu Mt 10,41: »Wer einen Propheten aufnimmt darum, daß er ein Prophet ist, der wird eines Propheten Lohn empfangen.«

Es ist schon früher (vgl. Kap. 24 und 29) Jeremias Sympathie für die Exulanten der ersten Deportation aufgefallen. Er sah gerade sie dort im feindlichen Ausland unter Gottes besonderer Verheißung stehen. So wird er es auch für die Gefangenen der zweiten, endgültigen Deportation gesehen haben. Aber trotzdem bleibt er im Lande bei dem Rest, dem die wertvollsten Volks-Glieder entzogen sind. Wo sind nun die Gottestreuen? Sind es die, die im Lande geblieben sind, oder die, die nach Babylon deportiert worden sind? Wo wird eine neue Hinwendung zu Gott geschehen? Jeremia begibt sich mit all diesen Ungewißheiten erst einmal zu Gedalja, dem von Nebukadnezar eingesetzten Statthalter, einem weiteren Mitglied aus der Familie Schaphans, seinen Gönnern. Und immer noch ist kein Gotteswort zu vernehmen. Hat Gott etwa in der Stunde des Gerichtes aufgehört zu reden?

Auch das Gericht bringt keine Besserung: die Ermordung Gedaljas: 40,7–41,18

7 **Als nun alle Heerführer, die sich mit ihren Männern noch im of-**
fenen Lande[776] befanden, hörten, daß der König von Babel, den
Gedalja[a], den Sohn Ahikams, im Lande zum Statthalter bestellt
hatte und ihm die Männer, Frauen, Kinder und die geringen
Leute des Landes, die nicht nach Babel in die Gefangenschaft
8 **wandern mußten, anvertraut[777] hatte, * da machten sie sich auf zu**
Gedalja nach Mizpa, und zwar Ismael, der Sohn Nethanjas, und
Johanan und Jonathan, die Söhne Kareachs, sowie Seraja, der
Sohn Tanhumeths und die Söhne Ephais, des Netophatiters, dann
Jesanja, der Sohn eines Maachathiters – diese also und ihre Man-
9 **nen. * Gedalja schwor ihnen und den Männern, der Sohn Ahi-**
kams, des Sohnes Schaphans: Fürchtet euch nicht, den Chaldäern
zu dienen! Bleibt im Lande und dient dem König von Babel, dann
10 **wird es euch gut gehen[b]! * Ich selbst wohne in Mizpa, um** (euch) **zu**
vertreten[778] vor den Chaldäern, die zu uns kommen. Doch ihr ern-
tet Wein, Obst und Öl! Lagert es in euren Vorrats-Häusern! Bleibt
11 **in euren Städten wohnen, die ihr in Besitz nehmt! * Auch alle Ju-**
däer, die sich in Moab, bei den Ammonitern, in Edom und in allen
(sonstigen) **Ländern aufhielten, hörten, daß der König von Babel**

[a] 2Kö 25,22–26
[b] 27,11–13

[776] w.: Feld.
[777] »anvertraut« und »Statthalter« haben im Hebr. den gleichen Konsonantenbestand.
[778] w.: um zu stehen vor den Chaldäern.

einen Rest[c] (der Bevölkerung) in Juda gelassen und daß er über
sie den Gedalja, den Sohn Ahikams, des Sohnes Schaphans, zum
12 Statthalter bestellt hatte. * Da kehrten alle Judäer aus all den Or-
ten zurück, wohin sie zerstreut waren, und kamen ins Land Juda
zu Gedalja nach Mizpa und ernteten Wein und Obst in großer
Menge.
13 * Aber Johanan, der Sohn Kareachs, und alle Heerführer, die
noch auf dem offenen Lande waren, machten sich auf zu Gedalja
14 nach Mizpa. * Sie sagten zu ihm: Weißt du eigentlich, daß Baalis,
der König der Ammoniter, den Ismael, den Sohn Nethanjas, ge-
schickt hat, um dich zu töten? Aber Gedalja, der Sohn Ahikams,
15 schenkte ihnen keinen Glauben. * Darauf sagte Johanan, der
Sohn Kareachs, heimlich zu Gedalja, in Mizpa: Ich will hingehen
und den Ismael, den Sohn Nethanjas, erschlagen, wenn es nie-
mand merkt. Warum soll er dich erschlagen, so daß sich ganz
Juda, das sich um dich gesammelt hat, wieder zerstreuen und der
16 Rest Judas doch noch untergehen wird? * Doch Gedalja, der Sohn
Ahikams, entgegnete dem Johanan, dem Sohne Kareachs: Tu
das[779] nicht, denn Falsches[780] hast du über Ismael gesagt!
41,1 * Es war im siebten Monat, daß Ismael, der Sohn Nethanjas, des
Sohnes Elischamas – (ein Mann) von königlicher Abkunft, (der
mit zu) den Großen des Königs (gehört hatte)[781] –, und zehn Män-
ner mit ihm kamen zu Gedalja nach Mizpa. Dort in Mizpa saßen
2 sie gemeinsam, * als sich Ismael, der Sohn Nethanjas, und die
zehn Männer, die mit ihm waren, erhoben, und den Gedalja, den
Sohn Ahikams, des Sohnes Schaphans, mit dem Schwert erschlu-
gen[d]. Sie töteten den, welchen der König von Babel im Lande als
3 Statthalter eingesetzt hatte. * Dazu alle Judäer, die mit ihm – Ge-
dalja – in Mizpa waren, aber auch die Chaldäer, die sich dort be-
fanden – Kriegsleute waren sie –, erschlug Ismael.
4 * Es war am anderen Tag nach der Ermordung Gedaljas – noch
5 niemand wußte es –, * daß Männer aus Sichem, Silo und Samaria
kamen, achtzig Männer mit geschorenen Bärten[e], zerrissenen
Kleidern, mit Schnittwunden (am Körper). Opfergaben und
6 Weihrauch trugen sie, um sie in das Haus Jahwes zu bringen. * Da
ging ihnen Ismael, der Sohn Nethanjas entgegen, von Mizpa aus,
indem er beim Gehen weinte. Als er mit ihnen zusammentraf,
7 sagte er zu ihnen: Kommt zu Gedalja, dem Sohn Ahikams! * Als
sie aber mitten in der Stadt waren, da metzelte Ismael, der Sohn

[c] Jes 4,3
[d] 2Sam 13,27.28
[e] 3Mo 19,27

779 w.: dieses Wort.
780 w.: Lüge.
781 o.: mit den Großen des Königs und zehn Männer . . .

Nethanjas, sie nieder und (warf sie) in einen Brunnen hinein, er
8 und die Männer, die mit ihm waren. * Unter ihnen jedoch befan-
den sich zehn Männer, die zu Ismael sagten: Töte uns nicht, wir
haben noch Verstecke auf dem Feld mit Weizen, Gerste, Öl und
Honig! Da verschonte er sie und tötete sie nicht wie ihre Brüder. –
9 * Der Brunnen, in den Ismael die Leichen der Männer, die er er-
schlagen hatte, hineinwarf, war ein großer Brunnen[782]. Er war
der, den der König Asa wegen (des Heranrückens) des Königs Ba-
esa von Israel gebaut hatte. Ihn also füllte Ismael, der Sohn Ne-
10 thanjas, mit den Erschlagenen. – * Darauf führte Ismael den gan-
zen Rest des Volkes in Mizpa und die Königstöchter – das ganze
Volk, das in Mizpa noch übriggeblieben war –, über die Nebusa-
radan, der Befehlshaber der Leibwache, den Gedalja, den Sohn
Ahikams, als Statthalter eingesetzt hatte, die also führte Ismael,
der Sohn Nethanjas, gefangen fort und machte sich auf den Weg
hinüber zu den Ammonitern.
11 * Johanan, der Sohn Kareachs, und alle Heerführer, die bei ihm
waren, hörten all das Böse, das Ismael, der Sohn Nethanjas, ver-
12 übt hatte. * Da holten sie alle Männer zusammen und machten
sich auf, mit Ismael, dem Sohn Nethanjas, Krieg zu führen. Sie
fanden ihn beim großen Wasser zu Gibeon[783].
13 * Als nun alles Volk, das sich bei Ismael aufhielt, den Johanan,
den Sohn Kareachs, und alle Befehlshaber der Truppen sahen,
14 die mit ihm waren, freuten sie sich. * Alles Volk, das Ismael von
Mizpa gefangen weggeführt hatte, wandte sich um und kehrte zu-
15 rück, indem es zu Johanan lief, den Sohn Kareachs. * Ismael, der
Sohn Nethanjas, aber entkam mit acht Männern vor Johanan zu
den Ammonitern.
16 * Da nahm Johanan, der Sohn Kareachs, und alle Hauptleute,
die mit ihm waren, den ganzen Rest des Volkes, der von Ismael,
dem Sohn Nethanjas, zurückgekehrt war aus Mizpa, nachdem er
den Gedalja, den Sohn Ahikams, erschlagen hatte – Männer und
Soldaten, Frauen und Kinder, auch Hofbeamte[784], die er von Gi-
17 beon zurückgebracht hatte. * Sie brachen auf und machten Halt in
Gerut[785] Kimham, das bei Bethlehem liegt, um sich dann aufzu-
18 machen nach Ägypten * wegen der Chaldäer, denn sie fürchteten
sich vor ihnen, weil Ismael, der Sohn Nethanjas, den Gedalja, den
Sohn Ahikams, erschlagen hatte, den der König von Babel als
Statthalter im Lande eingesetzt hatte.

[782] So die griech. Übers.; der hebr. Text hat: »durch die Hand Gedaljas«.
[783] Vgl. 2Sam 2,13.
[784] o.: Eunuchen.
[785] d. h. Herberge.

Überblick

Die Eroberung und Zerstörung Jerusalems durch die Babylonier war entschlossen und gründlich – aber ihre Politik danach war nicht grausam! Keine »Entmilitarisierung« (40,7.8), sondern Neuordnung des Landes durch einen Mann ihres Vertrauens (40,7–12). – Nach diesen Lichtblicken verdüstert sich wieder die Szene:
– Mordanschlag auf Gedalja: 40,13–41,3
– Mordanschlag auf die Pilger: 41,4–10
– Vorbereitung der Flucht nach Ägypten: 41,11–18

Was war geblieben nach der Katastrophe? Sicher war der Abzug der Ober- und Handwerkerschicht ein unersetzbarer Verlust, aber andererseits kam es zu einer Landreform innerhalb kurzer Zeit, 39,10. Ferner zu einer Neu-Einwanderung von Judäern, die wegen der chaldäischen Invasion, aber möglicherweise auch wegen ihrer Kritik an der Politik der letzten judäischen Könige, sich in das benachbarte Ausland begeben hatten, 40,11. Im Land war kein Vakuum entstanden. Das hätte auch gar nicht in das Konzept Nebukadnezars gepaßt; denn dann wären die Nachbarn unkontrolliert in den leeren judäischen Raum vorgestoßen und hätten wieder einen Unruheherd im chaldäischen Einflußbereich gebildet. Es ist eine neue Bevölkerungsstruktur innerhalb kürzester Zeit entstanden mit all ihren Chancen, aber auch Unsicherheitsfaktoren. 40,10.12 berichtet, daß die Ernte reichlich ausgefallen ist. Die Babylonier können demnach nicht nach dem Prinzip der »verbrannten Erde« vorgegangen sein (im Gegensatz zu den viel grausameren Assyrern). **40,1–12**

Zudem ist der Statthalter Gedalja ein Mann des Vertrauens Nebukadnezars. Aus 40,9 wird ersichtlich, daß er sich die Gedanken Jeremias zu eigen gemacht hatte[786]. – Man wird angesichts der reichen Ernte schon an erste Erfüllungen der Verheißungen von Kap. 32 erinnert und auch an das Gotteswort, daß sich seit der Berufung Jeremias (1,10) wie ein roter Faden durch das Prophetenbuch gezogen hat: nach dem Ausreißen kommt das Pflanzen, nach dem Niederreißen das Aufbauen. Daran erinnert auch das Herbeiströmen der versprengten Judäer (40,12) zu Gedalja nach Mizpa. Das Gottesvolk wird wieder gebaut werden! Der Pilgerzug der Nordisraeliten (41,4ff) zum zerstörten Jerusalem gehört ganz in die Linie der Erfüllung (dieses) Verheißungswortes.

Aber wer ist denn dieser Gedalja? Worin besteht seine Legitimation? Genügt es, mit einem Mann zu tun zu haben, der nur von Nebu- **40,13–41,3**

[786] Vgl. dazu 29,4–7.

kadnezars Gnaden in seinem Amt ist? Wo ist die Davids-Verheißung geblieben? Ist sie hinfällig geworden? – Solche Gedanken mögen im Rest-Volk Juda neben nackten Existenz-Fragen auch umgegangen sein. An diesen ungelösten Fragen hinsichtlich der Person des Gedalja entzündeten sich für den kompromißlosen und radikalen Teil des Rest-Volkes Umsturzgedanken: Wenn dieser Gedalja jetzt regiert – habe ich dann nicht auch das Recht dazu? sagte sich einer von ihnen namens Ismael, der zudem noch aus einer davidischen Nebenlinie stammte (41,1). Solche Gedanken könnten dann durchaus mit den Interessen des kleinen Nachbarstaates der Ammoniter zusammengehen, 40,14. Hatte der Ammoniterkönig dem Ismael, der wahrscheinlich im Zusammenhang der Flucht Zedekias sich retten konnte, Asyl gewährt, so konnte er damit rechnen, daß Rest-Juda zu seinem Einflußbereich gehörte, falls Ismael dort der erste Mann wurde[787].

Wir stellen fest: Wo Gott nicht beauftragt, sendet, einsetzt und legitimiert, ist dem Neid und dem Ehrgeiz der Verwegenen keine Grenze gesetzt. Aber Gott schweigt hier zum Problem der Regentschaft in Juda, wie überhaupt in diesem ganzen Abschnitt kein einziges Jeremia-Wort, das er durch Jahwe empfangen hätte, zu hören ist.

4–15 Das Schicksal Gedaljas entbehrt nicht der Tragik. Zu gutmütig, um den Warnungen seines Vertrauten Johanan (40,13ff) Glauben zu schenken, schreckt er auch vor dessen rabiatem Vorschlag zurück, durch neues Blutvergießen einen eventuellen Widersacher aus dem Weg zu räumen. Ismael (41,1–3) schlägt tatsächlich zu, und Gedalja muß sein Leben lassen. Ein sanftmütiger, besonnener und nicht durch Ehrgeiz getriebener Mann muß einem Emporkömmling weichen. Das weitere Morden (41,4ff) wird noch sinnloser[788], und erst recht die Wegführung der Bewohner von Mizpa in das Gebiet der Ammoniter (V. 10) durch Ismael ist in seinem Sinn undurchsichtig. Hat der große Nebukadnezar – aber hierin ganz das Werkzeug Gottes – schon seine dilettantischen kleinen Nachahmer gefunden? Doch was bei Nebukadnezar Auftrag des richtenden Gottes war[789], ist hier zur plumpen, sinnlosen und kleinlichen Befriedigung des Machtbedürfnisses eines kleinen Mannes geworden. – Das ganze Unternehmen der Wegführung zu den Ammonitern löst sich schnell wieder auf – so schlecht war

787 Offenbar war bekannt, daß die Babylonier in einem unterworfenen Land nicht weiter Einfluß ausübten, wenn nur dessen Regent sich ihnen gegenüber loyal verhielt.

788 Ob Ismael befürchtet hat, daß die Nord-Israeliten mit Gedalja sympathisierten, weil dieser – wohl wegen seines guten Verhältnisses zu Jeremia – ein neues Gottesvolk von Süd und Nord zusammenführen wollte, es ihm aber nur auf Rest-Juda ankam? – Der zerstörte Tempel ist auch für Nord-Israeliten eine Stätte der Verehrung, die sie, allerdings gezeichnet vom Schmerz über seine Zerstörung, mit Opfergaben besuchen.

789 Vgl. 40,2.3.

es organisiert–, als der Vertraute Gedaljas Johanan Ismael entgegentritt, 41,11ff.

Dann wird die Szene wieder düster: Nachdem Ismael erneut zu den Ammonitern geflohen ist, sieht sich Johanan plötzlich in der Situation des Verantwortlichen. Vielleicht darin überfordert und deshalb kopflos geworden, faßt er den Plan, mit dem Volks-Rest nach Ägypten auszuwandern[790]. Sicher hätte eine Ergebenheitserklärung gegenüber Nebukadnezar diesem genügt. – Wiederholt sich dort in Ägypten die Geschichte des Volkes Israel? Wer hätte nicht bei dem Plan von dem Zug nach Ägypten sogleich an die Väter gedacht, die auch nach Ägypten zogen? Wartet dort auf sie eine neue Gefangenschaft? Gibt es vielleicht eine neue wunderbare Herausführung aus Ägypten mit allen früheren Gotteswundern? Kann nicht Gott sich wiederholen? Doch der Fortgang der Heilsgeschichte hat gezeigt, daß Gott bei den Exulanten in Babylon wieder anknüpft und nicht bei denen in Ägypten. – Doch bei den Flüchtlingen, deren Spur sich dann verliert, ist einer, der mit ihnen zusammen in die Gottesferne geht: Jeremia. **16–18**

Ungehorsam und Gericht hören noch nicht auf: 42–43

1 **Hierauf traten alle Heerführer und Johanan, der Sohn Kareachs,**
und Jesanja[791], der Sohn Hoschajas, und alle Leute, klein und
2 **groß, * und sagten zum Propheten Jeremia: Höre auf unser An-**
liegen[792] und bete für uns zu Jahwe, deinem Gott[a], für diesen gan- [a] 7,16
zen Rest, denn von uns sind aus einer (früher) großen Zahl nur 11,14
noch so wenige übriggeblieben, wie du auch selber sehen kannst. 14,10
3 *** Es möge uns Jahwe, dein Gott, den Weg kundtun, den wir gehen,**
4 **und das[793], was wir tun sollen. * Der Prophet Jeremia antwortete**
ihnen: Ich habe es gehört. Siehe, ich bete zu Jahwe, eurem Gott,
wie ihr es gewünscht habt[794]. Ich will euch jedes Wort, das Jahwe
5 **antwortet, kundtun. Ich werde euch kein Wort vorenthalten. * Da**
sagten sie zu Jeremia: Es sei Jahwe zwischen[795] uns ein wahrhaf-
tiger und zuverlässiger Zeuge, daß wir uns entsprechend jedem

790 Wir erinnern uns, daß Ägypten schon immer in Notzeiten für Israel eine merkwürdige Anziehungskraft besaß.
791 a. Lesart: Asarja.
792 w.: es möge unser Flehen vor deinem Angesicht niederfallen.
793 w.: das Wort o. die Sache.
794 w.: entsprechend euren Wegen.
795 Man kann auch übersetzen: »... Jahwe gegen uns ..., wenn wir nicht ganz so handeln ...«

Wort, das dir Jahwe, dein Gott, über uns schickt, verhalten wer-
6 den. * Möge es gut oder böse sein, (was Jahwe antwortet), auf die
Stimme Jahwes, unseres Gottes, zu dem wir dich senden, werden
wir hören, damit uns Heil widerfahre[796]. Ja, wir wollen auf die
Stimme Jahwes, unseres Gottes hören.
[b] 28,11.12 7 * Es war nach zehn Tagen, als das Wort Jahwes an Jeremia er-
[c] 1,10
[d] 41,17.18 8 ging[b]. * Da rief er Johanan, den Sohn Kareachs, herbei, und alle
Heerführer, die bei ihm waren, auch das ganze Volk, klein und
9 groß, * und sagte ihnen: So spricht Jahwe, der Gott Israels, zu dem
ihr mich geschickt habt, um vor ihm eure Anliegen vorzubrin-
10 gen[797]: * Wenn ihr ruhig in diesem Lande bleibt, dann will ich
euch aufbauen und reiße es nicht wieder ein. Ich will euch ein-
pflanzen und nicht ausreißen[c], denn mich gereut des Unheils, das
11 ich euch getan habe. * Fürchtet euch nicht vor dem König von Ba-
bel, vor dem ihr euch ängstigt[d]. Fürchtet euch nicht vor ihm – Aus-
spruch Jahwes –, denn ich bin mit euch, um euch zu retten und
12 euch seiner Hand zu entreißen. – * Ich will euch Erbarmen erwir-
ken, dann wird er sich euer (auch) erbarmen und wird euch wieder
auf eurem Heimatboden wohnen lassen. –
13 * Wenn ihr aber sagt: Wir wollen nicht in diesem Lande blei-
[e] 44,16.17 ben, so daß ihr nicht auf die Stimme Jahwes, eures Gottes, hört[e]
[f] 44,13.14.27 14 und sagt: * Nein, denn ins Land Ägypten wollen wir gehen, wo wir
keinen Krieg sehen und Trompetensignale nicht mehr hören,
nach Brot nicht mehr zu hungern brauchen; dort wollen wir blei-
15 ben, * nun, dann höre das Wort Jahwes, du Rest Judas: So spricht
Jahwe Zebaoth, der Gott Israels: Wenn ihr wirklich vorhabt[798],
nach Ägypten einzuwandern und euch dort anzusiedeln[799],
16 * dann wird euch dort das Schwert, vor dem ihr euch doch so sehr
fürchtet, treffen im Lande Ägypten. Ferner wird sich die Hun-
gersnot, vor der ihr so sehr Angst habt, in Ägypten an eure Fersen
17 heften[800], und ihr werdet dort sterben[f]. * Und alle Männer, die es
sich in ihren Sinn gesetzt haben, nach Ägypten einzuwandern, um
sich dort anzusiedeln[799], werden sterben durch Schwert, Hunger
und Pest, und unter ihnen wird keiner entrinnen und davonkom-
18 men vor dem Unheil, das ich über sie bringen werde. * Denn so
spricht Jahwe Zebaoth, der Gott Israels: Wie sich meine Zornes-
glut über die Bewohner Jerusalems ergossen hat, so wird sich
meine Zornesglut über euch ergießen, wenn ihr in Ägypten ein-

796 w.: es uns gut ergehe.
797 w.: um euer Flehen vor ihn fallen zu lassen.
798 w.: euer Angesicht gerichtet habt.
799 w.: als Fremdlinge hineinzugehen.
800 w.: ankleben.

wandert, und ihr werdet zum Fluch, zum Entsetzen, zur Verach-
tung und zur Schande werden, und ihr werdet diesen Ort nicht
mehr wiedersehen.
19 * Gesprochen hat Jahwe über euch, Rest Juda: Wandert nicht
nach Ägypten ein! Erkennt doch endlich, daß ich euch heute ge-
20 warnt habe! * Ihr führt euch selber in die Irre, denn ihr habt mich
zu Jahwe, eurem Gott, gesandt und gesagt: Betet für uns zu Jah-
we, unserem Gott, und so, wie es Jahwe, unser Gott, redet, ver-
21 kündige es uns weiter, und wir wollen danach handeln. * Und so
habe ich es euch heute kundgetan, aber ihr hört nicht auf die
Stimme Jahwes, eures Gottes, und darauf, womit er mich zu euch
22 gesandt hat. * Nun aber sollt ihr es wissen: durch Schwert, Hun-
ger und Pest sollt ihr sterben an dem Ort, wohin ihr vorhabt ein-
zuwandern, um euch dort anzusiedeln[799].
43,1 * Als Jeremia alle Worte Jahwes, ihres Gottes, die Jahwe, ihr
Gott, ihm an sie aufgetragen hatte, ihnen vollständig mitgeteilt
2 hatte, * da sagten Asarja, der Sohn Hoschajas, und Johanan, der
Sohn Kareachs, und alle widerspenstigen Männer zu Jeremia:
Lüge redest du! Jahwe, unser Gott, hat dich nicht gesandt, als du
sagtest: Geht nicht nach Ägypten, um euch dort anzusiedeln.
3 * Denn Baruch, der Sohn Nerijas, hetzt dich gegen uns auf, um uns
in die Hand der Chaldäer zu geben, die uns töten oder nach Babel
in die Gefangenschaft führen werden.
4 * So hörten also Johanan, der Sohn Kareachs, und alle Heer-
führer und das ganze Volk nicht auf die Stimme Jahwes und blie-
5 ben nicht im Lande Juda. * Da nahmen Johanan, der Sohn Kare-
achs, und alle Heerführer den ganzen Rest Judas, der schon zu-
rückgekehrt war und der sich schon im Lande Juda niederlassen
6 wollte, * und zwar die Männer, die Frauen – die Kleinkinder, die
Königstöchter und alle, die Nebusaradan, der Befehlshaber der
Leibwache bei Gedalja, dem Sohn Ahikams, des Sohnes Scha-
phans, gelassen hatte; ferner den Propheten Jeremia und Baruch,
7 den Sohn Nerijas. * Und sie kamen ins Land Ägypten; denn sie
hörten nicht auf die Stimme Jahwes und kamen nach Tachpan-
ches[g]. [g] 2,16
8 * Da erging das Wort Jahwes an Jeremia in Tachpanches fol-
9 gendermaßen: * Nimm große Steine in deine Hand und grabe sie
in den Boden ein in Ziegelform am Eingang des Hauses des Pha-
rao in Tachpanches vor den Augen der judäischen Männer.
10 * Sprich zu ihnen: So sagt Jahwe Zebaoth, der Gott Israels: Siehe,
ich lasse meinen Knecht, den König Nebukadnezar, von Babel
kommen, der wird seinen Thron auf diesen Steinen errichten, die

ich eingegraben habe[801], und er wird sein Thronzelt über ihnen
11 aufstellen. * Dann wird er kommen und das Land Ägypten schla-
gen. Was für den Tod bestimmt ist, soll dem Tode gehören, was
für die Gefangenschaft, der Gefangenschaft; was dem Schwert,
12 dem Schwert. * Und er wird an die Tempel der Götter Ägyptens
Feuer legen, sie verbrennen und (ihre Priester)[802] **gefangen weg-**
führen, und wird das Land Ägypten lausen, wie der Hirte sein
Gewand entlaust. Dann wird er von dort unbehelligt abziehen.
13 * Zerbrechen wird er die Obelisken des Sonnentempels, die im
Lande Ägypten sind, und die Götter-Tempel Ägyptens in Feuer
aufgehen lassen!

Überblick

In Kap. 42 ergeht erstmals seit der Katastrophe wieder ein Gotteswort an Jeremia (V. 7–18)[803], das sich in einen Zuspruch (V. 10–12) und eine Drohung (V. 13–18) gliedert. Vorbereitet wird dieses Wort durch ein Fürbitte-Begehren des Volkes (V. 1–6), wie es uns häufiger im Jeremia-Buch begegnet. Nach der Bestreitung des Gotteswortes durch das Volk folgt der Auszug nach Ägypten (43,4–7), wo in der ersten ägyptischen Stadt die Ankündigung eines Feldzuges Nebukadnezars gegen Ägypten erfolgt (V. 8–13), an die sich in Kap. 44 die letzten Worte Jeremias gegen sein Volk anschließen: das Gerichtshandeln an Ägypten ist verbunden mit dem Gericht Gottes an seinem Volk. Damit schließt die Geschichte Jeremias und seiner Botschaft ab.

42,1–6 Zunächst hat es den Anschein, daß es im Rest-Volk Juda doch noch zu einer inneren Umkehr und Besinnung kommt. Der übereilte Aufbruch Johanans wird in Frage gestellt. Wir stellen erfreut fest, daß die Katastrophe eine Bereitschaft bewirkt hat, Gott endlich Herr sein zu lassen: **»Es möge uns Jahwe, dein Gott, den Weg kundtun, den wir gehen, und das, was wir tun sollen.«** Nicht eine einzelne fromme Übung kann mehr helfen, sondern nur eine Generalumkehr. Endlich ist Juda soweit! Wir werden an den frühen Jeremia (Kap. 2ff) und seine damalige Verkündigung erinnert. Das Fürbitteamt des Propheten kann endlich wieder angetreten werden. Und Jeremia lehnt nicht ab; denn Gott gibt ihnen allen noch einmal eine Chance. Daß dies al-

[801] Die eingegrabenen Steine sollen das Fundament des Thronsessels Nebukadnezars symbolisieren.
[802] a. Ausl. denken an Götterstatuen, die wegen ihres Wertes nach Babel transportiert werden.
[803] Es ist sinnvoll, mit den meisten Auslegern 42,19–22 nach 43,1–3 zu lesen. Jener Abschnitt ist dann Jeremias eigener Kommentar nach der Reaktion des Volkes in 43,1–3 auf das Wort Jahwes.

les keine Gemütsbewegung des Augenblicks ist, erweist der Schwur des Volkes, den Gotteswillen zu tun (vgl. dazu Gottes Verheißung 4,2!).

Wir beachten, daß die Antwort Gottes erst nach zehn Tagen an Jeremia ergeht, V. 7. Gott ist kein automatischer Gebetsbeantworter. Für Jeremia bedeutet Gottes Hinhalten eine Zeit des Wachens, der ständigen Bereitschaft zum Hören[804]. »Wenn nun demgegenüber der Gottes-Knecht bei Deutero-Jesaja (= der Zweite Jesaja) – und er hat vornehmlich ein munus propheticum (= ein prophetisches Amt) – sagt, daß ihm Jahwe ›Morgen für Morgen das Ohr öffnet‹ (Jes 50,4), so geht das zweifellos noch einen entscheidenden Schritt auch über das hinaus, was selbst Jeremia von sich sagen konnte«[805]. Der kommende Gottesknecht, der sein Leben zum Sühnopfer für die Vielen gibt (Jes 53,10) kennt keine Zeit, da Gott nicht zu ihm spricht. Er ist – weil er mehr als ein Prophet ist – in einem ständigen Zwiegespräch mit Gott. In Jesus hat diese Verheißung ihre Erfüllung gefunden, denn er war in jedem Augenblick mit dem Willen seines himmlischen Vaters verbunden und mußte darum nicht erst tagelang auf ein Gotteswort warten. Jeremia aber ist einer, der noch ganz in der alten Propheten-Linie steht. – Die Antwort Gottes ist zunächst (V. 9–12) ganz positiv: das Bauen und Pflanzen soll wieder beginnen (vgl. 1,10; 40,10–12); Gott ist »umgekehrt« von seinen Gerichts-Gedanken. Allerdings – und hier werden sich die Geister im Volk geschieden haben – müssen sie es wagen, der Furcht vor den übermächtigen Chaldäern abzusagen, V. 11. Bußetun heißt auch, Gottes Herrsein über die Mächte der Welt anzuerkennen[806]. Sie sollen leben unter den Augen Gottes, wenn auch in unmittelbarer Nachbarschaft der mächtigen Chaldäer. Das wäre ein Leben allein auf die Zusage des Schutzes Gottes hin. Werden sie es wagen? **7–12**

Die Warnung folgt, nur ja nicht nach Ägypten zu entweichen. Die Flucht wäre ein Verleugnen des Glaubens an Gott. Von Gott beschützt werden kann aber nur der, der glaubt, gehorcht und der Furcht vor Menschen absagt. Nach dem Schwur ist es umso unbegreiflicher, daß (43,1ff) die Ablehnung der Gottesantwort erfolgt. Man sieht daraus, daß ein Gottesgericht als solches noch nicht die Herzen erweicht, sondern den Menschen im Grunde doch unverändert läßt. Der Aufstand gegen Gott ist noch nicht beendet. Das neue Herz (31,31ff) mit **13–18**

[804] Vgl. 28,11 und G. v. Rad, Theol. d. AT II, 1965⁴, 78.
[805] G. v. Rad, ebd.
[806] Daß der Glaube sich an Gottes unausforschlichen Geschichtsplan zu halten hat – Gott gibt die Weltherrschaft, wem er will – wird im Jeremia-Buch immer wieder gesagt (vgl. 18,1–9 u. a.).

dem freiwilligen Gehorsam ist noch nicht in Sicht. Die Buße hatte also trotz des guten Anfangs (V. 1–6) die Tiefen ihres Herzens noch nicht erreicht. Zwar haben die Judäer Jeremia gebeten, zu Gott zu flehen, aber eigentlich halten sie es doch nicht für möglich, daß Gott durch Menschen reden kann. Zur wahren Buße gehört auch, daß man Gottes legitimierten Boten glaubt.

43,1–13 In ihrer Verblendung sehen sie Jeremia unter den Einflüsterungen des Baruch, seines Sekretärs, stehen. Baruch muß also ganz anders gewesen sein, als er sich möglicherweise dem Bibelleser darstellt, und ein bestimmteres Auftreten als Jeremia gehabt haben. – Auf der Linie der vielen unbegreiflichen Reaktionen der Rest-Judäer seit der Zerstörung Jerusalems liegt, daß sie, nachdem sie doch entschlossen sind, nach Ägypten zu entweichen, Jeremia und Baruch mitnehmen. Müssen sie nicht damit rechnen, daß beide ihnen in der Fremde erst recht Mühe machen? Das menschliche Herz ist ein trotzig und verzagt Ding – wer mag es ergründen? – Der unbequeme Jeremia macht sich sogleich bemerkbar, als er auf ihrer ersten Station in Ägypten, in Tachpanches, sagt[807]: Nebukadnezar wird auch Ägypten heimsuchen, und sie selbst werden durch diese Invasion weiter dezimiert werden. Aber Jeremia sagt das als einer, der selbst betroffen ist von dem, was da kommen soll. Er sagt es nicht aus der Distanz, sondern als der, der bereit ist, den Weg des Ungehorsams seines Volkes weiter mitzugehen. Darin liegt die Tiefe seines Leidens – tiefer als alle Schläge und äußerliche Gefangenschaft –, das immer noch kein Ende hat. Er ist darin ein Vorläufer Jesu, der auch den Ungehorsamsweg seines Volkes kennenlernen mußte und in ihn hineingezogen wurde, der aber von Gott im Unterschied zu Jeremia die Vollmacht erhielt, aus diesem Mitleiden mit dem Gottesvolk heraus eine Erlösungstat zu tun. Dieses war Jeremia verwehrt.

Ein ergebnisloser Dienst geht zu Ende: 44,1–30

1 **Das Wort, das an Jeremia erging für alle Judäer, die im Lande**
Ägypten wohnten, die in Migdol, Tachpanches, Noph und im
2 **Lande Pathros[808] wohnten, lautet folgendermaßen: * So spricht**

[807] Die letzte Zeichenhandlung Jeremias! Das »Haus des Pharao in Tachpanches« ist wohl nicht dessen Haupt-Residenz, sondern nur ein königliches Verwaltungsgebäude.

[808] Bis auf Pathros (Oberägypten) alles Orte an der Grenze zu Palästina hin.

Jahwe Zebaoth, der Gott Israels: Ihr habt all das Unheil gesehen,
welches ich über Jerusalem und über alle Städte Judas gebracht
habe. Siehe, sie sind heute verwüstet, und niemand wohnt in ih-
3 nen * wegen ihrer Bosheit, die sie ausübten, um mich zu erzürnen,
indem sie hingingen, andern Göttern Rauchopfer zu bringen und
4 zu dienen, die weder ihr noch eure Väter kannten. * Ich sandte zu
ihnen unermüdlich alle meine Knechte, die Propheten[a], die sag-
5 ten: Tut doch nicht diese Scheußlichkeiten, die ich hasse! * Aber
sie hörten nicht und neigten ihre Ohrn nicht und kehrten nicht von
ihrer Bosheit um und hörten nicht auf, anderen Göttern Rauchop-
6 fer zu bringen. * Da ergoß sich meine Zornesglut über sie und ent-
brannte in den Städten Judas und auf den Gassen Jerusalems, die
zur Wüste und zur Trümmerstätte wurden, was sie heute noch
7 sind. * Nun aber spricht Jahwe, der Gott Zebaoth, der Gott Isra-
els: Warum tut ihr euch selbst so großes Unheil an, daß ihr euch,
Mann und Frau, Kind und Säugling, mitten aus Juda ausrottet,
8 ohne euch einen Rest übrig zu lassen? * Denn ihr reizt mich zum
Zorn durch die Taten eurer Hände, indem ihr anderen Göttern
Rauchopfer darbringt im Lande Ägypten, wohin ihr ausgewan-
dert seid, um euch dort anzusiedeln. Ihr rottet euch selbst aus[b]! –
Ihr macht euch selbst zum Fluch, zur Schande und zur Schmach
9 unter allen Völkern der Erde. * Habt ihr die bösen Taten eurer
Väter vergessen und die der Könige Judas und die ihrer Frauen
und eure eigenen Übeltaten und die eurer Frauen, die sie im
10 Lande Juda und auf den Gassen Jerusalems verübten? * Doch
sind sie bis zu diesem Tag nicht in sich gegangen, fürchten sich
nicht und wandeln nicht nach meiner Weisung und nach meinen
Satzungen[c], die ich vor eurer und euer Väter Angesicht gestellt
habe[809].
11 * Darum spricht Jahwe Zebaoth, der Gott Israels: Siehe, ich
richte mein Angesicht gegen euch zum Unheil, um ganz Juda aus-
12 zurotten. * Ich werde den Rest Judas (weg-)nehmen, der sich vor-
genommen hatte, ins Land Ägypten einzuwandern, um sich dort
anzusiedeln. Es soll mit ihnen zu Ende gehen im Lande Ägypten.
Sie sollen fallen durch Schwert und Hungersnot. Sie sollen um-
kommen vom Kleinsten bis zum Größten, durch Schwert und
Hunger sollen sie sterben. Sie sollen zum Fluch, zum Entsetzen,
13 zur Verwünschung und zur Schande werden. * Ich will heimsu-
chen die, die sich im Lande Ägypten niedergelassen haben, wie
ich Jerusalem heimgesucht habe durch Schwert, Hungersnot und
14 Pest. * Für den Rest Judas, der nach Ägypten einwanderte, um

[a] 7,25
[b] 25,6.7 42,18 Jes 3,8
[c] 26,4

809 o.: welche ich euch zur Pflicht gemacht habe.

sich dort anzusiedeln, wird es keinen Flüchtling und Entronnenen
geben, der ins Land Juda zurückkehrt, wohin zurückzukehren
und dort zu bleiben, sie große Sehnsucht haben[810]. Sie sollen nicht
heimkehren – außer (einigen wenigen) Entronnenen! –
15 * Da antworteten dem Jeremia alle Männer, die wußten, daß
ihre Frauen anderen Göttern Rauchopfer darbrachten[d], und alle
Frauen, die in einer großen Versammlung (beisammen) standen –
also das ganze Volk, das sich in Ägypten und in Pathros aufhielt –
16 und sagten: * Dem Wort, das du zu uns im Namen Jahwes geredet
17 hast, und dir selbst werden wir keineswegs gehorchen. * Wir wollen hingegen alles[811] tun, was wir uns vorgenommen haben[812],
nämlich der Himmelskönigin Rauchopfer darbringen und ihr
Trankopfer ausgießen, wie wir, unsere Väter, unsere Könige, und
unsere Oberen in den Städten Judas und auf den Gassen Jerusalems getan haben. Damals konnten wir uns an Brot sättigen[e], es
18 ging uns gut, und Unglück sahen wir nicht. * Doch von da an, da
wir aufhörten, der Himmelskönigin Rauchopfer darzubringen
und ihr Trankopfer auszugießen, mangelte es uns an allem, und
19 durch Schwert und Hunger gingen wir zugrunde. * Wenn wir aber
der Himmelskönigin wieder Rauchopfer darbringen und ihr
Trankopfer ausgießen – backen wir denn ohne Zustimmung unserer Männer ihr Opferkuchen und (drücken) ihr Bild darauf und
gießen ihr Trankopfer aus?
20 * Jeremia antwortete dem ganzen Volk, den Männern und
21 Frauen – dem ganzen Volk, das ihm dies gesagt hatte – so: * Sind
es nicht die Rauchopfer gewesen, die ihr darbrachtet in den Städten Judas und auf den Gassen Jerusalems, ihr, eure Väter, eure
Könige, eure Oberen und das Landvolk, deren sich Jahwe erinnert und die er sich gemerkt hat[813]? * Da konnte es Jahwe nicht
länger ertragen wegen der Bosheit eurer Taten, wegen der
Scheußlichkeiten, die ihr getan habt. Darum wurde euer Land zur
Wüstenei, zur Einöde, zum Fluch-(wort), wo niemand wohnt, wie
23 es heute offenbar ist. * Weil ihr Rauchopfer dargebracht habt,
weil ihr gesündigt habt gegen Jahwe, weil ihr nicht auf die
Stimme Jahwes gehört habt, auf seine Weisung, und nach seinen
Satzungen und Zeugnissen nicht gewandelt seid, darum ist euch
dieses Unheil, wie es heute am Tag liegt, zugestoßen.
24 * Jeremia sagte zum ganzen Volk, (insbesondere) zu allen Frau-

[d] 7,18
Neh 13,26
[e] Hos 2,7

[810] w.: wohin sie ihre Seelen tragen.
[811] w.: das ganze Wort.
[812] w.: was aus unserem Munde gekommen ist.
[813] w.: was zu seinem Herzen aufgestiegen ist.

25 en: Hört das Wort Jahwes, ganz Juda, das im Lande Ägypten ist! *
So spricht Jahwe Zebaoth, der Gott Israels: Ihr und eure Frauen
habt es mit eurem Munde gesagt, und durch eure Hände führt ihr
es auch aus: Wir wollen unsere Gelübde, die wir gelobt haben –
nämlich der Himmelskönigin Rauchopfer darzubringen und ihr
Trankopfer auszugießen –, ganz bestimmt halten. Haltet nur eure
26 Gelübde gewissenhaft und führt sie wirklich aus! * Hört aber
auch das Wort Jahwes, ganz Juda, die ihr euch im Lande Ägypten
aufhaltet. Siehe, ich schwöre bei meinem großen Namen – sagt
Jahwe –, mein Name soll nicht noch einmal durch den Mund eines
judäischen Mannes genannt werden im ganzen Lande Ägypten:
27 So wahr Jahwe lebt! * Siehe, ich wache über euch, Unheil und
nicht um Gutes (zu tun). Es wird jedermann aus Juda, der im
Lande Ägypten ist, umkommen, durch Schwert und Hunger, bis
28 daß es ganz mit ihnen aus ist. – * Doch die dem Schwert entrinnen,
werden aus dem Lande Ägypten umkehren in das Land Juda, und
zwar nur ganz wenige[814]. Dann wird der ganze Rest Judas erkennen – der ins Land Ägypten einwanderte, um sich dort anzusie-
29 deln –, wessen Wort Bestand hat, meines oder ihres! * Und dies sei
euch das Zeichen – Ausspruch Jahwes –, daß ich euch (zum Gericht) heimsuche, an diesem Ort, damit ihr erkennt, daß meine
30 Unheilsworte gegen euch Wirklichkeit werden. * So spricht Jahwe: Siehe, ich gebe den Pharao Hophra, den König von Ägypten,
in die Hand seiner Feinde[f] und in die Hand derer, die ihm nach
dem Leben trachten, wie ich den Zedekia, den König von Juda, in
die Hand Nebukadnezars, des Königs von Babel, seines Feindes,
der ihm nach dem Leben trachtete, gegeben habe.

[f] 46,25.26 Hes 29,3.4

Überblick

Nach der Anklage (V. 1–10), die einen Rückblick auf die Sünde der Väter enthält (V. 1–6), ergeht die Gerichtsankündigung (V. 11–14). Nach einer Bestreitung durch das Volk (V. 15–19) wiederholt Jeremia mit seinen Worten noch einmal die Gerichtsankündigung Gottes (V. 20–23)[815]; anschließend ergeht noch einmal eine Gottesrede gegen die Frauen (V. 24.25), sowie gegen alle Judäer (V. 26–30). Zum Erweis der Wahrheit dieser Ankündigung – nicht als Ausdruck der göttlichen Barmherzigkeit! – enthält der letzte Abschnitt eine Verhei-

[814] w.: gemessen an der Zahl.
[815] Die Verbindung von Gottesspruch und seiner Zusammenfassung durch den Propheten aufgrund einer Bestreitung hatten wir schon in 42,7–43,3 gefunden. Ebenso wie dort 43,8–13 wieder mit einer Gottesrede fortgesetzt wird, so auch hier.

ßung für einen kleinen Rest, der nach Juda zurückkehrt. Mit dem abschließenden V. 30 (Gerichtsankündigung gegen den Pharao Hophra) wird wieder auf 43,8–13 zurückgelenkt.

1–10 Der Dienst Jeremias neigt sich seinem Ende zu, oder besser: er bricht einfach ab. Wir haben keine Notiz über das, was wir Erfolg nennen. Erst recht keine Notiz über Jeremias persönliches Schicksal, nicht einmal über seinen Tod. Man wagt es kaum, aber man muß bei diesem Gottesmann Jeremia das Wort aus Psalm 1 über die Gottlosen zitieren: ». . . aber der Gottlosen Weg vergeht.« Und das gilt hier von dem Weg Jeremias! Von keinem anderen alttestamentlichen Propheten erfahren wir so viel Persönliches wie von Jeremia. Darum sind wir gespannt, auch über seinen Lebensausgang etwas Genaueres zu erfahren, aber dies wird uns verwehrt. – Wie kann man die Gedanken über solch einen treuen Gottesdiener anders ertragen als im Vorblick auf das Sterben des Gottessohnes auf Golgatha, dessen Leben sich auch in der Gottesferne und der Gottesfinsternis verlor? Von daher dürfen wir über Jeremia sagen: das Ende Jeremias ist aufgehoben in dem Ende Jesu Christi am Kreuz! Und die Rechtfertigung Jeremias vor seinem Volk ist verborgen und verbürgt in der Auferweckung Jesu Christi von den Toten, denn Jesus ist, wie Paulus sagt, um unserer Rechtfertigung willen auferweckt worden. Wenn Christus sich in seiner Wiederkunft offenbaren wird, wird auch Jeremia vor seinem Volk offenbar werden (vgl. Kol 3,4). – Diese Gewißheit hat natürlich Jeremia in seinem Bewußtsein nicht gehabt. Was von Abraham im Neuen Testament gesagt wird, der den Tag Jesu Christi herbeisehnte (Jo 8,56) und das neue Jerusalem erwartete (Hebr 11,10), darf man auch von Jeremia sagen. Sein Leben mußte unvollendet bleiben, damit es in Christus vollendet werden konnte. –

11–19 Rest-Juda hat sich also in Ägypten fest angesiedelt, obwohl Gott es durch Jeremia hat warnen lassen. Es sind gleich mehrere Orte, die sie besiedelt haben. Offenbar sind schon vor der Flucht nach dem Gedalja-Mord etliche Familien in Ägypten gewesen. Rest-Juda ist innerlich unverändert. Das Gericht über Jerusalem hat nichts bewirkt. Der alte Räucher-Götzendienst, der sich schon in der Heimat eingebürgert hatte[816], blüht in der Fremde wieder auf, nicht einfach aus Trotz Gott gegenüber, sondern aus ganz praktischen und nüchternen Überlegungen (V. 17): **»Damals konnten wir uns an Brot sättigen, es ging uns gut, und Unglück sahen wir nicht.«** Und in V. 18 heißt es: **»Doch von da an, da wir aufhörten, der Himmelskönigin Rauchopfer darzubringen und ihr Trankopfer auszugießen, mangelte es uns an allem.«**

[816] Besonders in der Zeit des judäischen Königs Manasse.

Sie meinen also, daß dieser Götzendienst für ihr Wohlergehen unbedingt erforderlich sei. Sie mögen damit gar nicht allzusehr Unrecht gehabt haben, denn wie es den Gottlosen gutgehen kann (Ps 73), so auch den Götzendienern[817].

Aber Jeremia muß solchen berechnenden Leuten das Gericht Gottes verkündigen. Hierbei gibt es noch einen besonderen Zug, der alles äußere Unheil übertrifft, V. 26f: **»mein Name soll nicht noch einmal durch den Mund eines judäischen Mannes genannt werden im ganzen Lande Ägypten.«** – »Gott selbst zerschneidet das Band, indem er ihnen seinen Namen entzieht und sie in ihrer Gottentfremdung in Ägypten umkommen läßt« (Weiser, ATD, z. St.). Zu beachten ist, daß dieser Götzendienst von den Frauen ausgeübt wird, V. 15.25 (vgl. die Paradies-Erzählung, wo auch die Frau den Mann zur Sünde und zum Ungehorsam verleitet!). Das Kuchenbacken macht eben Spaß, und es bietet sich bei diesem Kult richtig an, Volksfeste zu feiern. Es ist eine liebliche Frömmigkeit – während Jahwe-Gott von ihnen Gehorsam verlangt. **20–30**

Gibt es keine Hoffnung mehr? Wir stellten schon mehrmals fest, daß die, die durch das Gericht hindurchgegangen sind, dennoch nicht durch eine radikale Buße zur Umkehr finden. – Zu unserer Überraschung lesen wir in V. 14.28, daß der Rest Judas noch einmal dezimiert wird, und daß es dann einige Flüchtlinge geben wird, die doch noch nach Juda zurückkehren. Was für Menschen sind das? Sind das Gläubige? Davon lesen wir hier nichts. Und warum dürfen sie überhaupt nach Hause? Allein, weil Gott es so will und: **»Dann wird der ganze Rest Judas erkennen . . ., wessen Wort Bestand hat, ihres oder meines!«** Nicht, weil sie eine gründliche Buße vollzogen hätten. Wir stehen hier vor dem Geheimnis des Erwählens Gottes, der Menschen überleben läßt, um seinem Herren-Wort Gültigkeit auf Erden zu verschaffen[818]. **14,28**

Der Lohn für einen Treuen: 45,1–5[a]

[a] 39,15–18

1 **Das Wort, das der Prophet Jeremia zu Baruch, dem Sohn Nerijas,**
sagte, als er in ein Buch diese Worte aus dem Munde Jeremias
2 **schrieb im vierten Jahr Jojakims, des Königs von Juda. * So spricht**

[817] Allerdings ist dieser Nutzen vordergründig; in Krisenzeiten helfen die Götzen doch nicht (vgl. die Verkündigung des frühen Jeremias, z. B. 2,28).

[818] Ähnliche Formulierungen (»Ihr werdet erkennen, daß ich Jahwe bin«), die Gottes uneingeschränkte Souveränität zum Thema haben, sind ein hervorstechendes Merkmal des Propheten Hesekiel.

3 **Jahwe, der Gott Israels, über dich, Baruch: * Du hast gesagt: Weh mir! denn Jahwe fügt Kummer zu meinem Schmerz hinzu. Ich bin müde geworden von meinem Seufzen, und Ruhe finde ich nicht[b].**
4 *** Sage zu ihm: So spricht Jahwe: Siehe, was ich gebaut habe, reiße**
5 **ich aus[c] – die ganze Erde betrifft das. * Und da suchst du für dich Großes? Suche es nicht, denn siehe, ich führe Unheil über alles Fleisch herbei[d] – Ausspruch Jahwes –, aber dir gebe ich dein Leben als Beute an allen Orten, wohin du gehst.**

[b] 15,20
[c] 1,10
[d] 25,26–29

1–5 Baruch schließt die Leidensgeschichte Jeremias, die irgendwo im Dunkel verläuft, mit einer persönlichen Notiz ab. In dem gleichen Jahr, da er die Schriftrolle verfaßte, die vor dem König Jojakim verlesen und von diesem dann verbrannt wurde, bekennt auch Baruch seinen Schmerz. Es fällt auf, wie sehr seine Worte denen Jeremias gleichen. Bei seinem Meister Jeremia, dessen Konfessionen er aufschrieb, hat er das Klagen gelernt. Ebenso wie Jeremia in einer harten Schule Gottes steht (vgl. 15,19), muß auch Baruch lernen, daß der Gott Jeremias Diener braucht, die sich verflechten lassen mit seinem Gerichtshandeln an der gefallenen Welt. Rettung gibt es darin nur wie im letzten Augenblick: **»... aber dir gebe ich dein Leben als Beute«**, neutestamentlich: »Laß dir an meiner Gnade genügen!«

Wir erkennen daraus, daß Baruch nicht einfach ein Schreibgehilfe war, der nur aufschrieb, was Jeremia ihm vorsagte, sondern er war ein im höchsten Maße Beteiligter an der Verkündigung Jeremias. Von daher ist ihm auch mancher Eigenbeitrag an der Abfassung des Jeremia-Buches zuzutrauen. Er war der »zweite Mann«, den Jeremia in seinem Leiden als Genossen hatte. Keinen einsamen Posten im Reiche Gottes gibt es, ohne wenigstens einen Baruch. Ist Jeremia selbst ganz von dem Gericht Gottes an seinem Volk mitbetroffen, so auch Baruch: **»Und da suchst du für dich Großes?«** – Allerdings darf Baruch, wie schon Ebed-Melech, sein Leben als Beute davontragen, seine nackte Existenz retten – wenig genug. Jeremia allerdings hat solch eine Zusage von Gott nie erhalten.

DER SINN DER VÖLKERSPRÜCHE IM JEREMIA-BUCH: 46–51

1. Schon seit dem Tag der Berufung zum Propheten waren die Völker gemäß dem Auftrag Gottes neben Juda (und dann auch Israel) Adressaten der Verkündigung Jeremias. Allerdings finden wir im ersten Teil (Kap. 1–24) des Propheten-Buches nur sehr verstreut Worte, die die fremden Völker zum Thema haben. W. Möller[819] nennt folgende Texte, die ein Wort Jeremias an die Völker enthalten: 4,2; 9,25; 10,25; 12,14–17; 16,19–21. Er sieht in diesen Texten »Brükken-Pfeiler, die den Bogen stützen, der von Kapitel 1 zu Kapitel 25 führt«[820], und meint, daß diese Stellen »Jeremias besonderen Auftrag als Völker-Prophet charakterisieren gegenüber den früheren Propheten. In Gericht und Heil werden die Völker Israel gleichgestellt, und was Jeremia seinem Volk predigt, gilt mutatis mutandis (= unter wechselndem Vorzeichen) auch für die Völker.« 18,1ff (Jeremia in der Töpferwerkstatt) können wir gewissermaßen als eine Grundsatzerklärung zum Verhältnis Israel zur Völkerwelt ansehen. Juda-Israel und die Völker sind dem Gericht und der Gnade Gottes in gleicher Weise unterworfen. Erst als die Gefangenschaft in Babel in der ersten Wegführung Wirklichkeit zu werden beginnt und Gottes Herrschaft über die Mächte der Erde immer offensichtlicher wird (weil sie seine Gerichtswerkzeuge sind), beginnt die Verkündigung Jeremias an die Völker zu einem ausführlichen Thema zu werden: Kap. 25. Der Anfang dieses Kapitels wendet sich noch einmal wie in einer Zusammenfassung der bisherigen Verkündigung Jeremias an Juda.

2. Bei welcher Gelegenheit sind im Alten Testament Worte gegen außerisraelitische Völker formuliert worden? Nach G. v. Rad[821] hätten wir auszugehen von der Fürbitte für Israel, wie sie bei Notständen von den Propheten geübt wurden: »Es könnte auch sein, daß bei solchen Gelegenheiten von ihm Völker-Orakel verkündet und Fluchworte gegen bestimmte Feinde ausgerufen wurden.« – Ähnliches finden wir in vielen Psalmen, wo neben der Bitte und der Fürbitte auch der Rachewunsch gegen die Feinde laut wird. Danach hätten die Völkersprüche ihren ursprünglichen »Sitz im Leben« im Gebet! Erstaunlich wären dann nur die unvermutet auftretenden kurzen Heilsankündigungen in den Völkersprüchen Jeremias. – Zu erwägen ist auch, ob der Befehl zum Angriff gegen den von außen herandrängenden

[819] Grundriß für alttestamentliche Einleitung, Berlin 1958, S. 194.
[820] Und von dort zu den Kap. 46–51.
[821] Theol. d. AT II, 1965[4], 59f.

Feind (z.B. 1Kö 20,13f) vielleicht verbunden war mit der voraufgehenden Verfluchung der Feinde im Rahmen der Fürbitte für Israels Heer. Propheten haben nämlich als »Berater« bei den Kriegen Israels mitgewirkt. Wenn auch nicht anzunehmen ist, daß Jeremia bei den Feldzügen der judäischen Könige seiner Zeit mitwirkte, so wird er doch diese prophetische Aufgabe gekannt haben[822].

3. Das Versagen Israels stößt dieses besondere Volk wieder in die Völkerwelt zurück. Das wird von dem Propheten Amos besonders klar ausgesprochen. Die Vorzugsstellung Israels vor allen Völkern hat nicht im Gefolge, daß es im Gericht verschont wird, sondern – wenn Gott sich aufmacht, die Völker zu richten (Am 1,1–2,3) – umso härter das Gericht erfahren muß: »Euch allein habe ich mir aus allen Geschlechtern des Erdbodens erwählt; darum will ich euch für alle eure Verschuldungen büßen lassen«, Am 3,2[823].

Was bei Amos, dem ältesten Schriftpropheten, begann, ist bei seinen großen Nachfolgern fortgeführt worden: Die Sprüche gegen die Völker umfassen dort viele Kapitel (Jes 13–23; Hes 25–32). Darum hat es seinen Grund, warum die Völkersprüche im Jeremia-Buch an den Schluß des Baruch-Berichtes über den Untergang Jerusalems gerückt worden sind[824]. Es soll deutlich werden, daß da, wo Gott sein Volk richtet, die anderen Völker nicht straflos ausgehen können, vgl. 1Petr 4,17: »Denn es ist Zeit, daß anfange das Gericht an dem Hause Gottes. Wenn aber zuerst an uns, was will's für ein Ende nehmen mit denen, die dem Evangelium Gottes nicht glauben?«

4. In starkem Kontrast dazu – aber gerade so Ausdruck für Gottes unbegreifliches Erbarmen – stehen die Ankündigungen des zukünftigen Heils für das Volk Gottes und die Völker jenseits des Gerichtes: 46,26b für Ägypten; 48,47 für die Moabiter; 49,6 für die Ammoniter; 49,39 für die Elamiter. – Wir werden an das Paulus-Wort erinnert: »Denn Gott hat alle (Israeliten und die Völker) verschlossen unter den Unglauben, auf daß er sich aller erbarme« (Rö 11,32).

[822] So auch W. Zimmerli, Bibl. Komm. XIII/2 (Ezechiel), 581: »(Es ist möglich), daß auch in Israel die rituell geordnete Verfluchung oder prophetische Bedrohung der Feinde neben den aktuellen prophetischen Aussagen im Zusammenhang eines Kampfes selber ihren festen gottesdienstlichen Ort haben könnte ... Daneben aber hat sich dann das Drohwort gegen den einzelnen Feind ganz offensichtlich auch aus dem Gesamten einer gottesdienstlichen Szene lösen und formal verselbständigen können.«

[823] Vgl. H. W. Wolff, Bibl. Komm. XIV/2, 128f: »Die überraschendste Konsequenz ist also die Gleichstellung der Völker mit Israel und Israels mit den Völkern; die Völker stehen wie Israel unter Jahwes Urteil und Jahwes Führung.« – Die Sendung der Jünger im Neuen Testament zu den Völkern ist hier gleichsam negativ vorgebildet: »Indem Amos mit seiner Gerichtsbotschaft Israel unter die Völker zurückstößt, erscheint Pfingsten im Negativ. Der Zaun zwischen dem Gottesvolk und den Weltvölkern wird schon abgebrochen« (ebd.).

[824] In der alten griech. Übers., der Septuaginta, stehen sie im Anschluß an Kap. 25.

5. Schon in 25,1–13a finden wir eine Zweiteilung des Gerichtes über die Völker. Zum einen heißt es in V. 9: ». . . deshalb hole ich jetzt sämtliche Völkerschaften des Nordens herbei . . . und führe sie heran gegen dieses Land und gegen seine Bewohner *und gegen die Völker ringsum.«* Die Völker ringsum sind: die Ägypter (46,2ff), Philister (47,1ff), die Moabiter (48,1ff), Ammoniter (49,1ff), die Edomiter (49,7ff), Syrer und Araber (49,23ff), die Elamiter (49,34ff)[825]. Dann heißt es weiter in 25,12: »Aber wenn die siebzig Jahre vorüber sind, *werde ich den König von Babel und dieses Volk heimsuchen,* spricht Jahwe, wegen ihrer Sünde und das Land der Chaldäer und werde ewige Wüsten daraus machen.« Es ist also zu unterscheiden zwischen dem Gericht Gottes an den unmittelbaren Nachbarn Israels und an Babylon, dem Gerichtswerkzeug Gottes. Schon äußerlich merkt man die Zweiteilung daran, daß die Worte gegen Babylon viel mehr Raum einnehmen, ganze zwei Kapitel, 50 und 51[826].

6. Die Anklagen gegen die Völker heben deren Sinnlosigkeit, Selbstgefälligkeit und den daraus erwachsende Hochmut hervor. Dieser Hochmut gipfelt z.B. bei den Moabitern in einem Großtun
– gegen Gott: ». . . denn es wollte gegen Jahwe großtun« (48,26);
– gegen Israel: »Oder war dir nicht Israel zum Gespött?« (48,27).

Das Großtun gegen Gott und sein Volk gehen zusammen, und darum geht Gott dagegen vor. Gott sollte durch das Gehabe der Völker in seiner Herrlichkeit eingeschränkt werden, darum muß er sich aufmachen zum Gericht. Gott hat sich so sehr mit seinem Volk eins gemacht, daß er um der Rechtfertigung seines heiligen Namens willen auch sein Volk rechtfertigt, d.h. den Feinden den Garaus macht. – Bei den Vergehen der sieben kleineren Völker handelt es sich um Geschehnisse aus der ganzen Königszeit, die jetzt, da sich Nebukadnezar den syrisch-palästinischen Raum unterwirft, vergolten werden.

7. Die wichtigsten Aussagen über Babylon im Zusammenhang des Gerichtshandelns Gottes lauten 51,20: »Ein Hammer bist du für mich gewesen, ein Werkzeug für den Krieg«, und 51,7: »Ein goldener Becher war Babel in der Hand Jahwes, der die ganze Erde berauschte. Von seinem Weine haben die Völker getrunken, bis sie rasend wurden.« Die Schuld Babylons bestand darin, daß es nicht Werkzeug bleiben wollte. Es übte eigenmächtig die Herrschaft aus und war sich nicht klar darüber, daß es von Gott beauftragt war. Denn darin liegt das Verwerfliche solcher menschlichen Werkzeuge, die Gott nicht

825 »Die sieben Völker repräsentieren die Völkerwelt, die Jahwe in die Hand des Königs von Babel gegeben hat« (W. Zimmerli, Bibl. Komm. XIII/2, Ezechiel, 580).

826 Vgl. auch die Notiz in 51,60: »Jeremia hatte all das Unheil, das über Babel kommen sollte, *in ein einziges Buch* geschrieben . . .«

kennen: Weil sie kein persönliches Verhältnis zu Gott haben, kommt die Stunde, wo sie nicht länger einsehen, diesem Gott zu gehorchen. Sie haben sich allzusehr an die Macht gewöhnt und üben sie nun in eigener Regie aus, z.B. 50,24c: »Denn gegen Jahwe hast du dich in den Kampf eingelassen«; 50,29d: »Denn frech war es gegen Jahwe, gegen den Heiligen Israels.« – Hier beginnt die Unheilsgeschichte Babylons. Es wird immer mehr zur Symbol-Figur für die anti-göttliche Macht schlechthin. Ursprünglich von Gott zur Durchführung eines begrenzten Gerichtes berufen, läßt es alle Schranken hinter sich und streitet gegen Gott und sein Volk. So wird in der Offenbarung des Johannes Babylon als die große Hure gesehen (Kap. 17 und 18), bis der wiederkommende Christus ihrer Macht ein Ende bereitet (Kap. 19).

Gegen Ägypten: 46,1–28

[a] Jes 19,1–15 Hes 29; 30

1 **Das Wort Jahwes an den Propheten Jeremia über die Völker[827]:**
2 *** Über Ägypten[a], über die Streitmacht des Pharao Necho, des Kö-**
nigs von Ägypten, die am Fluß Euphrat bei Karkemisch stand, die
Nebukadnezar, der König von Babel, im vierten Jahr des judä-
3 **ischen Königs Jojakim, des Sohnes des Josia, schlug: * Stellt euch**
in Schlachtreihen auf mit Klein- und Großschild und tretet zum
4 **Kampf an! * Sattelt die Pferde und steigt auf, ihr Reiter! Stellt**
euch auf mit Helmen, macht scharf die Lanzen, legt euch die Pan-
zer an. –
5 *** Warum sehe ich sie verzagt und zurückweichen, und ihre Hel-**
den werden geschlagen, fliehen kopflos und wenden sich nicht
6 **einmal mehr um! – Entsetzen ringsum – Ausspruch Jahwes. * Der**
Schnelle kann nicht fliehen, nicht entkommen der Starke. Im Nor-
den, am Ufer des Flusses Euphrat, sind sie gestrauchelt und gefal-
len.
7 *** Wer war es, der wie der Nil emporstieg, dessen Wasser wie**
8 **Ströme wogten? * Ägypten steigt hoch wie der Nil, und das Wasser**
tost wie Ströme und spricht: Ich will hochsteigen und die Erde be-
9 **decken, will vernichten die Stadt und Bewohner in ihr. * Steigt**
herauf, ihr Rosse, und rast daher, ihr Streitwagen: die Starken
sollen ausrücken, Kuschiter und Putäer, die den Schild ergreifen,
und Luditer, die den Bogen ergreifen und spannen.
10 *** Dieser Tag gehört dem Herrn Jahwe Zebaoth, ein Tag der Ra-**
che, sich zu rächen an seinen Bedrängern; da frißt das Schwert,

[827] V. 1 ist Überschrift für alle Völkersprüche.

wird satt und wird trunken an ihrem Blut. Denn ein Schlachtopfer
für den Herrn Jahwe (ist die Feldschlacht) im Lande des Nordens
am Flusse Euphrat.
11 * Steig auf, Gilead, nimm Mastix-Harz, du Jungfrau, Tochter
Ägypten. Vergeblich vermehrst du die Heilmittel; aufwärts geht
12 es nicht mehr mit dir. * Die Völker hören deine Stimme, dein
Schreien erfüllt die Erde, denn ein Starker nach dem anderen
strandet, zusammen fallen alle beide.
13 * Das Wort, das Jahwe zum Propheten Jeremia redete, als Ne-
bukadnezar, der König von Babel, kam, um das Land Ägypten zu
14 schlagen[b]: * Meldet es in Ägypten und tut es kund in Migdol, fer- [b] 42,15–22 43,8–13
ner laßt es hören in Noph und Tachpanches: Stelle dich auf und
mache dich bereit; denn das Schwert frißt schon in deiner Umge-
15 bung. * Warum liegt dein Starker[828] am Boden und bleibt nicht
16 stehen? Jahwe hat ihn zu Boden geworfen! * Er hat viele strau-
cheln lassen. Einer fällt über den anderen, und sie sagen: Auf,
laßt uns zurückkehren zu unserem Volk, in das Land unserer Ge-
17 burt vor dem würgenden Schwert. * Nennt den Namen des Pha-
rao, des Königs von Ägypten: »Getöse, das den richtigen Zeit-
18 punkt verpaßt hat«[829]. * So wahr ich lebe – Ausspruch des Königs,
Jahwe Zebaoth ist sein Name: Wie der Tabor unter den Bergen
und wie der Karmel am Meer, so wird er heranziehen.
19 * Mache dein Gepäck fertig, du Einwohnerschaft, Tochter
Ägyptens; denn Noph wird zur Einöde, ausgebrannt, ohne Be-
20 wohner. * Eine prächtige junge Kuh war Ägypten, aber eine
21 Bremse kommt aus dem Norden geflogen. * Seine Söldner in ihrer
Mitte sind wie gemästete Kälber. Aber auch sie wenden sich um
und fliehen alle miteinander: sie bleiben nicht stehen. Der Tag ih-
res Unglücks ist über sie gekommen, die Zeit ihrer Heimsuchung.
22 * Ihr Geräusch ist wie wenn eine Schlange raschelt, wenn sie mit
23 der Streitmacht daherkommen. * Mit Äxten kommen sie über es
wie Holzfäller. Sie fällen seinen Wald – Ausspruch Jahwes –, der
undurchdringlich ist[830]. Zahlreicher als Heuschrecken sind sie,
24 ihre Zahl ist nicht zu zählen. – * Zuschanden geworden ist die
Tochter Ägyptens, übergeben der Gewalt des Nord-Volkes.
25 * Es spricht Jahwe Zebaoth, der Gott Israels: Siehe, ich suche

[828] Gemeint ist vielleicht ein göttlich verehrtes Stierbild.

[829] Gemeint ist Hophra, Pharao Nechos Nachfolger, der meinte, Nebukadnezar die Stirn bieten zu können. Zedekia fiel auf sein Großtun (»Getöse«) herein, denn die Chaldäer unterbrachen die Belagerung Jerusalems und wurden mit Hophra schnell fertig (vgl. 34; 37,3ff). V. 18 meint diesen Sieg über Hophra (»er« = Nebukadnezar).

[830] a. hebr. Handschriften haben: Sie (die Feinde, die Chaldäer) sind unermeßlich (an Zahl).

den Amon von No[831] heim (zum Gericht), **den Pharao und Ägyp-**
ten mit seinen Göttern und Königen – ja den Pharao und die, die
26 **sich auf ihn verlassen! * Ich übergebe sie der Gewalt Nebukadne-**
zars, des Königs von Babel, und der Gewalt seiner Untergebenen.
– Danach aber soll es wieder bewohnt werden wie vorzeiten –
Ausspruch Jahwes.
27 *** Du aber, fürchte dich nicht, mein Knecht Jakob; entsetze dich**
nicht, Israel. Siehe, ich rette dich von weit her und deine Nach-
kommen aus dem Land ihrer Gefangenschaft. Jakob wird heim-
kehren[832], Ruhe haben und sorglos sein, ohne daß (ihn) **jemand**
28 **aufschreckt. * Du fürchte dich nicht, mein Knecht Jakob – Aus-**
spruch Jahwes –, denn ich bin mit dir. Ich mache ein Ende mit al-
len Völkern, unter die ich dich verstoßen habe. Mit dir aber mache
ich kein Ende, aber ich züchtige dich nach Recht[833]; ganz unge-
straft jedoch kann ich dich nicht lassen.

Der Prophet schaut in einem Gesicht die Schlacht von Karkemisch (609 v. Chr.), in der Necho fiel, V. 2–12. Angefügt ist ein weiteres Gesicht aus der Zeit der letzten Tage Jerusalems (588 v. Chr.), als die Chaldäer an die Grenze Ägyptens heranrückten und den Pharao Hophra stürzten, V. 14–26. Wenn auch erst im Jahre 568 v. Chr. die Chaldäer endgültig Ägypten unter ihre Oberhoheit zwangen, so sieht der Prophet in den Ereignissen von 588 v. Chr. schon das Ende für das Nilland gekommen. Wie für Juda, so wird es auch für Ägypten ein Exil geben, V. 19. Doch wie Juda nach 70 Jahren wieder Erbarmen erlangt, so auch Ägypten (vgl. Jes 19,16–25: Ägypten bekehrt sich!). Danach soll es wieder bewohnt werden wie vorzeiten.

Gegen die Philister: 47,1–7

[a] Jes 14,28–32; Hes 25,15–17; Am 1,6–8; Zeph 2,4–7

1 **Das Wort Jahwes an den Propheten Jeremia über die Philister[a],**
2 **bevor der Pharao Gaza[834] schlug. * So spricht Jahwe: Siehe, Wasser**
steigen auf vom Norden und werden zu einem reißenden Strom, der
die Erde überschwemmt und was auf ihr ist, Städte und deren Ein-

[831] Es handelt sich um den Gott der Stadt Theben in Oberägypten.
[832] V. 27–28 dienen als Gegengewicht zur Heilsansage an Ägypten, V. 26b, vgl. den verwandten Wortlaut von 30,10.11.
[833] d. h. mit Maßen. Das Recht Gottes meint hier seine Bundestreue, die allerdings das Gericht einschließt.
[834] Pharao Hophra, der vergeblich den Chaldäern trotzte, hat danach versucht, in Palästina Fuß zu fassen, indem er philistäische Stadtstaaten einnahm.

wohner. Dann schreien die Menschen und heulen alle Bewohner
3 der Erde * vor dem Stampfen der Hufe seiner Hengste, vor dem
Rasseln seiner Wagen, vor dem Gedröhn seiner Räder. Nicht mehr
wenden sich die Väter zu den Söhnen um, weil ihre Hände er-
4 schlafft sind, * wegen des Tages, der zum Verderben kommt für
alle Philister, um (den Städten) Tyrus und Sidon[835] jeden Helfer zu
entreißen, der eingreifen könnte. Denn Jahwe vernichtet die Phili-
5 ster, den Rest der Insel Kaphtor[836]. * Kahlheit ist über Gaza ge-
kommen, Schweigen über Askalon. Rest der Enakiter[837], wie lange
willst du dir (vor Trauer) noch Schnittwunden zufügen?
6 * Schwert Jahwes! wie lange willst du noch keine Ruhe geben?
Ziehe dich zurück in deine Scheide, verhalte dich ruhig und sei still.
7 – * Wie kann es sich ruhig verhalten, wenn Jahwe ihm Befehl gege-
ben hat? Gegen Askalon, gegen die Meeresküste, dorthin hat er es
bestellt.

Die Philister gehörten zu den Erzfeinden Israels, weil sie mit ihm zusammen Palästina (darin steckt das Wort »Philister«) besetzten. Unter Saul machten sie Israel viel zu schaffen, bis David sie endgültig auf den Küstenstreifen zurückdrängte (2Sam 5,18ff; 8,1). Spätere Kämpfe mit Juda sind nicht von Bedeutung. Gelegentlich haben sie sich sogar mit Jerusalem verbündet: Askalon und Ekron verbünden sich mit Hiskia gegen den Assyrer Sanherib.

Nach Meinung der Ausleger ist es nicht einfach, Kap. 47 zu verstehen. Hat der Pharao (Necho oder Hophra) oder hat Nebukadnezar an den Philistern das Gericht vollzogen? Nach dem Text ist folgendes wahrscheinlich: im Kriegszug gegen Juda hat Nebukadnezar (**»Wasser vom Norden«**) neben den phönizischen Städten auch die Philisterstädte heimgesucht, V. 2–7. Später hat Pharao Hophra (vgl. 46,17) versucht, in Palästina Einfluß zu gewinnen und hat dabei den Stadtstaat Gaza noch einmal geschlagen, V. 1. Auf diese doppelte Weise hat Gott die Philister-Einfälle der Saul-Zeit vergolten.

Jeremia, der auch bei den Reden gegen die Völker persönlich beteiligt ist und in Vision und Audition (vgl. dazu 4,5ff und die Ausl.) das kommende Gericht vorweg erlebt, gibt in V. 6 und 7 einen »erdachten

[835] Demnach waren die philistäischen Stadtstaaten im Süden verbündet mit den phönizischen Küstenstädten im Norden.

[836] Nach der Überlieferung des Alten Testaments stammen die Philister von der Insel Kreta (»Kaphtor«), vgl. Am 9,7.

[837] Manche Übers. fügen hier ein: Asdod, Rest der ... – das Scheren des Hauptes (»Kahlheit«) war neben dem Einritzen der Haut kanaanäischer Trauerbrauch. (Hier: Trauer über das Gericht Gottes.)

Dialog« (H. Lamparter) mit den Philistern wieder. Doch er muß ihnen die Unausweichlichkeit des Gerichtes Gottes noch einmal bestätigen.

Gegen Moab: 48,1–47

[a] Jes 15 u. 16 Hes 25,8–11 Am 2,1–3

1 **Über Moab[a]: So spricht Jahwe Zebaoth, der Gott Israels: Wehe**
über Nebo[838], es ist zerstört! Zuschanden geworden und einge-
nommen worden ist Kirjathajim[839]; zuschanden geworden ist die
2 **Fluchtburg[840] und zerstört. * Es ist nicht mehr der Ruhm Moabs;**
in Hesbon[841] sinnt man Unheil über sie: Auf, wir wollen sie aus-
rotten, daß es kein Volk mehr sei. Auch du, Madmen[842] wirst ver-
3 **nichtet, hinter dir läuft das Schwert her. * Ein Hilfeschrei aus Ho-**
4 **ronajim[843]: Zerstörung und gewaltiger Zusammenbruch. * Zer-**
5 **stört ist Moab! Schreie hört man bis Zoa. * Denn den Aufgang**
nach Lutith[844] steigt man mit Weinen hinauf; am Abhang von Ho-
6 **ronajim hört man Angstgeschrei über den Trümmern. * Flieht,**
rettet euer Leben, dann wird es (wenigstens) sein wie ein Wild-
esel[845] in der Wüste.
7 *** Weil du dich auf Befestigungsanlagen verlassen hast und auf**
deine Schätze, wirst auch du erobert werden. Dann wird Ke-
mosch[846] ins Exil wandern müssen, seine Priester zusammen mit
8 **seinen Oberen. * Dann kommt der Verderber über alle Städte,**
und sie werden nicht gerettet werden können. Es vergeht die Tal-
ebene, es wird zerstört die Hochebene – wie Jahwe es gesagt hat.
9 *** Macht (für) Moab ein Steinmal[847], denn es wird völlig zerstört.**
Seine Städte werden zur Wüstenei, so daß kein Bewohner mehr (in
ihm) ist. –

[838] Nebo: 1. ein 838 m hoher Berg, von dem aus Mose vor seinem Tode in das Land Kanaan schauen durfte, 19 km östlich der Jordanmündung ins Tote Meer (5Mo 32,49; 34,1). 2. Später eine Siedlung im Bereich des Stammes Ruben am Hang des Berges (4Mo 32,3.38; Jes 15,2); Ruben ging dann in dem Königreich Moab auf.
[839] w. ungefähr: »Ansammlung von zwei Siedlungskomplexen«, Lage irgendwo in Moab.
[840] o. Hochburg, a. Übers.: »Stolz«, »Prahlerei«.
[841] Stadt des Amoriterkönigs (4Mo 21,26–34), 874 m hoch gelegen, 34 km östlich von Jericho, gehörte nicht zu Moab, sondern von dort aus wurde Moab bekämpft: »in Hesbon sinnt man Unheil über sie«.
[842] Spottname für eine Stadt in Moab.
[843] Unbekannter Ort in Moab.
[844] Unbekannter Ort in Moab.
[845] Hebr. Text unsicher, andere Übers.: »in der Wüste schlagt euer Lager auf«.
[846] Nationalgott der Moabiter, vgl. 4Mo 21,29; Ri 11,24; 1Kö 11,7.
[847] Hebr. Text unsicher, »Steinmal« ist ein Übersetzungsversuch.

10 * Verflucht ist[848], wer das Werk Jahwes mit Schlaffheit tut! Ver-
flucht ist, wer sein Schwert vom Blut zurückhält. –
11 * Sorglos war Moab von seiner Jugendzeit an und ruhte auf sei-
nen Hefen[849], nie ist es umgefüllt worden von einem Gefäß in ein
anderes, (das heißt), es mußte nie ins Exil wandern. Darum blieb
an ihm sein Geschmack, und sein Duft veränderte sich nicht.
12 * Darum siehe, es kommen Tage – Ausspruch Jahwes –, da schicke
ich ihm Küfer, die ihn umfüllen und seine Gefäße ausleeren und
13 seine Gefäße zerschlagen. * Zuschanden wird Moab wegen des
Kemosch, wie zuschanden geworden ist das Haus Israel wegen
Beth-El, auf das sie ihr Vertrauen setzten[850].
14 * Wie könnt ihr sagen: Helden sind wir und zum Kampf gerü-
15 stete Männer?! * Der Verwüster Moabs und seiner Städte zieht
herauf[851] und seine auserlesenen Jünglinge sinken nieder, damit
sie geschlachtet werden – Ausspruch des Königs Jahwe, Zebaoth
16 ist sein Name. * Nahe herbeigekommen ist Moabs Unglück, und
17 sein Unheil eilt heran. * Bekundet ihm Teilnahme[852], ihr alle
seine Nachbarn und alle, die seinen Namen kennen. Sagt: Wie ist
doch der starke (Herrscher-) Stab zerbrochen, das ruhmvolle Zep-
ter.
18 * Steige hernieder von deinem Ehren(platz), setze dich ins
Elend[853], du Bewohnerschaft Tochter Dibon[854]; denn der Verder-
ber Moabs kommt über dich, zerstört deine befestigten Orte.
19 * Stell dich auf die Straße und halte Ausschau, du Einwohnerschaft
von Aroer[855]! Frage den Flüchtling und den Entronnenen: Was ist
20 geschehen? – * Zuschanden ist Moab und zerstört; es heult und
schreit! Meldet am Arnon, daß Moab vernichtet ist[856].
21 * Das Gericht ist über das Land der Hochebene gekommen,
22 über Holon, Jahza, Mephaath, * über Dibon, Nebo, über Beth-Di-
23 blathajim, * über Kirjathajim, über Beth-Gamul, über Beth-
24 Meon, * über Kerijoth, über Bozra und über alle Städte des Lan-
25 des Moab, über die fernen und die nahen. – * In Stücke gebrochen

848 V. 10 fällt auf: Hier wird auf Befehl Gottes aus der Zeit der Bann-Kriege des jungen Israel auf die spätere Situation übertragen: Gottes Wille (»Werk«) war es, daß die Kanaanäer mit Frauen, Kindern, Vieh und anderem Gut vernichtet wurden (»gebannt« wurden). Unvollständiges (»mit Schlaffheit«) Bannen hatte den Tod zur Folge (vgl. 1Sam 15).

849 Zur Herstellung der berühmten Moab-Weine (vgl. V. 32 und 33).

850 Vgl. 1Mo 28,10ff mit 1Kö 13,1ff.

851 w.: Moab ist verwüstet; er (= der Verderber) hat seine Städte erstiegen.

852 w.: schüttelt bei ihm den Kopf.

853 w.: in den Durst.

854 Moabitische Stadt, 20 km östlich des Toten Meeres, nahe bei dem Fluß Arnon.

855 Nördlich des Flusses Arnon.

856 V. 20 ist die Antwort des Flüchtlings.

ist das Horn Moabs, und sein Arm ist zerschmettert – Ausspruch
Jahwes.
26 * Macht es betrunken, denn gegen Jahwe hat es großgetan!
Moab soll vor Abscheu wegen seines Erbrochenen in die Hände
27 klatschen, und es soll selbst zum Gespött werden. * Oder war dir
Israel nicht zum Gespött geworden? Ist es etwa unter Dieben er-
tappt worden, daß du, sooft du von ihm sprachst, über es vor
Schadenfreude den Kopf schütteltest?
28 * Verlaßt die Städte, wohnt in den Felsen(-höhlen), ihr Bewoh-
ner Moabs! Ihr werdet der Taube gleich sein, die an den Wänden
der Schluchten nistet.
29 * Wir haben vom Hochmut Moabs gehört. Es ist sehr hochmü-
tig, von seiner Überheblichkeit, seiner Großsprecherei, seinem
30 Stolz und seiner hochfahrenden Gesinnung[857]. * Ich kenne – Aus-
spruch Jahwes –, seinen Übermut, ebenso sein leeres Geschwätz
31 und sein unredliches Tun. * Darum muß ich über Moab heulen
und schreien über alle Moabiter, über die Männer von Kir-He-
32 res[858] seufzen. * Mehr als ich über Jaser[859] weine, weine ich über
dich, du Weinstock von Sibma; deine Ranken reichten übers
Meer, bis zum Meer von Jaser[860]. Über deine Ernte und deine Lese
33 ist der Verderber hergefallen. * Verschwunden ist Freude und
Jauchzen aus dem fruchtbaren Land, aus dem Lande Moab. Dem
Wein in den Fässern mache ich ein Ende, der Kelterer tritt nicht
mehr die Kelter, das Jauchzen ist nicht mehr da.
34 * Das Geschrei aus (der Stadt) Hesbon dringt bis nach Elale, bis
Jahza. Sie erheben ihre Stimme von Zoar bis Horonajim und
Eglath-Schelischija. Auch die Wasser von Nimrim sollen zu Öd-
35 flächen werden[861]. * Ich will in Moab zum Aufhören bringen –
Ausspruch Jahwes –, das Opfer auf der Höhe und für seinen Gott
die Rauchopfer.
36 * Darum ist mein Herz für Moab in Wallung wie Flötenschall,
und mein Herz ist für die Männer von Kir-Heres in Wallung wie
37 Flötenschall, weil verloren geht, was sie erworben haben. * Jedes
Haupt ist kahl, und jeder Bart ist geschoren. An allen Händen
38 sind Schnittwunden und um die Leiber Säcke. * Auf allen Dä-
chern Moabs und auf seinen Straßen ist nur Totenklage; denn ich
habe Moab zerbrochen wie ein Gefäß, an dem niemand Gefallen
39 mehr hat – Ausspruch Jahwes. * Wie ist es doch zerstört! Heult!

857 w.: Herz.
858 w.: »Wand aus Ton«, Spottname für die Hauptstadt Moabs.
859 Jaser liegt nordöstlich von Hesbon, Sibma ist unbekannt.
860 Manche Übersetzer streichen »zum Meer von«.
861 Lage der Orte unsicher.

Wie hat Moab (vor Scham) **den Rücken zugewandt[862] und wie ist**
Moab zum Gelächter und zum Entsetzen für alle seine Nachbarn
geworden.
40 *** So spricht Jahwe: Siehe, wie ein Adler fliegt** (der Verderber)
41 **heran und breitet seine Schwingen über Moab aus. * Die Städte**
sind eingenommen und die Befestigungen bezwungen. – Das Herz
der Helden Moabs wird an jenem Tage sein wie das Herz einer
42 **Frau in** (Kindes-)**Nöten. * Aufgehört hat Moab als Volk zu leben,**
43 **denn gegen Jahwe hat es großgetan. * Schrecken, Grube und**
Schlinge (komme) **über dich, Einwohnerschaft Moabs – Aus-**
44 **spruch Jahwes. * Wer vor dem Schrecken flieht, fällt in die Grube;**
wer aus der Grube herausklettert, wird in der Schlinge gefangen.
(Dies) **will ich über Moab kommen lassen im Jahre seiner Heim-**
45 **suchung – Ausspruch Jahwes. * Im Schatten von Hesbon bleiben**
sie stehen wegen der Anstrengung der Flucht; denn ein Feuer
fährt aus Hesbon hervor und eine Flamme aus der Mitte[863] Si-
hons[864]; sie versengt die Schläfen Moabs, den Scheitel der Söhne
46 **des Getümmels. * Wehe dir, Moab! Untergegangen ist das Volk**
des (Gottes) **Kemosch! Denn festgenommen sind deine Söhne für**
die Gefangenschaft und deine Töchter für die Knechtschaft.
47 *** Aber ich will das Geschick Moabs wenden am Ende der Tage –**
Ausspruch Jahwes. – Bis hierher (geht) **der Gerichtsspruch über**
Moab.

Mit den Moabitern verbindet Israel eine noch ältere Feindschaft als mit den Philistern; waren sie es doch, die Israel am Einzug ins Gelobte Land hindern wollten (vgl. 4Mo 22ff). Ihr Königreich umfaßte als Kernland eine 700–1300 m hohe Hochebene, begrenzt im Westen durch das Tote Meer, im Norden etwa durch den Fluß Arnon, im Osten durch die Wüste, im Süden durch den Jordangraben. Noch vor David besiedelten sie aber den südlichen Teil des Ostjordanlandes, was dann zu einem ständigen Konflikt mit Israel führte. Im davidischen Großreich waren sie Israel tributpflichtig (2Sam 8,2; 24,5), nach der Reichsteilung war Moab Israel und Juda gegenüber größtenteils selbständig. Besonders bitter war es für Juda, daß sein einstiger Vasall dem Nebukadnezar half (2Kö 24,2; Hes 25,8–10), den judäischen Staat zu unterwerfen. Juda empfand dies als eine Beleidigung Gottes und eine Verachtung seiner selbst (48,26.27a). Daraus

[862] o.: wie hat es schmählich die Flucht ergriffen.
[863] a. Überlieferung: aus dem Haus (= Palast).
[864] Sihon ist der Name eines Amoriterkönigs aus der Zeit der Wüstenwanderung Israels, 4Mo 21,21ff.

könnte auch die auffällige Länge des Kapitels 48 erklärt werden.

Die Sprache (wie auch schon in Kap. 46 u. 47) ist äußerst bewegt, durchzogen von Auditionen (Jeremia hört die Schreie der Verzweiflung, V. 3.6.20.25.34.36–39 – wobei der Prophet innerlich Anteil nimmt, was er sonst bei Juda tut! –), von Klage- und Weherufen (V. 1b.2.21–24.31–33.42–46), von Kommando-Rufen, die das Gericht Gottes herbeirufen (V. 9.17.18.26.28), von Reflexionen über den Hintergrund des Handelns Gottes (V. 7.11–13.29.30.35.42). Wir werden an den frühen Jeremia erinnert (vgl. 4,5ff).

Für die Begründung des schrecklichen Gerichtes Gottes über Moab findet man ein Stichwort, das sich wie ein roter Faden durch Kap. 48 zieht: Hochmut (V. 2a.7.11.18a.26.29.42). Man hat den Eindruck, daß die Landschaft (V. 21: **»Das Gericht ist über das Land der Hochebene gekommen«**) mit seinen hochgelegenen Befestigungen dem Volk das Wesen gaben! Wie Juda und Ägypten (46,19) wird auch Moab die Strafe des Exils erfahren (48,46b), doch wie jene beiden Länder auch das Wunder der Neubesiedelung (48,47).

Gegen Ammon: 49,1–6

[a] Hes 25,1–7
Am 1,13–15
Zeph 2,8–11

1 **Über die Ammoniter[a]. So spricht Jahwe: Hat Israel denn keine**
Söhne mehr? Oder hat es keine Erben mehr? Warum hat ihr Kö-
nig[865] Gad in Besitz genommen, und (warum) **wohnt sein Volk in**
2 **seinen[866] Städten? * Darum siehe, es kommen Tage – Ausspruch**
Jahwes –, da lasse ich über Rabba, (einer Stadt) **der Ammoniter,**
Kriegslärm hören. Dann wird es zum Schutthügel, und seine Töch-
terstädte werden mit Feuer verbrannt werden; und Israel wird
3 **seine Erben beerben, spricht Jahwe. * Heule, Hesbon[867], denn der**
Verderber zieht herauf! Schreit, ihr Töchter Rabbas! Gürtet euch
mit Säcken! Erhebt die Totenklage und lauft innerhalb der Ein-
zäunungen (der Viehherden)[868] **hin und her! Denn ihr König[869]**
muß in die Gefangenschaft wandern, seine Priester zusammen mit
4 **seinen Oberen. * Was rühmst du dich deiner** (fruchtbaren) **Täler –**

[865] Hebr. ›milkam‹, vielleicht mit anderer Vokalisierung ›milkom‹; dann würde es sich um den Nationalgott der Ammoniter handeln. Hier steht der Gott stellvertretend für sein Volk, denn die Ammoniter haben im 8. Jahrh. v. Chr. das Gebiet des Stammes Gad im Ostjordanland ihrem Territorium einverleibt.
[866] d. h. Israels.
[867] Vgl. 48,2.
[868] a. Übers. »bringt euch Schnittwunden bei« (Ausdruck der Trauer).
[869] Siehe Anm. 865.

dein Tal[870] fließt über! –, du treulose Tochter, die du vertraust auf
5 **ihre Schätze, (die du sagst): Wer kommt gegen mich an? * Siehe, ich**
bringe über dich Schrecken – Ausspruch Jahwes, des Herrn Jahwe
Zebaoth –, von allen Seiten rings um dich her. Ihr sollt zerstreut
werden, ein jeder für sich, und niemand ist der, der die Flüchten-
den wieder sammelt. –
6 *** Aber dennoch will ich das Geschick der Ammoniter wenden –**
Ausspruch Jahwes.

Zu den alten Feinden Israels gehören auch die Ammoniter, die nördlich der Moabiter siedelten. Ihre große Schuld war die, daß sie den Stämmen Ruben und Gad ihre von Gott zugewiesenen Siedlungsgebiete streitig machten. Offenbar hat dabei eine dem Gotte Milkom (möglicherweise ein »König-Gott«, vgl. die Anm. zu V. 1) ergebene Priesterschaft eine führende Rolle gespielt, V. 3b. Wie die Moabiter mit ihrer Hochebene prahlten, so prahlen die Ammoniter mit ihrem fruchtbaren Jabbok-Tal. Sie verließen sich auf ihren Reichtum (wie die Moabiter auf ihren Wein, Jes 48,32.33) und kümmern sich nicht um die Folgen ihres Unrechts an Ruben und Gad, V. 4.

Als die assyrische Weltmacht untergegangen war und bevor die Babylonier Palästina kontrollierten, machten die Ammoniter (vgl. 2Kö 24,2) die östlichen Grenzen Judas immer wieder unsicher. Nach der Eroberung Jerusalems scheinen die Ammoniter in Rest-Juda noch mehr Einfluß gesucht haben. 40,14 berichtet von dem Komplott zwischen dem Ammoniter-König Baalis und dem judäischen Heerführer mit dem Ziel, den Statthalter Gedalja zu ermorden. Doch wird nichts weiteres von einem Einfluß der Ammoniter in Juda berichtet. Ismael zieht sich mit wenigen Männern zu ihnen zurück. Nach der Rückkehr Judas aus Babylon waren es wiederum die Ammoniter, die sich mit dem Statthalter von Samaria, Sanballat, und anderen verbünden, um den Wiederaufbau Jerusalems zu verhindern, Neh 4,1.2. – Wie Juda wird auch ihnen die Strafe der Zerstreuung angekündigt, V. 5, aber auch eine Hoffnung auf neue Sammlung, V. 6.

Gegen Edom: 49,7–22

7 **Über Edom. So spricht Jahwe Zebaoth: Gibt es keine Weisheit**
mehr in Teman? Hat der Rat der Verständigen aufgehört, ist ihre
8 **Weisheit unwirksam[871] geworden? * Flieht, wendet euch (zur**

[870] Gemeint ist das Tal des Jabbok.
[871] w.: stinkend. – Edom war in der alten Zeit bekannt für seine Weisheit, vgl. 1Kö 5,10.11; Hi

Flucht)! **Versteckt euch** (in den Verstecken), **um** (dort) **zu bleiben,**
Bewohner von Dedan[872]**! Denn das Verderben Esaus will ich über**
9 **es bringen zur Zeit seiner Heimsuchung. * Wenn die Winzer über**
dich kommen, lassen sie keine Nachlese übrig. Wenn Diebe in der
Nacht (kommen), **so fügen sie** (euch) **Schaden zu, soviel sie wollen.**
10 *** Denn ich selbst durchsuche Esau, decke seine Verstecke auf, so**
daß er sich nicht mehr verstecken kann. Vernichtet ist seine Nach-
11 **kommenschaft, und seine Nachbarn sagen nicht mehr: * Über-**
lasse mir deine Waisen, ich will sie am Leben erhalten, und deine
Witwen sollen sich mir anvertrauen.
12 *** Denn so spricht Jahwe: Siehe, diejenigen, denen es nicht zu-**
kam, den Becher zu trinken, die trinken ihn aus, und du solltest
der sein, der ungestraft ausging? Nein, du kannst nicht ungescho-
ren bleiben, denn du mußt (den Giftbecher) **ganz austrinken!**
13 *** Denn ich habe bei mir selbst geschworen – Ausspruch Jah-**
wes –, daß Bozra[873] **zum Entsetzen, zur Schmach, zur Verwüstung,**
zum Fluchwort werden soll, und alle seine Städte sollen für immer
zu Wüsten werden.
14 *** Eine Kunde habe ich von Jahwe vernommen, ein Bote werde**
unter die Völker gesandt: Versammelt euch, zieht gegen (Edom)
15 **zu Felde! Erhebt euch zum Kampf! * Denn siehe, ich mache dich**
16 **klein unter den Völkern, verachtet unter den Menschen. * Dein**
Grauen (das du verbreitest), **die Vermessenheit deines Herzens**
haben dich betrogen, die du wohnst in den Klüften der Felsen, die
du besetzt hältst. Wenn du auch gleich dem Adler dein Nest ganz
hoch baust, werde ich dich dennoch von dort herunterholen –
17 **Ausspruch Jahwes. * Und Edom wird zur Einöde. Jeder, der an**
ihr vorüberzieht, soll sich entsetzen und zischen über alle deine
18 **Wunden. * Wie Sodom und Gomorrha und ihre Nachbar**(-städte)
völlig zerstört worden sind, spricht Jahwe, so wird dort ebenfalls
niemand mehr wohnen, und kein Mensch soll in ihr sich noch als
Fremdling aufhalten.
19 *** Siehe, wie der Löwe aus dem Walddickicht**[874] **des Jordans**
heraufsteigt auf die wassergetränkte Aue, so will ich sie im Nu
zum Laufen bringen und meinen Auserwählten über (Edom zum
Herrscher) **bestellen. Denn wer ist mir gleich, und wer kann mich**
zur Rechenschaft ziehen? Und wer ist der Hirte, der vor meinem

2,11. – Teman ist eine Landschaft in Edom.

[872] Ursprünglich Name für einen nordarabischen Beduinenstamm (vgl. 1Mo 10,7) und dessen Territorium, das an Edom grenzte.

[873] Die Hauptstadt Edoms, 1122 m hoch gelegen, 40 km nördlich der Nabatäer-Festung Petra.

[874] Im Gegensatz zu heute war damals das Jordantal undurchdringlicher Wald.

20 **Angesicht stehen bleiben könnte? * Darum hört den Rat Jahwes,**
der Edom betrifft, und seine Pläne, die er ersonnen hat über die
Bewohner von Teman. Auch die kleinsten (Tiere) **von der Herde**
wird er wegschleppen, und Entsetzen wird sich über ihre Aue
21 **breiten. * Von dem Geräusch ihres Fallens erbebt die Erde, ihr**
22 **Schreien wird bis zum Schilfmeer gehört. * Siehe, wie der Adler**
steigt (der Feind) **auf und stößt nach Beute und breitet seine**
Schwingen gegen Bozra aus. Den Helden Edoms wird an jenem
Tage zumute sein, wie einer Frau in (Kinds-)**Nöten**[875].

Die Edomiter, im Alten Testament auch »die vom Gebirge Seïr« genannt, und später als »Idumäer« bezeichnet, hatten vor den Israeliten ursprünglich das Land vom heutigen Golf von Eilath bis zum Südende des Toten Meeres besiedelt. Unter David und Salomo waren sie Israel untertan, denn insbesondere Salomo war an einem Zugang zum Roten Meer interessiert. Später wurde Edom wieder frei, so daß auch der Zugang zum Meer im Süden wieder versperrt war. Dann wurden sie aber von den Nabatäern nach Norden abgedrängt, so daß sie vom Gebirge Seïr bis südlich von Hebron siedelten und somit Juda bedrohlich nahe kamen. Sie gehörten zu den chaldäischen Hilfsvölkern bei der Eroberung Jerusalems, doch haben sie ihren Anteil am Vollzug des göttlichen Gerichtes über Juda für eigene Zwecke ausgenutzt. Darum wird ihnen das Gericht angekündigt.

Mit den Edomitern sind die Israeliten über Esau, der den Beinamen Edom trug, verwandtschaftlich verbunden, 1 Mo 25,30ff, allerdings in tragischer Weise, hatte doch Esau dem Jakob den Erstgeburtssegen leichtsinnig vermacht. Doch fortan bleibt es bei dieser, wenn auch auf betrügerische Weise erworbenen, Vorrangigkeit des Jakob über Esau: Jakob und damit ganz Israel bleibt der Erwählte. Dieses steht wohl hinter V. 19, wenn es dort im Rahmen der Gerichtsankündigung heißt: **»so will ich sie im Nu zum Laufen bringen und meinen Auserwählten über** (Edom zum Herrscher) **bestellen.«** Das wiederhergestellte Israel soll über Edom herrschen, wie Jakob über Esau. Das Gericht Gottes nimmt den Edomitern ihre weltbekannte Weisheit (V. 7) und holt sie aus den Verstecken ihrer gebirgigen Heimat, wo sie sich sicher wähnten. Wenn Gott richtet, kann kein Versteck Schutz bieten.

Zusammenfassend ist zu den Worten gegen die Moabiter, Ammoniter und Edomiter festzuhalten, daß alle drei Völker nach dem Alten Testament mit Israel verwandt sind (Moabiter und Ammoniter sind Nachkommen Lots) und daß Gott ihnen wie Israel ein Land gegeben

[875] Dieser Vers entspricht 48,40.

hat (vgl. 5 Mo 2,5.9.19). Umso mehr fällt auf, daß Edom im Gegensatz zu Moab und Ammon keine Heilsankündigung erhält. Der Zwiespalt unter den Stammesverwandten ist besonders groß. »Edom wurde neben Babel zum Typus der gottfeindlichen Weltmacht«[876].

Gegen Damaskus: 49,23–27

[a] Jes 17,1–3
Am 1,3–5
[b] Jes 10,9
[c] 50,30

23 Über Damaskus[877] [a]. Beschämt sind Hamath und Arpad[b]. Sie zit-
tern, denn sie hören eine böse Kunde: Am Meer ist Angst[878]!
24 Ruhe finden sie nicht. * Mutlos ist Damaskus geworden, es wen-
det sich zur Flucht, und Schrecken hat es gepackt, Angst und We-
25 hen wie eine Gebärende. – * Wie ist sie so verlassen, die Stadt des
26 Ruhms, die Stadt meiner[879] Wonne! – * Darum fallen ihre Jüng-
linge auf ihren Straßen, und alle Kriegsleute kommen um an je-
27 nem Tage[c] – Ausspruch Jahwe Zebaoth. * Ich lege Feuer an die
Mauer von Damaskus, und es wird die Paläste Benhadads verzeh-
ren.

Damaskus war schon 732 v. Chr. den Assyrern in die Hände gefallen und hatte seitdem keine eigene Existenz mehr. Allerdings war Aram-Damaskus lange Zeit ein gefährlicher Gegner Israels gewesen, vgl. die Kriegszüge der Könige Benhadad (1 Kö 20,1–34; 2 Kö 6,24–7,20), dessen Mörder und Nachfolger Hasael (2 Kö 8,7–15), vor allem Rezin, der mit Pekah von Israel Juda in eine Koalition gegen Assyrien zwingen wollte und der deshalb vor Jerusalem erschien (2 Kö 15,37; Jes 7,1ff,8,6). Mit Rezin hörte das Königreich Damaskus auf zu bestehen.

Unser Abschnitt setzt möglicherweise eine erneute Selbständigkeit von Damaskus voraus, was in der Übergangszeit zwischen dem assyrischen und babylonischen Weltreich durchaus anzunehmen ist. Es ist möglich, daß Damaskus sich wegen des aufstrebenden Ägyptens Hoffnungen machte. Pharao Necho erlitt jedoch im Jahr 609 v. Chr. bei Karkemisch eine große Niederlage. Die Kunde davon (V. 23) ist sofort in die aramäischen Städte Damaskus, Hemath und Arpad gelangt und hat dort Mutlosigkeit, ja Schrecken ausgelöst. Nebukadne-

[876] H. Lamparter, aaO, 254.
[877] Damaskus meint hier ein größeres Territorium. Hamath liegt am Fluß Orontes, Arpad weiter im Norden.
[878] a. Übers.: Ihr Herz zittert vor Angst.
[879] Demnach hätten wir hier den Klageruf eines Einwohners von Damaskus. A. Übers.: die berühmte und fröhliche Stadt.

zar wird wohl anschließend auch in Damaskus alle aufflackernden Widerstände erstickt haben. Darauf weisen V. 25–27 hin. Jetzt erst erfolgt die endgültige Zerstörung von Damaskus (V. 27). Damit haben dessen kriegerische Aktionen gegen Israel und Juda ihre göttliche Vergeltung gefunden.

Gegen die arabischen Stämme: 49,28–33

28 Über Kedar und die Königreiche von Hazor[a], die Nebukadnezar, [a] 25,23.24
der König von Babel, schlug. So spricht Jahwe: Auf, steigt hin- Jes 21,13–17
29 auf[880] nach Kedar, vernichtet die Söhne des Ostens. * Ihre Zelte
und ihre Herden sollen (ihnen) genommen werden, ihre Zeltdek-
ken und alle ihre Geräte; ihre Kamele soll man ihnen fortnehmen
30 und ausrufen über ihnen: Schrecken ringsum! – * Flieht, flüchtet
euch schnell, versteckt euch in Löchern, um dort zu bleiben, du
Einwohnerschaft von Hazor – Ausspruch Jahwes –, denn Nebu-
kadnezar, der König von Babel, hat gegen euch einen Plan ausge-
heckt und gegen euch einen Beschluß gefaßt.
31 * Auf, hinauf zu dem sorglosen Volk, das so sicher wohnt –
Ausspruch Jahwes. Weder Türen noch Riegel hat es, für sich all-
32 eine wohnt es. * Ihre Kamele sollen zum Raube werden und die
Menge ihrer Herden zur Beute. Und ich will sie, die sich die Schlä-
fen stutzen[b], zerstreuen in alle Himmelsrichtungen[881], und von al- [b] 9,26
len Seiten will ich Unglück über sie bringen – Ausspruch Jahwes. 25,23
33 * Dann wird Hazor zur Stätte für Schakale werden, zur Einöde für
alle Zeiten; niemand wird mehr dort wohnen oder sich dort ein
Mensch als Fremdling aufhalten.

Der Beduinenstamm Kedar stammt nach 1Mo 25,13; Ps 120,5 von Ismael ab. Sie wohnen in Zelten aus schwarzem Ziegenhaar (Holi 1,5) in einer sonst menschenleeren Wüstengegend. Die natürlichen Bedingungen haben sie sorglos und sicher gemacht (V. 31; vgl. 49,4). Warum sie sich schuldig gemacht haben, wird hier nicht gesagt. Es gehört zu den Geheimnissen der Gerichte Gottes, daß er neben den Völkern, deren Schuld offensichtlich ist, auch unbedeutende Völker mit in sein Strafhandeln zieht – eben weil Gott der Herr ist (vgl. 18,1–9). – Nach neueren archäologischen Erkenntnissen hat tatsäch-

880 Von der mesopotamischen Tiefebene aus gesehen lag das gemeinte Gebiet, die syrische Wüste, »oben«.
881 w.: in jeglichen Wind.

lich ein Feldzug Nebukadnezars 599/8 v. Chr. gegen die Beduinen von Kedar stattgefunden. – Bei den »Reichen von Hazor« hat man ebenfalls an locker organisierte arabische Beduinenstämme in dem gleichen Wüstengebiet zu denken. Der Name Hazor bedeutet »Hürde« (= Siedlung) und läßt im Unterschied zu dem Stamm Kedar auf (wenigstens teilweise) feste Wohnsitze am Rande der Wüste schließen.

Gegen Elam: 49,34–39

[a] 25,25
[b] 48,47

34 Das Wort Jahwes, das an den Propheten Jeremia über Elam[a] er-
ging am Anfang der Regierung des judäischen Königs Zedekia,
35 lautet so: * So spricht Jahwe Zebaoth: Siehe, ich zerbreche den
36 Bogen Elams, die Haupt(-Waffe) seiner Stärke. * Ich lasse über
Elam vier Winde hereinbrechen von den vier Enden des Himmels
und will sie zerstreuen in alle diese Himmelsrichtungen[882]. Es
wird kein Volk geben, wohin nicht Vertriebene aus Elam gelan-
37 gen. * Ich will die Elamiter vor ihren Feinden zum Erbeben brin-
gen, vor denen, die ihnen nach dem Leben trachten, und will über
sie Unheil bringen, meine Zornesglut – Ausspruch Jahwes –, und
hinter ihnen her will ich das Schwert schicken, bis ich sie ganz
38 vernichtet habe. * Dann will ich meinen Thron in Elam aufstellen
und werde von dort König und Fürsten verjagen – Ausspruch
39 Jahwes. * Nach diesen Tagen aber wird es geschehen, daß ich das
Geschick Elams wende[b] – Ausspruch Jahwes.

Elam ist nach 1Mo 10,22 ein Sohn Sems; seine Nachkommen siedelten im Osten und Nordosten von Babylon; die Hauptstadt war Susa. Im Anfang des 2. Jahrtausends v. Chr. nicht unbedeutend (vgl. den Zug Kedor-Laomers nach Palästina, 1Mo 14,1–16), waren sie aber ab 1700 v. Chr. von Babylon und später von Assur abhängig. Die Elamiter erlebten in besonderer Weise (wie Israel) die Schrecklichkeiten der Zerstreuung und Verschleppung in ferne Lande, vgl. Esr 4,9, wo berichtet wird, daß Elamiter schon durch die Assyrer in Samaria angesiedelt worden sind. Vielleicht hat es zur Zeit des judäischen Königs Zedekia in Elam einen Aufstand gegeben, an den die Judäer der ersten Wegführung Hoffnungen knüpften. Weil aber Nebukadnezar Gottes Knecht ist, muß Jeremia Elamitern wie Judäern sagen: Gott wird seinen Thron (durch seinen »Knecht« Nebukadnezar) in Elam aufrichten (V. 38). – Unvermittelt schließt der Abschnitt mit einem

[882] w.: in alle diese Winde.

Verheißungswort: die ständig Unterdrückten und Verschleppten dürfen auf Gottes Gnade hoffen. Während der Pfingstpredigt des Petrus (Apg 2,9) beginnt dieses Wort sich zu erfüllen; denn auch Elamiter (oder Proselyten aus Elam) hören die Heilsbotschaft von Jesus Christus.

Gegen Babylon: 50–51[a]

[a] Jes 13; 14; 17

1 Das Wort, das Jahwe über Babel redete – über das Land der Chal-
2 däer – durch[883] den Propheten Jeremia, (lautet so): *** Macht es**
kund unter den Völkern, laßt es hören, richtet ein Panier auf,
macht es bekannt, verbergt es nicht und sagt: Erobert ist Babel,
zuschanden geworden ist Bel, Merodach[884] zerschmettert. Zu-
schanden geworden sind seine Götterbilder, seine Götzen[885] sind
3 gestürzt. * Denn über es kommt ein Volk aus dem Norden[886] und
macht sein Land zur Wüste, so daß niemand mehr darin wohnt,
weder Mensch noch Tier; (alles) **ist geflohen und davongestoben.**
4 * In jenen Tagen und zu jener Zeit – Ausspruch Jahwes –, wer-
den sie, die Söhne Israels, zusammen mit den Söhnen Judas heim-
kommen. Weinend ziehen sie daher und suchen Jahwe, ihren
5 Gott. * Zum Zion erfragen sie den Weg; dorthin (richten) **sie ihr**
Angesicht: Kommt, laßt uns Jahwe anhangen in einem ewigen
6 Bund, der nicht vergessen wird! * Eine verlorene Herde war mein
Volk. Ihre Hirten haben sie in die Irre geführt, auf den Bergen auf
Abwege geleitet, von Berg zu Hügel[887] zogen sie und vergaßen ih-
7 ren Lagerplatz. * Jeder, der sie draußen traf, fraß sie auf, und ihre
Bedränger sagten: Wir machen uns nicht schuldig, weil sie sich
doch an Jahwe versündigt haben, der die rechte Aue[888] ist und die
Hoffnung ihrer Väter war.
8 * Flieht mitten aus Babel und aus dem Lande der Chaldäer!
Zieht aus und stellt euch wie Leithammel an die Spitze der Herde!
9 * Denn siehe, ich erwecke und führe gegen Babel heran eine Schar
von starken Völkern aus dem Norden, und sie sollen sich gegen es
in Schlachtreihen aufstellen. Von dorther wird (die Stadt) **einge-**
nommen werden. Ihre Pfeile sind wie die eines siegreichen Hel-

883 w.: durch die Hand.
884 Ein anderer Name für den bab. Gott Marduk. Ein weiterer Name lautet Bel.
885 w.: Mistkugeln.
886 Die Meder und Perser aus dem iranischen Hochland.
887 Vielleicht ist gemeint: Vom Berg Zion zu den Hügeln des Götzendienstes.
888 w.: Aue der Gerechtigkeit.

10 den, der nicht mit leeren Händen heimkehren wird. * So wird (das
Land) der Chaldäer zur Beute werden; alle, die es ausrauben, sollen satt werden – Ausspruch Jahwes.
11 * Freut euch nur, springt nur ausgelassen herum, ihr Räuber
meines Erbteils! Stampft nur wie Kälber im grünen Gras[889]; wie-
12 hert wie Hengste. * Völlig zuschanden wird eure Mutter, und die
euch gebar, wird sich schämen müssen. Siehe, sie ist die Letzte un-
13 ter den Völkern, eine Wüste, eine Einöde, eine Steppe! * Wegen
des Zornes Jahwes wird (Chaldäa) nicht mehr bewohnt sein, es
wird völlig zur Einöde werden. Jeder, der an Babel vorüberzieht,
wird erschaudern und wird spotten[890] über alle seine Plagen.
14 * Stellt euch ringsherum gegen Babel in Kampfformation auf,
alle ihr Bogenschützen! Schießt nach ihm, spart nicht mit Pfeilen,
15 denn gegen Jahwe hat es sich versündigt! * Erhebt rings um sie
das Kriegsgeschrei! – Es hat kapituliert[891]! Gefallen sind seine
Bollwerke! Niedergerissen sind seine Mauern! Denn das ist die
Rache Jahwes. Rächt euch an ihm; wie es getan hat, so tut auch
16 ihm! * Rottet aus Babel jeden Sämann aus und jeden, der die Si-
chel zur Erntezeit ergreift. Vor dem würgenden Schwert wendet
sich jedermann zu seinem Volk zurück, flieht jedermann in sein
Land.
17 * Ein versprengtes Schaf ist Israel, das Löwen verjagt haben.
Zuerst hat es der König von Assur gefressen, und nun zuletzt hat
Nebukadnezar, der König von Babel, seine Knochen (abgenagt).
18 * Darum spricht Jahwe Zebaoth, der Gott Israels: Siehe, ich suche
den König von Babel und sein Land heim, wie ich den König von
19 Assur heimgesucht habe. * Dann will ich Israel zu seiner Aue
heimkehren lassen, so daß es weiden kann auf dem Karmel, in
Basan, auf dem Gebirge Ephraim und in Bilead, so viel es will[892].
20 * In jenen Tagen und zu jener Zeit – Ausspruch Jahwes –, wird
man suchen nach der Schuld Israels, aber sie ist nicht mehr da,
und nach der Sünde Judas, aber sie wird nicht gefunden. Denn ich
vergebe denen, die ich übriglasse.
21 * Ziehe herauf gegen das Land Merathajim[893] und gegen die
Bewohner Pekods[894]. Ersteche sie, banne sie – Ausspruch Jahwes

889 a. Lesart: wie eine Kuh.
890 w.: zischen, vgl. 18,10; 19,8 u. a.
891 w.: hat seine Hand gegeben.
892 w.: und es wird seine Seele satt.
893 d. i. die Gegend des Zusammenflusses von Euphrat und Tigris, zugleich hört der Hebräer an diesem Wort »doppelte Empörung«.
894 Nach Hes 23,23 handelt es sich hier um eine Völkerschaft in Mesopotamien, zugleich im Hebr. ein Wortspiel: »Heimsuchung«.

22 –, und tue alles, wie ich dir geboten habe! – * Der Lärm des Krie-
23 ges ist im Lande (zu hören), eine große Katastrophe. * Wie ist doch
zerschlagen und zerbrochen der Hammer der ganzen Erde! Wie
24 ist Babel zum Entsetzen unter den Völkern geworden! * Ich habe
dich mit dem Stellholz gefangen. Du bist erobert worden, Babel,
und du hast es nicht gemerkt. Du bist gestellt und gepackt worden,
25 denn du hast dich mit Jahwe in einen Kampf eingelassen. * Ge-
öffnet hat Jahwe seine Rüstkammern und hervorgeholt die Geräte
seiner Verwünschung; denn Arbeit gibt es für den Herrn Jahwe
26 Zebaoth im Lande der Chaldäer. * Kommt gegen es herbei von (al-
len) Enden! Öffnet seine Vorratskammern! Schüttet es wie Korn-
haufen zusammen! Vollzieht den Bann an ihm, laßt keinen Rest
27 von ihm übrig! * Erstecht alle seine Opfertiere, stoßt sie nieder,
daß sie geschlachtet werden! Wehe ihnen, denn ihr Tag ist ge-
28 kommen, die Zeit ihrer Heimsuchung (zum Gericht). – * Die
Stimme von Fliehenden und Entronnenen aus dem Lande Babel
ist zu hören; sie berichten auf dem Zion die Rache Jahwes, unse-
29 res Gottes, die Rache für seinen Tempel. – * Ruft gegen Babel
viele (Schützen) herbei, alle die den Bogen spannen! Schlagt um es
herum Kriegslager auf! Es soll keinen geben, der entkommt! Ver-
geltet ihm nach seinen Taten, entsprechend allem, was es selbst
getan hat, tut ihm auch! Denn gegen Jahwe, den Heiligen Israels,
30 war es vermessen. * Darum werden seine Jünglinge auf seinen
Gassen fallen und alle seine Kriegsleute sollen an jenem Tage
31 vernichtet werden – Ausspruch Jahwes. * Siehe, jetzt gehe ich an
dich, du Vermessenheit – Ausspruch des Herrn Jahwe Zebaoth –,
denn dein Tag ist gekommen, die Zeit deiner Heimsuchung (zum
32 Gericht). * Dann wird die Vermessenheit straucheln und fallen,
und niemand ist da, der sie aufrichtet, und ich lege Feuer an seine
Städte, das seine ganze Umgegend verzehrt.
33 * So spricht Jahwe Zebaoth: Unterdrückt sind die Söhne Israels
mitsamt den Söhnen Judas, und alle, die sie weggeführt haben,
34 halten sie fest und weigern sich, sie loszulassen. * Ihr Erlöser ist
stark, Jahwe Zebaoth ist sein Name, mit Nachdruck führt er ihren
Rechtsstreit, damit er die Erde zur Ruhe kommen läßt, aber Un-
ruhe verschafft er den Bewohnern von Babel.
35 * Das Schwert gegen die Chaldäer – Ausspruch Jahwes –, und
gegen die Bewohner von Babel, über seine Fürsten und seine Wei-
36 sen! * Das Schwert gegen seine Wahrsager, daß sie als Narren (of-
fenbar) werden! Das Schwert gegen seine Helden, daß sie er-
37 schrecken! * Das Schwert über seine Rosse und seine Kriegswa-
gen und über das ganze Völkergemisch, das in seiner Mitte ist,
daß sie zu (furchtsamen) Frauen werden! Das Schwert über seine

38 Schätze, daß sie geplündert werden! * Trockenheit[895] über seine
Gewässer, daß sie austrocknen. Denn ein Land von Götzen ist es,
und durch die Schreckgestalten haben sie den Verstand verloren.
39 * Darum werden (dort) Wildkatzen mit Schakalen zusammen-
kommen, und es werden dort Strauße wohnen. Für alle Zeiten soll
es nicht mehr bewohnt sein, unbewohnt von Geschlecht zu Ge-
40 schlecht. * Wie Gott Sodom und Gomorrha und ihre Nachbar-
städte zerstörte[896] – Ausspruch Jahwes –, ebenso soll dort nie-
mand mehr wohnen und sich kein Mensch in ihr niederlassen.
41 * Siehe, ein Volk kommt vom Norden, ein starkes Volk, und
42 viele Könige brechen auf von den Enden der Erde. * Bogen und
Lanzen haben sie fest (in der Hand), grausam sind sie, Erbarmen
kennen sie nicht, ihre Stimmen sind wie das brausende Meer, auf
Rossen reiten sie, in Schlachtformation haben sie sich gegen dich
43 wie ein Kriegsmann aufgestellt, Tochter Babel. * Wenn der König
von Babel die Kunde von ihnen hört, sinken seine Hände ermattet
44 herab. Not packt ihn wie die Wehen eine Gebärende. * Siehe, wie
ein Löwe aus dem Jordan-Dickicht heraufsteigt auf die Aue
Etans[897], so werde ich sie urplötzlich von dort verjagen, und wer
für Babel bestimmt[898] ist, den werde ich (dort) einsetzen. – Wer ist
mir gleich, wer kann mich als Zeuge vorladen (vor Gericht), und
45 wer ist der Hirte, der vor mir Bestand hat? * Darum hört den Ent-
schluß Jahwes, den er beschlossen hat über Babel, und seine Plä-
ne, die er ersonnen über das Land der Chaldäer: Auch die Klein-
sten von der Herde wird er wegschleppen, und Entsetzen wird sich
46 über ihre Aue breiten. * Von dem Ruf: Erobert ist Babel! wird die
Erde sich bewegen, und sein Geschrei wird von den Völkern ge-
hört.

51,1 So spricht Jahwe: Siehe, ich erwecke gegen Babel und gegen die
2 Chaldäer[899] einen Verderbergeist. * Und ich sende Worfler, die es
worfeln und die sein Land auskehren. Sie werden über es herfal-
3 len von allen Seiten am Tage des Unheils. * Dann spanne kein
Schütze seinen Bogen und brüste sich in seinem Schuppenpan-
zer[900]. Schont seine Jünglinge nicht, vollzieht den Bann an seinem

[895] a. Lesart: das Schwert über seine Gewässer, daß sie trocken werden.
[896] w.: umdrehte.
[897] d. h.: auf eine immergrüne Oase.
[898] w.: auserwählt (als König).
[899] w.: »Leb Kamai«, eine verschlüsselte Schreibweise für »Chaldäer«.
[900] Gemeint ist: es lohnt sich nicht, für die Chaldäer zu kämpfen, denn ihre Mannschaft wird doch vernichtet.

4 ganzen Land. * Dann liegen Gefallene im Lande der Chaldäer am
Boden und Erstochene auf seinen Gassen. –
5 * Doch keine Witwe ist Israel und Juda, (nicht verlassen von)
seinem Gott Jahwe Zebaoth, denn (der Chaldäer) Land ist voller
Schuld gegen den Heiligen Israels.
6 * Flieht mitten aus Babel, und es rette ein jeder sein Leben! Ihr
sollt nicht umkommen durch seine Schuld[901]. Denn dies ist die
Zeit der Rache für unseren Gott; was es getan hat, vergilt er ihm.
7 * Ein goldener Becher war Babel in der Hand Jahwes, der die
ganze Erde trunken machte. Von seinem Wein tranken die Völker,
8 darum sind auch die Völker verwirrt. * Plötzlich ist Babel gefallen
und ist zerbrochen. Beklagt es! Nehmt Mastix-Harz[902] für seine
9 Wunden, vielleicht ist Heilung (möglich). – * Wir wollten Babel
heilen, aber es war nicht mehr zu heilen. – Verlaßt euch, laßt uns
herausgehen, ein jeder in sein Land; denn bis zum Himmel reicht
10 sein Gericht und seine Schuld bis an die Wolken. * Jahwe hat un-
sere Gerechtigkeit[903] ans Licht gebracht. Kommt, laßt uns auf dem
Zion das Werk Jahwes, unseres Gottes, verkündigen!
11 * Schärft die Pfeile, faßt[904] die Rundschilde! Geweckt hat
Jahwe den Geist der Könige von Medien, denn sein Sinnen ist auf
Babel gerichtet, um es zu verderben. Denn dies ist die Rache Jah-
12 wes, die Rache für seinen Tempel. – * Gegen die Mauern Babels
stellt ein Panier auf! Verstärkt die Wachen und stellt Posten auf,
richtet Hinterhalte ein! Denn Jahwe hat es geplant, darum tut er
13 es auch, was er gegen die Bewohner Babels geredet hat. * (Du
Stadt), die du wohnst an zahlreichen Wasserläufen und reich an
14 Schätzen bist, dein Ende ist gekommen, das Maß ist voll[905]. * Ge-
schworen hat Jahwe Zebaoth bei sich selbst: Wenn ich dich mit
Menschen wie mit Heuschrecken gefüllt hätte, so wird man doch
15 über dir das Triumphgeschrei erheben[906]. * (Jahwe ist es), der die
Erde durch seine Kraft geschaffen (und) gegründet das Festland
durch seine Weisheit und durch seine Einsicht den Himmel aus-
16 gespannt hat. * Wenn er seine Stimme erhebt, braust das Wasser
am Himmel, und er läßt Nebelschwaden von den Enden der Erde
her aufsteigen. Blitze bewirken[907] Regen, und er läßt den Wind

901 d. h.: wenn Babel bestraft wird wegen seiner Schuld.
902 d. i.: Balsam.
903 d. h.: Gott hat uns Recht verschafft vor den Babyloniern, indem er uns die Befreiung verschaffte.
904 w.: füllt.
905 w.: die Elle, womit du abgeschnitten wirst.
906 o.: das »hei-hei«-Rufen des Kelterers.
907 w.: Blitze macht er zu Regen.

17 aus seinen Kammern hervorgehen. * Starr steht dann jeder
Mensch da, ohne es begreifen zu können, schämen muß sich jeder,
der ein Götterbild schmiedet. Trug ist sein Gußbild, denn kein
18 Geist[908] ist in ihm. * Ein Hauch[909] sind sie, ein Machwerk, das nur
Spott verdient. Zur Zeit ihrer Heimsuchung gehen sie zugrunde. –
19 * Aber nicht so wie jene ist das Erbteil Jakobs; denn (Jahwe) ist
der Schöpfer von diesem allen[910], und Israel ist der Stamm seines
Erbteils, Jahwe Zebaoth ist sein Name.
20 * Ein Hammer bist du mir gewesen, ein Kriegswerkzeug. Mit
dir habe ich Völker zerschlagen, vernichtet habe ich durch dich
21 Königreiche. * Vernichtet habe ich durch dich Roß und Reiter,
zerschlagen habe ich mit dir Kriegswagen und den, der auf ihm
22 fährt. * Geschlagen habe ich durch dich Mann und Frau, geschla-
gen habe ich mit dir den Alten und den Knaben, geschlagen habe
23 ich mit dir Jüngling und Jungfrau. * Geschlagen habe ich mit dir
den Hirten und seine Herde, geschlagen habe ich mit dir Bauern
und Gespann, geschlagen habe ich mit dir Statthalter und Vogt.
24 * Ich will vergelten vor euren Augen an Babel und allen Chaldäern
all ihre Untaten, die sie an Zion getan haben – Ausspruch Jahwes.
25 * Siehe, nun will ich an dich, du Berg des Verderbens – Ausspruch
Jahwes –, der du das ganze Land verwüstet hast. Ich will meine
Hand gegen dich ausstrecken und wälze dich von dem Felsen
26 herab und mache dich zu einem ausgebrannten[911] Berg, * so daß
man von dir nie mehr einen Eckstein herausschlägt und auch kei-
nen Grundstein; denn für immer sollst du zur Wüstenei werden –
Ausspruch Jahwes.
27 * Errichtet ein Panier im Land, stoßt ins Horn unter den Völ-
kern! Weihet[912] Völker gegen es! Ruft gegen es die Königreiche
Ararat, Minni und Aschkenas[913] zusammen, bestellt gegen es ei-
nen Beamten (für Soldaten-Aushebungen), laßt Rosse heranrük-
28 ken (so zahlreich) wie bärtige Heuschrecken! * Weihet[912] gegen es
Völker, die Könige von Medien und seine Statthalter und alle
29 Vögte sowie alle, die seiner Herrschaft unterstehen! * Dann wird
die Erde beben und wanken, denn es erfüllt[914] sich gegen Babel
Jahwes Plan, nämlich das Land Babel zur Einöde zu machen, in
30 der niemand mehr wohnt. – * Aufgehört haben die Starken Ba-

[908] o.: Odem.
[909] o.: Nichtigkeit.
[910] o.: dieses Alls.
[911] d. h. wie durch vulkanische Tätigkeit zerstört.
[912] o.: heiligt.
[913] Königreiche in der Gegend des heutigen Armenien.
[914] w.: richtet sich auf.

bels zu kämpfen, bleiben (wie gelähmt) in ihren Festungen, ver-
gangen ist ihre Stärke, zu (schwachen) Frauen sind sie geworden.
Verbrannt sind seine Wohnungen, zerbrochen sind seine Riegel.
31 * Ein Läufer läuft dem anderen entgegen, ein Bote dem anderen,
um dem König von Babel zu melden, daß seine Stadt von allen ih-
32 ren Seiten eingenommen worden ist, * daß die (Fluß-)Übergänge
besetzt sind, die Tümpel[915] durch Feuer(-hitze) ausgetrocknet und
33 die Kriegsleute vor Entsetzen erstarrt sind. * Denn so spricht
Jahwe Zebaoth, der Gott Israels: Die Tochter Babel ist eine Tenne
gleich in der Zeit, da man sie feststampft. Noch ein kleines, dann
kommt für sie die Zeit der Ernte.
34 * Gefressen hat mich und vernichtet Nebukadnezar, der König
von Babel, mich weggestellt als ein leeres Gefäß, hat mich ver-
schlungen wie ein Drache und gefüllt seinen Bauch mit meinen
35 Leckerbissen[916] und hat mich verjagt. * Meine Gewalttat und
meine Zerfleischung[917] (komme) über Babel, so spreche die Be-
wohnerin des Zion, und mein Blut über die Bewohner des Chal-
36 däer-Landes, sage Jerusalem. – * Darum spricht Jahwe so: Siehe,
ich führe deinen Rechtsstreit und vollziehe deine Rache und
trockne sein Wasser aus, und seine Quellen lasse ich versiegen.
37 * So wird Babel zum Steinhaufen, zur Stätte der Schakale, zum Ent-
38 setzen und zum Gespött[918], weil keiner mehr dort wohnt. * Alle
zusammen brüllen wie Löwen, knurren wie die Jungen der Lö-
39 winnen. * Wenn sie brennen (vor Freßgier), will ich ihr Festmahl
bereiten und mache sie trunken, daß sie umsinken[919] und ewig
schlafen werden und nie mehr erwachen – Ausspruch Jahwes.
40 * Wie Schafe zur Schlachtung will ich sie niederlegen.
41 * Wie ist doch Scheschach[920] genommen und erobert worden,
der Ruhm[921] der ganzen Erde! Wie ist doch Babel unter den Völ-
42 kern zum (Gegenstand des) Entsetzens geworden! * Das Meer ist
gegen Babel heraufgestiegen, von der Wucht seiner Wogen ist es
43 bedeckt. * Seine Städte sind zur Einöde[922] geworden, zu einem
ausgedorrten und wüsten Land, einem Land, in dem niemand
44 wohnt und durch das niemand hindurchzieht. * Und ich werde

915 a. Übers.: die Bollwerke verbrannt.
916 w.: aus meiner Lust hat er mich getrieben. Gemeint sind wohl die Lustbarkeiten der Stadt Babylon.
917 a. Lesart: mein Zerbruch.
918 w.: Zischen.
919 w.: jauchzend aufspringen.
920 Name für Babel.
921 o.: Stolz.
922 o.: Entsetzen, wie V. 41.

den Bel zu Babel heimsuchen und aus seinem Maul herausreißen,
was er verschlungen hat, und die Völker werden nicht mehr zu
45 ihm hinströmen – auch die Mauer von Babel wird fallen. – * Ziehe
fort aus seiner Mitte, mein Volk! Jeder bringe sein Leben in Si-
46 cherheit vor der Zornesglut Jahwes! * Euer Herz braucht jedoch
nicht zu verzagen noch sich zu fürchten vor den Gerüchten[923], die
im Lande von einem Jahr zum anderen zu hören sind. Gewalt wird
im Lande sein und ein Herrscher gegen den anderen.
47 * Darum siehe, es kommen Tage, da will ich die Götzen Babels
heimsuchen, und sein ganzes Land wird zuschanden werden, und
48 alle seine Erschlagenen fallen in seiner Mitte. * Dann werden
Himmel und Erde und alles, was darinnen ist, jauchzen, denn von
Norden her werden die Verwüster eindringen – Ausspruch Jah-
49 wes. * Auch Babel muß fallen für die Gefallenen Israels wie für
Babel fallen die Erschlagenen der ganzen Erde.
50 * Ihr, die ihr dem Schwert entronnen seid, zieht fort, bleibt nicht
stehen, gedenket im fernen (Land) Jahwes, und nach Jerusalem
51 stehe euch der Sinn[924]. – * Wir mußten beschämt (dastehen), denn
wir mußten uns Schmähreden anhören, bedeckt mit Schande war
unser Angesicht, weil Fremde über die Heiligtümer im Hause
52 Jahwes gekommen sind. – * Darum siehe, es kommen Tage – Aus-
spruch Jahwes –, da suche ich seine Götzen heim, und in seinem
53 ganzen Land werden die zu Tode Getroffenen stöhnen. * Wenn
auch Babel bis zum Himmel aufgestiegen wäre und seine starke
Festung unersteigbar machte, so kommen auf meinen Befehl[925]
54 die Verderber über es – Ausspruch Jahwes. * Schon hört man Ge-
schrei aus Babel und eine große Katastrophe[926] aus dem Lande
55 der Chaldäer. * Denn der Zerstörer Babels ist Jahwe selbst, er
macht dem lauten Treiben[927] in ihm ein Ende, wenn auch seine
Wogen wie gewaltige Wasser brausen und ihr lautes Tosen er-
56 schallt. * Denn es bricht über Babel der Zerstörer herein. Seine
Helden werden gefangen, sein Bogen zerbrochen. Ein Gott der
57 Vergeltung ist Jahwe und er vergilt gründlich! – * Ich will seine
Fürsten, seine Weisen, seine Statthalter, seine Vögte, seine Hel-
den trunken machen, daß sie einschlafen zu ewigem Schlaf und

[923] Vor einer vorauszusehenden Katastrophe gibt es immer wieder widersprüchliche Gerüchte; zu denken ist dabei auch an Meldungen von Aufständen der unterdrückten Völker. – Nach Mt 24,6f gehören solche Gerüchte und »Hiobsbotschaften«, die einander ablösen, zu den Schrecken der Endzeit.

[924] w.: und Jerusalem steige zu eurem Herzen auf.

[925] w.: von mir.

[926] w.: Zerbruch.

[927] w.: Geschrei.

nie mehr aufwachen – Ausspruch des Königs, Jahwe Zebaoth ist
58 sein Name. * So spricht Jahwe Zebaoth: Die breite Mauer Babels
wird völlig niedergerissen, und seine hohen Tore werden mit
Feuer verbrannt. So mühten sich Völker ab für nichts, und Natio-
nen plagten sich fürs Feuer[928].
59 * Der Auftrag[929], den der Prophet Jeremia dem Seraja, dem
Sohn Nerias, des Sohnes Machsejas auftrug, als er mit[930] Zedekia,
dem König von Juda nach Babel ging, im vierten Jahr seiner Re-
60 gierung – Seraja war Quartiermeister[931]; * Jeremia hatte all das
Unheil, das über Babel kommen sollte, in ein einziges Buch ge-
schrieben; alle diese Worte waren also gegen Babel geschrieben –
61 (lautete so): *** Jeremia sagte also zu Seraja: Wenn du in Babel an-**
gekommen bist, dann siehe zu[932] und lies laut[933] alle diese Worte
62 * und sage: Jahwe, du[934] hast gegen diesen Ort geredet, daß du ihn
vernichten wollest, so daß in ihm niemand mehr wohnt, weder
63 Mensch noch Tier, und er für alle Zeiten eine Einöde wird. * Wenn
du mit dem Verlesen dieses Buches zu Ende gekommen bist, binde
64 einen Stein daran und wirf es mitten in den Euphrat * und sage:
Ebenso wird Babel untergehen und nicht mehr hochkommen we-
gen des Unheils, das ich über es hereinbrechen lasse! – Bis hier-
her gehen die Worte Jeremias.

Babel ist im Jahre 538 v. Chr. durch den Perser-König Kyros erobert, allerdings erst später zerstört worden. Damit war die Macht der Chaldäer gebrochen, die unterdrückten Völker atmeten auf, unter ihnen das gefangen Juda: die Zeit der Heimkehr war in Sicht. Kann der Prophet Jeremia ein Ereignis vorausgesagt haben, das etwa 50 Jahre nach dem Ende seines Wirkens eintrat? Die neuere Bibelauslegung hat das vielfach verneint. Unter ihren Argumenten ragt insbesondere heraus: Der Fall von Babel wird so beschrieben, wie ihn nur ein Zeitgenosse erlebt haben könnte, der selbst in Babel gelebt und das Chaos unmittelbar vor dem Fall der Stadt selbst mitgemacht hat. Dagegen ist zu sagen: Auch der frühe Jeremia hat zur Zeit Josias in grellen Bildern[935] den Feind aus dem Norden schon als gegenwärtig er-

[928] Gemeint sind die Fronarbeiten der unterworfenen Völker für die Festung Babel, die nun alle umsonst gewesen sind.
[929] w.: Wort.
[930] In der griech. Übers.: von.
[931] w.: Fürst der Ruhe.
[932] Gemeint ist: Laß dir einfallen, wo du am besten die Worte liest.
[933] o.: verkündige.
[934] Beachte, daß am Ende der schrecklichen Gerichtsworte über Babel ein kurzes Gebet steht.
[935] In sog. »Auditionen«, vgl. die Ausl. zu 4,5ff.

lebt und sogar die Einzelheiten des Sturzes Jerusalems in seiner Seele vorweggelebt. Die Katastrophe trat ebenfalls erst Jahrzehnte später ein!

Es fällt auf, daß sich im Gericht am Gerichts-Werkzeug nahezu das Gleiche ereignet wie im Gericht an Gottes Volk, vgl. 50,3.41–46 mit 6,22–24 (der Feind aus dem Norden)[936]. – Das Argument, Jeremia habe mit 70 Jahren Exil gerechnet (vgl. 29,10.28), hier dagegen erscheine wie bei Jesaja (Jes 40ff) der Sturz Babels als nahe bevorstehend und könne daher nicht von Jeremia stammen, läßt sich genau umkehren: Weil Jeremia von der siebzigjährigen Frist wußte, konnte er am Ende der Katastrophe über Jerusalem – weil er durch das Gericht Gottes hindurch auf die Gnadenzeit sah – das Gericht über Babylon so bestimmt ankündigen, als würde es im nächsten Augenblick hereinbrechen.

Schließlich ist der Abschluß von Kap. 51 zu beachten. Dort heißt es (51,59–64), daß Jeremia einem Abgesandten[937] Zedekias im Jahre 593 v. Chr. an den Hof Nebukadnezars die Gerichtsworte über Babel schriftlich mitgegeben habe. Von der Reaktion der judäischen Gesandtschaft sowie der Babylonier hätten wir gerne etwas vernommen. Der Text jedoch schweigt. Allem Anschein nach wird es auch nicht darauf angekommen sein, wer dieses Gerichtswort gehört hat. Nur daß es verlesen wird, ist entscheidend; denn an eine Umkehr Babels ist nicht zu denken. So ist die Verlesung jener Rolle in Babel und ihre anschließende Versenkung[938] im Euphrat nur eine Dokumentation, eine endgültige Urteilsverkündigung. Der ganze Vorgang gehört zu den Zeichenhandlungen im Jeremia-Buch.

Der Fall des Feindes ist für Juda das Signal zum Aufbruch: 50,4–8.17–20.33.34. Es gibt keine Erlösung ohne vorherige Vernichtung des Feindes. Allerdings ist es nicht so, daß Gott nur die äußeren Bedingungen schafft und dann das Volk nur auffordert: Flieht! Sondern wie er der Erlöser ist, so ist er auch der, der die Erlösten führt (50,19). Gott erlöst keinen, den er nicht auch nach Hause bringt. Und

[936] So hat auch schon Edom das Gericht Judas erlebt, vgl. die gleichen Bilder in 49,19–21. Vgl. auch 50,8; 51,6.45 mit 6,1ff, ferner die Beschreibung der kosmischen Erschütterung, wenn Gott sich zum Gericht aufmacht, 51,15–17.29 und 4,23–28. Die Aufforderung Gottes an die Feinde, sich zum Sturm aufzumachen: 50,14–16.29; 51,11.12.27.28 und 6,4–6. Die Klage über den Sturz der Stadt: 51,41–43 und 4,19–20. Wie Juda um seines Götzendienstes willen gerichtet wird, so auch Babel: 50,2.38b; 51,44–47; wie Jerusalem zur Wüste und unbewohnten Stadt werden soll, so auch Babel: 50,12.13.39.40; 51,53–56.

[937] Möglicherweise war Zedekia selbst bei der Gesandtschaft dabei. So jedenfalls sagt es der hebr. Text. – Der Abgesandte Seraja ist ein Bruder des Schreibers Baruch.

[938] Demnach wären unsere Kapitel 50 und 51 eine Kopie jener ursprünglichen Rolle. Es ist durchaus vorstellbar, daß Jeremia sie aus dem Gedächtnis wiederherstellen konnte. Sicher werden dann diese oder jene Zusätze beigefügt worden sein (vgl. 36,32).

Gott erlöst und bewahrt keinen, dem er nicht auch die Schuld vergibt (50,20). Warum Gott erst jetzt vergibt, wird nicht gesagt. Hier sieht es noch so aus, als sei die Schuld durch die lange Gefangenschaft abgegolten (so sagt es sehr deutlich Jes 40,2). Daß die Sünde aber nicht durch eine lange Strafe abgegolten werden kann, wird erst im Neuen Testament offenbar, wenn es in Jo 1,29 heißt: »Siehe, das ist Gottes Lamm, welches der Welt Sünde trägt.« Daß die Völker Anteil bekommen an der Befreiung Judas, wird nur nebenbei deutlich, ist aber trotzdem nicht zu übersehen: 50,2: **»Macht es kund unter den Völkern . . .: Erobert ist Babel«**; vor allem 50,34: **»Ihr Erlöser ist stark . . . mit Nachdruck führt er ihren Rechtsstreit, damit er die Erde zur Ruhe kommen läßt«** und 50,46: **»Von dem Ruf: Erobert ist Babel! wird die Erde sich bewegen und sein Geschrei wird von den Völkern gehört.«** Wo Gott an seinem Volk handelt, gehen auch die Völker nicht leer aus.

Indem Gott seine Gerechtigkeit an seinem Volk erweist, wird zugleich sein »Zorn vom Himmel über alles gottlose Wesen« (Rö 1,18) offenbart. – Wenn Gott im Neuen Bund sein Heilshandeln durch die Wiederkunft Christi abschließt, wird sein Zorn vollends über die Gottlosigkeit der Menschen offenbar. So steht Babel im Neuen Testament als Symbol-Name für die gottfeindliche Menschheit, die die Gemeinde Gottes vernichten will. Doch wenn Christus sich vor der Welt offenbart (Offb 19), muß zuvor das Gericht über Babel ergehen (Offb 17 und 18).

Folgende Parallelen zwischen Kap. 50–51 und Offb 17–19 gibt es: 50,8/Offb 18,4; 50,15/Offb 18,5; 50,29/Offb 18,6; 50,39/Offb 18,2; 51,6/Offb 18,4; 51,7/Offb 17,2.4; 51,8/Offb 18,2.3; 51,9/Offb 18,5; 51,13/Offb 17,1.15; 51,25/Offb 8,8; 51,48/Offb 18,20; 19,1.2; 51,64/Offb 18,21. – Nachdem der Engel mit lauter Stimme die Botschaft von dem Fall Babels verkündigt (Offb 18,2), heißt es in Offb 19,1: »Danach hörte ich eine große Stimme vieler Scharen im Himmel, die sprachen: Halleluja! . . . Denn wahrhaftig und gerecht sind seine Gerichte, daß er die große Hure verurteilt hat, welche die Erde mit ihrer Unzucht verderbte und hat das Blut seiner Knechte von ihrer Hand gefordert.« Der Bezwinger Babels ist letztlich nicht ein irdischer König (der dann auch wieder dem göttlichen Gericht verfällt), sondern Christus selber. »Und ich sah den Himmel aufgetan; und siehe, ein weißes Pferd, und der darauf saß, hieß: Treu und wahrhaftig, und richtet und streitet mit Gerechtigkeit« (Offb 29,22). Ist Babel gefallen und Christus als Sieger erschienen, ist auch die Zeit des Untergangs für den Anti-Christus gekommen (Offb 19,20).

Der Untergang Jerusalems: 52,1–30

1 **Einundzwanzig Jahre alt war Zedekia, als er König wurde, und
war elf Jahre König in Jerusalem. Seine Mutter hieß Hamutal,
2 eine Tochter Jeremias aus Libna. * Er tat, was böse war in den
3 Augen Jahwes, ganz wie Jojakim getan hatte. * Denn es geschah
mit Jerusalem und Juda wegen des Zornes Jahwes, daß er sie aus
seinem Angesicht wegstieß – Zedekia fiel vom König von Babel
4 ab. * Es geschah im neunten Jahr seiner Regierung, im zehnten
Monat, am zehnten Tag des Monats[939], als Nebukadnezar, der
König von Babel, mit seiner Streitmacht gegen Jerusalem an-
rückte und es belagerte. Ringsherum errichteten sie Bollwerke.
5 * Und die Stadt war belagert bis zum elften Jahr des Königs Zede-
6 kia. * Im vierten Monat, am neunten Tag des Monats[940], gewann
der Hunger in der Stadt die Überhand, so daß auch für die Land-
7 bevölkerung[941] kein Brot mehr vorhanden war. * Da wurde** (eine
Bresche) **in die Stadt**(-mauer) **gebrochen, und die Soldaten** (Zede-
kias) **ergriffen die Flucht und verließen die Stadt bei Nacht durch
das Tor zwischen den beiden Mauern auf dem Wege, der zum
Garten des Königs führt – die Chaldäer jedoch lagen rings um die
8 Stadt –, und nahmen den Weg zur Jordansenke[942]. * Doch Trup-
pen der Chaldäer verfolgten den König und holten ihn ein in den
Gefilden von Jericho, nachdem sein ganzes Heer sich zerstreut
9 und ihn verlassen hatte. * Sie ergriffen den König und führten ihn
zum König von Babel nach Ribla, das im Lande Hamath liegt. Und
10 er sprach ihm das Urteil. * Der König von Babel machte die Söhne
Zedekias vor dessen Augen nieder; ebenfalls alle Fürsten Judas
11 machte er in Ribla nieder. * Die Augen Zedekias blendete er, ließ
ihn in Ketten legen und er, der König von Babel, brachte ihn nach
Babel und behielt ihn bis zu dessen Tod im Gefängnis.**

12 *** Im fünften Monat, am zehnten Tag des Monats[943], das ist im
19. Jahr der Regierung Nebukadnezars, des Königs von Babel,
drang Nebusaradan, der Befehlshaber der Leibwache, die stän-
13 dig um den König von Babel war, in Jerusalem ein. * Er brannte
das Haus Jahwes, den Königspalast und alle Häuser Jerusalems
nieder, und jedes Haus eines angesehenen** (Bürgers) **verbrannte
14 er mit Feuer. * Und alle Mauern rings um Jerusalem rissen die**

939 Im Jan./Febr. des Jahres 587 v. Chr.

940 Wenn der Tag angegeben werden konnte, an dem das Brot aufgebraucht war, kann man daraus schließen, daß es eine genaue Lebensmittelrationierung gegeben hat (vgl. 37,21).

941 Die vor den Chaldäern in die Stadt geflohen war.

942 hebr.: Araba.

943 Sept. 586 v. Chr.

chaldäischen Truppen, die mit dem Befehlshaber der Leibwache
15 kamen, nieder. * Aber das niedere Volk und den Rest der Bevöl-
kerung, der in der Stadt übriggeblieben war, und die Überläufer,
die dem König von Babel zugefallen waren, und den Rest der
Handwerker führte Nebusaradan, der Befehlshaber der Leibwa-
16 che, weg in die Gefangenschaft. * Von den geringen Leuten des
Landes ließ Nebusaradan, der Befehlshaber der Leibwache, ei-
nen Rest zurück als Winzer und Ackerleute.
17 * Die ehernen Säulen am Haus Jahwes, die Gestelle und das
eherne Meer im Hause Jahwes zerbrachen die Chaldäer und
18 nahmen alles Erz davon mit nach Babel. * Auch die Töpfe, Schau-
feln, Messer, Becken, Schalen und alle ehernen Gefäße, mit denen
19 man den Dienst versah, nahmen sie mit. * Auch die Becken, Räu-
cherpfannen, Sprengschalen, Töpfe, Leuchter, Schüsseln und Be-
cher, alles, was aus Gold oder aus Silber war, nahm der Befehls-
20 haber der Leibwache fort. * Die beiden Säulen, das eine Meer und
die zwölf ehernen Rinder unter dem Meer, die Gestelle, die der
König Salomo für das Haus Jahwes hatte anfertigen lassen – das
21 Erz aller dieser Geräte war nicht zu wägen! * Von den beiden Säu-
len war jede 18 Ellen hoch, und eine Schnur von zwölf Ellen um-
spannte sie. Jede Säule war vier Finger dick und innen hohl.
22 * Oben darauf befand sich ein eherner Knauf, fünf Ellen hoch; ein
Gitterwerk und Granatäpfel waren rings um den Knauf, alles aus
Kupfer. Ebenso war es bei der anderen Säule, auch dort waren
23 Granatäpfel. * Es waren 96 Granatäpfel sichtbar aufgehängt; zu-
sammen waren 100 Granatäpfel am Gitterwerk.
24 * Der Befehlshaber der Leibwache nahm den Hohenpriester
Seraja sowie Zephanja, den zweithöchsten Priester, und die drei
25 Schwellenhüter gefangen. * Und aus der Stadt nahm er einen
Hofbeamten, der die Soldaten befehligte sowie sieben Männer,
die den König ständig umgeben hatten[944] und nun in der Stadt ge-
funden wurden, ferner den Schreiber des Heerführers, der das
Landvolk zum Kriegsdienst ausgehoben hatte, sowie 60 weitere
aus der Landbevölkerung, die man in der Stadt gefunden hatte.
26 Nebusaradan, der Befehlshaber der Leibwache, nahm sie und
27 führte sie zum König von Babel nach Ribla. * Der König von Babel
erschlug sie in Ribla im Lande Hamath. – So wurde Juda aus sei-
nem Land in die Gefangenschaft geführt.
28 * Dies ist die Zahl der Menschen, die Nebukadnezar wegführen
29 ließ: in seinem siebten[945] Jahr 3023 Judäer; * im 18. Jahr Nebu-

[944] w. die das Angesicht des Königs sahen.
[945] a. Lesart: im 17. Jahr.

30 **kadnezars 832 Judäer; * im 23. Jahr Nebukadnezars führte Nebusaradan, der Befehlshaber der Leibwache, 745 Judäer weg. Insgesamt also 4600 Menschen.**

Die Davidsverheißung bleibt bestehen: 52,31–34

31 **Aber im 37. Jahr[946] der Gefangenschaft Jojachins, des Königs von**
Juda, am 25. Tag des Monats, geschah es, daß Evil-Merodach, der
König von Babel, im Jahr seiner Thronbesteigung Jojachin, den
König von Juda, begnadigte[947] und ihn aus dem Gefängnis ent-
32 **ließ. * Er redete freundlich mit ihm und setzte seinen Sitz ober-**
33 **halb der Sitze der Könige, die bei ihm in Babel waren. * Er durfte**
seine Gefangenenkleidung ablegen und ständig mit ihm zusam-
34 **men speisen[948], solange er lebte. * Sein Unterhalt,** (und zwar) **ein**
ständiger Unterhalt, wurde ihm vom König von Babel gegeben, an
jedem Tag eine bestimmte Menge, bis er starb – solange er lebte.

Überblick

Nachdem Gottes Wort an die Völker ergangen ist, wird das Jeremia-Buch mit einem Bericht über den Untergang Jerusalems (V. 1–30) und die Begnadigung des vorletzten judäischen Königs Jojachin durch den Chaldäer Evil-Merodach abgeschlossen (V. 31–34). Damit soll unser Blick noch einmal zu dem Ausgangspunkt des göttlichen Gerichtshandelns gelenkt werden: zum Haus Gottes, wo alles Gericht »anfängt« (vgl. 1 Petr 4,17). Zugleich aber wird in einem überraschenden Abschluß in dem kurzen Bericht über Jojachins Begnadigung ein Hoffnungsschimmer sichtbar: Gottes Gericht über Jerusalem war nicht sein letztes Wort.

Folgende Unterschiede ergeben sich im Blick auf diesen Bericht über die Eroberung Jerusalems gegenüber 39,1–10:

1. Während in 39,8 nur von der Zerstörung der Palastbauten, der Häuser und der Stadtmauer zu lesen ist, wird hier (V. 13) ausdrücklich die Zerstörung des Tempels berichtet (wie 2 Chro 36,19 – 2 Kö 24,18ff geht mit 39,1ff parallel). Damit hat sich die Unheilsankün-

[946] Im Jahre 561 v. Chr.
[947] w.: er erhob das Haupt Jojachins.
[948] w.: das Brot vor seinem Angesicht essen.

digung Jeremias von 7,1ff über den Tempel erfüllt[949]. Bei einem Neuanfang muß eine Wiedererrichtung des Heiligtums vorrangig behandelt werden[950].

2. Im Zusammenhang mit der Erwähnung der Zerstörung des Tempels ist die ausführliche Aufzählung der Wegnahme der Tempelgeräte[951] auffällig, die in den anderen Berichten keine Parallele hat. Man meint, hier die liebevolle Hand eines Priesters zu spüren, dem das Fortschleppen der kostbaren Tempelgeräte ein ungeheuer schmerzhafter Verlust war (V. 17–23). Nichts vernehmen wir darüber, daß Gottes Gegenwart nunmehr in Frage gestellt ist, wenn der Tempel nicht mehr ist[952]. Auch über den Verbleib der Bundeslade erhalten wir keine Auskunft.
3. Neu ist auch die Liste über die Zahl der Weggeführten (V. 28–30). Sie scheint auf einer amtlichen Liste der Chaldäer zu beruhen. Erstaunt sind wir über die geringe Zahl. Sind vielleicht nur die männlichen Erwachsenen gezählt? Oder handelt es sich wieder nur wie bei der ersten Wegführung um die Oberschicht (Beamte, Handwerker, Offiziere)? Jedenfalls kehrt aus der Gefangenschaft eine bei weitem größere Zahl heim (vgl. Neh 7,66: 42360 Personen).

Zur Begnadigung Jojachins: »Daß Jojachin die Gefängniskleider ablegen darf, bedeutet kaum viel mehr als die Erinnerung daran, daß Gott noch weiter handelt an seinem Volk . . . (Der Verfasser des zweiten Königsbuches) wagt aber keine messianischen Hoffnungen daran zu knüpfen. So hatten es vielleicht die alten Gegner Jeremias vom Typ Hananjas getan, die dessen Rückkehr seit langem erhofften«[953]. Damit ist die Begnadigung Jojachins nicht der Anfang einer Begnadigung Judas, sondern nur ein Zeichen für Gottes noch nicht hinfällig gewordene Verheißung an David und sein Haus. Aber daß der, der nunmehr an der Tafel des babylonischen Königs speisen darf, der **52,31–34**

[949] Vgl. 51,11, wo die Zerstörung Babels mit der Rache für die Zerstörung des Tempels begründet wird.

[950] Der Wiederaufbau des Tempels ist das Thema der Bücher Esra und Haggai.

[951] Bei der ersten Wegführung waren es nur die goldenen Geräte, jetzt sind es sogar die ehernen (kupfernen) Geräte, die fortgeschleppt werden.

[952] Das wird von dem Propheten Hesekiel ausführlich bedacht und beschrieben; vgl. die Schilderung, wie die Herrlichkeit Gottes, Zeichen für die Gegenwart Gottes, den Tempel und die Stadt verläßt und schließlich doch zurückkehrt (Hes 9,3ff; 11,22ff; 43,1ff). Bei Hesekiel spielt überhaupt die bauliche Anlage des Tempels eine große Rolle, nicht aber die Opfer-Geräte. – Bei der Heimkehr spielen nur die goldenen und silbernen Geräte eine Rolle (Esra 1,7–11).

[953] H. W. Wolff, Das Kerygma des deuteronomistischen Geschichtswerkes, in Theol. Büch. 22, 1964, 323. Der Verfasser der Königsbücher scheint der gleiche gewesen zu sein wie der von Jer 52.

auserwählte Führer des Neuanfangs wäre, davon verlautet nichts. So auch G. v. Rad: »(Der Verfasser des zweiten Königsbuches) hatte von seinen theologischen Voraussetzungen her gewiß keinen Anlaß, das Dunkel dieses Gerichtes aufzulichten. Andererseits durfte er ja gar nicht zugeben, daß das Wort von der Leuchte, die David immer bleiben solle, nun doch ›hingefallen‹ sei. Von einem Ziel, an das dieses Heilswort gekommen sei, konnte er nichts melden; das einzige, was er tun konnte, war, die Tür der Geschichte gerade nach dieser Richtung hin nicht zuzuwerfen, sondern sie offen zu lassen«[954]. Warum wird **dieses Dunkel nur für *Jojachin* ein wenig aufgelichtet? Warum muß** Zedekia die Ermordung seiner Kinder mit ansehen und muß den Rest seines Lebens als Geblendeter dahinvegetieren? Die Antwort kann nicht in den Vorzügen des einen vor dem anderen gesucht werden. Wir stehen hier vor dem unausforschlichen Geheimnis der göttlichen Erwählung[955].

954 Theologie des AT 1961³, S. 341, Fußn. 22.

955 W. Zimmerli (Bibl. Komm. XIII/1/Ezechiel, 43f) meint aufgrund von archäologischen Ausgrabungen, wo Jojachin in babylonischen Texten als König von Juda bezeichnet wird, sagen zu können, daß Jojachin von den Babyloniern nach wie vor noch als König anerkannt worden, Zedekia hingegen von ihnen lediglich als Regent für den abwesenden Jojachin eingesetzt worden sei.

LEXIKON ZUR BIBEL Volksausgabe

Herausgegeben von Fritz Rienecker

100 Kunstdruckbildseiten und 1728 Textspalten, über 150 Fotos, z.T. Großformat.
Über 350 Textillustrationen und Kartenskizzen, mehrfarbige Karten.
Format 15,7 x 23,2 cm.

Über 6000 Stichwörter aus Geschichte, Kulturgeschichte, Archäologie, Religionswissenschaft, Geographie, Biologie und Wirtschaft.
Namensangaben von Personen, Tieren, Orten und Pflanzen sind vollständig aufgenommen.
Alle wichtigen theologischen Begriffe sind ausführlich erläutert.
Die Stichwörter richten sich nach der Luther-Übersetzung.

Ein umfassendes vergleichendes Register verweist den Leser der Menge-, Elberfelder-, Zürcher Bibel und der revidierten Lutherbibel bei Übersetzungsunterschieden auf die entsprechenden Artikel des Lexikons.
Evangelienharmonie.
Große Zeittafel vom 3. Jahrtausend vor bis 79 nach Chr.
Umfassende Bibliographie.
Ortsnamenregister.

ATLAS ZUR BIBEL

Herausgegeben von H. H. Rowley

48 Seiten, Format 25,5 x 20,5 cm, kartoniert

Karten und Übersichten zur Biblischen Geschichte, Ausbreitung des Christentums, Konfessionskunde, Weltreligionen, Mission, Aufliegerkarte des modernen Israels mit den heutigen Ortsnamen.

»Einen so preisgünstigen, guten Atlas zur Bibel, dem auch noch Karten über die heutige Ausbreitung des Christentums und die heutige Missionsarbeit beigegeben sind, gab es bisher meines Wissens überhaupt nicht.«

Leiterbrief, Gündingen

R. BROCKHAUS VERLAG WUPPERTAL